대화의 기술
부부를 세워가는

죠이선교회는 예수님을 첫째로(Jesus First)
이웃을 둘째로(Others Second)
나 자신을 마지막으로(You Third) 둘 때
참 기쁨(JOY)이 있다는 죠이정신(JOY Spirit)을 토대로
하나님 나라의 확장을 위해 지역교회와 협력, 보완하는
선교단체로서 지상명령을 성취한다는 사명으로 일합니다.

죠이선교회출판부는 죠이선교회 사역의 하나로
성경 공부, 제자 훈련, 전도, 해외 선교, 교회 학교에 관한
좋은 책과 전도지를 발간하여 한국 교회를 섬깁니다.

Copyright ⓒ 2007 by Emerson Eggerichs

Originally published in English as *The Language of Love and Respect*
by Thomas Nelson, Nashville, TN, U.S.A.

All rights reserved.

This Korean translation edition ⓒ 2009, 2018 by JOY Mission Press, Seoul, Republic of Korea

Published by arrangement with Thomas Nelson, a division of HarperCollins Christian Publishing, Inc. through rMaeng2, Seoul, Republic of Korea.

이 한국어판의 저작권은 알맹2 에이전시를 통하여 Thomas Nelson과 독점 계약한 죠이선교회에 있습니다. 신 저작권법에 의하여 한국 내에서 보호받는 저작물이므로 무단 전재와 무단 복제를 금합니다.

죠이북스는 죠이선교회의 임프린트입니다.

The Language of Love and Respect

# 부부를 세워가는 대화의 기술

에머슨 에거리치 지음
최광수 옮김

"이 책을 사랑하는 아들 조나단과 며느리 사라, 아들 데이비드와 딸 조이에게 바친다.
이 책이 너희 각자의 삶에 영향을 주길,
그래서 너희가 2,000년이 넘도록 감춰진 이 빛나는 비밀을
다른 사람들에게도 전해 주길 기도한다!
네 엄마와 내가 말하고 행하고자 한 것을 믿어줘서 고맙다."

| 목차 |

추천사 / 8
프롤로그_ '대화'는 정말 부부 사이를 회복하는 열쇠일까? / 11
책 속의 작은 책 _ 사랑과 존경의 핵심 개념 / 20

## Part 1. 부부 대화에서 잊지 말아야 할 세 가지 사실

1장. '말'이 배우자를 찌르는 무기가 된다 / 53
2장. 블루 남편과 핑크 아내는 매우 다른 존재다 / 73
3장. 배우자의 마음속에는 '선의'가 있다 / 91

## Part 2. "악성 사이클" : 의사소통이 막혀 불통이 되는 주기

4장. 배우자의 말 속에 담긴 암호를 해석하라! / 113
5장. "아악! 내 공기호스 좀 그만 밟아요!" / 129
6장. 일곱 번씩 일흔 번까지라도 용서해야 할 이유 / 147

## Part 3. "활력 사이클" : 두 사람 욕구를 모두 만족시키는 주기

7장. 윈-윈 의사소통을 즐기라 / 171
8장. 아내들이여, C-H-A-I-R-S를 활용하라 / 199
9장. 남편들이여, C-O-U-P-L-E을 활용하라 / 221
10장. '분명히 하기'는 오해를 예방하는 최고의 방법 / 241
11장. 사소해 보이지만 꼭 기억해야 할 전략 / 257

## Part 4. "상급 사이클" : '무조건적' 사랑과 존경을 실천하는 주기

12장. 모든 부부에게 주어진 피할 수 없는 명령 / 275

13장. 예수님의 대화법 'T-U-F-T-S' / 297

14장. 참된 말, 격려하는 말, 용서하는 말 / 315

15장. 감사하는 말, 성경적인 말 / 343

에필로그_언제나 하나님을 신뢰하는 결혼생활이 되기를 ……. / 372

부록1. 악성 사이클을 탈출하기 위해 남편과 아내가 해야 할 일 / 389

부록2. 심각한 잘못을 저지른 배우자를 대하는 방법 / 402

부록3. 사랑을 표현하는 데 미숙한 남자들을 위한 표현법 / 405

부록4. '분명히 하기'를 위한 피드백 사용하기 / 410

부록5. 배우자를 조건 없이 사랑하고 존경하기 위한 조언 / 416

부록6. 시련이 찾아왔을 때 드리는 기도 / 420

| 추천사 |

## 부부생활이란 길고 긴 대화의 예술이다

"당신, '매일' 왜 이래?"(아니, '매일'이라니……. 어쩌다가 한 번 한 실수를 가지고…….)

"당신은 '항상' 사람을 그런 식으로 취급해요."('항상'이라니. 남편이 짜증도 낼 수 있는 거지.)

결국 서로 걸려 넘어지는 주제는 하나님 나라가 아니다. 남북통일처럼 거창한 것도 아니다. "매일"과 "항상"이다. 그래서 부부생활이란 길고 긴 대화의 예술이라고 한다. "대놓고 화를 내는" 대화 말고 제대로 된 소통(疏通)의 달인이 될 수는 없을까? 집집마다 소통이 사라지니 호통만 남고 결국은 고통에 빠져든다. 말 많은 시대에 살고 있지만 정작 마음에 양식이 되고 행복을 가져다 줄 말이 없는 시대가 온 것이다.

이 책은 「그 여자가 간절히 바라는 사랑, 그 남자가 진심으로 원하는 존경」(국제제자훈련원 펴냄)의 후편이라 할 수 있다. 부부를 사랑과 존경으로 세우는 구체적인 실천서인 셈이다. 남편과 아내가 염두에 두어야 할 의사소통 대화법과 우리가 궁극적으로 지향해야 할 예수님의 대화법을 실례를 들어 소개하고 있다. 이 책을 펼치는 순간, 캄캄한 동굴을 환하게 비추는 언어의 지혜를 터득하게 될 것이다. 예비부부에게는 결혼준비서로, 결혼한 부부에게는 대화지침서로 일독을 권한다.

송길원 목사
행복발전소 하이패밀리 대표

## 더 풍요롭고 행복한 결혼생활을 갈망하는 모든 부부에게!

대화의 기술은 결혼생활에서 혈관과 같다. 대화가 잘 통하면 원만한 결혼생활을 누릴 수 있지만, 그렇지 않다면 여러 문제가 생기기 때문이다. 오늘날 많은 부부가 '대화경화증'에 걸려 있다. 같은 집에 살지만 대화 없이, 정서적 친밀감 없이 살아가는 부부가 늘어가고 있다. 그래서인지 대화 부족이 부부 문제 가운데 가장 중요한 문제로 꼽힌다. 급증하고 있는 이혼의 주요 원인 역시 성격 차이가 아닌 의사소통의 실패라는 사실이 드러나고 있다.

이 책은 사랑과 존경 세미나로 북미주인의 결혼 판도에 커다란 변화를 일으킨 가족 치료 전문가 에머슨 에거리치의 대표작이다. 그의 첫 책인 베스트셀러 「그 여자가 간절히 바라는 사랑, 그 남자가 진심으로 원하는 존경」을 눈물 흘리며 읽은 기억이 있다. 그 책이 부부가 서로에게 바라는 것이 다르다는 사실을 보여 주었다면, 이 책은 남편과 아내가 서로에게 사랑과 존경을 전달하는 방법을 구체적으로 가르쳐 준다.

더 풍요롭고 행복한 결혼생활을 갈망하는 모든 부부, 그리고 부부의 행복 지수를 높이기 위해 동분서주하는 모든 가정 사역자에게 이 책을 자신 있게 추천한다.

정동섭 교수
가족관계연구소장, Ph.D.

### < 이 책에서 최대의 효과를 얻기 위한 비결 >

**첫째, 배우자의 부정적인 행동을 용납하려는 마음으로 책을 읽으라.**

이 책에는 배우자가 흔히 저지르는 실수를 설명한 부분이 많다. 그러나 당신이 발견한 그 부분을, 배우자를 공격하는 무기로 사용해서는 안 된다.

**둘째, 배우자를 이해하려는 마음으로 책을 읽으라.**

배우자가 왜 그렇게 행동하고 말하는지를 이해하라. 궁극적으로 우리가 이루려고 하는 최종 목표는 배우자를 이해하고 사랑과 존경으로 대하는 것이다.

**셋째, 나 자신을 이해하려는 마음으로 책을 읽으라.**

자신이 왜 그렇게 말하고 행동하는지 알았다고 해서 자신을 정당화해서는 안 된다. 또는 그 원인이 배우자에게 있다면서 상대방에게 비난의 화살을 보내서도 안 된다.

**넷째, 배우자에게 나를 이해시키기 위해 책을 읽으라.**

주의해야 할 점은 이것을 마지막 목표로 삼아야 한다는 것이다. 배우자에게 이해받으려는 마음보다 배우자를 이해하는 마음이 앞서야 한다.

| 프롤로그 |

## '대화'는 정말 부부 사이를 회복하는 열쇠일까?

이 책보다 앞서 출간된 「그 여자가 간절히 바라는 사랑, 그 남자가 진심으로 원하는 존경」(이후 「사랑과 존경」으로 표기)에 대한 반응은 두 가지였다. 하나는 「사랑과 존경」이 부부 관계의 핵심을 집어주어 큰 도움을 받았고, 관계가 상당히 좋아졌다는 부부들이다.

또 다른 하나는 내가 '악성 사이클'(Crazy Cycle)[1]이라고 부르는 부부 관계에서 벗어나 하나님이 축복하신 결혼생활로 회복해 가려고 노력하고 있다는 부부들이다.

성공 사례를 읽을 땐, 정말 기분이 짜릿했다. 남편은 아내에게 사랑을 담아 말하자 놀라운 일이 벌어졌다고 이야기하고, 아내는 남편을 존경하는 마음으로 대화를 나누자 부부 관계가 얼마나 눈에 띄게 변했는지 모른다고 고백한다. 우리가 받은 편지와 이메일 수천 통 가운데 두 사연을 소개해 보겠다.

한 아내는 사랑과 존경 개념이 부부 관계를 얼마나 놀랍게 변화시켰는지 모른다며 이런 편지를 보내왔다.

> 남편과 대화할 때면 남편 가슴에 귀를 기울였습니다. '존경'받지 못한다면 살아남을 수도, 성공할 수도 없을 만큼 존경은 남편에게 필수적인 욕구란 걸 염두에 두고 남편 말을 들어보려고 애썼습니다. 남편이 어떤 말을 해도 좋은 의도로 그런 거라고 믿으려 노력하면서 말이죠. …… 필요하다면, 존경하는 태도가 부족해서 미안하다고 말하고 눈앞에 닥친 문제에 대해 함께 이야기했습니다. 남편도 사랑받

고 싶어하는 제 욕구를 헤아리려고 노력했고요. 와우! 그러자 우리는 정말 즐겁고 행복한 부부가 되었습니다.

한 남편은 아내와 자신이 서로에게 새로운 시각을 갖게 되었다고 말한다.

사랑과 존경 메시지를 통해 부부가 어떻게 상호 작용해야 하는지, 하나님이 각자에게 부여하신 역할을 어떻게 이해해야 하는지에 대해 새롭게 눈뜰 수 있었습니다. 우리 부부는 전혀 새로운 방식으로 서로를 이해하게 되었고 대화 수준도 급격히 높아졌습니다. 무엇보다 저 자신이 굉장히 변했습니다. 제가 아내에게 하는 행동이나 반응하는 방식 말이죠.
제 감정을 아내가 이해할 수 있는 말로 표현할 수 있게 되었고, 또 제가 하는 말이나 말하는 방식이 아내에게 어떻게 상처가 되는지도 알게 되었습니다.

날마다 이런 편지와 이메일이 쏟아져 들어온다. 세미나나 DVD, 책을 통해 수많은 사람이 사랑과 존경의 역학 관계를 배우고 있다. 교회 성경공부 모임에서, 가정에서 모이는 소그룹에서, 여자들끼리 수다를 떠는 모임에서……. 많은 사람이 결혼생활을 바꾸어 놓은 이 가르침을 여러 통로로 접하고 있다.

## '사랑과 존경'이 마법 주문일까?

사랑과 존경으로 관계가 좋아진 부부가 많다. 그러나 이것이 마법 주문은 아니다. 「사랑과 존경」을 읽고 세미나에 참석하며 DVD를 보고 핵심이 무엇인지 다 이해해도 여전히 악성 사이클에서 벗어나지 못하고 힘들어하는 부부도 많다.

한 아내는 남편과 함께 참석한 사랑과 존경 세미나가 도움이 되었다고 말하면서 한편으로 이렇게 고백한다.

> 지금도 그 원리를 성실하게 적용하고 있는지는 잘 모르겠어요. 물론 처음에는 잘 따라 했지요. 그렇지만 얼마나 쉽게 옛날 방식으로 되돌아가게 되던지……. 물론 개인적으로는 둘 다 성장하고 있어요. 그러나 아직 부부 관계에까지 뚜렷한 효과가 나타나고 있지는 않습니다.

어떤 아내는 이렇게 고백한다.

> 악성 사이클을 잘 이해해서 부부 관계가 놀랍게 변했다는 좋은 소식을 전해 드릴 수 있으면 얼마나 좋겠습니까? 그렇지만 유감스럽게도 우리 남편은 아무리 칭찬하고 존경해도 전혀 반응을 보이지 않습니다. 예전에 제가 내가 남편을 몹시 비난했기 때문인지 남편은 이런 저의 노력들을 받아들이지 않습니다.
> 지금 우리는 같은 집에 살고 있지만 사실 별거 중이나 마찬가지입니다. 그저 계속 노력하면서 상황이 조금씩 나아지기만을 기도하고 있습니다.

아내와 함께 사랑과 존경 세미나에 참석한 어느 남편은 배운 것을 행동으로 옮기려고 노력하지만 아내가 그동안 받은 상처가 몹시 깊어서 진심으로 사랑하려는 자신의 정직한 노력을 믿어주지 않는다고 털어놓았다.

> 아내에게 내가 어떻게 변하길 바라는지 물었습니다. 그랬더니 그녀는 어쩔 수 없이 대답한다면서, 제가 저지른 지난 잘못을 들추어냈습니다. 그때 입은 상처 때문에 지금 이 지경에 이르렀지요.
> 제가 바르게 이해하고 있다면, 이럴 땐 나 자신을 방어하지 말고 사랑과 겸손을 보여주며 이 힘든 시간을 참고 지내야 하는 거죠? 그렇게 하지 않으면 아마 우리 부부는 이 어려움을 극복하기 힘들 것입니다.

### 부부가 말이 통하지 않는 건 어쩌면 당연하다

포커스 온 더 패밀리(Focus on the Family)는 사랑과 존경 사역을 위해 조사를 실시하면서 응답자들에게 이런 질문을 했다. "결혼생활에 가장 큰 영향을 끼치는 문제는 무엇입니까?" 남녀 모두 대부분 의사소통에서 겪는 어려움이 가장 큰 문제라고 대답했다.[2]

이곳에서 조사한 내용과 우리가 사랑과 존경 사역을 해 오면서 발견한 사실은 크게 다르지 않다. 수천 쌍이 넘는 부부가 보내온 편지와 이메일을 읽어 보면 부부 사이에 가장 큰 위협은 어찌되었든 대부분 의사소통이다.

그렇다면 의사소통 문제를 해결하면 결혼생활에서 부딪치는 어려움이 어느 정도 해결되는 것일까? 나는 그렇게 생각하지 않는다. 의사소통 문제를 해결하려면 두 사람이 같은 언어를 쓰고 있다는 것이 전제되어야 하기 때문이다.

30년 넘게 목회와 부부 상담, 부부 관계에 관한 세미나를 하면서 중요한 사실 하나를 발견했다. 아내는 '사랑'이라는 언어를 쓰고, 남편은 '존경'이라는 언어를 쓴다는 것이다. 그런데 정작 본인들은 그런 사실을 깨닫지 못하고 있다. 서로 다른 언어를 쓰는 부부가 말이 통하지 않는 건 당연하다. 그러니 서로를 거의 이해할 수 없지 않겠는가!

　「사랑과 존경」에서도 말했지만, 나와 아내 사라도 서로 다른 언어를 쓰고 있다는 걸 실제로 경험했다. 우리는 부부 관계가 아주 좋은 편인데도 종종 짜증이 나고, 화도 나며, 감정적으로 상처를 받기도 했다. 가끔 서로 말이 안 통할 때도 있었는데, 왜 그런지 알 수가 없었다. 그럴 땐 서로 전혀 다른 언어를 쓰는 것 같았지만, 어쩔 도리가 없었다. 정말 힘들고 부끄러운 일이었다.

　어쨌든 목회자인 나는 이런 일에 뭔가 해답을 갖고 있어야 하는 것 아닌가! 얼마 지나지 않아 다행히 그 해답을 찾을 수 있었다. 아니, 좀 더 정확히 말하면 하나님이 답을 가르쳐 주셨다. 그것도 성경 말씀 단 한 구절로 말이다. 바로 에베소서 5장 33절 말씀이다. "너희도 각각 자기의 아내 사랑하기를 자신같이 하고(must love) 아내도 자기 남편을 존경하라(must respect)."

　이 말씀이 우리에게 하시는 명령임을 깨달은 후, 찾아낸 것이 바로 "사랑과 존경의 역학 관계"라는 원리다. 남편인 나는 아내 사라를 사랑하라는 명령을 받았다. 왜일까? 사라에겐 사랑이 필요하기 때문이다. 실제로 사라는 '사랑'으로 말한다. 사랑은 그녀가 이해하는 언어다. 내가 아내에게 사랑 없이 말하면 아내는 내게 존경 없이 대꾸한다.

　아내 사라는 남편인 나를 존경하라는 명령을 받았다. 왜일까? 내겐 존경이 필요하기 때문이다. 정말로 나는 '존경'으로 말하며 '존경'은 내가 이해하는 언어다. 아내가 나를 존중하지 않고 말하면 나는 사랑 없는 말로 대꾸하게 된다. 그렇게 악성 사이클이 돌고 돈다. 서로가 원하는 것과 정반대로 행동하는 것이다.

## 서로의 언어를 배우기 시작했을 때

내가 '사랑'이라는 언어로 사라에게 말하고, 사라는 '존경'이라는 언어로 나에게 말하기 시작하면서 우리는 서로를 이해하는 친구가 될 수 있었다. 상당히 오랜 세월 동안 마치 러시아 사람과 이스라엘 사람이 대화하듯, 우리는 전혀 다른 언어로 이야기해 왔다. 고작해야 서로 자신을 이해시키려고 목소리를 높이는 게 다였다. 그런데 상대방의 언어를 배우고 이해하기 시작하자, 즉 내가 아내의 사랑어를 배우고 아내가 내 존경어를 배우기 시작하자 놀라운 일이 벌어졌다.

그때서야 비로소 서로를 이해하게 되었을 뿐 아니라 의사소통도 급격히 원활해졌다. 그런 경험을 했기 때문에 배우자의 언어를 이해하는 것이 부부 사이를 회복하는 열쇠라고 말하는 것이다. 상호 이해가 원활한 의사소통을 이끈다.

그렇다면 이제 우리 부부는 스트레스도, 의견 충돌도, 긴장도 없는 완벽한 결혼생활을 하고 있을까? 물론 그렇지는 않다. 사라와 나 역시 오래도록 해결하지 못한 문제가 있고, 여전히 특정한 습관이나 버릇 때문에 짜증이 날 때도 있다. 그렇지만 적어도 어떻게 의사소통해야 하는지, 어떻게 문제를 해결해야 하는지는 알게 되었다. 모든 것을 알게 된 건 아니지만, 사랑과 존경으로 살아가기 전과 비교해 볼 때 훨씬 많은 것을 알게 되었다.

「사랑과 존경」을 읽고 사랑과 존경 세미나(1년에 20주 동안 열린다)에 참석한 많은 부부의 반응을 보면서, 부부간 대화는 물론 모든 결혼생활에서 가장 중요한 퍼즐 조각인 하나님과 나누는 대화를 도울 수 있는 길이 있지 않을까라는 생각이 들었다. 그래서 이 책을 쓰게 된 것이다. 이 책은 당신 부부가 사랑과 존경 원리를 적용하고 서로를 더 깊이 이해하여 원활하게 의사소통할 수 있도록 도와줄 것이다.

이 책은 「사랑과 존경」에서 소개한 기본적인 의사소통 원칙을 보강하고 새로운 아이디어와 개념을 더 다양하게 담았다. 서로를 향한 비난, 끝없는 부부싸움, 성관계, 재정, 자녀 양육 등 부부가 처한 어려움이 무엇이든 간에, 사랑과 존경이라는 어휘를 배울수록 풍성한 대화를 나눌 수 있을 것이다. 하나님의 방법대로 서로를 이해하고 대화한다면 충분히 그럴 수 있다.

물론 많은 부분이 자기 자신에게 달렸다. "아내는 사랑어로 말하고, 남편은 존경어로 말한다"라는 아주 단순한 개념에 얼마나 마음을 열고 동의하느냐에 따라서도 다를 것이다. 모든 사람이 사랑과 존경 개념에 동의하는 건 아니다. 결국 동의하더라도 처음에는 선뜻 동의하지 않는 사람도 적지 않다.

함께 사랑과 존경 DVD를 본 남편이 그것을 목표로 삼아 실천해 보자고 했다는 아내도 있지만, 자신은 사랑과 존경 메시지가 대단하다고 생각하지만 아내는 "남자는 여자에 대해 전혀 모른다"면서 자신에게 극단주의자라고 퉁명스럽게 말했다는 남편도 있다. 그러나 이렇게 서로 다른 반응 역시 우리 주장을 뒷받침한다. 즉 부부는 서로 의견이 다를 수 있고, 감정적으로 격해질 수 있다는 증거다.

아무튼 부부 관계가 더 나아지길 바란다면, 그리고 부부 관계의 회복이 절실하다면, 사랑과 존경 개념은 부부 관계를 성공적으로 이끌고 더 좋은 부부 관계를 만들어가는 데 반드시 도움이 될 것이다. 그것이 바로 이 책의 목적이다.

자, 이제 본격적으로 시작할 준비가 되었다. 이에 앞서 간략한 설명을 덧붙이자면, 본격적인 'Part 1'을 시작하기 전에 "책 속의 작은 책" 부분은 앞서 출간된 「사랑과 존경」을 요약한 것이다. 이미 책을 읽은 사람은 사랑과 존경의 원리를 복습하게 될 것이다. 복습이 필요 없다면, 사랑과 존경을 통해 상호 이해와 의사소통을 증진하는 방법을 다룬 1장부터 바로 읽어도 좋다. 그러나 사랑과 존경에 대해 전혀 모르는 독자라면, "책 속의 작은 책" 부분은 기본 개념을 파악하는 데 없어서는 안 될 중요한 부분이다. 이 책을 빨리 이해하고, 이 책을 통해 도움을 받고 유익을 누리려면 반드시 읽어야 한다.

본인의 상황에 맞게 어느 곳이든 필요한 장에서 시작하면 된다. 그 여정 가운데 하나님이 풍성한 은혜를 베푸시길 기도한다.

에머슨 에거리치

<주>

1.
국제제자훈련원에서 펴낸 『사랑과 존경』은 "악성 사이클"을 "부부 관계의 악순환"으로, "활력 사이클"을 "힘이 되는 선순환"으로, "상급 사이클"을 "보상을 받는 선순환"으로 번역하였다. _옮긴이

2.
포커스 온 더 패밀리 사역 분석 부서(Ministry Analysis Department), "2005년 사랑과 존경 조사", 12쪽. 포커스 온 더 패밀리는 사랑과 존경 세미나를 후원하고 있다. 우리 요청에 따라 사역 분석 부서에서 사랑과 존경 메시지가 장기적으로 부부 관계에 어떤 영향을 끼치는지 조사하였다. 이 조사는 『사랑과 존경』을 읽었거나, 사랑과 존경 세미나에 참석했거나, DVD를 보았거나, 인터넷을 통해 사랑과 존경에 대해 알고 있는 800명을 대상으로 실시했다. 조사 결과는 매우 고무적이다.

- 응답자의 49%가 부부 관계를 견고히 다지는 데 매우 도움이 되었다고 답했다.
- 응답자의 88%는 여전히 사랑과 존경 원리를 부부 관계에 적용한다고 답했다.
- 별거를 생각한 응답자의 72%가 사랑과 존경을 알고 나서 별거에 대한 생각을 버렸다고 답했다.
- 별거 중이던 응답자의 54%가 사랑과 존경 원리를 배우고 적용하고 나서 배우자와 화해했다고 답했다.
- 이혼을 고려하고 있던 응답자의 72%가 사랑과 존경 원리를 배우고 더 이상 이혼을 생각하지 않았다고 답했다.
- 실제로 이혼을 준비 중이던 응답자의 64%가 사랑과 존경 자료를 접한 뒤 이혼을 접었다고 답했다.

또한, 조사 결과는 에베소서 5장 33절이 말하는 "아내는 무조건 남편을 존경해야 한다"는 가르침이 아주 새로운 개념이며, 부부 관계에 대한 다른 이론이나 프로그램과 비교할 때 사랑과 존경 원리가 중요한 차이를 만든다는 점을 강조해야 한다는 데 많은 부부가 크게 동의하고 있음을 보여준다.

| 책 속의 작은 책 |
## 사랑과 존경의 핵심 개념

"책 속의 작은 책"은 「사랑과 존경」에서 중요한 개념만 요약해 놓은 부분이다. 이미 사랑과 존경 세미나에 참석했거나 사랑과 존경 DVD와 책을 읽어본 사람도 있겠지만, 아직 사랑과 존경 원리를 잘 모르는 사람이라면 여기에 소개된 개괄적인 내용을 통해 기본적인 개념을 알 수 있을 것이다. 그리고 현재 악성 사이클(Crazy Cycle), 활력 사이클(Energizing Cycle), 상급 사이클(Rewarded Cycle) 중 어디에 있든지 이 원리를 통해 부부 관계를 더 좋게 회복할 수 있을 것이다.

### 악성 사이클이 시작될 때

사랑과 존경으로 부부 관계를 해석하는 작업은 기본적으로 부부가 세 가지 주기, 즉 악성 사이클, 활력 사이클, 상급 사이클 가운데 한 가지 상태에 놓여 있다는 걸 인식하는 데서 시작된다. 그렇다고 부부가 늘 한 가지 주기에 머물러 있다는 건 아니다. 그러나 오랫동안 악성 사이클에서 벗어나지 못하고 고통을 겪는 부부가 많다. 악성 사이클을 한마디로 요약하면 다음과 같다.

사랑이 없으면 아내는 존경하지 않는다.
존경이 없으면 남편은 사랑하지 않는다.
WITHOUT LOVE, SHE REACTS WITHOUT RESPECT.
WITHOUT RESPECT, HE REACTS WITHOUT LOVE.

확실히 악성 사이클은 일단 시작되면 악화되는 경향이 있다. 사랑받지 못한다고 느낀 아내는 존경하지 않는 태도로 남편을 대하고, 존경받지 못한다고 생각한 남편은 다시 사랑 없는 태도로 아내를 대한다. 그런 식으로 악성 사이클은 계속 악화되어 간다.

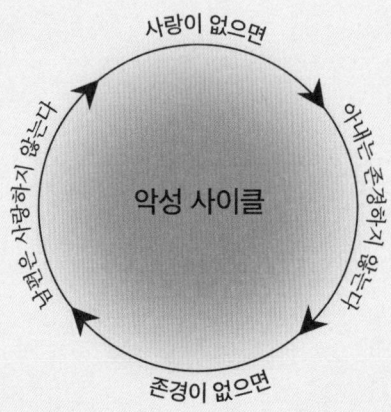

악성 사이클을 해결할 수 있는 비결이 성경에 있다. 바로 에베소서 5장 33절 말씀이다. "너희도 각각 자기의 아내 사랑하기를 자신같이 하고 아내도 자기 남편을 존경하라." 부부 관계를 가장 탁월하게 다룬 에베소서 5장 22-33절 말씀 중에서도 33절은 가장 핵심적인 구절이다. 33절 말씀은 단순한 제안이 아니라 하나님의 명령이다. 즉, 남편은 조건 없이(unconditional) 아내를 사랑해야 하고, 아내는 조건 없이(unconditional) 남편을 존경해야 한다.

비록 아내가 존중하지 않더라도 남편이 아내를 사랑하기로 작정하면 악성 사이클이 점점 깊어져 통제할 수 없는 지경까지는 이르지 않는다. 남편이 사랑해 주지 않는다고 느껴지더라도 아내가 남편을 존중하기로 작정하는 것 역시 악성 사이클을 늦추거나 멈출 수 있다. 그런데 남편이 마음속으로 이렇게 다짐한다고 생각해 보자. '먼저 내게 존경하는 태도를 보이지 않으면 나는 절대 저 여자를 사랑하지 않을 거야!' 이렇게 된다면 아마 결혼생활은 엉망이 되어 버릴 것이다. 마찬가지로 아내가 이런 생각을 한다면 부부 관계는 좀처럼 개선되지 않을 것이다. '제대로 나를 사랑해 줘야 할 거 아냐! 존경할 만해야 존경을 하지! 내가 가르쳐 주지 않으면 모른다니까!'

현재 악성 사이클에 놓여 있는 경우, 즉 대화가 잘 이루어지지 않거나 크고 작은 갈등 구조에 놓여 있다면 행복한 부부 관계를 회복하기 위해서는 우선 그 원인을 찾아야 한다. 악성 사이클 수준은 부부가 서로 조심하려고 애쓰면 약해질 수 있고, 서로 화를 내고 맹렬한 비난을 퍼붓거나 소리를 지르면 더욱 강력해질 수 있다. 심지어 그보다 더 안 좋을 수도 있다. 어떤 악성 사이클에 놓였든 간에 중요한 점은 한 사람 또는 두 사람 모두 고의든 실수든 가끔 어리석고 미친 짓으로 상대방을 화나게 할 때가 있는데, 그 이유가 대부분 아내는 사랑받지 못해서, 남편은 존경받지 못해서라는 것이다.

### 오늘 밤 잠자리, 할까 말까? 누가 정하지?

하나님이 부부에게 악성 사이클을 일부러 계획하시진 않았지만, 어느 부부든 얼마간은 반드시 그런 시간을 겪는다. 사실 고린도전서 7장 28절에서 바울도 결혼한 사람들에게 "육신에 고난이 있을 것(will face many troubles in this life _NIV)"이라고 명백히 밝히고 있다. 살다 보면 다양한 고난을 만날 것이다. 가장 흔한 고난 가운데 하나는 아무리 훌륭한 남편도 아내에게 사랑 없이 말하고 행동할 때가 있고, 아무리 훌륭한 아내도 남편을 존중하지 않는 말이나 행동을 할 때가 있다는 것이다. 결혼한 사람이라면 누구나 알고 있듯이, 살다 보면 그런 일이 일어날 만한 상황은 굉장히 많다.

고린도전서 7장 앞부분에서 바울은 부부 사이에 가장 흔하게 부딪치는 성관계 문제에 대해 이야기한다. 그는 분명하게 "아내는 자기 몸을 주장하지 못하고 오직 그 남편이 하며 남편도 그와 같이 자기 몸을 주장하지 못하고 오직 그 아내가 하나니"(4절)라고 말한다.

바울은 부부가 성관계 문제로 서로 냉담해진 경우를 염두에 두고 말한 것 같다. 그러니까 오늘 밤에 잠자리를 할지 말지를 누가 결정하는지와 같은 문제 말이다. 남편이 잠자리를 강요한다면, 아내는 자신이 이용당하거나 사랑받지 못한다고 느끼지 않을까? 아내가 거절한다면, 남편은 무시당한다고 생각하지 않을까? 부부라면 누구나 이런 비슷한 상황을 잘 알고 있다. 이런 상황은 거의 부부싸움으로 돌변하기 쉽다. 사랑받지 못한다고 느낀 아내는 이렇게 남편을 비난한다. "당신은 항상 자기 자신만 생각해요. 내 기분은 전혀 안중에도 없고요." 아내가 자기를 무시하고 자기 욕구를 무참히 거절했다고 생각한 남편은 상처를 받는다. 그리고 다시 아내에게 거칠고 무뚝뚝하게 대답한다. "그래요, 당신은 항상 골치 아프다는 말만 하죠. 매일 애들만 생각한다니까요. 난 그저 돈 벌어 오는 기계일 뿐이라고요!"

이런 격한 말들은 분명 악성 사이클을 빠르게 악화시킨다. 그러나 처음부터 작정하고 그런 의도로 말하는 사람이 있을까? 물론 없을 것이다. 사람들은 대부분 배우자에게 좋은 의도를 품고 있다. 오히려 좋은 일만 있기를 바라지, 배우자를 괴롭히려고 마음먹는 사람은 거의 없을 것이다.

그러면 "오늘 밤 잠자리를 할지 안 할지" 문제는 어떻게 할 것인가? 선한 의도를 가진 두 사람이 이 문제를 어떻게 다뤄야 둘 다 사랑받고 존경받는다고 느낄까? 우리는 유진 피터슨이 고린도전서 7장 3-4절을 해석한 내용에서 좋은 단서를 찾을 수 있다. "부부의 잠자리는 서로를 위한 자리가 되어야 합니다. 남편은 아내를 만족시키기 위해 힘쓰고, 아내도 남편을 만족시키기 위해 힘써야 합니다. 부부관계는 '자신의 권리를 주장하는' 자리가 아닙니다"(메시지).

피터슨이 "서로를 위한 자리"라고 표현한 말에서 우리는 서로가 유익을 누리는(win-win) 상황을 떠올릴 수 있다. 악성 사이클이 힘차게 돌아갈 때, 부부는 한쪽은 이익을 누리고 다른 한쪽은 손해를 본다는(win-lose) 사고방식을 품게 된다. 그러나 사랑과 존경을 추구하는 배우자는 여러 노력과 방법으로 악성 사이클에서 벗어나 서로가 유익을 누리는 상황을 만들 수 있다. 사랑과 존경을 실천하는 부부는 서로가 확연히 다르다는 것을 안다. 즉 아내는 핑크로 보고 듣고 남편은 블루로 보고 듣는 것을 알고 있다. 이런 차이를 이해하려면 배우자가 보내는 메시지에 암호가 들어 있다는 것을 깨닫고, 그 암호를 해독하는 법을 배워야만 한다.

## 싸움의 '진짜 이유'는 따로 있다

부부라면 누구나 작은 갈등이 큰 싸움으로 번진 경험이 있을 것이다. 왜 그렇게 일이 커졌는지조차 잘 모르면서 말이다. 그런 경우 대부분 사람들은 배우자를 탓한다. "아내가 그렇게 예민하지만 않았어도 일이 이만큼 커지진 않았을 텐데……", "남편은 정말 까다롭다니까!" 그런데 사실 진짜 이유는 따로 있다. 예를 들어 전화도 없이 저녁 식사 시간에 늦은 남편을 향해 아내가 울면서 사랑도 없는 냉혈한이라고 비난한다고 하자. 이 경우에서 문제는 남편이 늦게 왔다는 사실이나 늦는다고 성실하게 연락을 안 했다는 사실에 대한 아내의 맹렬한 비난이 아니다. 아내가 남편에게 사랑받지 못한다고 느낀 것, 화가 난 아내에게 성격을 공격당한 남편이 무시당했다고 느낀 것이 결국 이 부부가 싸우는 진짜 이유다. 사실 아내도 남편이 일 때문에 가끔 늦을 수밖에 없다는 것쯤은 알고 있다.

배우자가 서로 자신의 욕구만 생각하고 상대방의 욕구를 고려하지 않을 때, 악성 사이클에 들어서기 시작한다. 거기서 문제가 발생하는 것이다. 아내는 사랑받고 싶을 뿐이지 남편을 무시하려던 게 아니다. 남편은 존경받고 싶을 뿐이지 아내에게 애정이 없는 게 아니다. 겉으로 드러난 문제는 진짜 문제가 아니다. 이런 사랑과 존경의 기본 개념을 이해했다면 부부 대화에 담긴 암호를 풀 준비가 된 것이다.

## 배우자의 공기호스를 밟지 말라

악성 사이클을 늦추거나 멈추려면, 인간에게 숨 쉴 공기가 필요하듯 아내에게는 반드시 사랑이 필요하다는 사실을 아는 것이 중요하다. 이런 모습을 한번 그려보자. 아내는 사랑 탱크에 연결된 호스로 숨을 쉬고 있다. 그런데 남편이 사랑 없는 행동으로 아내가 숨 쉬고 있는 호스를 밟거나 비튼다면, 눈앞에서 숨이 막혀 얼굴이 하얗게 질리는 아내를 보게 될 것이다. 공기호스가 막힌 아내는 이렇게 소리칠 것이다. "나는 지금 당신에게 사랑을 공급받지 못하고 있어요. 도대체 나한테 왜 이러는 거예요?"

동일하게 아내도 사랑과 존경이라는 맥락에서 이런 그림을 그려볼 수 있다. 남편은 존경 탱크에 연결된 호스로 숨을 쉰다. 그 호스로 아내의 존경이 공급되는 동안은 괜찮다. 그러나 날카로운 비난 때문에 호스가 잘리거나 비틀리면, 다시 말해서 아내에게 공급받던 존경이 새버리거나 중지되면 남편은 부정적인 반응을 보인다. 가장 깊은 필요가 채워지지 않기 때문이다. 자신의 호스가 어쩌다 막히거나 베였다고 해서 상대방에게 같은 방식으로 대응한다면, 결국 두 사람 모두 호스가 막히면서 악성 사이클이라는 전쟁이 시작된다!

"남자는 블루로 보고 듣고 여자는 핑크로 보고 듣는다"는 말처럼 두 사람이 아주 많이 다르다는 사실을 아는 것이 매우 중요하다. 상대방의 메시지를 해독하는 과정은 반드시 필요하다. 상대방의 사랑 탱크와 존경 탱크에 연결된 공기호스를 밟지 않도록 주의를 기울이는 일도 매우 중요하다. 그러나 이 모든 것을 다 알아도 남편이 아내를 조건 없이 사랑하고 아내가 남편을 조건 없이 존경하겠다고 결심하지 않는다면 결혼생활에 별 유익을 주진 못할 것이다.

### "조건 없이"란, 말 그대로 "무조건"이라는 뜻이다

아내들은 '조건 없는 사랑'이라는 말을 큰 어려움 없이 이해한다. 하나님은 여자를 사랑하는 존재로 만드셨다. 그래서 아내는 남편을 진심으로 사랑하지만, 남편이 보이는 사랑 없는 행동 때문에 때로는 남편을 존경할 수 없다고 말한다. 남편이 존경할 만해야 계속 존경할 수 있다고 말이다. 사랑이 가장 중요하다. 아내는 남편이 마땅히 해야 할 바대로 사랑해 주기만 하면 모든 일이 잘 풀릴 거라고 말한다.

아내에게 '조건 없는 존경'이라는 개념은 모순되는 말처럼 들린다. 그러나 남편이 존경할 만해야 한다는 조건을 계속 내세우는 것은 서로가 손해를 보는 상황으로 남편을 몰아내는 것이다. 남편에게 자신이 원하는 대로 조건 없이 사랑해 주고, 또한 존경할 수 있을 만큼 존경스러워야 한다고 계속 요구한다면, 남편은 곧 포기하고 마음의 문을 닫아

걸으며 이렇게 말할 것이다. "나는 절대 당신을 만족시킬 수 없어요."

남편을 조건 없이 존경하기 힘든 가장 큰 이유는 아마 여자는 핑크로 보고 듣고 남자는 블루로 보고 듣기 때문일 것이다. "우리 부부는 생각이 매우 달라요. 남편이 말하는 존경이나 존경하지 않는 것이 무슨 뜻인지 저는 전혀 모르겠어요." 이 아내의 표현은 정확하다. 에베소서 5장 33절에서 그 문제에 대한 답을 찾기 전까지 오랫동안 이런 부부들을 돕는 일이 몹시 힘들었다. 그런데 하나님이 정확한 답을 주셨다. "그래. 남편과 아내는 매우 다르단다. 바로 그렇기 때문에 남편과 아내가 무조건 사랑하고 존경해야 하는 거지."

그 사실을 발견한 후 나는 흔쾌히 아내들에게 이렇게 충고한다. "남편에게 사랑받는 가장 좋은 방법은 남편이 존경할 만하든 아니든 무조건 남편을 존경하는 것입니다." 여자는 존경이 뭔지 알아야 하고 존경하는 법을 배워야 한다. 남자에게 가장 중요한 것이 바로 존경이기 때문이다. 마찬가지로 남편이 가장 두려워하고 싫어하는 것은 바로 아내의 경멸이다. 아마 한 인간으로서 자신을 무시하는 아내에게 사랑과 애정을 느끼는 남편은 없을 것이다.

그렇다면 남편의 악한 행동도 조건 없이 존경해야 하는가? 내가 말하는 조건 없는 존경이란, 사랑스럽지 않은 아내를 사랑하는 태도로 대해야 하는 것처럼 존경스럽지 않은 남편일지라도 존경하는 것이다. 그렇지만 이렇게 말하는 것은 아니다. "내게 화내고 말도 하지 않으려는 당신을 존경해요." 이 말은 남편이 이렇게 말하는 것과 같다. "잔소리하고 비난하는 당신이 정말 사랑스러워요." 죄 된 행동을 사랑하고 존경하라는 게 아니다. 적절하지 못한 행동을 지적할 때에도 사랑하고 존경하는 태도로 해야 한다는 뜻이다.

조건 없는 사랑과 마찬가지로 조건 없는 존경도 내가 사용하는 단어와 말투가 상대방에게 어떻게 들리고, 내 표정이나 동작이 어떻게 보이는지가 중요하다. 남편이 존경할 수 없을 만한 인물일 수도 있다. 그렇다고 남편을 경멸하는 것은 장기적으로 볼 때 매우 비효율적이며 비성경적이다. 사랑해 주지 않는 남편을 존경할 수 없듯, 경멸하는 아내를 좋아할 남편은 없다. 물론 사랑스러운 아내를 사랑하기란 쉬운 일이다. 그렇지만 아내를 사랑하라는 하나님 말씀은 아내가 사랑스러울 때에만 그렇게 하라는 조건을 달고 있지 않다.

### 남편을 존경하기 두려운 아내

아내들은 조건 없이 남편을 존경해 주면 남편이 자기를 현관 깔개 취급하거나 더 악해질지도 모른다고 두려워한다. 페미니스트들은 오랫동안 이런 목소리에 힘을 실어왔다. 그러나 나는 그 말에 동의하지 않는다. 근본적으로 선한 의도를 가진 남편은 아내를 섬기고 싶어한다. 아내를 위해서라면 심지어 죽을 수도 있다. 아내에게 존경받는 남편은 대부분 왕자라도 된 듯 기분이 좋아져서 아내가 그토록 바라는 조건 없는 사랑을 보여주고 싶어할 것이다. 현관 깔개나 몸종이 아닌 사랑스러운 공주처럼 아내를 떠받들 것이다.

왕자와 공주에 빗대어 좀 더 말하자면, 성경적인 질서로 볼 때 남편(왕자)은 "동등한 가운데 먼저"(first among equals)다. 이것은 책임을 말하는 것이지 권리를 말하는 것이 아니다. 남편과 아내는 하나님 앞에 동등하다. 그러나 아내를 섬기고 보호하며, 필요하다면 아내를 위해 죽을 각오를 하도록 먼저 부르심을 받은 자는 남자다. 남자는 본능적으로 이것을 알고 있으며 그 책임을 다하고 싶어한다. 반면 아내(공주)는 본능적으로 "중요성에 있어서 우선"(first in importance)하길 갈망한다. 아내에게 그보다 더 기분 좋고 신나는 일은 없다. 이 갈망은 이기적인 것이 아니라 하나님이 주신 본능이다.

아내는 동등한 가운데 남편을 앞에 놓고, 남편은 아내를 가장 중요한 자리에 놓는 관계가 균형 잡힌 부부 관계며, 그런 부부에게는 악성 사이클이 돌지 않는다. 물론 이렇게 균형을 잡기란 쉽지 않다. 특히 오랫동안 악성 사이클 가운데 살아온 부부는 더욱 그렇다.

아내는 다시 옛 습관을 따라 남편이 존경받을 만한 사람이 되길 바란다. 그러면 남편은 기가 꺾여 '쳇, 이게 다 무슨 소용이람?'이라고 생각한다. 그러고는 으레 "동굴로 숨기"(보통 여자들이 가장 질색한다는 "말 안하기")라고 잘 알려진 소심한 모습으로 돌아가기 십상이다. 남편을 조건 없이 존경하려고 노력하던 아내도 어느 순간 남편을 진심으로 존경하고 있지 않다고 느끼면서 자신이 위선을 떠는 것 같다는 생각이 든다. 그리고 남편이 사랑해 주지 않아서 받은 옛 상처가 생각나면서 '남편을 진심으로 용서할 수 있을까?'라는 의문이 들기도 한다. 그러면 자연스럽게 남편에게서 멀어지고 싶어진다. 아내가 더 이상 남편을 존경할 수 없다면 아무 소용이 없다. 아내는 남편이 또 일을 다 망쳤다며 비난하고, 남편은 '누가 이런 여자를 사랑할 수 있겠어!'라고 생각할 테니 말이다.

## 악성 사이클을 꼼짝 못하게 하는 활력 사이클

악성 사이클을 느리게 하거나 멈출 수 있는 방법이 있다. 하지만 악성 사이클에서 완벽하게 벗어날 수는 없다. 이 주기는 언제라도 다시 시작될 수 있고, 보통은 다시 시작된다. 서로가 서로를 위하는 행복한 부부조차 악성 사이클에 오를 때가 있다. 악성 사이클을 꼼짝 못하게 하는 좋은 방법이 바로 활력 사이클에 오르는 것이다. 활력 사이클은 다음과 같이 요약된다.

남편의 사랑은 아내의 존경을 불러일으킨다.<br>
아내의 존경은 남편의 사랑을 불러일으킨다.<br>
HIS LOVE MOTIVATES HER RESPECT.<br>
HER RESPECT MOTIVATES HIS LOVE.

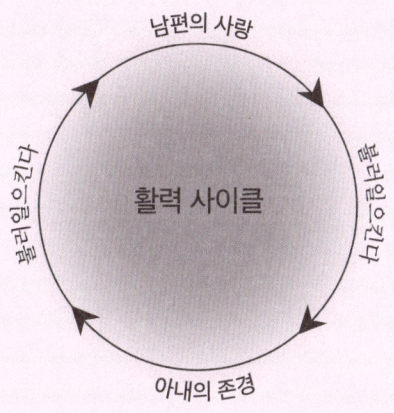

사랑과 존경 원리를 실천하는 부부는 활력 사이클에 오르게 된다. 아내를 사랑하기 위해 남편은 아내를 사랑하는 여섯 가지 방법인 C-O-U-P-L-E이라는 원리를 실천해 볼 수 있다.

C _Closeness(친밀감) 아내는 남편과 친밀해지길 원한다. 남편처럼 성관계를 원할 때만 그런 게 아니다.

O _Openness(솔직함) 아내는 남편이 마음을 열고 이야기해 주길 바란다. 입을 닫거나 화를 내거나 무관심한 남편을 원하지 않는다.

U _Understanding(이해심) 아내를 '고치려' 들지 말고 그냥 들어주라. 그리고 정말 화가 난 아내를 이해하라.

P _Peacemaking(평화) "여보, 정말 미안해요"라는 말 한마디가 큰 힘을 발휘한다.

L _Loyalty(충실) 항상 아내만 사랑하며 결혼 서약을 지킬 것임을 아내가 확신할 수 있어야 한다.

E _Esteem(존중) 아내는 자기를 존중해 주고 소중히 여기는 남편을 바란다.

남편을 존경하려면, 남편이 가장 바라는 존경이라는 욕구를 성경적으로 채워줄 수 있는 여섯 가지 원리 C-H-A-I-R-S를 실천해 볼 수 있다.

C _Conquest(정복) 일하고 싶어하는 남편의 욕구를 이해하고 고마워한다.

H _Hierarchy(계급) 아내를 보호하고 부양하고자 하는 남편에게 고마워한다.

A _Authority(권위) 리더가 되고자 하는 남편의 욕구를 인정한다. 남편의 리더십을 무시하지 않는다.

I _Insight(통찰) 남편이 하는 분석과 충고를 주의 깊게 듣는다.

R _Relationship(유대) 친구가 되고자 하는 남편의 욕구를 소중히 여겨 남편과 어깨를 나란히 하는 친밀함을 보인다.

S _Sexuality(성욕) 남편의 성적 욕구에 응해 준다. 남편의 권리를 빼앗지 않는다.

그렇다고 C-O-U-P-L-E과 C-H-A-I-R-S 두 원칙이 모든 것을 치료하는 만병통치약이나 마법 주문은 아니다. 단, 활력 사이클은 당신이 실제로 행할 때 효과를 볼 수 있다.

## 【 C-O-U-P-L-E _남편을 위한 점검 】

남편이 C-O-U-P-L-E 가운데 단 한 가지라도 매일 실천한다면 아내로 하여금 사랑받고 있다고 느끼게 하는 일에 큰 걸음을 뗀 것이다. C-O-U-P-L-E을 얼마나 잘 실천하고 있는지 점검하려면 적어도 일주일에 한 번 정기적으로 성경에 기초한 아래 질문을 해 봐야 한다.

- 친밀감

-나는 아내에게 다가가고 있는가, 아니면 멀어지고 있는가?
-나와 함께하고 싶어하는 아내의 깊은 욕구를 깨닫고 아내와 마주보며 대화할 시간을 따로 갖고 있는가?
-자주 사랑한다고 말하고 칭찬하고 고마워하는가, 아니면 성관계를 원할 때만 그렇게 하는가?

남편은 "그 아내와 합하여"(cleave unto, 창 2:24) 하나 되어야 한다. 마주 대하여 함께 시간을 보낼 때 아내는 남편과 정서적으로 연결되어 있다고 느껴 힘이 생긴다.

- 솔직함

-내 생각이나 문제를 아내와 솔직하게 상의하는가(친밀감에 있어서 이것은 아주 중요한 문제다), 아니면 강하고 능력 있다는 걸 증명하려고 혼자 고민하는가?
-아내가 뭔가 알고 싶어서 물어보면 짜증을 내거나 화를 내진 않는가?
-아내가 관심을 보이거나 궁금해하면 마음을 열고 시원스럽게 보여주는가?

-아내 마음보다 텔레비전이나 신문에 관심을 두지 않는가?

아내를 "괴롭게 하지"(아내에게 분노하거나 성내지, 골 3:19) 말아야 한다. 눈을 딴 데로 돌리거나 혼자 다른 생각에 몰두해 있지 않도록 주의해야 한다. 아내에게 다정하게 대하거나 솔직하게 이야기하고 싶지 않은 것처럼 보여선 안 된다.

- 이해심

-아내가 관심사나 문제를 말하면 그냥 들어주고 편안하게 이야기할 수 있게 하는가, 아니면 옳고 그른 것을 가려 아내를 '고치려' 드는가?
-아내는 단단한 강철이 아닌 깨지기 쉬운 유리와 같다는 사실을 알고 있는가?
-(친밀감과 솔직함의 중요한 부분인) '그냥 나누는 편안한 대화'가 아내가 이해받고 있다고 느끼는 데 중요한 요소라는 것을 더욱 알아가고 있는가?
-나한테 성관계가 중요한 만큼 아내에게는 대화가 중요하다는 것을 이해하는가?

남편은 "지식을 따라"(이해하는 마음으로, 벧전 3:7) 아내와 동거해야 한다. 아내를 이해하고 아내에게 마음 쓰고 있다는 걸 보여주기 위해서 여자로서 아내가 갖는 관심사에 함께 관심을 가져 주어야 한다. 비록 아내 취향에 공감할 수 없을지라도 말이다.

- 평화

-끝까지 대화로 문제를 해결하는가, 아니면 "어지간히 했으면 그만하죠"라고 하면서 넘어가려 하는가?

-상처를 입거나 화가 난 아내에게 "미안해요, 내가 잘못했어요"라고 말하며 잘못을 인정하는가, 아니면 나를 방어하기 위해 나도 화나고 상처받았다며 같이 따지는가?
-내가 진심으로 "미안해요"라고 말하며 사과할 때 아내가 감동하고 그 어느 때보다 나와 하나 됨을 느낀다는 것을 알고 있는가?

하나님이 이렇게 말씀하셨다. "그 둘이 한 몸이 될지니라"(마 19:5). 그래서 남편은 늘 아내와 '하나 될' 방법을 찾아야 한다. 아내와 평화롭게 지내기 위해 노력하고, 갈등이나 논쟁이 있을 때 먼저 사과한다.

• 충실
-오직 아내에게만 신실하다는 걸 표현할 방법을 찾고 있는가, 아니면 '아내도 내가 사랑하는지 아는데 굳이 계속 확인시켜야 하나?'라고 생각하는가?
-오늘날과 같이 '노출'이 심한 세상에서 아내는 나를 믿고 있고 이런 일 쯤은 눈감아줄 수 있다는 생각으로 대놓고 예쁜 여자를 칭찬하지는 않는가, 아니면 아내만을 위해 칭찬을 아껴두는가?
-아내가 한 남자의 여자이듯 나도 한 여자만의 남자라는 것을 아내는 확신하는가?
-그 어떤 것보다 부부의 신의를 지키는 것이 아내의 영혼을 평온케 한다는 사실을 알고 있는가?

성경은 "그는 네 짝이요 너와 서약한 아내로되"(말 2:14)라고 말한다. 따라서 하나님과 아내에게 맹세한 헌신을 반복해서 확신시키는 건 좋은 방법이다.

- 존중

-아내는 자신이 세상에서 가장 사랑받는 귀한 여자라고 느끼고 있는가, 아니면 이 부분에서 내가 더 노력할 것은 없는가?

-가족을 위해 애쓰는 아내의 수고를 당연하게 여기고 있는가, 아니면 가끔 이렇게 말해 주는가? "나와 아이들을 위해 수고하는 당신한테 정말 고마워요. 아마 나라면 절대 당신처럼 잘할 수 없을 거예요!"

-아내에게 생일이나 결혼기념일이 얼마나 중요한지 기억하는가, 바빠서 가끔씩 잊고 지나가지는 않는가?

-아내가 나와 동등한 사람이라고 말해 주는 게 아내에게 얼마나 힘이 되는지 알고 있는가?

　남편은 아내를 "생명의 은혜를 함께 이어받을 자로 알아 귀히 여겨야"(벧전 3:7) 한다. 그러므로 남편은 마땅히 하나님이 자신만큼 아내도 귀하게 여기신다는 것을 표현해야 한다.

　남편들이여, 기억하라. 아내에게 C-O-U-P-L-E이라는 배려를 베풀면 아내 역시 남편에게 C-H-A-I-R-S라는 배려를 베풀고 싶어진다는 것을!

# 【 C-H-A-I-R-S _아내를 위한 점검 】

아내가 C-H-A-I-R-S 원칙 가운데 한 가지라도 매일 실천에 옮긴다면 남편이 무조건 존경받고 있다고 느끼게 하는 데 큰 발자국을 뗀 것이다. 무조건이란 말을 기억하라. 남편이 존경받을 만하거나 존경을 살 만한 일을 해서가 아니라 그렇지 않더라도 넓은 마음으로 아무 조건 없이 존경을 보이는 것이다. 남편이 원하는 존경을 잘 표현하고 있는지 점검하기 위해 정기적으로(적어도 일주일에 한 번) 자기 자신에게 다음과 같은 질문을 해 보라.

• 정복
-일에 대한 남편의 욕심을 내가 지지하는 걸 남편도 알고 있는가?
-나는 남편이 수고하고 애쓰는 일을 지원하는가?
-남편에게 일이 얼마나 중요한지, 즉 일이 그에게 존재의 근원이라는 사실을 이해하는가?
-남편에게 일이 중요하다는 사실을 이해해 주는 것이 남편에게 큰 힘이 되고, 또 그런 이해가 나에 대한 애정을 불러일으킨다는 걸 알고 있는가?

"여호와 하나님이 그 사람을 이끌어 에덴동산에 두어 그것을 경작하며 지키게 하시고"(창 2:15)라는 구절을 통해 남자들이 왜 그토록 일에 강한 의무감과 욕구를 보이는지 이해해야 한다.

• 계급
-나는 남편이 내게 책임감을 갖고 있음을 고마워하고 존중하는가, 아

니면 남자가 여자의 머리라는 성경적인 개념이 책임감이 아니라 군림하는 것처럼 느껴지기 때문에 노골적으로 또는 미묘하게 적대감을 품고 있지는 않은가?
-나는 기꺼이 남편에게 존경한다는 말을 담은 카드를 보내는가?
-가정을 돌보려는 남편의 마음에 어떻게 고마움을 표현할지를 고민하는가?
-가정을 지키고 보호하려는 남편의 헌신이 고맙다고 말하면 남편이 얼마나 감동하는지 잘 알고 있는가?

하나님은 "남편이 아내의 머리 됨이 그리스도께서 교회의 머리 됨과 같음이니"(엡 5:23)라고 정하셨다. 가족을 보호하고 부양하며 심지어 나를 위해 죽을 수도 있는 남편에게 고맙다고 말할 수 있어야 한다.

• 권위
-가족을 보호하고 부양할 책임이 남편에게 있기 때문에 최우선 권한 역시 남편에게 있음을 인정하는가? 부부가 동등한 권리를 가진 '평등한' 결혼생활을 주장하면서도 가정은 남편이 책임져야 한다고 기대하며 '남녀평등'에 반하는 행동을 하고 있지는 않은가?
-남편이 가정에서 리더가 되고 싶어한다는 걸 아는가?
-남편이 나를 인도하게 하는가, 아니면 여러 면에서 내가 낫다는 이유로 내가 주도하는가?
-남편이 51퍼센트의 책임감(나를 위해 죽을 수도 있는)을 가지고 있기 때문에 권위도 51퍼센트 가지고 있음을 동의하는가?

성경은 "아내들이여 자기 남편에게 복종하기를 주께 하듯 하라"(엡

5:22)고 말한다. 아내는 남편에게 보호받고 공급받아야 한다. 서로 타협하기 어려울 때는 하나님이 남편을 인도하실 것을 믿고 남편의 결정에 따를 것임을 알려줘야 한다.

• 통찰
-남편에게 의견이나 판단을 구하는가? 아니면 그냥 내 직감에 따라 행동하는가?
-부부가 한 팀이며, 그렇기 때문에 내 직감과 남편의 통찰력이 모두 필요하다는 사실을 인정하는가?
-정기적으로 남편에게 의견을 구하고 그 의견에 따르는가?
-남편의 의견이나 생각이 나와 다를 때, 내 뜻을 바꿀 생각이 있는가, 남편의 판단을 그 자리에서 거절하는가?
-남편은 옳지 못하고, 죄인이며, 고칠 데가 많으니까 바르고, 착하고, 분명한 내가 고쳐줘야 한다고 생각하지 않는가?
-혹시 내가 남편의 성령이 되려고 하진 않는가?

　성경은 사탄에게 속은 것은 아담이 아니라 하와라고 말한다(딤전 2:14, 고후 11:3). 그러므로 아내는 때로 감정에 잘못 이끌렸는데도 남편의 충고를 무시하고 싶을 때가 있다는 것을 깨달아야 한다.

• 유대
-남편과 나란히 앉아 있는 시간이 얼마나 되는가?
-남편의 친구이자 동료로서 함께하는 일이 있는가?
-남편 옆에서 남편이 좋아하는 야구 경기나 텔레비전 프로그램을 본 적이 있는가?

-남편이 그런 시간을 좋아한다는 것을 알고 있는가?
-남편이 일하는 모습을 그냥 말 없이 옆에 앉아서 지켜본 적이 있는가?

성경은 아내가 어떻게 남편의 애인이자 친구가 되어야 하는지 분명하게 이야기한다(아가서 5장 16절을 보라). 그저 남편과 함께 있는 것만으로도 가치 있는 일이라는 사실을 알아야 한다.

- 성욕

-남편이 원하는 성관계가 사실은 존경에 대한 더 깊은 욕구를 표현하는 것임을 이해하는가?
-내가 원하는 친밀감이나 사랑을 채워주지 않는다고 해서 나도 가끔 남편이 바라는 성관계를 무시하지 않는가?
-관계를 나누기 전에 친밀감을 가져야 한다고 생각하는가, 아니면 성관계를 갖는 것 자체가 친밀감의 한 표현이라고 생각하는가?
-내키지 않을 때에도 남편의 성적 욕구를 해소시키고자 하는 마음이 있는가?

남편은 늘 아내의 사랑을 연모해야 한다(잠 5:19). 남편이 그 부분에서 사탄에게 시험받기 쉽다는 것을 이해하고 남편의 성적 욕구를 채워주려는 아내가 진정 남편을 위하는 사람이다(고전 7:5).

아내들이여, 생각하라. C-H-A-I-R-S의 철자 하나하나가 앞서 설명한 C-O-U-P-L-E에 동기를 부여하는 열쇠라는 것을 말이다.

주의점

"C-H-A-I-R-S"라는 남편의 기본적인 욕구를 존중하는 것이지, 그 부분에서 남편이 잘하고 못하고를 따지는 게 아니다. 예를 들면 "우리 가족을 부양하기 위해 노력하는 당신이 정말 고마워요"라고 말해야지, "이번 달에 번 돈이 충분하진 않지만 그래도 고마워요"라고 말하는 것이 아니다. 그런 말은 아주 터무니없는 것이다.

그런데 그런 말이 반드시 필요하다고 생각하는 아내도 있다. 이렇게 말하는 건 좋다. "내게 조언해 주려고 한 것 고마워요!" 그러나 "당신의 끔찍한 충고 고마워요"라는 말은 비꼬는 것이다.

또한 경솔하게 칭찬하지 않도록 조심할 부분도 있다. "이렇게 풍요롭게 살게 해줘서 고마워요." 또는 "당신 말이 맞더라고요. 당신은 정말 현명해요." 물론 이런 칭찬이 잘못된 것은 아니다.

그러나 남편이 이런 생각을 할 수도 있기 때문에 주의해야 한다. "내가 돈을 잘 벌지 못하거나 내 말이 틀리면 어쩌지? 그래도 아내가 나를 존경할까?" 그런 말은 남편이 이렇게 말하는 것과 비슷하다. "나를 위해 언제나 날씬한 몸매를 유지하는 당신이 정말 사랑스러워요." 아내가 살찌면 더 이상 사랑스럽지 않다는 말인가? 아내가 몸매에 예민한 것처럼 남편은 능력에 민감하다. 그렇기 때문에 아내는 C-H-A-I-R-S로 표현된 영역에서 남편의 능력이 아닌 욕구에 존경을 표현하는 방법을 생각해야 한다.

### 상급 사이클이 필요할 때

악성 사이클을 늦추거나 멈출 수 있다면 괜찮다. C-O-U-P-L-E과 C-H-A-I-R-S를 통해 활력 사이클에 오르는 건 더 좋은 일이다. 그런데 그것만으로 충분하지 않을 때가 있다. 남편이 아내를 조건 없이 사랑하려고 아무리 노력해도 아내가 존경을 보이지 않을 때가 있고, 아내가 아무리 남편에게 조건 없는 존경을 보여도 남편이 사랑을 보이지 않을 때가 있기 때문이다. 바로 이런 경우에 필요한 것이 상급 사이클이다. 상급 사이클은 다음과 같이 요약할 수 있다.

아내의 존경과 상관없이 남편은 아내를 사랑한다.
남편의 사랑과 상관없이 아내는 남편을 존경한다.
HIS LOVE BLESSES REGARDLESS OF HER RESPECT.
HER RESPECT BLESSES REGARDLESS OF HIS LOVE.

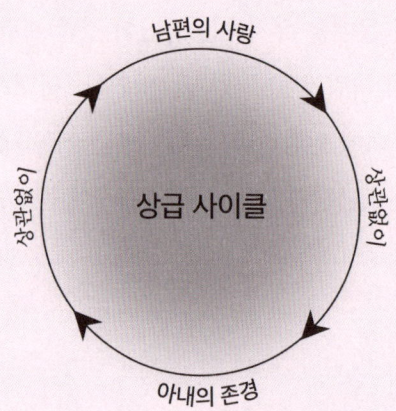

상급 사이클은 아내가 얼마나 존경하는지와 관계없이 아내를 사랑하는 남편을 하나님이 기뻐하신다는 것이다. 남편이 얼마나 사랑하

는지와 관계없이 남편을 존경하는 아내도 하나님이 기뻐하신다. 그리스도를 향한 사랑과 경외로 배우자를 사랑하고 존경하는 사람에게 하나님이 상급을 주신다. 즉 이들의 행동 동기는 바로 예수 그리스도다.

양과 염소의 비유를 통해 예수님은 우리가 하는 행동은 모두 예수님께 하는 것이라고 말씀하신다(마태복음 25장 31-40절을 보라). 에베소서 5장 22절에서 사도 바울은 "주께 하듯" 남편에게 복종하라고 말하며, 에베소서 5장 25절에서는 "그리스도께서 교회를 사랑하시고 …… 자신을 주심같이" 아내를 사랑하라고 말한다. 이 말씀은 진정한 믿음을 가진 남편과 아내라면 항상 예수 그리스도를 염두에 두고 행동한다는 뜻이다.

사랑과 존경 고리가 배우자에게 잘 먹히지 않는다고 말하는 사람에게 나는 이렇게 충고한다. "포기하지 말고 자기 할 도리만 다하라." 하나님의 경륜을 따라 그분께 순종하는 노력은 절대 수포로 돌아가지 않는다. 배우자가 반응을 보이든 안 보이든 하나님은 당신을 축복하신다.

### 성공과 성숙의 비밀

결과와 상관없이 배우자에게 조건 없는 사랑과 존경을 베푸는 것은 하나님을 따르는 것이며, 하나님의 명령과 뜻에 순종하는 것이다. 이것이 바로 상급 사이클이다. 단지 부부 관계를 개선하려고 아내를 사랑하고 남편을 존경하는 것이 아니다. 물론 그런 효과도 있지만, 진정한 목적은 하나님 명령에 순종하고 그분을 신뢰함으로 그분께 사랑과 경외를 보이는 것이다. 사실 상급 사이클은 악성 사이클로 고생하는 부부에게만 필요한 것이 아니다. 궁극적으로는 어느 부부나 하나님과 에베소서 5장 33절 명령에 순종하여 사랑과 존경 원칙을 지켜나가야 한다. 활력 사이클이 힘차게 돌아가고 있어도 늘 그리스도께 눈을 고정해야 한다. 문제가 다 해결된 것 같은 바로 그 순간, 와르르 무너져 내릴 수 있기 때문이다.

상급 사이클을 행할 때 도움이 될 에베소서 6장 7-8절을 암송하라. "기쁜 마음으로 섬기기를 주께 하듯 하고 사람들에게 하듯 하지 말라. 이는 각 사람이 무슨 선을 행하든지 종이나 자유인이나 주께로부터 그대로 받을 줄을 앎이라." 사도 바울이 "주께로부터 그대로 받을 줄을 앎이라"라고 한 말의 뜻을 생각해 보았는가? 이 상급은 이 땅에서 어떤 상황에서도 배우자를 사랑하고 존경하는 사람에게 주신 약속이다. 주님께 순종하는 마음으로 신실하게 사랑과 존경을 실천한다면 이 땅에서 어떤 결혼생활을 누렸든지 간에 하늘나라에서 상상을 뛰어넘는 상을 받을 것이다.

내가 이야기하는 것은 헛된 기대가 아니다. 실제로 30년 넘게 부부 문제를 상담하고 세미나를 해 오면서 나는 믿음의 사람들이 겪는 것이 결혼생활의 위기가 아니라 신앙의 위기라는 사실을 깨달았다. "주께 하듯"이라는 전제 없이 사랑과 존경을 행할 수 있는 사람은 아무도 없다. 그 일이 그렇게 어려울까? 그럴 수 있다. 실패를 거듭하다 보면 단념해 버리고 싶어진다.

그러나 잠언 24장 16절을 적절하게 바꾸어 생각해 보면, "배우자에게 끝까지 신실한 의인은 일곱 번 넘어질지라도 다시 일어날 것이다." 상급 사이클에 있는 부부는 이러한 성공과 성숙의 비밀을 알고 있다. 넘어져도 다시 일어나 또 부딪쳐나간다. 즉각적인 해결을 바라지 않으며, 긴 안목으로 결혼생활을 바라본다. 언젠가 하나님께 "잘하였도다. 착하고 충성된 종아!"(마 25:21)라는 칭찬을 기대하는 마음으로 하나님 명령에 순종하며 살아가는 것이다.

주께 하듯 배우자에게 사랑과 존경을 보이는 상급 사이클로 살아가다 보면 그리스도에 대한 사랑과 경외도 깊어진다. 기억하라. 궁극적으로 결혼은 배우자와의 관계가 아니라 예수 그리스도와의 관계다. 사랑과 존경을 실천하는 진정한 목적은 단순히 악성 사이클을 멈추거나 늦추려는 것도, 배우자로 하여금 자신의 욕구를 채우게 만들려는 것도 아니다. 사랑과 존경을 행하는 궁극적인 이유는 결혼생활을 통해 배우자 너머에 계신 예수 그리스도를 바라보고, 얼굴과 얼굴을 대하여 그분을 보게 될 날을 기대하며, 결혼생활이 그분을 더 사랑하고 경외하는 자리까지 자라게 하는 하나님의 시험대임을 알기 때문이다.

### 지금 이 땅에서도 상급이 주어질 수 있다

상급 사이클은 하늘나라에서의 상급만을 이야기하지 않는다. 지금 이 땅에서 상급을 받기도 한다. 그 상급은 바로, 결혼생활이 더욱 풍성해지고 견고해지는 데 상당한 효과가 있다는 것이다. 악성 사이클을 늦추고 멈추는 법은 알았는데, 그렇게 어느 정도 머물다가 활력 사이클에 오르지 못하고 제자리걸음만 하게 된다고 말하는 부부가 많다. 그러다 다시 서서히 악성 사이클이 시작되다가 오히려 더 악화되기도 한다. 할 수 있는 일은 그저 속도를 조금 늦추는 것뿐이다. 심하게 화를 내는 남편이나 끊임없이 비난을 퍼붓는 아내 때문에 힘들어하는 사람들을 보면 정말 마음이 아프다. 그러나 이들에게 필요한 것은 동정이 아니다. 받아들이고 순종하기 어렵더라도 실질적인 도움과 건전한 충고가 필요하다.

지금 이 땅에서 상급 사이클의 혜택을 누리기 위해 필요한 것은 한마디로 조건 없이 사랑하고 존경하는 것이다. 심지어 나도 이 충고가 필요할 때가 있다. 사라와 매우 행복한 부부 관계를 누리고 있지만, 그래도 때로는 상급 사이클에서 벗어날 때가 있다. 그럴 때 나는 사라가 내 행동의 원인이 아니며 단지 사라를 통해 내가 어떤 사람인지 드러날 뿐이라는 것을 생각한다. 사라에게 사랑을 베풀 수 없다면 아직도 내 안에 문제, 즉 성숙해져야 할 부분이 남아 있다는 뜻이다. 그런 경우 나는 둘 중 하나를 선택할 수 있다. 성숙하지 못했다고 인정하거나, 내가 희생자라며 억울해하는 것이다. 만약 희생자라고 생각한다면 나는 아내나 주변 상황, 그 어느 것이든 비난할 수 있다. 그러나 스스로 억울한 희생자라고 생각한다면 더 이상 성숙할 수 없다.

그러면 사라가 정말 잘못한 경우는 어떨까? 존경하지 않는 태도로 대하는 사라 때문에 화나고, 속상하고, 상처 받아서 나도 무뚝뚝하게 대하는 것은 '당연한' 일 아닌가? 그러나 그런 생각은 또다시 희생자라는 피해의식으로 돌아가는 것이다. 누구 잘못이든 간에 사라에게 치료나 위로를 바랄 수는 없다. 오직 주님만이, 오직 주님을 신뢰하는 것만이 위로가 되고 치료가 된다. 다른 사람들처럼 나도 사랑과 존경의 원리라는 열쇠를 거머쥐고 놓치지 않기 위해 노력해야 한다. 배우자가 아무리 나를 화나게 하고 짜증나게 해도 어떤 반응을 보일지는 내가 선택할 몫이다.

### 선택은 언제나 당신 몫이다

요한복음 8장에서 바리새인들과 함께 예수님이 누구이고 왜 그들이 주님을 따라야 하는지 열띤 논쟁을 벌이실 때, 예수님은 진정한 영적 자유의 비밀을 말씀하신다. "너희가 내 말에 거하면 참으로 내 제자가 되고 진리를 알지니 진리가 너희를 자유롭게 하리라. …… 그러므로 아들이 너희를 자유롭게 하면 너희가 참으로 자유로우리라"(요 8:31-32,

36). 예수님 말씀은 그때나 지금이나 변함없이 유효하다. 배우자가 아무리 당신을 힘들게 해도 당신 자신을 조종할 수는 없다. 당신 행동은 당신 손에 달렸다. 물론 실망하고, 좌절하고, 분노할 수 있다. 그러나 어떻게 행동할지는 늘 당신 선택에 달려 있다. 실망했지만 남편을 계속 높일 수도 있고 아니면 무시할 수도 있다. 화가 났지만 아내에게 계속 사랑을 보일 수도 있고 아니면 냉정하게 대할 수도 있다.

나 자신이 그리스도 안에서 자유로우며 더 이상 악성 사이클로 이어지던 부정적인 반응의 노예가 아님을 아는 것만으로도 큰 힘이 된다. 남편이 전혀 사랑 없이 대하는 순간에도 아내는 그리스도께 순종하는 마음으로 무조건 존경할 수 있다. 남편도 마찬가지다. 아내가 무시하는 순간에 그리스도에 대한 순종으로 무조건 사랑할 수 있다면 진정한 의미에서 아내를 얻을 수 있다.

살면서 시험은 반드시 오게 되어 있는데, 이럴 때 상급 사이클에서 "항상 선택은 당신 몫"이라고 말하는 것을 이제 이해할 수 있을 것이다. 갈등은 피할 수 없다. 함께 살아가는 삶의 한 부분이기 때문이다. 작은 갈등이 악성 사이클로 번지지 않게 하는 열쇠는 내가 먼저 사랑하고 존경하기로 선택하는 것이다. 부부싸움을 하더라도 남편이 계속 사랑이 담긴 말투로 말한다면, 작은 말다툼이든 심한 의견 차이든 아내는 남편과 하나라고 느낄 것이다. 갈등 중에도 아내가 부드러운 표정과 존경하는 태도로 대한다면 남편 역시 아내와 하나라고 느낄 것이다. 그러면 갈등이 해결될까? 해결될 수도 있지만 그렇지 않을 가능성이 더 높다. 그러나 이긴 사람도 진 사람도 없기 때문에 두 사람이 하나가 될 수는 있다. 부부싸움에서 누가 이기고 지는가는 중요하지 않다. 하나 되는 것이 중요하다.

사랑과 존경은 평생에 걸친 작업이지만, 혼자 가는 길은 아니다. 그리스도 안에서 우리는 참으로 자유롭기 때문에(요 8:36) 배우자의 행동에 관계없이 사랑하거나 존경하기로 성숙하게 선택할 수 있다. 그러나 끊임없이 그분에게 도움을 구해야 한다. 예수님을 떠나서 우리는 아무것도 할 수 없다(요 15:5). 하나님께 도움을 구한다는 건 기도한다는 뜻이다. 갖고 싶은 목록을 나열하는 기도를 말하는 것이 아니다. 상급 사이클에서 드리는 기도란 이런 기도다. "주님, 주님 마음에 합한 것을 행하기 원합니다. 당신이 원하시는 것을 내 안에 채워주십시오."

## 핑크와 블루가 섞이면 하나님의 색 보라가 된다

사랑과 존경 세미나에서 가장 자주 사용하는 개념은 바로 남자와 여자를 블루와 핑크로 비교하는 것이다. 여자는 핑크 선글라스와 보청기로 보고 듣고, 남자는 블루 선글라스와 보청기로 보고 듣는다고 비유하면 사람들이 더 빨리 이해한다. 한마디로 남자와 여자는 매우 다르다. 그런데 핑크와 블루가 섞이면 보라색이 된다. 보라색은 바로 하나님의 색, 왕의 색이다. 핑크와 블루가 함께 섞이는 방법은 에베소서 5장 33절에 나온다. "[모든 남편은] 자기의 아내 사랑하기를 자신같이 하고 아내도 자기 남편을 존경하라." 이 말씀대로 사는 것은 두 사람이 하나 되어 하나님의 형상을 이루는 지름길이 될 것이다.

그렇지만 늘 의견 차이와 오해가 생기는 세상에서 날마다 이 말씀을 따르려면 서로에게 헌신해야 한다. 사랑과 존경 세미나를 마칠 즈음에 남편과 아내에게 낭송케 하는 기도문이 있다. 이 기도문은 상급 사이클과, 사랑과 존경으로 이루어진 결혼생활을 요약한 것이다. 에베소서 5장 33절대로 살아가는 것은 부부가 서로 섞여 하나님의 형상을 회복하는 지름길이다.

사랑하는 아버지,

주님의 도움이 필요합니다. 저는 온전히 사랑하거나 온전히 존경할 수 없습니다. 그러나 제가 도움을 구할 때 언제나 듣고 계심을 압니다.

먼저, 제가 사랑하지 않고 존경하지 않은 것을 용서하여 주십시오. 그리고 사랑해 주지 않거나 존경해 주지 않는 배우자를 용서할 수 있도록 도와주십시오. 당신께 제 마음을 엽니다. 이제 저는 나 자신과 배우자를 완전히 새로운 눈으로 볼 것입니다. 그리고 배우자가 틀린 것이 아니라 다른 것에 감사하겠습니다.

주님, 당신을 향한 사랑과 경외로 제 가슴을 채워주시옵소서. 제 결혼생활은 저와 배우자의 관계만이 아니라 궁극적으로 당신과의 관계입니다. 이 진리를 알게 하셔서 감사드립니다. 그리고 당신께 하듯 배우자에게 행할 때 가장 큰 상급을 받는다는 사실도 알게 하셔서 감사합니다.

피할 수 없는 갈등을 이길 수 있도록 준비시켜주십시오. 특히 제가 사랑받지 못한다거나 존경받지 못한다고 느낄 때조차 사랑하고 존경할 수 있는 마음을 주시길 기도합니다. 아마 그렇게 하는 것이 쉽다면 상급도 없을 것입니다.

마지막으로 주님, 제 기도를 들으심을 믿습니다. 또한 기도에 응답하실 것을 기대합니다. 제가 사랑과 존경의 부부 관계에서 한걸음 더 나아가게 하실 것을 믿고 감사드립니다. 주님이 제게 힘주시고 축복하시며, 당신에게 하듯 아름다운 결혼생활을 만들어갈 때 상급을 주실 것도 믿습니다.

예수 그리스도 이름으로 기도합니다. 아멘.

앞으로 세 장에 걸쳐 우리는 부부가 서로를 이해하고 더 원활한 의사소통을 하는 데 꼭 알아야 할 세 가지 사실을 말할 것이다.

첫째, 어느 부부든 입에서 흘러나오는 말이 가장 큰 문제다. 예수님도 마음에 가득한 것을 입으로 말한다고 분명히 말씀하셨다(누가복음 6장 45절을 보라).

둘째, 남편과 아내는 블루와 핑크만큼 서로 전혀 다르다. 남편과 아내는 누구 한 사람이 틀린 것이 아니라 서로 다를 뿐임을 아는 것이 매우 중요하다. 남녀는 신체기능, 외모, 관점까지 서로 매우 다르다.

셋째, 배우자가 나를 화나게 하고, 비열하게 굴지라도 마음 안에는 선한 의도를 가지고 있다. 배우자가 나를 사랑하지 않는 태도를 보이거나 존경하지 않을 때라도 여전히 마음속으로는 나를 향해 좋은 뜻을 가지고 있음을 신뢰해야 한다.

Part 1.

부부 대화에서
잊지 말아야 할 세 가지 사실

"칼로 찌름같이 함부로 말하는"(잠 12:18)
당신 말을 배우자는 듣지 않을 것이다.

chapter 01

# '말'이 배우자를
# 찌르는 무기가 된다

"회초리와 돌멩이는 뼈를 부러뜨리지만, 말은 심장을 찢어놓는다"라는 말처럼 해마다 수천 쌍이 넘는 부부를 상담해 오면서, 나는 말이 단지 상처만 주는 게 아니라 관계까지 파괴하는 걸 수도 없이 보았다.

사라와 나도 말이 지닌 힘을 아주 잘 알고 있다. 우리 부부 역시 결혼 초기에 경솔한 말, 사랑 없는 말, 무시하는 말, 화가 나서 내뱉은 말을 이미 다 경험했다. 서로 많이 사랑하고 함께 사역에 헌신한 사람들인데도 말이다. 실제로 이런 사건이 있었다.

둘 다 20대 초반이고 결혼한 지 일 년도 채 되지 않을 때 일이다. 우리는 함께 일리노이 주 피오리아에 살고 계신 부모님 댁에 가게 되었다. 집에 도착해서 짐을 풀고 저녁이 되어 잠을 청하려는데 문득 콘택트렌즈 보관통을 가지고 오지 않았다는 게 생각났다. 렌즈를 넣어둘 만한 것을 찾으러 부엌으로 내려간 나는 컵 두 개를 가지고 올라왔다. 그리고 컵에 물을 붓고 렌즈를 담아 화장실 변기 물통 위에 나란히 놓아두었다.

다음 날 아침, 렌즈를 끼려는데 컵 하나가 비어 있었다. 물도 렌즈도 사라져 버린 것이다! 어떻게 된 일일까 생각하는데 아무래도 사라가 의심스러웠다. 화가 머리끝까지 치솟은 나는 문을 열고 소리쳤다. "사라, 변기 위에 둔 컵 속에 내 렌즈가 있었는데 도대체 어떻게 한 거예요?"

부모님과 함께 안뜰에 있던 사라는 처음에는 모르는 일이라고 했다. 그러다가 잠시 후, 이렇게 말했다. "이런, 맙소사! 밤중에 일어나서 컵에 든 물로 약을 먹었어요."

그 순간 나는 눈앞이 깜깜해졌다. "뭐라고요? 어떻게 그럴 수 있어요? 그런 짓을 하는 사람이 어디 있어요? 변기 위에 컵을 나란히 놓아뒀는데! 세상에, 내 렌즈를 삼켜 버렸다고요?"

이제 사라도 화장실로 와 있었다. 바로 범죄 현장에 말이다. 화장실 문이 열려 있어서 부모님도 우리가 싸우는 소리를 다 들을 수 있었다. 내가 화를 내자 사라는 자존심이 상한 것 같았다. 부모님이 듣고 있는 자리에서 아내를 그렇게 대하는 데 화가 난 것이다. "상식이 있는 사람이면 먼저 다른 사람한테 알려줘야 하는 거 아닌가요? '사용하지 마시오'라는 메모 정도는 해 둬야 하는 거 아니냐고요."

"아니, 변기 위에 놓여 있는데다 누가 쓴 것처럼 보이는 컵에 든 물을 마시는 사람이 어디 있어요?" 나는 이해할 수가 없었다.

"누가 쓰라고 일부러 갖다 놓지 않으면 컵이 왜 거기 있겠어요?" 사라가 대답했다. 그런 식으로 싸움은 계속되었고 상황은 더욱 나빠졌다. 우리 부부를 더 낙담시키고 화나게 한 건 바로 콘택트렌즈를 다시 맞출 돈이 없다는 것이다. 그 당시만 해도 콘택트렌즈는 상당히 비싼 제품이었다. 게다가 내가 렌즈 없이 글을 읽거나 운전을 할 수 있을지도 걱정이었다.

점차 마음이 가라앉자 아내에게 그런 식으로 화를 낸 나 자신이 어리석게 느껴졌다. 게다가 부모님이 듣고 있는 자리에서 화를 냈으니 말이다. 끝내 사라와 나는 함께 기도하고 부모님께도 함께 기도해 달라고 부탁했다. 사라도 나도 서로에게 화를 낸 것에 대해 용서를 빌었다. 우리는 로마서 8장 28절 약속을 붙잡고 기도했다.

하나님을 사랑하는 자에게는 모든 것이 합력하여 선을 이룰 것이라던 약속을 하나님은 분명하게 이루어주셨다. 그 결과는 이 책 마지막 부분을 위해 아껴두려고 한다. 어찌되었든 그 일로 사라와 나는 함께 살아가는 법, 서로를 사랑하는 법을 배워나갔다. 그러나 다음에는 또 어떤 일로 싸우게 될까 하는 긴장은 여전히 남아 있었다.

## 행복한 여정이 자동차 충돌 경기로 변해 버리다

우리는 부부 사이가 나쁘지 않은 편이다. 그러나 팽이가 돌듯 순간순간 부부 사이가 빙빙 꼬여서 혼란하고 당황스러울 때가 있다. 꿈결 같은 사랑에 빠진 연인이 결혼이라는 놀라운 여정을 시작했는데 곧 아주 사소한 몇 마디 말 때문에 그 행복한 여정이 갑자기 8자형 도로에서 벌어지는 자동차 충돌 경기(고물 자동차끼리 서로 박치기하다가 끝까지 주행하는 마지막 한 대가 우승하는 경기 _옮긴이)로 바뀌어 버리는 것과 같다. 서로 부딪쳐 멍들고 상처를 입는다. 말로 서로를 때리고 아프게 한다. 참 역설적이게도 그런 우리가 결혼 상담 영역에서 사역하게 되었다.

집에서 내가 듣기도 하고 말하기도 해서 상처를 주고받은 말들이 있는데, 도움을 청하러 사무실을 찾은 많은 부부에게서 그런 말들을 다시 듣는다. 물론 더 심한 말도 있다. 보통 아내 혼자 오는 경우가 많다. 함께 오고 싶어하는 남편이 드물기 때문이다. 극심한 고통과 아픔에 시달린 아내는 눈물을 쏟으면서, 부부 관계를 더 나아지게 하고 남편을 향한 사랑의 감정을 회복할 수 있는 방편을 구한다.

그러면 나는 남편이 아내를 더 사랑하게 할 전략을 짜준다. 아내들은 부부 관계를 개선시켜보겠다는 새로운 결심을 다지며 떠난다. 그러나 거의 대부분 더 큰 상처와 거절을 경험하고 다시 돌아온다. "남편은 나랑 얘기도 안 해요", "남편은 화만 내요", "남편 말에 상처만 더 깊어졌어요."

그런데 더 놀라운 사실은 아내들이 곧바로 이렇게 고백하는 것이다. "저도 제가 남편에게 못되게 군다는 건 알아요", "저도 제가 좀 더 긍정적이어야 한다는 건 알고 있어요", "저도 제 말에 남편이 마음을 닫아버린다는 건 알아요."

그리고 나선 꼭 이렇게 덧붙인다. "그렇지만 제 말을 곧이곧대로 들으면 안 된다는 걸 남편은 왜 모르죠? 그저 속이 상했다는 걸 알아주기만 하면 되는데. 목사님, 왜 남편은 저를 이해하지 못하는 걸까요? 왜 제 마음을 몰라주죠? 왜 저를 사랑해 주지 않나요?"

## 세 가지 부부 관계 주기를 발견하다

이런 비슷한 이야기가 끝없이 반복되었다. 사랑받지 못해 힘들어하는 아내들을 돕는 일은 절망스러울 정도로 어려웠다. 아내들이 남편을 비난하는 이유는 이해할 만하다. 그러나 남편을 비난할수록 아내에 대한 사랑을 더 잃게 만드는 역효과만 낳을 뿐이다. 그러던 어느 날, 서재에 있는데 문득 이런 질문이 떠올랐다. "성경은 남편이 아내를 더욱 사랑하고 싶어지게 하려면 어떻게 하라고 말하고 있을까?" 성경을 가르치는 목사인 내가 그토록 명백한 질문을 왜 이제까지 한 번도 하지 않앉을까! 나는 답을 찾기 위해 에베소서를 펼쳐 보았다. 특히 5장 22-33절은 결혼생활에 대해 아주 훌륭한 가르침을 담고 있기 때문이다. 결론은 이랬다. "너희도 각각 자기의 아내 사랑하기를 자신같이 하고 아내도 자기 남편을 존경하라"(33절).

하나님은 우리에게 명령하신다. 아내에게는 사랑이 필요하고 남편에게는 존경이 필요하다는 걸 그분은 아주 잘 알고 계신다. 33절을 계속 묵상하다가 사랑과 존경의 상관관계를 발견했다. 나는 이렇게 자문해 보았다. "만약 아내가 남편이 바라는 존경을 채워주면 어떻게 될까?" 저절로 답이 나왔다. "신나지." 그러면 신나서 뭘 하게 될까? 보나마나 아내가 원하는 사랑을 채워주고 싶어진다.

이어서 이런 질문이 떠올랐다. "남편이 아내가 바라는 사랑을 채워주면 어떤 일이 생기지?" 또 대답이 떠올랐다. "아내가 힘이 나겠지." 그러면 그 힘으로? 그렇다! 남편이 그토록 바라는 존경을 채워주고 싶어질 것이다.

그런 논리가 완성되자 앞서 가진 질문에 답을 얻을 수 있었다. "성경은 남편이 아내를 더욱 사랑하고 싶어지게 하려면 어떻게 하라고 말하는가?" 아내와 남편이 서로에게 동기를 부여하는 방법을 생각할수록 무언가 획기적이고 놀랍고 흥분되는 결과가 뚜렷하게 보였다. 많은 부부를 도울 수 있을 것 같았다. 나는 주기를 이용해서 그 상관관계를 간단한 개념으로 정리해 보았다.

활력 사이클
남편의 사랑은 아내의 존경을 불러일으킨다.
아내의 존경은 남편의 사랑을 불러일으킨다.

그러자 아이디어가 쏟아지기 시작했다. 에베소서 5장 33절에서 발견한 긍정적이고 힘을 주는 주기 말고도 '맥 빠지게 하는' 부정적인 주기가 있다. 이런 질문을 해 보았다. "아내가 존경의 욕구를 채워주지 않으면 남편에게 무슨 일이 일어날까?" 대답은 매우 간단해 보였다. 결혼생활에 흥미가 없어져서 아내가 바라는 사랑의 욕구를 채워주고 싶지 않을 것이다.

사실 아내에게 무시당한 남편 마음속에서는 아내에 대한 사랑이나 애정이 사라져 버린다. 아내에게 존경을 '가르친답시고' 애정을 거두거나 엄한 태도로 대하는 것이다.

"그러면 아내는 어떨까?" 또 질문이 생겼다. "남편이 아내가 원하는 사랑의 욕구를 채워주지 않으면 어떻게 될까?" 이 대답 역시 아주 간단했다. 사랑받지 못한 아내는 결혼생활에 흥미를 잃고 남편이 바라는 존경의 욕구를 채워주고 싶은 마음이 없어질 것이다. 남편이 사랑해 주지 않는다고 느낀 아내는 남편을 비난하고 경멸하는 태도를 보인다.

이쯤 되자 상담실에서 자주 듣는 남편과 아내의 격렬한 싸움이 왜 수도 없이 벌어지는지 상당히 잘 이해할 수 있었다. 사라와 나 사이에도 벌어지는 그 싸움 말이다! 사랑과 존경의 부정적인 상관관계는 다음과 같이 요약할 수 있다.

악성 사이클<br>
사랑이 없으면 아내는 존경하지 않는다.<br>
존경이 없으면 남편은 사랑하지 않는다.

활력 사이클과, 그 반대인 악성 사이클을 연구하는 동안 생각해야 할 중요한 질문이 하나 더 남아 있다. "그렇다면 남편이나 아내가 사랑하지 않거나 존경하지 않는 것을 정당화할 수 있을까?" 에베소서 5장 33절을 다시 묵상하면서 내 마음은 뜨거워지기 시작했다. 성경은 그렇게 말하지 않는다. "아내가 먼저 존경하거나 존중해 줄 때에만 남편은 아내를 사랑할지어다"라거나 "아내는 남편이 먼저 사랑해 주거나 사랑을 보일 때에만 남편을 존경할지어다"라고 말하지 않는다.

이 질문에 대한 답은 아주 분명하다. 남편이 아내를 사랑하거나 아내가 남편을 존경하는 것은 조건 없는 행동이다. 상대방이 받을 만하지 않아도 호의를 베푸는 것이지 상대방의 행동에 따라 보상을 주는 게 아니다. 이 개념은 매우 중요하다. 그래서 다음과 같은 주기로 표현해 보았다.

상급 사이클
아내의 존경과 상관없이 남편은 아내를 사랑한다.
남편의 사랑과 상관없이 아내는 남편을 존경한다.

다시 말하면, 남편이나 아내가 배우자를 조건 없이 사랑하고 존경할 때 하나님이 그 신실함을 보시고 축복하시며 상을 주신다는 말이다. 배우자가 어떻게 행동하느냐는 중요하지 않다. 남편에 대한 아내의 존경은 조건이 없어야 하고, 아내를 향한 남편의 사랑도 조건이 없어야 한다. 그 밖에 다른 것은 정당화될 수 없다. 이것은 배우자가 사랑이나 존경을 받을 자격이 있든 없든 지켜야 할 하나님의 명령이다. 그 누구도 "하나님, 배우자가 사랑이나 존경을 받을 만해야 명령에 순종하겠어요!"라며 하나님과 논쟁할 수 없다.

물론 어려운 명령이다. 무시하고 비난하고 경멸하는 아내를 사랑하라고 하신다. 아내가 "존경할 만하지 않다"며 존경의 욕구를 채워주지 않더라도 남편은 아내의 가장 깊은 곳에 있는 사랑의 욕구를 채워주는 자리까지 나아갈 수 있어야 한다. 아내 역시 매정하고 차갑고 배려하지 않는 남편을 존경해야 한다. 특히 아내는 현대의 문화적인 배경 때문에 더 힘들 것이다.

"남편에 대한 조건 없는 존경"이라는 고상한 개념을 현대 문화에 비추어 한번 생각해 보자. 아마 이렇게 생각한다면 조건 없는 존경은 비웃음거리가 되고 말 것이다. "남편이 원하는 건 뭐든 다 할 수 있는 허가증이라도 주란 말인가요? 남편에게 이렇게 말할까요? '당신이 나랑 거의 말도 하지 않는 걸 존경해요. 나보다 친구들과 더 많은 시간을 보내는 것도요'라고요?" 물론 어처구니없는 말이다. 많은 여성이 처음 이 개념을 듣고 쉽게 오해하는 이유는 조건 없이 남편을 존경하라는 말을 남편에게 백지수표를 주라는 뜻으로 이해하기 때문이다.

조건 없는 존경이란, 남편의 잘못된 행동을 지적할 때에도 존경하는 태도를 버리지 말라는 뜻이다. 눈을 흘기거나, 한숨을 있는 대로 내쉬거나, 허리에 손을 올리거나, 손가락질을 하거나, 째려보면서 찢어질 듯한 목소리로 "당신은 나를 조금도 사랑하지 않아요!"라고 말하지 말라는 것이다. 쉽지 않은 일이다. 그러나 경멸하는 말로는 절대 남편을 바꿀 수 없다.

### 무조건 남편을 존경하라고요? 아니, 왜요?

아무리 남편의 마음 깊은 곳에 있는 욕구라지만 남편에게 무조건 순종해야 한다는 것은 아내들에게 본능적으로 거슬리는 말이다. 에베소서 5장 33절 원리를 발견한 1990년대 말에는 페미니즘이 많은 여성의 마음을 상당히 오랫동안 지배하고 있었다. "여성에게 존경받으려면 존경할 만한 행동을 하라고!"라는 생각이 팽배한 때였다.

이런 생각이 들었다. '남편을 무조건 존경하라는 생각은 피오리아에서는 먹히지 않을 거 같아!' 또 혹시나 내 생각이 틀린 건 아닐까 싶어서 "아내는 남편을 조건 없이 존경해야 한다"(엡 5:33)는 말씀이 다른 곳에도 있는지 찾아보았다. 그러던 중 베드로전서 3장 1-2절 말씀이 놀랍고 강력하게 다가왔다.

이 구절에서 베드로는 "말씀을 순종하지 않는 자"와 결혼한 아내들에게 이야기하고 있다. 믿지 않는 남편이나 마땅히 그리스도를 좇아야 하는데도 육에 속한 남편을 둔 아내들에게 과감히 "아내들아 이와 같이 자기 남편에게 순종하라. 이는 혹 말씀을 순종하지 않는 자라도 말로 말미암지 않고 그 아내의 행실로 말미암아 구원을 받게 하려 함이니 너희의 두려워하며 정결한 행실(chaste and respectful behavior)을 봄이라"라고 말한다.

"말씀을 순종하지 않는 자"를 가리킬 때, 베드로는 아마 그리스도를 믿지 않는 남편부터 거칠고 퉁명스러우며 가족을 잘 돌보지 않는 남편까지 염두에 두고 있었을 것이다. 그러면서도 그는 그러한 남편을 구원하는 데 아내가 보이는 조건 없는 존경이 매우 중요한 역할을 한다고 말한다. 믿지 않는 남편을 그리스도에게로 이끌거나 육에 속한 그리스도인을 순종하지 않는 삶에서 생명의 삶으로 돌이키는 데 큰 역할을 한다는 것이다.

사실 아내에게 조건 없는 존경을 받는다면 누구라도 나쁜 행동을 고치고 싶어질 것이다. 존경이 담긴 아내의 말 한마디, 목소리 억양, 얼굴 표정은 남편을 편안하게 해 준다. 그런 아내는 시간이 지날수록 남편의 마음을 얻을 수 있다. 남편이 사랑의 욕구를 채워줄 때 아내가 감동하는 것처럼 존경의 욕구가 채워진 남편도 똑같이 감동을 느낄 것이다.

결혼은 사랑과 존경을 받을 만한 사람끼리 만나는 것이 아니다. 오히려 사랑과 존경이 필요한 사람끼리 만나는 것이다. 베드로는 아내에게 존경받을 만하거나 존경받기에 합당한 남편에 대해서 말하는 것이 아니다. 그가 가리키는 사람은 예수 그리스도에게 순종하지 않고 존경받기에 합당치 않은 남편이다! "남편이 어떤 행동을 하든, 이 어리석은 남자에게 존경으로 다가가라"고 말하고 있다. 더 단순하고 간단히 말하자면, "남편을 무조건 존경하라"는 것이다.

## 모든 부부가 세 가지 주기를 다 경험한다

하나님이 바울과 베드로를 통해 주신 이 세 가지 주기에 대한 생각은 처음에는 경외심으로, 나중에는 크나큰 기쁨으로 내 영혼을 가득 채웠다. 나는 자리에서 벌떡 일어나 외쳤다. "영광! 영광! 하나님께 영광을!" 그리고 큰 소리로 아내를 불렀다. "사라, 이리 좀 와 봐요!" 아내가 들어오자마자 내가 말했다. "여보, 지금 막 하나님이 중요한 사실을 알려주신 것 같아요. 내가 깨달은 사랑과 존경의 상관관계를 한번 들어봐요."

내가 활력 사이클, 악성 사이클, 상급 사이클 도형을 대충 설명하자 아내도 즉시 알아듣고는 이렇게 소리쳤다. "이 주기들은 바로 우리 부부 사이에 벌어지고 있는 것들이네요. 분명히 다른 부부들도 경험하고 있을 거예요. 아주 간단한 개념이지만 우리 부부가 겪은 경험을 전부 설명해 주고 있는 것 같아요."

"상급 사이클이나 조건 없는 사랑과 존경은 어떤 것 같아요?" 나는 아내 생각이 궁금했다.

"그 부분이 가장 감동적이에요." 아내가 대답했다. "바로 이거예요!

부부 관계가 아무리 안 좋은 사람도 이 개념은 도움이 될 것 같아요. 세미나에 배우자가 함께 오지 않아도 참석한 사람의 영혼에 하나님이 큰 일을 하실 수 있을 거예요!"

사라와 나는 세 주기에 대해 계속 대화를 나누었다. 특히 상급 사이클에 대해 많은 이야기를 나누었는데, 그 개념이 아내를 자유롭게 해주는 것 같았다. 아내 역시 하나님이 내게 무언가 엄청난 것을 주셨다고 생각했는지, 만나는 사람마다 이 개념을 기쁘게 설명했다. 아내도 그동안 부부 관계에 대해 받아온 수많은 가르침("이렇게 저렇게 하면 모두 잘될 것이다. 만약 효과가 없으면 뭔가 당신이 잘못한 거다")을 무거운 짐으로 느낀 것이다.

아내는 이렇게 말했다. "상급 사이클은 결혼생활에 뭔가 마술 같은 방법이 있다고 말하지 않아요. 사실 가끔은 하나님을 사랑하고 존경하기 때문에 해야만 하는 일이 있잖아요. 우리는 어떤 상황에서도 하나님께 순종해야 하니까요. 배우자를 사랑하거나 존경한다면 하나님이 상을 주실 거라는 생각은 무슨 일에든 가장 큰 동기가 되죠. 배우자가 변하지 않아도 계속할 이유가 될 거예요."

모든 부부가 얼마 동안은 어느 정도 악성 사이클을 경험한다. 그래서 사랑과 존경 세미나도 항상 악성 사이클부터 설명한다. 부부들이 가장 힘들어하는 것이 의사소통이며, 대부분 상대방의 말 때문에 갈등이 생기기 때문이다.

사실 사랑과 존경을 통해 부부 관계를 개선하는 법을 이해한다 해도 싸움은 이제 시작일 뿐이다. 사라와 나도 그걸 잘 알고 있다. 사랑과 존경의 상관관계를 아는 것과 그대로 실천하는 것은 전혀 다른 문제다. 사랑과 존경을 실천하려면 많은 노력이 필요하다. 그것도 아주 많은 노력 말이다.

특히 입을 사용하는 데 많은 노력이 필요하다. 말은 그만큼 중요하다. 그러나 사실 더 중요한 것은 마음이다. 마음에 있는 것이 입을 통해 나오기 때문이다. 예수님은 "마음에 가득한 것을 입으로 말한다"(눅 6:45)고 말씀하셨다.

## 그리스도인이 입을 사용하는 법

바울은 예수 그리스도의 가르침을 이해했다. 에베소 교회에 쓴 편지에도 예수님의 말씀을 염두에 두고 있었다(엡 4:20, 21). 특히 4장과 5장에서 그리스도인이 입을 사용하는 법에 대해 가르치는 몇 가지 요점은 눈여겨봐야 한다.

- 우리는 거짓을 버리고 참된 것을 말해야 한다(4:25).
- 우리는 더러운 말은 입 밖에도 내지 말고 오직 덕을 세우는 선한 말을 해야 한다(4:29).
- 우리는 떠드는 것과 비방하는 것을 버리고 서로 친절히 대하며 용서해야 한다(4:31-32).
- 우리는 누추함과 어리석은 말이나 희롱하는 말을 거두고 감사하는 말을 해야 한다(5:4).
- 우리는 술 취하지 말고 시와 찬미와 신령한 노래들로 서로 화답하며 오직 성령으로 충만해야 한다(5:18-19).

바울이 쓴 에베소서 4장과 5장 앞부분은 모든 그리스도인에게 하는 말이며, 특히 에베소서 5장 22-33절은 남편과 아내에게 하는 말이다. 바울은 특별히 입을 조심해서 사용해야 할 관계가 바로 결혼한 부부라는 걸 알고 있던 것 같다.

나중에 이 성경 구절을 더 자세히 살펴볼 것이다. 지금은 이런 질문을 해 보자. "내가 거짓되고, 온전치 못하며, 용서하지 않고, 감사하지 않으며, 성경적이지 않은 말을 해도 내 마음 깊은 곳에서는 사랑하고 존경하고 있다는 걸 배우자가 믿어줄까?" 물론 대답은 "아니다"일 것이다. 또 이렇게 질문해 볼 수 있다. "만약 내가 참되고, 온전하며, 용서하고, 감사하며, 성경적인 말을 한다면 우리 부부 관계에 어떤 일이 벌어질까?"

## 마음에 가득한 것이 입으로 나온다

말은 마음속에 있는 것을 가장 잘 드러낸다는 사실을 기억하라. 배우자도 그 사실을 잘 알고 있다. 남편이 사랑을 맹세하고 아내가 존경을 서약한다 해도 말 속에 사랑이나 존경이 느껴지지 않으면 배우자가 어떤 생각을 하는지 의심하게 되는 의혹의 씨앗이 마음에 심겨질 것이다. 예를 들어, 사라가 무슨 말을 했는데 내가 멍한 얼굴로 "응"이라고 대답하면서 눈은 텔레비전이나 신문 같은 데 팔려 있다면 아내는 사랑받지 못한다고 느낄 것이다.

아니면 서로 의견이 달라 논쟁을 하다가 결국 내가 화가 나서 "당신, 도대체 이해는 하고 말하는 거예요? 도무지 서로 관련도 없고 요점도 없고……. 정말 답답하네요. 당신 말은 전혀 이해할 수가 없다니까요"라고 말한다면 단순히 사랑받지 못한다고 느끼는 정도가 아닐 것이다. 정말 자기를 사랑하는지 의심이 들기 시작할 것이다. 내 말은 전혀 사랑하지 않는 것처럼 들리기 때문이다. 아내는 그저 남자는 여자를 절대 이해하지 못한다며 웃어넘길지도 모른다. 그러나 겉으로 웃고 있어도 마음속으로는 그렇지 않을 것이다. 성경에 표현된 대로 "웃을 때에도 마음에 슬픔이 있기"(잠 14:13) 때문이다.

아내는 충분히 불안할 수 있다. 남편이 진심으로 자기를 사랑하면 어떻게든 그 사랑이 표현될 거라고 믿기 때문이다. 그렇다고 날마다 낭만적인 사랑의 시를 읊어줄 것을 기대하는 건 아니다. 단지 마음에 있다면 어떻게든 밖으로 표현될 것이라고 기대하는 것뿐이다.

남편 역시 아내의 존경에 대한 확신이 필요하다. 어려움에 처해서 찾아온 사람을 잘 도와준 일을 만족스런 마음으로 아내에게 함께 나누고 싶은데, 아내가 그저 "으음, 잘됐네요. 그건 그렇고 여보, 저녁은 뭘 먹을까요?"라고 대꾸한다면 아내가 정말 내가 하는 일을 귀하게 생각하는지 의심이 들 것이다.

또 한 예로, 해마다 집 뒤에 있는 작은 습지를 찾아오는 캐나다 거위를 함께 보면서 쉬자고 말했는데 아내가 "여보, 지금 할 일이 얼마나 많은지 알잖아요. 거위나 보고 있을 시간이 없다고요"라고 대답한다면, 아내에게는 나와 함께하는 시간도, 내게 힘이 되는 일도 별로 중요하지 않은 것 같다고 쉽게 생각할 것이다. 그리고 만약 아내가 "당신은 가서 저녁 뉴스 보세요. 난 친구들한테 전화해야 하거든요"라고 말한다면, 아내가 나를 그저 좋은 친구로 여겨서 나와 함께 있고 싶은 것은 아닌지 의심스러울 것이다. 더 나아가 아내가 진심으로 마음 깊이 나를 존경하고 있는 것인지도 의문이 들 것이다.

한마디로 남편은 분명하든 모호하든 아내에게 "당신을 존경해요"라는 말을 듣지 못하면 쉽게 불안해진다. 남편들도 아내가 마음속으로 남편을 존경한다면 어떻게든 표현되리라 생각한다. 그렇다고 아내가 해가 뜨나 지나 날마다 찬양하는 시를 지어 남편을 높여야 한다는 말이 아니다. 아내가 진심으로 남편을 존경한다면 언제든 간단하게라도 그런 메시지가 표현될 것이다.

<더 깊은 사랑과 존경을 위한 조언>
## "말실수를 안 할 순 없는데, 이럴 땐 어쩌지?"

"잠깐만요, 에머슨 씨. 몇 마디 말실수 좀 하고, 살짝 부주의했다고 해서 제 마음에 사랑이나 존경이 없는 건 아니잖아요. 매순간 완벽한 말을 할 수는 없다고요. 하루 종일 경우에 맞는 말만 완벽하게 할 순 없잖아요."

좋은 지적이다. 사라와 나도 늘 완벽할 수는 없다는 데 동의한다. 야고보가 말한 대로 "만일 말에 실수가 없는 자라면 곧 온전한 사람"일 것이다(약 3:2). 야고보는 우리가 넘어질 수 있다는 걸 잘 알고 이렇게 경고한다. "이와 같이 혀도 작은 지체로되 큰 것을 자랑하도다"(약 3:5). 바로 그렇기 때문에 사랑과 존경으로 살아보려는 사람이라면 말을 조심하는 데 심혈을 기울여야 한다. 완벽하게 말하고 살 순 없지만 덜 실수하게 해달라고 기도할 수는 있다. 성경은 입을 더 현명하게 사용하라고 분명하게 충고한다.

"지혜로운 자의 마음은 그 입을 슬기롭게 하고 또 그의 입술에 지식을 더하느니라"(잠 16:23).

"의인의 마음은 대답할 말을 깊이 생각하여도 악인의 입은 악을 쏟느니라"(잠 15:28).

### "항상 당신은……"

오랜 시간 사랑과 존경을 가르치고 실천해 오면서 사라와 나는 말이나 말하는 방식이 갖는 영향력에 상당히 놀랐다. 그러면서 알게 된 사실은 모든 부부에게 특별히 화를 돋우는 말이나 표현이 있다는 것이다. 예를 들어, 사라는 내 말이나 행동이 걱정스럽거나 짜증스러우면 이런 표현을 쓴다. "항상 당신은……." 그런데 사라에게 "항상 당신은……"이라는 말을 들을 때마다 나는 즉시 마음이 닫히고 이런 생각이 든다. '그렇지 않아. 내가 항상 그러는 건(사라가 비난하는 행동이나 말을 하는 건) 아니라고.' 그러면서 "항상 당신은……"이라는 표현이 얼마나 지나친 말인지 항의하고 싶어지고, 사라가 정작 하려는 말은 듣기 싫어진다.

다행히 몇 년 지나서 사라가 "항상 당신은……"이라고 표현하는 진짜 의미를 파악할 수 있었다. 내겐 매우 거슬리는 그 표현은 "100퍼센트 항상 그렇다"는 말이 아니다. 사라는 통계적인 수치를 말하는 게 아니라는 것을 내가 이해하리라고 생각했다. 단지 자신의 감정을 이해해 주고 심기가 매우 불편하다는 걸 알 수 있도록 내 주의를 끌려는 것이었다. "항상 당신은……"이라고 말하는 건 바로 불만이 가득하다는 뜻이다. 정말 하고 싶은 말은 이것이다. "당신은 지금 나를 아주 화나게 하고 있어요!"

지금은 사라가 "항상 당신은……"이라고 말해도 잘 받아들이는 편이다. 거슬리는 표현 때문에 사라 말을 놓치는 일이 없도록 노력한다. 나를 무시하려고 하는 말이 아니라 결국 나와의 사랑과 이해를 더 키우려는 것임을 알기 때문이다. 자기가 상처 받았다는 걸 알아달라는 것이지 내 마음에 상처를 주려는 게 아니다.

예를 들어, 밤새 뒷문이 열려 있던 날이 있다고 하자. 그걸 본 나는 사라에게 자기 전에 뒷문 잠그는 걸 잊었냐고 묻는다. 그러면 사라는 방어적으로 "뒷문이 열려 있으면 항상 당신은 내 잘못이라고 하네요. 항상 내가 잘못했죠?"라고 대답한다. 나는 항상 아내만 비난한 건 아니기 때문에 짜증내며 이렇게 말하고 싶어진다. "아니, 항상 당신을 비난하지는 않았는데요." 그러면 결국 "아니요, 그랬어요", "아니, 안 그랬어요" 하며 싸우게 될 것이다. 그러나 지금은 사라가 공격받았다고 느껴서 화가 났고 게다가 아내 잘못이 아니라면 더 화가 날 거라는 사실을 생각한다. 그래서 성급하게 결론을 내리거나 비난하지 말고 차근차근 사실을 알아보는 것이 좋다는 걸 알았다.

이제는 뒷문이 열려 있는 걸 보면 부드럽게 묻는다. 그러자 "항상 당신은 나만 비난해요"라는 말도 거의 듣지 않는다. 부드럽게 물으니 부드럽게 대답한다. 오늘 아침처럼 "아니요, 자기 전에 확실히 잠갔어요. 그보다 내가 잠자리에 들었을 때 당신이 차고에 뭘 가지러 가는 것 같던데, 기억 안 나요?"라고 말이다. 늘 그랬듯 내가 범인인 것이 기억났다. 나는 아내를 의심한 걸 미안해하며 사과했다.

## 화나는 말이 훈훈한 말로 바뀔 때

사라는 이런 말을 들으면 긴장한다. "여보, 내가 제안 하나 해도 될까요?" 사라에게는 이 표현이 내가 못마땅하게 여기는 것처럼 들린다. 왜 그럴까? 이 표현이 신경에 거슬리는 이유는 사라가 최악의 의미로 가정해서 듣기 때문이다. 예를 들어 이렇게 말했다고 하자. "사라, 사랑과 존경 사역 부책임자 역할을 하는 데 있어서 제안할 게 하나 있어요." 그러면 사라는 이렇게 생각한다. '내가 부책임자 역할을 잘 감당하지 못하고 있나? 사랑과 존경 사역 자체를 위태롭게 할 정도인가?' 그렇지 않다는 걸 알면서도 해고당할 만한 실수를 저지른 건 아닌지 덜컹 마음이 내려앉는다고 한다.

시간이 지나면서 사라도 자신을 방어하게 만드는 부정적인 감정에 휘둘리지 않게 되었다. "제안 하나 할까요?"라는 말은 그저 내가 사라에게 조심스럽게 다가가는 방법일 뿐이다. 내 이야기를 듣고 적당한 제안이라면 받아들이면 그만이란 걸 사라도 알게 된 것이다.

지금도 내가 어쩌다 "제안 하나 할까요?"라고 말하면 기쁨의 탄성을 지르거나 하지는 않는다. 그러나 좀 더 성숙하고 기꺼운 마음으로 듣고 대화를 나눈 뒤 고맙다고 말해 준다. 이제는 화나게 하는 말(hot button)이 훈훈한 말(warm button)로 바뀐 것이다. 다른 부부들처럼 사라와 나도 서로 예민한 말을 주고받다가 악성 사이클이 시작될 수 있지만, 이제 우리는 적어도 악성 사이클을 늦추거나 멈추는 법은 알고 있다. 사라 표현대로 "그런 상황이 벌어질 수는 있지만 계속 머물러 있지는 않는다."

### 하키 이론으로 악성 사이클에 빠진 한 남자

한 남편이 사랑과 존경 세미나를 듣다가 일어난 사건을 편지로 보내 왔다. 내가 강단에서 여자는 서로 어울려 얼굴을 맞대고 앉아 이야기하는 걸 즐기며 자라는 반면 남자는 아내를 돌보고 보호하며 심지어 아내를 위해 죽을 수도 있다는 걸 배우며 자란다는 남녀 차이의 개념을 설명하고 있을 때, 그는 남자와 여자의 행동에 대해 나름의 이론을 생각해냈다. "미네소타 남자들은 하키를 하면서 자라고 여자들은 남자들이 하키 하는 모습을 지켜보면서 자란다."

내가 존경받지 못한 남성들은 신체적으로 쉽게 격노한다고 말할 즈음에 이 하키 이론을 세운 남편이 어떤 이유에서인지 몸을 기울여 아내에게 하키 이론을 속삭였다. 그 말에 아내는 "짜증나네요"라고 대꾸했다. 아내가 짜증난다고 말하자 남편은 자신이나 자신의 이론을 존경하지 않는다는 생각이 들었다. "완전히 마음이 닫혔지요. 저는 아내에게 등을 돌리고 옆으로 돌아앉아 버렸습니다."

그리고 뒤이어 내가 남편과 아내가 얼마나 쉽게 악성 사이클에 걸

려드는지 이야기하자, 바로 그 순간 그 일이 벌어지고 있음을 알게 되었다고 한다. 편지는 이렇게 계속된다.

> 저는 속으로 나 자신에게 이렇게 말하고 있었습니다. '이봐, 지금 넌 부부 세미나에 와 있어. 그런데 강사가 바로 지금 네가 하고 있는 행동을 말하고 있잖아! 악성 사이클에 오르기는 얼마나 쉽고 또 깨기는 얼마나 어려운지 말이야. 정신 차려, 이 사람아!'

그래도 소침해진 마음을 쉽사리 떨쳐 버릴 수는 없었다고 한다. 곧 강의가 끝나 쉬는 시간이 되었지만 아내를 피해 말도 걸지 않았다. 다행이 악성 사이클에 걸린 걸 깨달은 아내가 남편에게 다가와 즉시 사과했다. 그렇게 분위기가 풀렸다. 부부 관계를 좋게 하려고 온 세미나에서 해서는 안 된다고 가르치는 실수를 저지른 자신들이 얼마나 우스운지 깨닫고 곧 웃음을 터트렸다고 한다.

그다지 적절하지 못한 순간에 아내에게 하키 이론을 말한 남편은 그때 일어난 일로 두 사람 모두 귀한 것을 배웠다는 말로 편지를 맺었다. 정말 조심해서 말하고 대답해야 한다고 말이다. 덧붙여 지금은 악성 사이클에 그렇게 자주 오르지 않는다며, 악성 사이클이 있다는 걸 처음 경험한 그 세미나에서 '남녀는 그렇게 타고났기 때문에' 어느 순간, 어느 곳에서든 악성 사이클에 들어설 수 있다는 걸 깨달았다고 말했다.

이 남편이 지닌 통찰력은 매우 예리하다. 남편과 아내가 처음부터 다르다는 사실을 안 것이다. 그렇게 서로 다른 기질이 부딪치면 불꽃이 튀게 마련이다. 왜 하나님은 남자와 여자를 다르게 만드셨을까? 남녀의 이런 차이는 부부 대화에 얼마나 큰 영향을 끼칠까? 어떻게 그 차이를 알 수 있을까? 다음 장에서 그 해답을 찾아보자.

하나님이 "남자와 여자를 창조하셨다"(창 5:2),
그러므로 틀린 게 아니라 서로 '다를 뿐이다.

chapter 02

# 블루 남편과 핑크 아내는 매우 다른 존재다

　사랑과 존경 세미나에서 가장 잘 사용하는 비유가 바로 남자와 여자를 블루와 핑크로 설명하는 것이다. 여자는 핑크 선글라스를 쓰고 세상을 보고 남자는 블루 선글라스를 통해 세상을 본다. 이처럼 남자와 여자는 실제로 전혀 다른 것을 보고 있다.

　남녀 차이를 보여주는 가장 흔한 예로 여자는 '감정을 깨우기 위해' 영화를 보고, 남자는 '감정을 끄기 위해' 영화를 본다. 다른 말로 하면, 성공을 추구하는 여성일지라도 관계 지향적이기 때문에 대부분 낭만적인 사랑이나 가족에 대한 사랑을 자극하는 감성적인 영화를 좋아한다. 여성도 과학자나 기술자가 될 수 있다. 그러나 돌보고자 하는 본능 때문에 가족애 같은 성향을 버리지 못한다.

　반면 주로 일 중심적이고 성취 지향적인 남성은 액션 영화를 좋아한다. 직장에서 생긴 골치 아픈 일들을 잊게 해주기 때문이다. 남성도 사랑하고 돌보는 훌륭한 남편과 아빠가 될 수 있다. 그렇지만 여전히 정의로운 검투사가 비열한 적을 물리치는 장면을 좋아하는 성향을 지닌다.

바로 몇 년 전, 남성은 성을 쌓아 약자를 보호하고 악한 적을 물리치던 소년이었고, 여성은 소꿉장난을 하며 사랑하는 인형을 돌보던 소녀였다. 남자 아이와 여자 아이의 차이는 상당히 분명하면서도 흥미롭다. 이 차이는 어른이 되어서도 서로 다른 영화 취향에 고스란히 남아 있다. 일반적으로 남성은 명예를 다룬 영화에 감동하고 여성은 사랑을 다룬 영화에 감동하는 것이다.[1]

### 같은 말, 다른 의미!

핑크와 블루의 특성은 보는 것뿐 아니라 듣는 데서도 드러난다. 여성은 핑크 보청기로 듣고 남성은 블루 보청기로 듣는다. 더 원활하게 의사소통하고 싶은 부부가 꼭 이해해야 할 더 중요한 사실은 두 사람이 같은 말을 들어도 전혀 다른 뜻으로 받아들일 수 있다는 것이다.

내가 자주 사용하는 예화가 있다. 아내가 "입을 옷이 없다"고 말하는 건 입을 만한 새 옷이 없다는 뜻이고, 남편이 "입을 옷이 없다"고 말하는 건 깨끗하게 세탁된 옷이 없다는 뜻이다. 같은 말도 핑크와 블루에게는 각각 의미가 다른 것이다!

"기름기가 많다"는 표현을 생각해 보자. 여자 둘이 기름기가 많다는 이야기를 하고 있다면 아마 피부가 몹시 지성이라는 뜻일 것이다. 남자 둘이 기름기가 많다는 말을 하고 있다면 기계에 관한 것이거나 차고 바닥이 미끄럽다는 뜻일 것이다.

핑크와 블루는 같은 말을 들어도 속으로 전혀 다른 생각을 할 수 있다. 대부분의 아내는 "쇼핑 갑시다"라는 말을 들으면 '와, 신난다'라고 생각할 것이다. 남편은 "쇼핑 갑시다"라는 말을 들으면 '여기서 빠져나갈 방법이 없을까?' 하고 생각한다. 나도 예외는 아니다. 남성과 여성은 각각 자기가 좋아하고 싫어하는 것에 따라 같은 말을 다르게 듣는다!

그러나 실제 남성과 여성의 차이는 블루와 핑크 선글라스나 보청기보다 더 심오하다. 1장 끝에서 하키 이론을 생각해낸 남편이 지적한 것처럼 남편과 아내는 "처음부터 다르게 타고났다." 흥미를 보이는 분야도 많이 다르다. 이렇게 서로 흥미가 다르다 보면 부부 사이에 긴장과 오해가 생기기도 한다. 즉 악성 사이클의 원인이 되는 것이다.

아내는 남편과 대화하면서 정서적으로 교감하고 싶은데 남편이 "피곤해요"라고 말했다고 하자. 남편은 사실을 말한 것일까, 아니면 대화를 거절한 것일까? 보통 남편보다 아내가 대화를 더 원하기 때문에 남편의 말은 거절처럼 들린다. 그러나 피곤한 하루를 보낸 남편은 정말로 그저 텔레비전이나 보면서 힘든 하루를 잊고 싶을 뿐이다.

반대로 남편이 잠자리를 요구하는데 아내가 "피곤해요"라고 대답한다면, 사실을 말한 것일까, 아니면 거절한 것일까? 보통 아내보다는 남편이 성적 친밀감을 더 요구하는 편이기 때문에 아내의 말은 거절로 들린다. 그렇지만 아내 역시 단지 힘든 하루를 보냈기 때문에 빨리 목욕하고 머리 감고 일찍 잠자리에 들고 싶을 뿐이다.

틀린 게 아니다. 다를 뿐이다! 그런데 바로 이런 핑크와 블루의 차이가 부부 대화에 부정적인 영향을 끼친다. 단지 다른 것인데도 틀렸다며 배우자를 비난하는 원인이 된다.

### 마땅히 물어보아야 할 것을 잊어버리다

한 가지 사건을 예로 들어보자. 얼마 전에 오랜 친구 레이와 오랫동안 전화로 대화를 나눈 적이 있다. 레이는 몇 년간 고속도로 순찰대에서 일해 왔다. 전화를 끊자 사라가 물었다. "레이하고 한 통화는 어땠어요?" 나는 남자들이 주로 그러듯이 대충 대답했다. "좋았어요." 사라가 또 물었다. "무슨 얘기를 했는데요?", "뭐, 그냥 이런저런 이야기죠."

사라가 슬슬 시동을 걸기 시작했다. "아내 코니나 다른 가족에 대한 안부는요?", "안 물어봤는데요." 사라가 빠르게 되물었다. "아니, 왜요?" 나는 점점 심문당하는 것 같았다. "뭐, 그냥 생각나지 않았어요. 그보다 레이가 고속도로 순찰대에서 새로운 일을 맡게 됐다고 하더군요. 대통령이 로스앤젤레스에서 고속도로를 이용할 때 안보국과 주정부가 대통령을 보호하는데, 그 일을 보조하는 특별 편대 책임을 맡았대요."

사라가 믿을 수 없다는 듯 말했다. "아니, 아내와 아이들에 대해서 전혀 물어보지 않았단 말예요? 어떻게 그럴 수 있죠? 다음엔 레이에게 가족에 대해 꼭 물어보세요."

이쯤 되자 나도 짜증이 나서 비꼬듯이 말했다. "그러면 당신이 다음에 레이와 전화할 때는 미국 대통령을 보호하는 비밀 임무를 돕는 고속도로 순찰대에 대해 물어보시구려." 사라는 상처를 입은 듯했다. "왜 그렇게 말해요? 조금 기분 나쁘네요. 나는 그저 도와주려 했을 뿐인데. 가끔 당신이 중요한 사실을 빼먹잖아요."

"내 말이 그 말이에요." 내가 가로챘다. "우리는 레이가 새로 맡은 중요한 임무에 대해 이야기했어요. 그런데 당신은 내가 가족 안부를 묻지 않았다며 우리 대화가 중요하지 않았다는 듯이 비판했잖아요. 마치 여자들처럼 대화하지 않았다고 해서 내가 나쁜 사람인 것처럼 말이에요."

그 말에 사라는 당황하며 미안하다고 사과했다. "당신을 비판하려던 건 아니에요. 그저 당신이 기억할 수 있게 좀 도와주려고 했을 뿐인데……."

나 역시 조금 찔려서 부드럽게 말했다. "나도 상처 주려고 한 건 아니에요. 당신 말에 좀 흥분한 거지. 그저 레이가 하나님이 자신을 사용하시는 것에 대해 기뻐했다고 설명하려던 것뿐이에요. 레이도 그걸 말하고 싶어했고. 레이는 아주 중요한 임무를 맡았다고 생각하고 있어요."

사라가 거듭 미안해하며 대답했다. "정말 미안해요. 당신 대화가 중요하지 않다고 말하는 것 같았다면 용서해 줘요. 나도 레이 일로 정말 기뻐요. 단지 가족들 안부가 궁금했을 뿐이에요."

"알아요. 나도 그런 식으로 대답해서 미안해요. 다음엔 가족 안부도 꼭 물어볼게요. 다른 때는 가족에 대해서도 이야기해요. 만약 가족에게 무슨 일이 있으면 레이가 먼저 말해 줄 거예요."

"네. 그렇게 말해 줘서 고마워요." 그렇게 말하고 아내는 하던 일을 하기 위해 돌아갔고 나도 내 컴퓨터 앞으로 돌아왔다.

사라와 나의 이런 대화가 그다지 드문 경우는 아닐 것이다. 당신도 아내가 없는 사이에 친구와 통화하면서 마땅히 물어보아야 할 수많은 사항을 잊어버리는 경우가 많지 않은가? 레이와 통화한 뒤 핑크인 사라와 블루인 에머슨은 악성 사이클이 될 수 있을 만큼 팽팽한 대화를 나누었다. 결국 멋진 핑크 부인이 문제를 일으킬 만한 말을 성숙하게 즉각 사과해서 가까스로 위기를 넘겼지만, 전형적으로 느린 블루인 나는 내 잘못을 인정하지 않고 빙빙 둘러대다가 사과했다.

### 몇 마디 말이 큰 차이를 만든다

핑크와 블루의 이런 대화는 악성 사이클을 일으킬 위험이 매우 높다. 그러나 적절한 말 몇 마디가 상황을 바꿀 수 있다. 사라와 나는 부부 대화가 춤과 같다고 생각한다. 힘들이지 않아도 왈츠를 출 수 있을 것 같지만 그러면 서로 발을 많이 밟을 것이다. 그러나 발을 밟아도 부드럽게 "미안해요"라고 한마디 한다면 악성 사이클은 돌아가지 않는다.[2]

이 장을 쓰고 있는데 사라가 정말 중요한 것을 잊은 다른 '블루'식 대화를 일러주었다. 아들이 이라크에 파병되어 있는 친구 케빈과 사업 문제로 전화할 때다. 사라는 케빈과 전화하는 소리를 들으면 항상 이렇게 묻는다. "아들 제이콥은 잘 있는지 물어봤어요?" 그러면 늘 나는 이렇게 대답한다. "아니요."

오늘 밤도 같은 대화가 이어졌고 사라가 덧붙여 물었다. "케빈도 아들에 대해 말하지 않았죠? 그렇죠?" 나는 멋쩍게 웃으며 대답했다. "글쎄, 아마 그런 것 같은데요."

핑크와 블루가 서로 얼마나 생각이 다른지 수도 없이 많은 예를 들 수 있지만, 내가 가장 자주 드는 대표적인 예는 바로 이 이야기다. 마이클과 톰은 기술자로 함께 일하는 동료이자 절친한 친구 사이다. 사흘간 함께 사냥 여행을 갔다 온 뒤 톰과 아내 던의 대화는 이런 식으로 오고간다.

"여행은 어땠어요?"

"좋았어요."

"무슨 이야기를 나눴어요?"

"글쎄……, 그냥 거의 사냥만 한 것 같은데요. 아, 우리가 디자인한 신생아 보육기에 대해 좀 이야기했어요. 그걸로 해마다 수백 명이나 되는 아이들의 생명을 구할 수 있을 거예요."

"사흘 동안 함께 지내면서 한 번도 케이틀린의 안부를 물어보지 않았어요? 처음 임신했는데, 적어도 한 사람쯤은 이야기를 꺼내야 되는 거 아니에요? 정말 심하네요."

그 말에 톰은 아무 생각 없이 묻는다. "케이틀린이 임신했어요?"

그 다음에 던이 어떤 말을 했는지는 자세히 쓰지 않겠다. 단지 남편에게 얼마나 무심하고 둔하고 사랑이 없으면 친구 마이클의 임신한 아내에 대해 묻지 않았겠냐고 비난했다는 것만 말해 두자. 또 남편 톰이 아내 던에게 어떻게 대응했는지도 자세히 말하지 않겠다. 그저 의아해하며 사냥 친구에게 임신한 부인에 대해 묻지 않았다고 그렇게 비판적으로 말할 수 있느냐고 반박했다는 것만 알아두라. 톰과 비슷한 경험을 하고 나서 며칠간 악성 사이클에 놓였다고 하소연하며 "이런 상황을 피할 좋은 방법이 없느냐"고 물어오는 남편이 참 많다. 그럴 때 답을 주면서 내가 가장 먼저 언급하는 것은 그런 대화의 가장 큰 원인이 바로 하나님이 남성과 여성을 만드신 방식의 차이 때문이라는 것이다. 주님은 핑크와 블루를 다르게 창조하셨다. 또 이런 차이를 서로 사랑과 존경으로 이해하고 극복해 갈 것을 기대하신다.

## 나는 사랑받고 있는가 vs. 나는 존경받고 있는가

남성과 여성의 차이는 성경 여러 곳에서 찾아볼 수 있다. 바리새인과 만난 예수님이 가장 큰 차이를 언급하신다. "사람을 지으신 이가 본래 그들을 남자와 여자로 지으시고"(마 19:4). 예수님은 창세기 1장 27절 말씀 "하나님이 자기 형상 곧 하나님의 형상대로 사람을 창조하시되 남자와 여자를 창조하시고"를 인용하셨다. 성경 첫 장에 남성과 여성의 창조가 간단히 소개되고 난 뒤 2장에서 다시 공들여 창조물을 묘사한 데는 이유가 있다. 하나님은 아담을 에덴동산에 두시고 "그것을 경작하며 지키게" 하셨다. 그리고 아담이 혼자 사는 것이 좋지 못하여 함께 있어 돕는 배필로 여성을 창조하셨다.

죄가 에덴동산으로 들어오기 전까지는 모든 것이 순조로웠다. 그러나 죄가 들어오면서 모든 것이 변했다. "땅에서 저주 받은"(cursed in the field) 아담 이후 모든 남성은 땅에서 일하고, 땀 흘리고, 고생해야 할 운명에 놓였다. 게다가 땅도 결코 원하는 대로 되지 않는다(창세기 3장 17-19절을 보라). 하나님이 아담에게 땅에서 일하라고 하셨기 때문에 남성은 자기 "땅", 즉 일터에서 자신의 가치를 찾는다.

반면에 하와는 출산하도록 창조하셨다. 그런데 타락 이후 "가정에서 저주를 받은"(cursed in the family) 하와와 그 이후 모든 여성은 출산의 고통을 겪고 남편과도 긴장 상태에 놓이게 되었다. 가정 또한 결코 바라는 대로 되지 않는다. 그런데도 여성은 대부분 가족과의 관계에서 자신의 가치를 찾는다. 세계적으로 유명한 라디오 토크쇼 아나운서인 로라 슐레징어 박사는 방송에서 날마다 자신을 "나는 아이 엄마예요"(I am my kid's mom)라고 소개하고, 그 말을 새긴 티셔츠를 몇 천 장씩 팔고 있다. 이처럼 여성은 관계 중심으로 살아간다. 관계 중에서도 가족이 가장 중요하다. 여성이 가장 중요하게 생각하는 것은 "나는 사랑받고 있는가"다.

그러나 남성은 성취 중심으로 살아간다. 그중에서도 "땅"(직업)이 성취해야 할 최우선 장소다. 남성이 가장 중요하게 생각하는 것은 "나는 존경받고 있는가"다. 그러니 부부 관계 속에서 핑크는 블루가 더 사랑해 주길 바라고, 블루는 핑크가 더 존경해 주길 바라는 것은 당연하다.

## 남성과 여성의 본성은 각각 다른 꿈을 꾼다

성경은 창세기 이외에도 여러 곳에서 블루와 핑크가 어떻게 다르며, 서로를 어떻게 다르게 대해야 하는지 말하고 있다. 예를 들어 베드로전서 3장 7절은 이렇게 말한다. "남편이 된 이 여러분, 이와 같이 여러분도 아내가 여성으로서 자기보다 연약한 그릇임을 이해하고 함께 살아야 합니다"(새번역). KJV성경은 "연약한 사람"(someone weaker)이라는 말을 "더 연약한 그릇"(weaker vessel)이라고 표현한다. 베드로는 하나님 눈에 여성이 남성과 동등하지 않거나 열등하다고 말하는 것이 아니다. 오히려 3장 7절 하반절에서는 "생명의 은혜를 함께 이어받을 자"라며 분명하게 가치를 높이고 있다.

베드로는 부부 관계에서 아내가 더 다치기 쉬운 예민한 사람임을 밝히고 있다. 여성은 놋쇠그릇이 아니라 깨지기 쉬운 사기그릇과 같다. 나는 하나님이 남편더러 읽으라고 그 귀한 사기그릇에 이런 주의사항을 써 놓으셨다고 믿는다. "깨지기 쉬움, 조심히 다루시오."

여성에게는 아이를 낳아 기르는 문제도 있다. 예레미야는 "너희는 자식을 해산하는 남자가 있는가 물어보라"라고 놀리듯 말하기도 했다(렘 30:6). 사도 바울은 자신과 실라, 디모데가 데살로니가 교회의 새 신자들을 얼마나 깊이 염려하는지 알려주기 위해 그 수고를 젖먹이를 둔 엄마에 비교하였다. "도리어 너희 가운데서 유순한 자가 되어 유모가 자기 자녀를 기름과 같이 하였으니"(살전 2:7). 이처럼 여성은 본능적으로 돌보려 하고 그것은 타고난 특성이다. 하나님이 그렇게 창조하셨기 때문이다.

남성의 특성 역시 성경 여러 곳에 나타난다. 예를 들어 바울이 고린도전서를 맺으며 "깨어 믿음에 굳게 서서 남자답게 강건하라"(고전 16:13)라고 말한 부분과 느헤미야가 무너진 성벽을 보수하기 위해 군대를 모으며 "너희 형제와 자녀와 아내와 집을 위하여 싸우라"(느 4:14)라고 말한 부분은 여성과 다른, 남성의 '남자다운 면'을 나타내고 있다.

그렇다고 남성이 여성처럼 사람을 돌보는 일을 못한다고 말하기 위해 위 성경 구절을 인용한 것이 아니다. 분명히 바울은 아시아와 유럽을 다니면서 새로 탄생한 교회들을 돌보았다. 여성은 가정을 위해 싸울 수 없다는 말도 아니다. 좋은 예로 겐 사람 헤벨의 아내 야엘이 있지 않은가. 이 여인은 장막 말뚝으로 가나안 장군 시스라의 관자놀이를 꿰뚫었다(삿 5:24-27). 시스라의 군대를 물리치라고 명령한 여선지자 드보라도 빼놓을 수 없다(사사기 4-5장을 보라).[3]

그러나 단순히 몸의 구조만 봐도 아이를 돌보는 데에는 여성이 훨씬 적합하다는 것을 알 수 있다. 여성의 본성 역시 아이를 돌보기에 적합하다. 남성은 아이에게 젖을 줄 수 없을 뿐더러 아기 돌보는 것을 꿈꾸지 않는다. 남성의 본성은 다른 무언가를 꿈꾼다. 예를 들어 남성은 팔을 구부리면 알통이 드러난다. 남성은 마음속으로 자신이 강하다는 것을 보여주길 원하며 그런 본성으로 아내를 보호하고 싶어한다. 여성은 팔을 구부려도 대부분 알통이 잘 보이지 않는다. "야얍" 하고 소리를 낼 수는 있지만, 자신이 얼마나 강한지 보여주고 싶은 본성은 없다.

## 남녀의 신체 차이가 영혼에 끼치는 영향

실제로 남편과 아내는 블루와 핑크만큼 서로 다르다. 그런데도 특히 현대 사회는 이런 차이를 간과하거나 깎아내리는 경향이 있다. 최근 몇 년간 여성주의 운동가들은 남녀평등을 강조해 왔다. 물론 남성과 여성은 평등하다. 그러나 그들은 그런 평등을 내세워 남성과 여성이 똑같다고 주장한다. 확실히 나는 그 점에 동의하지 않는다. 사라와 나는 둘 다 (equal) 가치 있는 존재지만, 우리 둘이 똑같지는(identical) 않다.

성경은 분명 하나님이 남성과 여성을 동등하게 보신다고 말한다. "남자나 여자나 다 그리스도 예수 안에서 하나이니라"(갈 3:28). 그렇다고 성별에 차이가 없다는 말은 아니다. 신체 구조만 봐도 알 수 있지 않은가. 이 말씀은 하나님이 보시기에 여성과 남성이 똑같이 가치 있다는 뜻이다.

기본적인 생물학적·신체적 차이가 사람의 지성과 의지, 감성에 영향을 준다는 사실을 생각해 본 적 있는가? 지성과 의지, 감성은 사람의 '영혼'을 구성하는 요소다. 영혼을 정확하게 정의하기는 어렵지만 나는 분명 지성과 의지와 감성은 영혼과 관련이 있다고 생각한다. 이제 이 질문에 대해 생각해 보자. "생물학적·신체적 차이 때문에 남녀의 영혼은 다르게 생각하고, 다른 것을 좋아하고, 다르게 느끼는 것인가?" 연구와 조사 결과는 확실히 "그렇다!"고 답한다. 남성의 몸은 남성의 영혼에 영향을 끼치고, 여성의 몸은 여성의 영혼에 영향을 준다.

내용은 좀 거북할 수 있지만, 날마다 내 사무실로 쏟아져 들어오는 이메일이나 우편 중에서 눈에 띄는 사례가 두 가지 있다. 바로 시각적인 자극으로 성적인 유혹에 쉽게 빠지는 남성들 이야기와, 달마다 겪는 생리전증후군(Premenstrual Syndrome, PMS)에 영향을 받는 여성들 이야기다. 이 두 예가 서로 동등하다는 뜻은 아니다. 그러나 남녀의 신체 차이가 영혼에 끼치는 영향을 잘 설명하고 있다.

## 음란물 유혹에 빠진 남편

남성은 눈으로 보면서 성적 자극을 받는다. 남성의 시각 중심적 특성이 생각, 선호도, 감정에 영향을 끼친다는 데에는 논쟁할 여지가 없다. 남성들에게 솔직한 의견을 들어보아도 그런 사실을 잘 알 수 있다. 좀 더 확실한 증거로 음란 산업을 들 수 있다. 여성보다는 남성이 음란물을 월등히 많이 본다. 실제로 음란 산업에 종사하는 여성들이 있긴 하지만, 그들은 돈 때문에 일하는 것이지 성욕 때문은 아니다. 남편이 음란물 문제로 힘들어한다며 아내들이 보내는 이메일과 편지는 수백 통이 넘는다. 어느 여성 심리치료사는 이런 편지를 보내왔다.

> 제 전남편은 이중생활을 했습니다. 하나는 신실한 그리스도인이고 다른 하나는 결혼생활을 하면서 알게 된 삶, 바로 인터넷 음란물에 빠진 비밀스러운 삶이죠. 남편의 그런 모습에 저는 몹시 괴롭고 힘들었습니다. 그래서 끝내 저는 이혼하자고 말했습니다. 남편은 부부 관계를 개선하려고 노력하기보다는 음란물을 보며 자위를 할 '권리'를 선택했습니다. 그것이 우리 결혼생활의 유일한 '성생활'이었습니다. 안타깝게도 현 시대는 인터넷 음란물을 사람들이 접하기에 점점 편해지는 세상이 되어 버렸습니다. 거의 날마다 상담실에서 만나는 온갖 계층의 남자가 그런 문제로 상담을 요청합니다. 목사부터 트럭 운전수까지 말이죠.

한 남편은 이런 이메일을 보내왔다.

> 저는 실제로 간음을 행하지는 않았지만, 영적으로나 정서적으로는 그렇다고 할 수 있습니다. 지난 6년간 인터넷에서 음란물을 보아왔거든요. 더 심각한 사실은 애인을 구하려고 무료 채팅방에서 시간을 보내기도 했습니다. 그런데 보고서를 쓰려고 내 컴퓨터를 빌려간 대학 1학년생 의붓딸이 그걸 보고 말았습니다.

이 남자는 성적 연약함으로 음란물의 유혹에 빠져들었고, 더 나아가 가정까지 파괴하게 되었다. 아내가 더 이상 남편을 신뢰하지 못하게 된 것이다. 음란물을 보는 행위는 가정을 파괴한다. 그뿐 아니라 "영혼을 거슬러 싸우는 육체의 정욕"(벧전 2:11)은 그리스도를 향해서도 능력을 잃게 한다.

### 한 달에 한 번씩 아내를 찾아오는 불청객

생리전증후군은 많은 여성에게 이미 잘 알려진 증상이다. 여성의 생리적 기능이 영혼(지성, 의지, 감성)에 영향을 끼치는 시기가 있다면, 대략 생리 기간 며칠 전이다. 남성도 잘 알겠지만, 일부 여성은 생리전증후군이 있는 기간 동안 생각과 감정이 극히 부정적으로 돌변한다. 예를 들어 이유 없이 화내는 것처럼 말이다. 그리스도인이든 아니든 생리전증후군은 매우 예민한 주제다. 70, 80년대를 주도하던 여성주의적 사고는 남성과 여성의 차이를 언급하기만 하면 비난하기에 바빴다. 여성이 남성보다 약하다는 것은 곧 열등하다고 여기는 것과 같다고 생각했기 때문이다.

그러나 사랑과 존경의 눈으로 보면 생리전증후군은 단지 하나님이 주신 여성과 남성의 차이로, 깊이 이해하고 신중히 다루어야 할 특성일 뿐이다. 그러나 수많은 남편이 고백하듯이 정말 쉬운 문제는 아니다. 생리전증후군 기간에 아내는 아무런 이유 없이 남편에게 분노를 폭발하거나, 뭐 하나 잘하는 게 없다며 모든 것을 남편 잘못으로 떠넘기기도 한다. 그럴 때면 남편들은 대부분 그저 조용히 폭풍이 지나가기만을 기다리는 게 최선의 방책이라고 말한다. "여보, 진정해요. 당신, 생리전증후군 때문에 그래!"라는 말은 하지 말아야 한다는 걸 뒤늦게서야 알게 된다. 그런 말은 전혀 도움이 되지 않는다. 아내는 이미 자기만 겪는 불공평함에 충분히 화가 나 있기 때문이다. 자신이 초조해하고 화를 내는 이유가 단순히 생리전증후군 때문이라는 사실조차 인정하고 싶지 않을 것이다. 아내는 자신이 알 만한 건 다 알고 있으며 단지 남편만 바뀌면 모두 잘될 거라고 생각한다. 게다가 모든 것이 아내 잘못이라고 말하는 남편에게 질려 버렸을 것이다! 다음 편지는 생리전증후군이 어떻게 악성 사이클로 끌어들이는지를 생생하게 보여준다.

> 하나님은 저에게 최고로 멋지고 사랑스러우며, 남편을 지극히 존중하는 아내를 주셨습니다. 그런데 한 달에 하루 이틀, 아내에게 검은 그림자가 드리우는 날에는 완전히 다른 사람으로 변합니다. 정말이지 아내가 사탄에게 홀린 건 아닐까 생각할 정도입니다. 그 시기만 되면 아내는 분노로 가득한 입으로 독을 내뱉으며 저를 심하게 경멸합니다. 머리로는 단지 아내 몸의 호르몬 불균형 때문이라는 것도 알고 사랑하는 아내의 진짜 모습이 아니라는 것도 압니다. 그런데도 아내는 정확히 어디를 찔러야 하는지를 어찌 그리도 잘 아는지, 저를 정말 비참하게 만듭니다. 그러다 보면 저도 끝내는 보복을 하고야 맙니다. 이건 정말 쓸모없는 일입니다.

생리전증후군으로 고생하는 여성들을 보면 정말 안타깝다. 이런 이메일을 보내온 사람도 있다.

> 다른 때도 기분이 좋진 않습니다만 생리전증후군 기간에는 정말 기분이 최악입니다. …… 저는 그게 정말 싫습니다. 우리 부부 사이를 갈라놓으면 갈라놓았지 절대 가깝게 만들지 않으니까요. 정말 도움이 필요합니다.

나이가 들면서 여성은 자신이 보이는 생리전증후군을 알아차린다. 특히 달력에 생리 기간을 적어두었다면 더욱 확실히 알 수 있다. 바울이 젊은 여성들에게 나이 든 여성들과 어울려 교훈과 격려를 들으라고 말할 때 생리전증후군을 염두에 둔 것 같기도 하다(디도서 2장 3-5절을 보라). 꽤 좋은 생각이다. 나이 든 여성들은 호르몬에서 비롯된 부정적인 태도와 가족에게 보이는 쌀쌀맞은 행동이 남성은 물론 어느 누구에게도 통하지 않는다는 걸 알고 있기 때문이다.

### "중요한 사실은 당신은 블루고 나는 핑크라는 거예요."

내가 음란물이나 생리전증후군을 다룬 것은 어느 한쪽을 격하하거나 생리전증후군과 음란물 중독이 같다고 말하려는 것이 아니다. 내가 하고 싶은 말은 남성과 여성은 하나님 앞에서 동등하지만 똑같지는 않다는 것이다. 남성과 여성은 신체 구조도, 생각도, 좋아하는 것도, 감정도 많이 다르다. 영혼이 겪는 갈등이나 영혼에 영향을 주는 것도 서로 같지 않다. 그렇다고 남편과 아내가 함께 어우러져 살 수 없는 것은 아니다. 우리가 받은 수많은 이메일은 남성과 여성이 서로 다르지만 차이를 이해하고 사랑과 존경으로 잘 다룬다면 부부 관계가 정말 좋아진다는 걸 증명해 주고 있다.

수백 통의 편지 가운데 두 가지 사례를 보자. 이들은 배우자를 공감하고 이해하는 법을 정말 힘겹게 배운 사람들이다. 남편들은 아내의 여자다움이 잘못이 아니라는 것을 이해했다. 단지 여성의 영혼이 부딪치는 특별한 어려움이 남성과 좀 다를 뿐이다. 아내들은 남편의 남자다움이 잘못이 아니라는 것을 알게 되었다. 단지 남성의 영혼에 영향을 주는 유혹이 여성과 좀 다를 뿐이다.

<한 아내> 세미나 덕분에 남편이 저를 이해하고 받아들이는 폭이 넓어졌습니다. 저는 친구들과 이야기할 때면 저를 그 친구와 똑같이 여기는 성향이 있는데 남편의 직장 여자 동료들은 저처럼 행동하지 않는다고 하더라고요. 그래서 남편은 제가 다른 여자와 상당히 다르다고 생각했습니다. 마찬가지로 남자에 대한 설명을 들으며 남편의 욕구를 이해하고, 남편을 비난하기보다는 더 고마워하고 공감하게 되었습니다. 이렇게 서로 태도가 변하자 대화도 바뀌었습니다. 이제는 남편이 제 감정을 상하게 해도 존경하는 태도로 '침묵'하는 법을 배웠습니다. 남편이 일부러 그러는 게 아니라는 걸 알기 때문이죠. 남편 역시 저와 더 많이 대화하려고 노력합니다. 전처럼 갈등을 피하려고 '침묵'하지 않고 말이지요. 우리 부부는 전보다 훨씬 편안해졌고, 천천히 친밀감을 회복하고 있습니다.

<한 남편> 몇 년 동안 제가 느끼는 감정이 정확히 무엇인지 몰라서 무척 힘들었습니다. 저는 언제나 아내에게 둔하다는 소리를 들었습니다. 솔직히 그러려고 한 건 아닌데……. 아내와는 생각도 다르고 우선순위도 달랐습니다. 그러나 그것은 제가 단지 블루이기 때문이지 나빠서 그런 게 아니라는 말이 저를 자유롭게 해주었습니다. 그리고 아내에게 존경받는 남자이고 싶은 욕구를 어떻게 요구할지 알게 된 것도 큰 힘이 되었습니다.

세미나에 참석한 부부나 「사랑과 존경」을 읽은 부부가 보이는 피드백 가운데 가장 중요한 개념으로 꼽는 것은 바로 이것이다.

틀린 게 아니라 서로 다를 뿐이다[4]

이 개념이 얼마나 중요한지는 매우 분명하다. 그러나 핵심을 놓치는 사람이 꼭 있다. 남편이 이렇게 말했다며 어느 아내가 편지를 보내왔다. "그래, 좋아요. 나는 블루고 당신은 핑크예요. 그러니 포기합시다. 결국 나는 당신을 이해할 수 없다는 말이잖아요." 이 남편은 정말 '이해하지' 못한 것이다. 그런데 다행히 이해력 좋은 이 아내는 남편이 쏘아붙인 초특급 블루의 말에 상처를 받았으면서도 이렇게 대답했다. "그래요, 여보. 에머슨 씨가 가르쳐준 건 당신은 블루고 나는 핑크라는 거예요. 그말은 내가 핑크 상자 밖으로 나와 블루를 이해하려고 노력해야 한다는 뜻이지, 블루라고 깎아내리라는 말은 아니라고 생각해요."

이 아내에게 나는 "아주 좋은 대답입니다!"라고 답장을 보냈다. 그는 핑크와 블루의 비유를 핑크 상자 밖으로 나와야 한다고 적절히 표현했다. 그리고 남편에게도 블루 상자 밖으로 나와야 한다고 이야기하며 존경하는 태도를 보였다.

이제까지 배운 개념을 통해 새로운 눈으로 배우자를 볼 수 있길 바란다. 배우자를 더 이해하고 더 원활하게 의사사통하고 싶다면, 이 사실을 잊지 말라. 두 사람 모두 틀린 것이 아니라 다를 뿐이라는 사실을, 핑크와 블루가 다른 것처럼 말이다.

상황이 나쁠 때마다 배우자의 선한 의도를 믿어주어야 한다.
사랑과 존경은 "악한 것을 생각하지 아니하기"(고전 13:5) 때문이다.

chapter 03

# 배우자의 마음속에는 '선의'가 있다

　앞에서 사랑과 존경을 이루려는 부부가 서로 이해하고 좋은 대화를 나누고자 할 때 알아야 할 두 가지 중요한 사실을 생각해 보았다. 마지막 세 번째 사실도 매우 단순하지만 아주 중요한 개념이다. 부부가 서로에게 선한 의도(goodwill)를 가진 사람임을 믿을 수 있어야 한다는 것이다. 두 사람 모두, 아니면 한 사람이라도 상대방이 선한 의도를 가졌다고 믿는다면, 부부 관계에 좋은 일이 기다리고 있을 것이다.

　종종 이런 질문을 받는다. "도대체 선의란 게 뭐죠? 내가 배우자를 향해 선의를 가지고 있는 걸 어떻게 보이고, 또 배우자가 선의를 가졌는지 아닌지 어떻게 확신할 수 있죠?"

　'선의'를 단순하게 정의하자면 "다른 사람에게 잘해 주려는 마음"이라고 할 수 있다. 더 나아가 좋은 것을 주려 했지만 전해지지 못한 것도 선의라고 할 수 있다. 선의를 가졌다고 꼭 결과까지 좋은 건 아니다.

예수님은 겟세마네 동산에서 함께 기도하지 못하고 잠들어 버린 제자들에게 이렇게 말씀하셨다. "마음에는 원이로되 육신이 약하도다"(마 26:41). 주님은 제자들이 그분을 향해 선의를 가지고 있음을 아셨다. 비록 그 의도대로 행하지는 못했지만 말이다.

사도 바울도 로마서 7장 19절에 선의를 가졌지만 그대로 행하지 못하는 뼈아픈 현실과, 육체와 벌이는 싸움에 대해 이렇게 썼다. "내가 원하는 바 선은 행하지 아니하고 도리어 원하지 아니하는 바 악을 행하는도다."

우리는 모두 바울이 하는 말이 무슨 뜻인지 알고 있다. 당신도 배우자도 잘하고 싶은데 그러지 못한다. 잘못된 행동을 그만두고 싶은데 그러지 못하고 있을 뿐이다. 배우자가 자신이 품은 선한 의도대로 행하지 못할 때, 당신은 선한 의도라는 말이 반드시 상처를 주지 않는다는 뜻은 아니라는 사실을 기억해야만 한다. 진심은 서로에게 해를 끼치려던 것이 아니다. 배우자가 게으르거나, 잘 잊거나, 부주의하거나, 생각 없이 말을 할지도 모른다. 그러면 당신은 그런 말과 행동에 상처 받고 화가 나서 어떻게든 복수하고 싶어질 것이다. 그러나 이런 서로의 실수에도, 사실 두 사람은 마음속 깊이 서로를 염려하고 있다. 겉으로는 싸움을 벌여도 마음 깊은 곳에 있는 선의는 변함이 없다.

## 타락한 인간의 마음에 선의가 존재할 수 있을까?

선의에 대해 가르칠 때마다 이런 질문을 받는다. "선의와 전적으로 타락한 인간의 마음을 어떻게 함께 이해할 수 있나요?" 이렇게까지 말하는 사람도 있다. "죄성이 매우 심각하기 때문에 사람은 결코 선한 의도를 가질 수 없습니다." 그러면서 보통 예레미야 17장 9절을 인용한다.

"만물보다 거짓되고 심히 부패한 것은 마음이라. 누가 능히 이를 알리요마는." 예레미야의 가르침은 옳다. 그렇지만 예수님은 이렇게도 말씀하셨다. "좋은 땅에 있다는 것은 착하고 좋은 마음으로 말씀을 듣고 지키어 인내로 결실하는 자니라"(눅 8:15).

그렇다면 이제 이런 의문이 생길 수밖에 없다. "사람의 마음이 '거짓되고 심히 부패하다'면서 어떻게 동시에 '착하고 좋은 마음'을 가질 수 있단 말인가?" 그것은 아마 우리 안에 두 마음이 동시에 존재하기 때문일 것이다. 즉 하나님의 형상대로 지음 받은 마음과 죄로 타락한 마음이다. 앞서 예수님이 "마음에는 원이로되 육신이 약하도다"라고 하신 말씀은 하나님이 우리 안에 주셔서 도덕적인 법에 따라 좋은 일을 하고 싶어하는 영적인 면을 지적하신 것이지만, 우리는 동시에 죄로 우리 자신을 끌어들이려는 육적인 면도 가지고 있다. 사도 바울은 로마서 7장에서 이것을 정확하게 묘사한다. 그는 죄의 벌에서 해방되어 영생을 약속받았다는 것을 알았다(로마서 6장 22-23절을 보라). 그리스도인으로 좋은 일을 많이 했으며 지칠 줄도 모르고 그리스도를 섬겼다. 그런데도 하나님의 모든 법에 순종하는 거룩한 삶을 온전하게 살지 못하는 자신의 무능력과 씨름했다(롬 7:1-21).[5)]

바울이 처한 어려움을 우리도 잘 알고 있다. 우리 역시 그렇지 않은가? 선의를 가지고 있으면서도, 아니 적어도 그러고 싶은 욕구를 가지고 있으면서도 여전히 우리는 죄에 붙잡혀 있다. 마찬가지로 배우자에게 잘해 주고 싶은 생각이 있는데도 우리는 여러 잘못을 저지른다. 사랑과 존경을 진지하게 실천하려는 부부를 상담할 때 늘 하는 말이 있다. 배우자가 선의를 가지고 있는데도 사랑이나 존경을 보여주지 못할 때 당신이 유일하게 선택할 수 있는 좋은 길은 바로 배우자가 여전히 선한 의도를 가진 사람임을 믿는 것이다.

예를 들어, 다음 날 아침 일찍 어딘가를 가야 하는데 차에 기름 넣을 시간이 없다. 그래서 짐을 싸고 자료를 정리하는 동안 기름을 좀 넣어달라고 배우자에게 부탁하니 그렇게 하겠다고 한다. 그런데 다음 날, 막상 떠나려는데 기름이 '바닥'이다. 화가 치밀어 오른다. 이때, 당신은 둘 중 하나를 선택할 수 있다. 배우자가 '관심이 없어서' 일부러 그랬다고 생각하고 화를 내거나, 보통 그런 일을 잘 챙기는데 이번에는 실수였을 거라고 이해하는 것이다.

배우자가 깜빡 잊어버리거나 정신이 없어서 실수했다고 여긴다면, 배우자의 선의를 믿어주기가 비교적 쉬울 것이다. 그런데 배우자가 일부러 못되게 굴거나 상처를 주려고 그런 거라면 어떨까? 당신에게 한 수 가르쳐 주려고 말이다. 배우자가 차에 기름을 넣지 않은 상황으로 되돌아가 보자. 혹시 당신은 저녁 시간에 늦는데도 전화하지 않았거나, 퇴근하는 길에 사오라는 물건을 깜빡하고 사오지 않은 적이 있지 않은가? 어쩌면 그런 일 때문에 화가 난 배우자가 앙갚음으로 기름을 넣지 않은 것일 수도 있다.

실제로 상담하다 보면 이런 식으로 앙갚음했다는 이야기를 많이 듣는다. 특히 어느 정도 악성 사이클에 놓인 부부는 더욱 그렇다. 이런 부부도 있다. 무슨 일인가로 말다툼을 벌인 둘은 몹시 화가 나서 하루 종일 한 마디도 하지 않았다. 그런 상황은 저녁까지 이어졌다. 잠자리에 들면서 남편이 아내 머리맡에 쪽지를 써두었다. "혹시 내가 알람을 듣지 못해도 5시 30분에는 깨워줘요. 내일 아침에 중요한 모임이 있소." 다음 날 아침, 잠에서 깬 남편은 믿을 수가 없었다. 7시가 되었는데도 아내가 깨워주지 않은 것이다! 화가 나서 벌떡 일어나려는데 책상 등 옆에 이런 쪽지가 보였다. "일어나세요! 5시 30분이에요."

부부라면 누구나 비슷한 행동을 해보았을 것이다. "당신이 내게 상처를 줬지요. 당신도 한번 당해 보세요. 그래야 더 이상 상처를 주지 않겠죠!" 배우자를 향한 기본적인 선의가 없어졌기 때문에 이런 상황이 벌어진 것일까? 물론 아닐 것이다. 화가 나서 잠시 복수하고 싶었을 뿐, 이런 예외적인 상황 때문에 기본적인 마음이 변하지는 않는다. 배우자를 향해 우리가 가져야 할 기본적인 마음은 이래야 한다. "배우자가 알고 한 잘못이든 모르고 한 잘못이든 나는 배우자의 좋은 마음을 믿을 것이다."

로마서 7장에서 바울은 늘 원하는 대로 행하지는 못한다고 고백한다. 그러면서 그런 약함에도 선의는 살아 있다고 가르친다. 마음으로 하나님의 뜻을 찾으면 우리 안에 있는 선한 의도대로 행할 수 있다. "기쁜 마음으로 섬기기를 주께 하듯 하고 사람들에게 하듯 하지 말라"(엡 6:7).[6]

### 배우자가 당신을 실망시킬지라도…….

부부를 상담하면서 그리스도인 부부도 서로에게 악담하고 소리치며 싸우는 것을 보고 놀랄 때가 많다. 그런 모습을 보면 서로에게 선의나 섬길 마음이 전혀 없는 것 같다. 절망한 나머지 끝내 이런 생각까지 든다. '이 사람들에게 서로를 위하는 마음이 조금이라도 있을까?' 이런 생각에 부부를 도울 수 있는 말씀을 찾다가 고린도전서 7장 32-34절을 만났다.

> "장가가지 않은 자는 주의 일을 염려하여 …… 장가간 자는 …… 어찌하여야 아내를 기쁘게 할까 하여 …… 시집가지 않은 자와 처녀는 주의 일을 염려하여 …… 시집간 자는 …… 어찌하여야 남편을 기쁘게 할까 하느니라"(고전 7:32-34).

비록 독신의 은사[7]를 받은 바울은 주님을 섬기는 데 집중하려면 결혼하지 않는 게 더 좋다고 말하면서도 고린도전서 7장 32-34절에서는 남편과 아내가 서로를 즐겁게 하는 데 관심이 있다고 명백하게 말한다. 분명 이 말씀은 배우자가 서로에게 선의를 가지고 있음을 말해 주고 있다.

그 뒤로는 부부 문제로 도움을 구해 오는 사람들에게 이렇게 묻기 시작했다. "배우자가 가끔 당신을 실망시키긴 하지만 그래도 기본적으로 잘해 주려는 마음을 갖고 있다고 보이나요?" 거의 모든 부부가 즉각적으로 그렇다고 대답할 때면 놀랍지는 않아도 조금 경외심이 든다.

나는 여기서 뭔가 중요한 사실을 발견했다. 즉시 대답하지 못하는 사람들에게는 다른 식으로 질문해 보았다. "그러면 이렇게 물어보죠. 배우자가 아침에 일어나면서 '오늘은 아내(남편) 비위를 거스르고 관심도 보이지 말아야지'라고 생각할까요?"

처음 질문에 대답하길 주저하던 사람들도 대부분 이렇게 대답한다. "아니요. 제 배우자가 악한 마음을 갖고 있다고는 생각하지 않아요. 단지 저를 좀 더 사랑하거나 존경할 마음을 갖길 바라는 거죠."

나는 이어서 다시 질문한다. "그런데 그건 다른 문제입니다. 제가 확인하고 싶은 건 배우자가 당신에게 악을 행하거나 해를 끼치려는 마음을 품고 있다고 생각하느냐는 겁니다."

주저하던 사람들도 대부분 "아니요, 배우자가 미리 악한 마음을 품고 있다고는 할 수 없지요"라고 대답한다. 그러면 나는 이렇게 말한다. "그러니까 지금 당장은 못되게 굴거나 이기적이지만 기본적으로 당신에게 좋은 뜻을 가진 사람과 결혼하신 거군요." 그러면 거의 대부분 이에 동의한다.

### 정말 악하게 구는 배우자도 있다

상담 받는 부부 가운데 대부분은 배우자의 선한 의도를 믿고 있지만, 더러는 배우자가 몹시 악하게 굴어서 정말 자신에게 악의를 갖고 있다고 믿기도 한다. 성경도 분명 우리는 타락한 세상에 살고 있으며 어떤 사람들은 빛보다 어둠을 더 사랑한다고 말한다. 분명 세상에는 악의를 가진 사람이 있다. 심지어 하나님을 향해 악을 행하는 사람도 있다. 시편 21편 11절에서 다윗은 하나님의 힘으로 적을 이기고 나서 "비록 그들이 왕을 해하려 하여 음모를 꾸몄으나 이루지 못하도다"라며 크게 기뻐한다. 시편 36편 4절은 악인을 이렇게 묘사한다. "그는 그의 침상에서 죄악을 꾀하며 스스로 악한 길에 서고 악을 거절하지 아니하는도다." 잠언도 악한 사람들과 그들의 음모에 대해 "악행하기를 꾀하는 자를 일컬어 사악한 자라 하느니라"(잠 24:8)라고 말한다. 더 심하게는 "악한 꾀는 여호와께서 미워하시는 것"(잠 15:26)이라고 표현한다.

성경은 악으로 가정이 파괴된 경우도 지적한다. 자신을 사랑하는 남편이 있는데도 영혼 깊은 곳에서는 선한 것에서 마음을 돌이키는 아내가 있다. 이 아내는 호리는 말을 하며, "젊은 시절의 짝을 버리며 그의 하나님의 언약을 잊어버린"(잠언 2장 16-17절을 보라) 음란하고 방종한 여자가 되어간다. 말라기 2장 13-14절에서는 하나님이 방종한 남편들의 봉헌물을 받지 않으시는 이유를 "너와 네가 어려서 맞이한 아내 사이에 여호와께서 증인이 되시기 때문이라. 그는 네 짝이요 너와 서약한 아내로되 네가 그에게 거짓을 행하였도다"라고 설명한다.

정말 악한 배우자에게 상처 입은 사람들이 많은 편지를 보내온다. 그들의 배우자는 더 이상 선한 행동을 하지 않기로 결심한 사람들이다. 몇 가지 사연을 소개한다.

<사연 1> 한 해에 두 번이나 바람을 피우고 아내와 이혼한 어떤 남편은 나에게 이렇게 말했다. "아내가 110퍼센트 노력한 건 압니다. 그러나 저는 이제 그만두고 싶습니다." 이 남자는 제멋대로 행동하면서도 자기 잘못을 솔직하게 인정했다. 자신이 아내에게 악하게 굴고 아내를 짓밟고 있다는 것도 알고 있었다.

<사연 2> 몇 년 동안 밤마다 남편에게 아이를 맡기고 외출하던 아내가 있다. 아내가 어디서 누구와 있었는지는 아무도 모른다. 그는 남편과 친밀한 관계도 원치 않았다. 남편은 신실하고 이웃을 잘 섬기며 가족도 잘 부양하는 아주 원만한 사람이다. 결국 이들은 파경을 맞았다.

<사연 3> 어떤 아내는 번번이 말을 지어냈다. 심지어 법정에서도 남편에 대해 거짓말을 했다. 그의 목적은 남편을 파멸시키는 것이다. 다행히도 이 여성의 악한 의도를 파악한 여판사가 자신이 내린 판결을 뒤엎으면서까지 남편에게 유리한 판결을 내렸다.

이런 이야기는 끝도 없다. 내가 하고 싶은 말은 배우자에게 끊임없이 악을 행하는 사람도 있다는 것이다. 이 글을 읽고 있는 당신도 배우자가 저지르는 악행에 피해를 입었을지 모른다. 구체적인 상황을 모르기 때문에 당신 배우자가 정말 악하다는 당신의 판단이 옳은지 정확히 알 수는 없다. 그러나 적어도 어떤 사람이 정말 악한지 판단하려면 매우 신중해야 한다.

냉정하게 두 가지만 물어보자. 첫째, 아내가 적절하지 않은 곳에서 사랑을 찾아 간음을 저질렀다고 하자. 그 아내는 악의를 가지고 있던 것일까? 계속해서 하는 말이지만 행동이 나쁘다고 의도까지 악한 것은 아니다. 둘째, 모욕당했다고 느껴 화가 난 나머지 아내를 벽으로 밀친 남편은 악의를 가지고 있던 것일까? 다시 말하지만, 악한 행동을 했다고 해서 꼭 악의를 가졌다고 말할 수는 없다.

### 내 아버지도 악의를 가지신 것처럼 보였다

개인적인 이야기를 하나 해 보겠다. 어린 시절, 아버지가 심하게 화를 내신 적이 있다. 어머니가 구입하신 가구 몇 점이 집으로 배달되어왔는데, 그 일이 아버지를 몹시 화나게 한 것이다. 아버지는 어머니가 쓸데없는 데 돈을 썼다며 새 가구를 다 던져 버리셨다. 현관 계단에서 인도로 굴러 떨어지던 가구가 아직도 눈에 선하다. 나는 몹시 놀라 그 자리에서 꼼짝할 수도 없었다.

아버지가 돌아가신 후, 어머니에게 내 어릴 적 기억을 말씀드린 적이 있다. 기억나는 첫 장면은 아버지와 어머니가 심하게 말싸움을 하는 모습이고, 그 다음 장면은 아버지가 어머니의 목을 조르는 모습이다. 아버지는 어머니를 냉장고로 밀친 채 한 손으로 목을 조르셨다! 나는 달려가 엄마를 돕는답시고 작은 주먹으로 아버지를 때렸다. 아버지를 말리려고 한 것이다. 그러자 아버지는 내 머리를 쳐서 밀쳐내셨다. 마지막으로 떠오르는 장면은 집밖에서 쪼그리고 앉아 울고 계신 어머니를 보고 이웃집 아주머니가 창문 너머로 "제이, 괜찮아요?" 하며 묻는 장면이다. 그 장면을 끝으로 그 끔찍한 사건은 점점 흐릿해졌다.

내가 그런 일을 기억하고 있다고 말씀드리자 어머니는 상당히 놀라셨다. 당황한 빛을 보이시며 "네가 어떻게 그걸 기억하고 있니? 그땐 많이 어려서 기억할 수 없을 텐데! 그걸 기억하다니 정말 놀랍구나"라고 말씀하셨다. 그러나 나는 기억하고 있었다. 그 후에도 아버지의 폭력은 갈수록 심해져서 끝내 부모님은 별거를 거쳐 이혼하기에 이르렀다. 어머니와 누나, 나는 다른 곳으로 이사했고, 3년간 아버지는 거의 점심식사 때마다 우리를 보러 오셨다. 그러나 결국 두 분은 다시 합치셨고 어머니를 통해 아버지도 그리스도를 영접하셨다.

지금은 두 분 모두 주님 품에 안기셨기 때문에 이런 이야기를 편히 나눌 수 있다. 아버지를 부끄럽게 하려고 이 이야기를 한 것이 아니다. 어머니는 아버지 행동을 부인하거나 흉보지 않으셨다. 단지 아버지가 스스로 어떤 행동을 하는지 몰라서 그런 거라고만 말씀하셨다. 고통스럽고 무시무시한 사건으로 기억하고 있지만 피해자인 어머니도, 어린 나이였던 나도 아버지가 악해서 그런 거라고는 생각하지 않는다. 그렇게 믿기로 한 것이다. 악하게 행동하셨지만 악한 의도를 가지신 건 아니기 때문이다.

### 스냅사진 몇 장으로 배우자를 단정하지 말라

당신의 결혼생활이 정확히 어떤 상황인지, 또 무엇이 당신에게 가장 좋은 결정인지 나는 알지 못한다. 그러나 상담을 받으러 온 사람에게 나는 예수님의 눈으로 배우자를 바라보라고 말한다. 예수님이라면 배우자에 대해 이렇게 말씀하실 것이다. "마음에는 원이로되 육신이 약하도다." 그런 시각으로 배우자를 볼 수 있어야 한다. 그러면 아마 배우자의 영혼을 공정하게 대변하는 것으로 시작할 수 있을 것이다.

주님의 눈으로 배우자를 보는 다른 방법은 배우자에 대한 단편적인 스냅사진과 전(全) 인생을 담은 비디오를 구별하는 것이다. 당신은 몇 장의 스냅사진 같은 배우자에 대한 기억에 비추어 그의 영혼을 한

쪽으로만 단정하고 있지는 않은가? 만약 그렇다면 한걸음 물러서서 이렇게 질문해 보자. "이 모습들이 배우자를 제대로 보여주고 있는 걸까? 주님도 이런 모습으로 보고 계실까?" 이것은 마치 내가 당신과 일주일 정도 함께 머물면서 당신이 화를 내거나 짜증 낸 순간을 당신도 모르는 사이에 스냅사진으로 찍어 신문 일면에 당신은 이런 사람이라고 기사를 내는 것과 같다. 그러면 아마 당신은 당장 중상모략과 명예훼손으로 나를 고소할 것이다.

그래도 마음속으로 배우자에 대해 단정 지은 사진 몇 장만으로 배우자를 비난하면서 자신의 억울함을 '호소'하는 이메일이 끊임없이 쏟아진다. 배우자가 "사탄에 사로잡혔다"는 토로에서 "사탄의 도구"가 되었다는 비난까지 다양하다. 이런 마음을 품고 있는 사람을 만나면 나는 모든 사물이 두 가지 면을 가지고 있다고 말해 준다. "배우자가 분명 잘못했습니다. 그렇지만 그 잘못 하나로 배우자를 다 판단할 수는 없습니다."

### 사랑에 흠뻑 빠진 때를 기억하라

다시 말하지만 배우자가 선한 일은 하지 않고 못된 짓만 하더라도 그 행위를 가지고 배우자에게 선한 의도가 없다고 단정 지을 수는 없다. 물론 배우자가 악하게 행동하면 악성 사이클에 빠질 것이다. 비열하거나 치사하게 행동하면 나쁜 사람이라고 말하고 싶다. 악하다는 표현까지 쓰지 않더라도 말이다. 그럴 때면 배우자가 선한 사람처럼 보이지 않으며, 사랑하거나 존경하고 싶지도 않다. 그러나 사랑과 존경으로 살아보겠다면, 배우자가 잠시 화내거나 짜증 내거나 비열하게 행동한다고 해서 성격이 나쁘다고 규정해서는 안 된다.

사실 나 자신도 까다롭거나 못되거나 비열하게 굴 때가 있지 않은가? 만약 내 말이나 행동에 상처 받은 사라가 나를 무시해서 기분이 상했다면, 나는 사라가 내게 좋은 감정이 없다고 결론지을 수 있을까? 아니면 사라가 나를 화나게 하고 짜증 나게 한 것 때문에 내가 매정하게 대했다고 해서 사라가 나를 나쁜 사람이라고 생각해도 좋을까? 물론, 그렇지 않다. 그러나 화가 나 있거나 짜증 나거나 피곤하거나 마음이 불편할 때는 그렇게 답하기가 쉽지 않다. 나는 사라에게, 사라는 나에게 기대하는 것이 있다. 그런데 어느 한쪽이 그런 기대감을 채워주지 않으면 서로 인신공격을 하고 싶어진다.

이런 모순된 상황을 생각해 보자. "미스터 사랑과 존경"인 내가 사라의 생일에 선물은커녕 카드조차 쓰지 않는다면 사라는 순간 나를 사랑 없는 위선자라고 생각할 수 있다. 그러나 그것은 매우 지나친 판단이다. 반대로, 나와 함께 사랑과 존경 세미나를 가르치고 있는 사라가 아이들 앞에서 나를 깎아내리고 무시해서 내 위신을 떨어뜨린다면 아내를 못된 사기꾼으로 여길 수 있지만, 그것 역시 지나친 생각이다. 마치 부엌에 날아다니는 파리를 잡겠다고 마구 총을 쏘아대는 농부와 같다. 파리 한 마리 죽이자고 벽에 마구 구멍을 내는 건 아주 어리석은 짓이다. 마찬가지로 배우자가 기대에 미치지 못한다고 해서 지나치게 반응한다면 부부 관계에 구멍이 나고 말 것이다.

사라와 나도 다른 부부와 크게 다르지 않다. 부부 사이에 긴장이 생기고 삶 속에서 악성 사이클에 발동이 걸리기 시작하면, 우리는 서로 처음 만나 사랑에 빠진 때를 기억하려고 애쓴다. "나는 당신이 정말 싫어요. 미워 죽겠어요"라고 말하며 청혼하진 않았을 테니 말이다. 사랑에 흠뻑 빠져 결혼하고 싶어하던 그 사람이 바로 지금 당신 눈앞에 있는 사람이다. 비록 지금 이 순간에는 그렇게 보이지 않을지라도…….

> <더 깊은 사랑과 존경을 위한 조언>
>
> ## "으악! 나는 히틀러의 먼 친척과 결혼한 것 같아요!"
>
> 사라와 함께 미국 전역을 다니며 사랑과 존경 세미나와 부부 상담을 하다 보면 배우자를 심하게 비난하는 사람들을 종종 만난다. 히틀러의 먼 친척과 결혼했다고 믿는 사람도 있다. 그러나 우리는 베드로가 가룟 유다와 비슷하게 행동했다고 해서 두 사람을 똑같이 여기지는 않는다. 적의 손에 예수님을 팔아넘긴 그 결정적인 행동으로 유다는 인류 역사상 가장 사악한 배반자가 되었다. 그런데 베드로도 예수님을 배반했다. 그러나 베드로의 영혼과 유다의 영혼은 완전히 달랐다. 회개하지 않고 후회로만 가득 찬 유다는 자살을 택했고(마태복음 27장 1-5절을 보라), 후회와 더불어 회개한 베드로는 주님과의 교제를 회복할 수 있었다(요 21장). 이처럼 배우자가 어떤 잘못을 저질렀다고 해서 섣불리 부정적으로 판단해서는 안 된다.

## 악성 사이클이 오히려 좋은 기회가 될 수 있다

사랑과 존경으로 살려는 부부에게 악성 사이클은 오히려 서로 안에 있는 선의를 확인할 좋은 기회가 될 수 있다. 사랑받지 못한다고 느낀 아내가 남편을 무시해서 악성 사이클이 돌아가려 할 때, 남편은 아내가 적의를 품고 있다고 판단할 수 있다. 그러나 한편으로는 그저 악성 사이클이 시작되고 있음을 감지하고 아내의 진심은 존경 없이 대하려는 것이 아님을 깨달을 수 있다. 아내가 외치고 있는 것은 사랑이다. 한 남편이 이런 편지를 보내왔다.

전에는 아내가 저를 비난하면 정말 미칠 것 같았습니다. 그런데 지금은 아내에게 무엇 때문에 그렇게 화가 났는지 물어봅니다. …… 결혼한 지 28년이나 지난 지금은 상황이 점점 좋아지고 있습니다. 이제는 비난을 받아도 아내가 좋은 뜻으로 단지 나를 도와주려고 '제안'하는 것이라고 생각하려고 노력합니다.

악성 사이클을 이겨 내려는 아내 역시 남편의 선의를 신뢰한다면 감정이 쉽게 상하는 일이 줄어들 것이다. 남편이 사랑 없는 태도로 말했을지라도 일부러 그런 것이 아니다. 남편은 단지 전형적인 블루 방식으로 행동했을 뿐이다. 한 아내는 이렇게 설명한다.

어느 날 남편은 여자들이 들으면 "남편이 정말 그런 말을 했어?"라고 할 만한 말을 했습니다. 그렇지만 저는 그 자리에서 되받아치고 기분이 상해서 며칠 동안 그 말을 되새기는 대신, 남편과의 오랜 참된 우정을 떠올렸습니다. 그리고 "남편의 선의를 믿으라"는 당신 말을 생각했습니다. 그래서 속으로 부글부글 끓이지 않고 남편에게 조용히 물었습니다. 무슨 생각으로 그런 말을 했는지 알고 싶다고 말이죠. 그리고 그 말을 제가 어떻게 받아들였는지도 이야기했습니다. 남편은 잘 설명해 주었습니다. 아니나 다를까, 그 상황 역시 남편의 블루적인 생각을 제 핑크적인 방식으로 이해해서 일어난 것입니다. 이런 식으로 대화하는 것을 통해 서로를 얼마나 깊이 이해할 수 있는지 정말 놀랍습니다. 다른 사람의 반응을 걱정하지 않고 제 감정을 이야기하며 정확하게 상황을 이해할 수 있다는 믿음이 더욱 깊어지고 있습니다.

배우자의 선의를 믿으면 놀라운 일이 벌어진다. 아무리 부부 관계가 좋아도 감정이 상하는 악성 사이클 순간은 있게 마련이다. 그런 순간이 되면 누구든 먼저 상대방의 선의를 믿기로 작정하라. 한 남편은 이것을 간결하게 표현하였다. "아직도 악성 사이클에 처할 때가 있습니다. 그러나 잠시 멈춰서 생각해 보면 별일 아닙니다. 우리는 둘 다 좋은 사람들인데, 그걸 자주 잊는 것 같습니다."

한 아내는 이렇게 썼다.

남편과 저는 좀 더 효과적으로 의사소통하는 법을 배웠습니다. 핑크와 블루 보청기에 대한 생각은 남편 말에 쉽게 상처 받지 않게 도와주었습니다. 당신이 말한 것처럼 정말 남편은 대체적으로 어떤 상황에서든 선한 의도를 가지고 있더군요. 남편이 정말 하고 싶은 말이 무엇인지 이해하려고 드니까 쓸데없는 상처를 받지 않게 되었습니다.

이들은 정말 제대로 이해했다. 잠언 14장 9절 말씀에 따르면 "미련한 자는 죄를 심상히 여겨도 정직한 자(the upright) 중에는 은혜(goodwill)가 있다." 대화하다가 오해가 생겨 싸움이 생길 것 같으면 누구라도 적극적으로 잘못된 것을 바로잡기 위해 제대로 듣고 이해하려고 해야 한다. 부부가 서로 선한 의도를 믿어주면 그럴 수 있다. 미련한 자는 그렇게 하지 않지만 '정직한'(upright) 자는 그렇게 한다.

'선의'라는 원리로 부부 관계가 좋아졌다는 부부를 수도 없이 보아왔다. 사랑받지 못하거나 무시당하는 것 같아도 배우자가 선의를 가지고 있다고 믿는 것이 중요하다고 가르칠 때, 그 원리로 큰 효과를 보았다는 부부들을 보면 정말 힘이 난다.

### 연약함을 알아가고 친밀해지는 여행을 시작한 부부

가끔 결혼생활에 아무런 희망이 없고 남편도 전혀 선의가 없는 것 같다고 느끼는 아내들에게 편지를 받을 때가 있다. 아내들이 이런 결론을 내리는 이유는 자기라면 하지 않을 말과 행동을 남편이 하기 때문이다. 만약 자신이 그런 식으로 반응한다는 것은 좋은 의도 없이 잔인한 행위를 할 때뿐이기 때문이다. 한 여성은 이렇게 썼다.

> 저는 결혼생활에 아무런 희망이 없었습니다. 거듭난 그리스도인 부부인데도 말입니다. 남편은 늘 차갑고 무서웠습니다. 돌처럼 굳은 태도가 아니면 격한 분노나 위협이 느껴졌습니다. 마치 학대받는 것 같았죠. 우리는 둘 다 교회 리더인데도 말이죠. 절망 속에서 남편에게 「사랑과 존경」 가운데 한 부분을 읽어줘도 괜찮겠느냐고 물어보았습니다. 그런데 책을 읽어가면서 밝은 빛이 보이기 시작했습니다. 남편은 계속 "맞아요. 그게 바로 내 모습이에요!"라고 외쳤습니다. 심지어 책을 쓴 당신을 찾아가 입까지 맞추고 싶어했다니까요. 아시아계 남성인 남편에게 처음 듣는 이야기였습니다. 이제 우리 부부는 서로의 연약함을 알아가고 친밀해지는 여행을 시작했습니다. 아직 시작일 뿐이지만 그래도 희망이 보입니다. 정말 기적 같은 일입니다.

이 아내에게 나는 이렇게 답장했다.

우리를 남자와 여자로 만드실 때, 하나님은 어느 한쪽을 잘못 만드시지 않았습니다. 서로 다르게 만드셨을 뿐입니다. 성경은 부부가 서로를 화나게 하려고 하지 않으며 근본적으로 선의를 가지고 있다고 말합니다(고전 7:3-34). 단지 서로 다른 욕구를 가지고 있을 뿐입니다. 거기서 어려움이 시작됩니다. 일단 아내가 남편을 무시하려는 게 아니고 남편이 아내를 사랑하지 않으려는 게 아니라는 사실만 인지한다면……? 빙고! 네, 맞습니다. 뜻하지 않은 기쁨을 맛볼 것입니다.

다른 사람들보다 빨리 "빙고!"를 외치는 부부도 있다. 그러나 불행히도 많은 부부가 서로 선의가 없다고 생각하면서 악성 사이클로 고생한다. 아내는 남편이 자기를 사랑하지 않는다고 여기고, 남편은 아내가 자신을 존경하지 않는다고 생각한다. 아내는 자신이 원하는 사랑의 욕구를 남편이 전혀 모르는 것 같고, 남편은 자신이 바라는 존경의 욕구를 아내가 전혀 생각지 않는 것 같다고 느낀다.

이런 생각은 흔히 커다란 오해를 낳는다. 핑크와 블루 메시지가 오갈 때 서로의 암호를 풀어 그 속에 숨은 말을 알아들을 수 있어야 한다. 'Part 2'에서는 부부가 서로 더 깊이 이해하는 방법을 통해 어떻게 악성 사이클에서 벗어날 수 있는지 살펴볼 것이다.

# <주>

**1.**
남성과 여성의 차이를 말할 때, 대부분 어느 정도는 일반화한다. 대체로 사실이 아닌 것을 일반화하는 것은 매우 위험하다. 그러나 일반적으로 사실이라면 다른 사람을 이해하는 데 도움이 된다. 물론 이런 일반적인 특성에서 예외인 사람도 있다. 그러나 그런 예외가 일반적인 사실을 바꾸지는 못한다. 이미 수천 쌍의 부부를 관찰하고 나서 얻은 결과이기 때문이다. 일반화를 사용하는 것은 고정된 이미지로 누군가를 나쁘게 표현하려는 게 아니라 좀 더 이해를 도우려는 것이다.

**2.**
"악성 사이클"을 다룬 2부에서는 한 장을 모든 부부가 반드시 익혀야 할 도구인 용서로 채웠다.

**3.**
사사기 4장 6-15절을 읽어 보면 드보라가 이스라엘 군대 지휘관 바락의 손에 가나안 적군과 시스라 장군을 붙이기 위해 그들을 어떻게 이끌어냈으며 어떻게 동행했는지 알 수 있다.

**4.**
"틀린 게 아니라 서로 다를 뿐이다"(not wrong, just different)라는 말은 하나님이 창조하신 남성과 여성의 전형적인 차이를 말한다. 남편이나 아내가 절대로 잘못하는 법이 없다는 뜻이 아니다. 남편이든 아내든 죄를 범하면 잘못하는 것이다(wrong)!

**5.**
바울은 육체 안에서 하나님의 법과 육신의 죄의 법이 전쟁하고 있다고 말한다. 한편으로는 속사람 안에 있는 하나님의 법을 경험한다. 하나님 형상대로 지음 받았기 때문에 하나님의 법이 함께하는 것이다. 그런데 육체 안에 거하는 죄의 법과도 싸워야 한다. 로마서 7장 25절에서 바울은 이렇게 말한다. "그런즉 내 자신이 마음으로는 하나님의 법을, 육신으로는 죄의 법을 섬기노라." 어느 편이 이길까? 대속하시는 예수 그리스도의 속죄에 대한 믿음이 약해지고 천국에서 멀어지면 죄가 이긴다. 그런데도 우리는 이 땅에서 선한 의도를 가질 수 있다.
죄의 법 때문에 누구도 선을 의도하거나 행할 수 없다고 주장하는 사람도 있다. "전적 타락"이라는 신학 용어를 인간이 한 치의 선도 행할 수 없고 선을 행할 의도도 가질 수 없다고 해석하기도 한다. "전적"이라는 말이 "절대적"이라는 뜻은 아니다. 맑은 물에 검정 잉크를 한 방울만 떨어뜨려도 물은 전부 검정색으로 변한다. 그러나 $H_2O$는 여전히 병 안에 남아 있다. 마찬가지로 죄는 사람의 전 존재를 물들였지만, 우리 안에는 아직 하나님의 법이 남아 있다. 죄가 우리 안에 있는 하나님의 법이나 하나님의 형상을 온전히 지워버리지는 못한 것이다.

구원받은 사람이든 구원받지 못한 사람이든 어느 정도는 하나님의 법을 이룰 수 있고 내면에 있는 하나님 형상대로 행동할 수 있다. 누구나 선한 일을 하거나 선한 의도를 품을 수 있다. 그렇지만 좋은 동기를 품었다거나 다른 사람에게 좋은 일을 했다고 해서 구원받을 수는 없다. 즉 천국에 들어갈 자격을 얻는 것은 아니다. 영생을 얻을 만큼 하나님의 법을 충분히 행할 수 있는 사람은 없기 때문이다. 오직 예수 그리스도께서 십자가에서 이루신 일을 믿을 때에만 구원을 얻을 수 있다.

6.
에베소서 6장 5-9절에서 바울은 종과 주인에게 이야기한다. 그러나 "기쁜 마음으로"(serving with good will)라는 가르침은 모든 그리스도인에게 주는 것이다. 좋은 기쁨(좋은 의도)으로 주인을 섬기고(7절), 주인도 "그들에게 이와 같이" 해야 한다. 하나님은 외모로 사람을 취하시지 않기 때문이다(9절). 종이 좋은 의도로 주인을 섬길 수 있다면 부부도 서로를 그렇게 섬길 수 있을 것이다!

7.
고린도전서 7장 25-35절에서 바울은 방해받지 않고 집중해서 주님을 섬길 수 있기 때문에 독신이 더 바람직하지만 결혼하는 것도 괜찮다고 말한다. 바울 자신은 독신의 은사를 받았지만 "정욕이 불같이 타는 것보다 결혼하는 것이 나으니라"(고전 7:9)라고 하며, 이어서 마태복음 19장에 있는 예수님의 가르침을 반복한다. 즉 배우자의 부정을 제외하고는 이혼해서는 안 된다는 것이다. 예수님의 제자들은 결혼이 그런 구속력을 갖는다면 "차라리 결혼하지 않는 게 낫다"고까지 대답한다(마 19:10). 예수님은 이어서 모든 사람이 다 받을 수 있는 가르침은 아니라고 하시며 "어머니의 태로부터 된 고자도 있고 사람이 만든 고자도 있고 천국을 위하여 스스로 된 고자도 있도다. 이 말을 받을 만한 자는 받을지어다"(마 19:12)라고 하셨다. 이 말을 다르게 표현하면 독신의 은사가 있는 사람 말고는 모든 사람이 결혼한 상태로 지내야 한다는 것이다. 바울 역시 결혼을 하려면 성숙과 헌신이 필요하다는 것을 잘 알고 있었다. 고린도전서 7장 28절에서 "장가가도 죄 짓는 것이 아니요 …… 이런 이들은 육신에 고난이 있으리니 나는 너희를 아끼노라"라고 한 말은 결혼을 부정적으로 표현한 것이 아니다. 단지 고린도 교회 교인들이 결혼에는 상승곡선(upside)이 있으며 올바른 결혼생활에는 수고와 성장이 함께한다는 걸 알기 원한 것이다. 바울은 남편과 아내가 서로를 즐겁게 하는 데 관심이 있다고 설명한다. 그것은 좋은 일이다. 두 사람 모두 이런 근본적인 사실을 신뢰해야 한다.

'Part 1'을 읽고 당신은 사랑과 존경의 기본 원리로 무장되었을 것이다. 그러나 아직 주의해야 한다! 악성 사이클은 약삭빠르고 매우 무자비한 적군이다. 나와 내 아내 같은 전문가도 악성 사이클에 빠지지 않으려고 끊임없이 긴장한다.

악성 사이클에서 영원히 벗어날 수는 없다는 사실을 기억하라. 늘 위험이 도사리고 있다. 언제라도 다시 돌아갈 기세를 갖추고 있다. 그러나 앞으로 나오는 기본적인 기술과 방법을 사용하면 피할 수 있을 것이다. 바로 "배우자의 언어 해독하기", "서로의 공기호스 밟지 않기", "서로를 용서하기"다. 기도하면서 꾸준히 이 기술을 연마한다면 악성 사이클은 기회를 얻지 못할 것이다.

자, 준비되었는가? 선글라스와 보청기를 다시 고쳐 쓰고 시작해 보자!

Part 2.

"악성 사이클" : 의사소통이
막혀 불통이 되는 주기

하나님이 핑크와 블루를 디자인한 방식을 이해할수록
놀라운 발견으로 넘쳐날 것이다
"지혜 있는 자는 듣고 학식이 더할 것이요
명철한 자는 지략을 얻을 것이라" (잠 1:5)

chapter 04
# 배우자의 말 속에 담긴 암호를 해석하라!

　오랫동안 의사소통하는 법을 배워온 우리 부부도 여전히 서로를 오해하는 순간이 있고 악성 사이클이 돌 때가 있다. 일상생활에서 그런 기복은 거의 피할 수 없는 일처럼 보인다. 최근에 일어난 일을 예로 들어보자. 사랑과 존경 세미나를 하러 가는 길에 공항에서 생긴 일이다. 공항에 도착해서 시계를 보니 탑승할 때까지 약 45분 정도 남아 있었다. 사라가 돌아서며 말했다. "여보, 정말 배가 고파요. 뭘 좀 먹으면 좋겠는데, 괜찮아요?"

　나는 아내가 가까이에 있는 패스트푸드점에서 간단히 먹겠다는 줄 알고 이렇게 대답했다. "그래요. 여기서 기다리고 있을게요." 사라는 나를 빤히 쳐다보더니 대답했다. "내 말을 전혀 못 알아들으시는군요." 그러더니 다시 새침한 말투로 이렇게 말했다. "함께 뭘 좀 먹으면 좋겠다고요."

나는 비행기를 놓칠까 봐 머릿속이 좀 어수선했는지 여전히 아내 마음을 읽지 못했다. "글쎄, 난 그리 배고프지 않은데요."

아내는 믿을 수 없다는 눈빛을 하고 또박또박 대답했다. "둘이 같이 근사하게 저녁을 먹고 싶다고요. 좋아요. 그래요. 혼자 먹고 올게요." 사라는 내 대답은 듣지도 않고 화가 나서는 씩씩거리며 가 버렸다.

"여보, 잠깐만!" 내가 부르는 소리에도 사라는 그냥 가 버렸다. 가방 몇 개를 든 채 나는 그렇게 홀로 남겨졌다. 우리 부부가 악성 사이클에 놓인 걸까? 꼭 그렇다고 말할 수는 없지만 적어도 슬슬 시동이 걸리는 소리가 들리는 것 같았다.

'아이쿠! 아내와 남편 사이의 오해에 대한 이야깃거리가 하나 더 늘었구나'라는 생각이 들었다. 나는 비행기를 놓치지 않기만을 바라며 마냥 앉아서 기다렸다. 탑승을 겨우 몇 분 남겨두고 사라는 돌아왔지만 여전히 기분이 좋지 않아 보였다. 그러나 서둘러 탑승구로 가야 했기 때문에 이야기할 시간이 없었다. 비행기에 앉아서야 조금 전 사건에 대해 이야기를 시작할 수 있었다. 사라는 여전히 화가 풀리지 않은 것 같았고, 그건 나도 마찬가지였다. 내가 말했다. "이런 상황이 날 당황스럽게 하네요. 나는 당신 말뜻을 정말 몰랐고 당신의 초대를 무시할 생각도 전혀 없었어요."

"저도 당황스럽네요." 사라가 대답했다. "저도 당신이 사랑하지 않는 태도를 보이려 했다고는 생각하지 않아요. 그렇지만 당신은 항상 딴생각에 사로잡혀서 마음이 딴 데 가 있어요. 저는 비행기를 타기 전 몇 분이라도 당신과 함께 조용한 시간을 보낼 수 있겠다고 생각했어요."

누구도 양보하려 들지 않았다. 둘 다 사과해야 한다는 건 알지만 얼마 동안은 아무도 마음을 열지 않았다. 자신이 먼저 움직이기보다는 상대방이 성숙하게 "미안해"라고 말해 주길 바랐다. 행여 누군가가 「사랑과 존경」을 들고 와서 사인해 달라지만 않길 바라며 계속 그렇게 앉아 있었다.

얼마간 시간이 흐르자 우리 둘 사이의 긴장감도 슬슬 사라져 버렸다. 사라가 먼저 싱긋 웃어보였다. 둘 다 얼마나 옹졸했는지를 생각하고 있었다. 나는 아내의 초대를 눈치채지 못한 것을 사과하고 앞으로는 딴생각에 너무 빠져 있지 않겠다고 '또' 약속했다. 아내는 화를 내며 그렇게 가버린 걸 사과하고 용서를 구했다. 나는 아내를 용서하고 아내는 나를 용서했다. 그렇게 상황은 끝이 났다.

### 사랑과 존경의 충돌 사건

다행히 우리는 악성 사이클이 더 커지기 전에 멈추는 법을 알고 있었다. 행동이나 말로 상대방을 다치게 하고 찌르더라도 즉각 그 상처에 연고를 발라줄 줄 안다. 그러나 결혼한 지 얼마 안 되어 사랑과 존경을 몰랐을 때는 상대방이 피 흘리는 모습을 잠시 지켜보기만 할 뿐 날카로운 칼을 내려놓아야 하는 이유도, 또 내려놓는 방법도 알지 못했다.

사실 공항에서 생긴 작은 사건 역시 각자 사랑과 존경을 받고 싶은 욕구 때문에 일어난 것이다. 사라는 내게 사랑을 기대했다. 내가 기꺼이 함께 식사하러 가길 바란 것이다. 그런데 다른 생각에 정신이 팔린 나는 아내의 초대를 적절히 해석하지 못했다. 대화가 오가면서 나는 사라에게 존경을 원했다. 내가 부를 때 아내가 돌아보길 바랐다. 그러나 화가 난 사라는 휙 돌아서서 뒤도 돌아보지 않고 가 버렸다.

부부 사이의 긴장과 분노는 이른바 '사랑과 존경의 충돌'로 생겨난다. 혼자 식당을 찾아 밥을 먹으며 사라는 이렇게 생각했을 것이다. '남편이 정말 나를 사랑한다면 내 말을 충분히 알아들었을 거야.' 반면 아내가 돌아오기를 기다리던 나는 이런 생각을 하고 있었다. '아내가 진짜 나를 존중한다면 자기가 원하는 걸 알아차리지 못했다고 번번이 나를 비난하지는 않겠지.'

실제로 공항 사건은 근본적이고도 영원한 남녀 간 싸움을 잘 보여준다. 몇 년간 사소한 접전을 겪으면서 부부는 각자 자신에게 유리한 증거들을 모아놓는다. 핑크는 자기 처지가 억울하다고 여기고, 블루는 정반대로 생각한다. 핑크와 블루가 한걸음 뒤로 물러서서 서로가 서로에게 하고 있는 일을 볼 수 있어야 전쟁이 끝난다. 서로 틀린 것이 아니라 단지 다를 뿐이란 걸 깨달을 때 전쟁은 끝이 난다.

### 남녀 간 전쟁 피하기

사라와 내가 전보다 빨리 사과할 수 있는 중요한 이유는 남녀 간 전쟁에서 이른바 휴전하는 법을 알기 때문이다. 우리도 분명 실수를 한다. 그러나 서로 상대방의 핑크나 블루인 성향에 대한 비판을 빨리 멈춘다. 성별에서 비롯된 차이를 기꺼이 받아들이려고 노력한다. 서로 마음에 들지 않는 말과 행동을 비난하지 않고 말이다.

공항에서 일어난 작은 말싸움은 아직도 더 좋아져야 할 부분이 있다는 것을 보여주지만, 그래도 우리 부부는 정말 많이 나아졌다. 이제 아내는 화가 나도 나를 "이 매정하고 둔한 인간아!"라고 부르지 않고, 나 역시 아내가 나를 힘들게 해도 "이 건방지고 신경질적인 여자야!"라고 부르지 않는다.

솔직히 사라가 '아주 예민하다'는 사실에 하나님께 감사한다. 사람들에게 공감해야 하는 내게 감성적인 측면을 잘 말해 주기 때문이다. 사라도 내가 '몹시 둔한' 것을 하나님께 감사한다. 바로 그 둔함 때문에 사실에 기반을 두고 행동할 수 있고, 위기 상황에서 보호받으며, 감정이 격한 순간에도 냉철하게 일을 처리할 수 있기 때문이다. 누군가가 한 말처럼 "강점이 약점이 되고, 약점이 강점이 될 수 있다."

"뭐 좀 먹으러 갈까요?"라며 시작된 우리 부부의 대화는 이 장에서 말하고자 하는 핵심을 제대로 보여준다. 원만하게 대화하려면 배우자의 암호를 해독해야 한다. 사라와 결혼생활을 하면서, 그리고 수천 쌍의 부부를 도우면서 내가 자신 있게 말할 수 있는 것은 남자와 여자가 서로에게 암호로 말한다는 것이다. 서로의 암호를 해독하지 않고는 서로를 이해하기 어려우며 끝내 악성 사이클에 오를 수밖에 없다.

## 전문가도 암호를 해독하지 못할 수 있다

비행기 안에서 긴장이 좀 풀리고 사라가 잠든 사이, 나는 아내가 "여보, 정말 배가 고파요. 뭘 좀 먹으면 좋겠는데, 괜찮아요?"라고 물어본 짧은 시간 동안 무슨 일이 있었는지 생각해 보았다. 아내 말 속에 숨겨진 진짜 메시지는 나와 함께 있고 싶다는 것이다.

물론 아내는 배도 고프고 뭘 먹고 싶기도 했다. 그러나 다른 여자들처럼 사라에게 식사는 단지 음식만 먹는 게 아니다. 곧 교제를 뜻한다. 나는 그 메시지를 해독하는 데 실패한 것이다. 그러고도 사랑과 존경을 가르치고 있다니!

내게는 부끄러운 이야기일 수도 있지만, 이 사건은 남편과 아내가 서로의 메시지를 해독하기 위해 끊임없는 노력해야 한다는 사실을 보여준다. 2장에서 강조했듯이 남성과 여성은 블루와 핑크만큼이나 다르다. 여성과 남성으로서 서로 다른 욕구를 갖고 있기 때문에 부부는 종종 다른 의미를 담은 메시지를 보낸다. 핑크스럽든 블루스럽든 상관없다는 것을 기억하라. 중요한 것은 당신이든 배우자든 틀린 것이 아니라 서로 다르다는 사실이다.

사라가 내게 핑크적인 기대를 품는 것은 잘못이 아니다. 아내로서는 분명한 메시지를 보냈다. 사라는 비행 전 몇 분이라도 친밀한 시간을 보내고 싶어서 내게 부드럽게 물어보았다. 그렇다고 아내의 기대를 이해하지 못한 블루적 시각을 가진 내 잘못도 아니다. 나는 그저 아내 말을 '있는 그대로 받아들여서' 대답했을 뿐이다. 아내가 한 말은 "여보, 정말 배가 고파요. 뭘 좀 먹으면 좋겠는데, 괜찮아요?"였다. 아내는 "뭘 좀 먹으면 좋겠는데"라고 말하면서 정확히 나도 함께 먹어야 한다고는 말하지 않았다. "괜찮아요?"라는 질문 역시 그저 허락을 받으려는 줄 알았다. 나는 굳이 그러지 않아도 되는데 그렇게까지 물어보니 고맙다고 생각했을 정도다.

그때 아내는 다른 여성들처럼 관계적으로 생각하고 말한 것이고, 나는 보통 남성들처럼 사실 중심으로 생각하고 받아들인 것이다. 사라는 배가 고파서 뭔가 먹고 싶다고 말했다. 이전에도 가끔 공항에 도착해서는 "아침을 먹을 시간이 없었는데 지금 배가 많이 고프네요. 잠깐 베이글 하나 먹고 갈 수 있을까요?"라고 말한 적이 있다.

아내는 패스트푸드를 먹는 데 익숙했기 때문에 "여보, 정말 배가 고파요. 뭘 좀 먹으면 좋겠는데, 괜찮아요?"라는 말도 그런 경우라고 생각했다. 다시 "함께 뭘 좀 먹으면 좋겠다고요"라고 말할 때에도 여전히 액면 그대로 받아들였다. 아내 생각에는 분명한 초대였지만 내게는 그렇게 들리지 않았다. 배가 고프지 않으니 괜찮다고 말한 것도 내가 배고프지 않은 걸 몰라서 계속 물어보는 줄 알았기 때문이다.

이쯤 되자 블루의 우둔함을 견디지 못한 아내는 확실하게 못을 박았다. "둘이 같이 근사하게 저녁을 먹고 싶다고요." 아내가 그렇게 말하고 휙 돌아서 사라져 버릴 때에야 나는 겨우 눈치를 챘다. 아내를 소리쳐 부르며 "아, 여보, 이제야 당신 말을 이해했어요. 그래요, 뭐 좀 먹읍시다. 거 괜찮은 생각이에요"라고 말하고 싶었지만 이미 너무 늦어 버렸다.

## 하나님이 핑크에게 섬세함을 선물로 주셨다

핑크 관점에서 볼 때, 여자의 직관은 놀라운 은사다. 핑크들은 절친한 친구나 가까운 관계에 있는 핑크의 말을 자연스럽게 알아듣는다. 사라와 친구 쉴라 사이에 오간 대화를 잠시 엿보자.

(교회에서 모임을 하는데 친구 쉴라가 말을 걸어온다.)

쉴라 : 사라, 모임 끝나고 커피 한 잔 하러 갈까 하는데, 같이 갈래?

사라 : 그래? 그런데 모임이 빨리 끝날까?

쉴라 : 그럴 것 같아. 바쁘면 꼭 같이 가지 않아도 되고.

사라 : 아니야. 남편도 모임이 있으니까 시간이 있을 거야. 정말 좋겠다.

쉴라 : 그래? 바쁘지 않으면 '퍼키'라고 새로운 카페가 생겼던데 거기 어때?

사라 : (즐거운 목소리로) 와! 나도 저번에 그 앞을 지나다 봤는데 특이하게 생겼더라. 그래서 '언제 한번 가봐야지' 하고 생각하고 있었어.

쉴라 : (기뻐하며) 와, 정말 잘됐다. 그럼, 우리 모임에서 조금 일찍 나갈까?

먼저 제안을 하든 제안을 받든, 여자들은 이런 초대에 매우 민감하다. 서로 오가는 말 속에 숨은 감정과 뜻을 살피며 결정할 것이다. 여자들은 자연스럽게 확인하고 확인시킨다. 이런 확인 과정을 여러 번 거친다.

이런 섬세한 능력은 하나님이 핑크에게 주신 선물이다. 그러나 하나님은 블루를 그렇게 만들지 않으셨다. 공항에서 사라는 내가 자신이 보내는 암시를 섬세하게 알아채서 이런 대화가 오고가길 기대했을 것이다.

사라 : 여보, 정말 배가 고파요. 뭘 좀 먹으면 좋겠는데, 괜찮아요?

에머슨 : 아, 그거 좋은 생각이에요. 어디 가서 먹을까요?

사라 : 글쎄요. 좀 좋은 데로 가면 좋겠어요. 둘뿐이잖아요. 그래도 되겠어요?

에머슨 : 물론이죠. 그런데 시간은 충분할까요?

사라 : 그럴 거예요. 비행기에 오르려면 45분이나 남았잖아요. 시간이 모자랄 것 같아요?

에머슨 : 걱정하는 건 아니에요. 45분이면 충분할 거예요. 어디로 가면 좋을까요?

사라 : 금방 칸막이가 있는 식당을 지나왔는데, 꽤 아늑해 보이더라고요. 거기 어떨까요?

에머슨 : 당신과 함께라면 어디든 좋죠.

그렇지만 실제로 이런 대화를 나누는 부부는 거의 없다. 심지어 신혼여행에서도 이런 대화를 하기는 힘들다. 이런 식으로 대화하는 남자가 거의 없기 때문이다. 사실 나는 남자치고 그나마 대화하는 데 상당히 직관적인 편이다. 사랑과 존경 세미나에서 '부부 대화의 암호 해독'을 가르칠 생각을 할 정도니까 말이다. 그런 나도 기본적으로는 '사실적인 상황에 따라' 삶에 접근한다.

가장 친한 친구가 "모임 끝나고 커피 한 잔 할까?"라고 물으면 "미안, 오늘은 집에 일찍 들어가야겠어. 할 얘기가 있으면 내일 전화해 줘. 그래야 맑은 정신으로 이야기할 수 있을 것 같아"라고 대답할지도 모른다. 친구는 조금 실망하겠지만 거절을 있는 그대로 받아들이며, 짧고 퉁명스런 내 대답에 마음 상해하지도 않는다.

물론 아내가 친구의 커피 초대를 절대 거절하지 않는다는 말은 아니다. 아내도 시간이 없으면 초대를 거절할 것이다. 그러나 더 많이 설명하고 미안한 마음을 표현하면서 "조만간 꼭 거기서 커피 마시자"라는 식의 말을 덧붙일 것이다. 여자들은 대부분 그렇게 섬세하다. 그러나 전형적인 남자들은 사실에 근거해서 말하며 좀 무뚝뚝하다.

내 본능에 내재한 남성스러움이 공항 사건을 일으킨 것이다. 종종 그러지만 그날은 특히 다른 생각에 사로잡혀 마음이 바빠 사라의 메시지를 읽지 못한 것이다. 남성적이고 블루적인 내 대답이 매우 핑크적이고 예민한 아내에게 상처를 주고 화나게 했다. 다행히 우리는 이런 상황을 잘 감지해서 사과하고 용서를 구하며 악성 사이클이 시작되는 것을 막을 수 있었다(용서를 주고받는 것은 의사소통에서 매우 중요한 기술이다. 6장에서 더 자세히 다룰 것이다).

공항 사건에서 이야기하려는 것은 모든 여성이 모든 일을 개인적으로 받아들인다거나 모든 남성이 늘 사실에 따라서만 이야기한다는 것이 아니다. 사실 나는 상당히 사실적인 여성들도 알고, 여성보다 더 예민하고 자신의 감정을 잘 표현하는 남성들도 알고 있다.

단지 전형적인 부부를 살펴볼 때, 대부분 아내가 더 감각적이고 직관적이며 남편은 좀 더 사실에 근거하고 가끔 아무 이유 없이 무감각하다는 뜻이다. 그렇기 때문에 남편은 아내가 하는 말을 해독하는 법을 배워야 한다.

물론 그 반대도 마찬가지다. 핑크와 블루 보청기 때문에 아내가 듣는 방식과 남편이 듣는 방식이 전혀 달라서 같은 이야기도 다르게 이해하는 경우가 많다.

### "이 고기 어디서 샀어?"

사라와 결혼했을 무렵, 나는 의사소통 분야 석사 과정을 공부하고 있었다. 의사소통을 연구하다 보니 특히 남자와 여자의 차이를 많이 생각하게 되었다. 사라와 나도 남녀 차이에서 비롯된 긴장감을 많이 겪었기 때문에 남자와 여자가 얼마나 다르게 보고 듣는지에 대해 호기심이 끊이지 않았다.

한번은 친구 집 뒷마당에서 고기를 굽다가 친구에게 물었다. "이 고기 어디서 샀어?" 친구는 "시내에 새로 연 정육점에서 샀어"라고 대답했다. 남성인 친구는 내 질문을 그저 정보를 구하는 것으로 받아들였다. 그뿐이었다.

얼마 지나지 않아 집에서 식사를 하려는데 아내가 햄버거를 만들어주었다. 나는 실험을 해보고 싶어서 이렇게 물었다. "햄버거에 넣은 고기 어디서 샀어요?" 사라는 놀라며 즉각 이렇게 되물었다. "왜요? 뭐가 이상해요?"

사라는 여자로서, 또 새내기 주부로서 맛있는 식사를 준비하고 싶은 마음에 예민하게 반응한 것이다. 전형적인 여자들이 그렇듯 사라는 내 말의 행간을 읽고 같은 질문을 전혀 다른 뜻으로 받아들였다. 나는 햄버거가 맛있다고 말하고 단지 같은 질문에 여자인 당신은 어떻게 대답할까 실험해 본 거라고 설명했다.

햄버거에 문제가 없다는 소리에 안심하면서 아내는 이렇게 대답했다. "당연하죠. 그럼 제가 달리 어떤 반응을 보일 수 있겠어요."

### 아내가 "우리 얘기 좀 해요"라고 말하면 적색경보가 울린다

공항에서는 실수했지만, 그래도 전보다는 아내 말에 담긴 암호를 잘 해독하는 편이다. 결혼 초에는 사라의 생각을 잘 읽지 못해서 악성 사이클이 돌아갈 위험에 자주 노출되었다. 특히 사라가 이렇게 말하면 바짝 긴장되었다. "우리 얘기 좀 해요", "저랑 언제 얘기 좀 할 수 있어요?" 그러면 이렇게 묻고 싶어진다. "내가 뭘 잘못했어요?" 그리고 이런 생각이 들기도 한다. '우리 사이에 뭔가 문제가 있어서 할 얘기가 있다는 건가? 내가 뭘 잘못했지?'

그래도 그냥 덤덤한 척하며 이렇게 말한다. "그래요. 무슨 얘기를 하고 싶은데요?" 아내 대답은 시원치도 않고 마음을 편하게 하지도 않는다. "뭐, 그냥 얘기나 좀 하자고요." 그러면 나는 '뭔가 할 말이 있는데 단도직입적으로 말하기 힘든가 보다'라고 생각한다. 뭔가 나한테 불만이 있거나, 내가 뭘 잘못했거나, 아니면 뭔가 해주지 않아서 그런 거라고 해석한다.

그러나 정작 대화를 나눠보면 내 문제인 경우는 거의 없다. 아내는 말 그대로 그냥 대화를 하고 싶은 것뿐이다. 그런데도 사라가 얘기 좀 하자는 게 내 문제 때문이 아니라고 확신하기까지는 상당한 시간이 걸렸다.

지금도 사라는 가끔 "우리 얘기 좀 해요"라고 요구하지만 이제는 아내 말을 더 신속하게 해석할 수 있다. 참고 기다리고 있다가 내 잘못을 지적하려는 게 아니라 단지 자기 마음이 어떤지 대화를 나누고 싶을 뿐이라고 말이다. 물론 대화를 하다 보면 긍정적이든 부정적이든 나에 대한 이야기가 나오기도 한다. 그러나 대부분 아내가 신경 쓰는 것은 내 문제가 아니다. 중요한 점은 대부분의 여자들이 그런 것처럼 대화 자체가 아내에게 카타르시스가 된다는 것이다. 이제는 아내 이야기를 들어주고 다양한 주제에 대한 생각과 감정을 함께 나눈다. 그런데 내가 이런 기술을 익힌 몇 년 동안, 아내는 내가 아내만큼 즐거워하지 않는다는 걸 알아차렸다. 특히 내가 시계를 들여다볼 때면 말이다. 아내는 이렇게 말한다. "당신, 나랑 대화하는 게 별로 즐겁지 않군요. 틀림없어요."

나는 아내에게 성급하게 판단하지 말라고 대답한다. 그러면서 예전에 전해들은 어느 남편의 경우와 비슷하다는 생각을 한다. 그 아내는 이렇게 남편을 비난했다. "당신은 나랑 말하는 게 즐겁지 않죠? 그렇죠? 분명해요." 그 말에 놀란 남편이 물었다. "무슨 소리예요? 나는 그렇게 말한 적 없는데. 당신 말을 열심히 듣고 있잖아요." 그러자 아내가 이렇게 대답했다. "그렇겠죠. 그렇지만 몹시 귀찮다는 태도로 듣고 있잖아요."

지금은 사라가 "우리 얘기 좀 해요"라고 요청해도 불편하지 않다. 아내가 "우리 얘기 좀 해요"라고 요청해 오는 것은 나와의 친밀감을 원한다는 뜻이기 때문이다. 아내는 나와 함께 사람이나 관계에 대해 이야기하길 좋아한다. 주로 감정에 집중하는 경향이 있다. 우리 사이에 긴장감이 느껴지면 아내는 늘 관대한 마음으로 먼저 내게 다가오려고 한다. 아내는 융통성 있게 그 순간을 즐기며 함께 웃을 수 있길 바란다.

사라는 전형적으로 여성성이 강한 여자다. 양육하려는 여성적인 본성 때문에 항상 사람들에게 세심한 관심을 기울인다. 물론 여성도 남성처럼 사고력 있고 계획적이며 논리적이다. 그러나 부부 친밀감에 있어서는 늘 자신의 감정을 따른다. 그리고 남편도 자기와 같길 바란다. 남성은 분석적인 경향 때문에 주로 사실에 치중한다. 남성도 감정적이고 다른 사람을 신뢰하지만 결혼생활에서 결정할 일이 생기면 자신의 머리를 따른다. 그리고 아내도 그렇게 하길 기대한다. 그렇기 때문에 남성은 말을 있는 그대로 받아들이고, 말하지 않은 것은 잘 알아차리지 못하는 것이다.

사라와 나는 항상 한 팀이 되는 것을 목표로 삼아왔고, 어느 정도 성공도 했다. 그러나 사랑과 존경 사역으로 마음이 분주할 때면 아내 말이 잘 들리지 않는다. 게다가 진의까지 파악하기란 더욱 어렵다. 그럴 땐

---

**<더 깊은 사랑과 존경을 위한 조언>**

### "내 배우자는 좀 다르지 않을까?"

일반적으로 우리가 흔히 알고 있는 남성성과 여성성이 모두에게 들어맞을까? 과연 예외는 없을까? 물론 있다. 그러나 그 예외가 상당한 사람들에게 들어맞는다고 증명된 일반 원칙을 무효화하지는 못한다. 오랫동안 부부들을 상담하면서, 아내는 대부분 남편이 너무 무심하다(insensitive, 머리만 있고 가슴이 없다)고 불평하고 남편은 아내가 너무 예민하다(overly sensitive, 가슴만 있고 머리가 없다)고 불평하는 걸 보아왔다. 그럴 때마다 나는 늘 같은 충고를 한다. 하나님이 주신 차이를 비난하지 말고, 되도록 머리와 가슴이 함께해야 한다고 말이다. 오히려 서로의 차이 때문에 최고의 팀이 될 수 있다. 서로가 지닌 최고 선한 동기로, 서로에게 있는 차이를 통해 최상의 결정을 내리기 바란다.

팀워크가 잘 이뤄지지 않는다. 마치 공항 사건처럼 말이다.

## 의사소통에 필요한 쌍둥이 도구, 듣기와 암호 해독하기

남편으로서 겪은 개인 경험과 수천 쌍의 부부를 상담한 내용을 통해서 나는 더 나은 의사소통을 하는 데 '듣기'와 '암호 해독'이 함께해야 하는 쌍둥이 도구라는 결론을 내렸다. 배우자의 말을 해독할 기회는 자주 찾아온다. 그러나 듣지 않는다면 해독할 기회는 사라진다.

사라와 나는 듣고 해석하는 것을 통해 많은 유익을 보았다는 부부들의 이야기를 자주 듣는다. 사랑과 존경의 가르침 가운데 배우자의 말을 해독하는 기술이 실제로 어떤 도움을 주었는지 이메일을 보내온 아내가 있다. 그는 좀 장난스럽게 "남편의 목숨을 살렸어요"라는 표현을 썼다.

> 소모임에서 사랑과 존경 비디오를 보고 난 뒤였어요. 그쯤에 남편 말을 해독할 기회가 생겼습니다. 가족과 함께 차를 타고 영화를 보러 가는 길에 남편이 입가에 살짝 미소를 띠며 웃는 것을 보고 제가 물었죠. "무슨 생각을 하고 있어요?" 남편이 대답했습니다. "당신이 얼마나 비판적인지(critical) 생각하고 있었어요." 순간 저는 본능적으로 확······. 무슨 말인지 알겠죠? 그러다가 생각했지요. '아니야. 남편은 선한 의도를 가진 사람이야. 뭔가 다른 뜻이 있겠지.' 그래서 다시 물었지요. "제가 비판적이라니 무슨 뜻이에요?" 남편 대답은 이랬습니다. "당신이 없으면 우리 집이 어떻게 되겠어요. 당신은 우리에게 없어서는 안 될(critical) 존재예요!"

이메일을 끝내며 아내는 이런 말을 덧붙였다. "고맙습니다, 에머슨 씨. 우리 가족의 자동차 사고를 막아주셔서!"

이 'critical'한 아내 이야기는 말 한마디가 얼마나 큰 오해로 번질 수 있는지 잘 보여준다. 이 아내는 'critical'이라는 말에 거의 화를 낼 뻔했다. 그러나 남편의 의도를 충분히 파악하기 위해 설명을 구했고, 남편이 칭찬한 것임을 알게 되었다. 남편 눈에 아내가 몹시 소중하다는 뜻이었다.

그런데 만약 잘못 해석해서 차 안 공기가 순식간에 얼어붙었다면 어쩔 뻔했을까? 이 순간, 해석하는 것만큼 중요한 기술이 또 있다. 사랑과 존경 세미나에서는 이렇게 말한다. "배우자가 숨 쉬는 공기호스를 밟지 않도록 주의하라!" 다음 장에서는 사랑과 존경을 전하는 이 중요한 기술을 자세히 살펴볼 것이다.

배우자가 당신의 공기호스를 밟을 때마다 기억하라.
"노하기를 더디 하는 것이 사람의 슬기요
허물을 용서하는 것이 자기의 영광이니라" (잠 19:11).

chapter 05

# "아악! 내 공기호스 좀 그만 밟아요!"

결혼생활을 하다 보면 오해가 생기기도 하고 거친 말이나 비난에 화가 나고 상처 받는 일도 생긴다. 그 순간, 배우자는 얼굴이 굳고 눈이 어두워지며 목소리가 차가워질 것이다. 어떤 사람은 몸이 굳거나 눈이 충혈되거나 목소리가 몇 옥타브 올라가기도 한다. 배우자가 이런 증상을 보이면 당신이 지금 배우자의 공기호스를 밟아서 배우자 영혼이 숨막혀 한다는 것을 알아야 한다("책 속의 작은 책" 26-27쪽을 보라).

## 우리는 모두 공기호스를 가지고 있다

세미나에서 공기호스 비유를 들 때면 속으로 이런 그림을 그려보라고 말한다. 아내의 공기호스는 '사랑'이라고 부르는 커다란 탱크에 연결되어 있다. 아내는 숨 쉬는 공기만큼 사랑 없이는 살 수 없기 때문이다. 아내의 핑크 보청기를 통해 남편 말이 뭔가 기분 나쁘게 들리면 사랑을 공급하던 호스가 꼬이기 시작한다. 그래서 아내도 기분 나쁘게 대응하고 싶어진다. 화를 내며 이렇게 말하고 싶다. "저는 지금 사랑받지 못하고 있다고요." 그러나 절대 그렇게 말하지 않는다. 대신 이렇게 중얼거린다. "정말 둔하다니깐. 하는 일이 늘 그렇지, 뭐. 또 시작이야, 또!"

물론 남편도 '존경'이라 불리는 거대한 탱크에 공기호스가 연결되어 있다. 숨 쉬는 공기만큼 존경이 필요하기 때문이다. 아내를 기분 나쁘게 하려고 한 말은 아닌데, 그만 핑크 아내가 핑크 보청기로 듣고 상처를 받아 화가 나서 반격해 오면 남편은 블루 보청기로 아내의 비난을 듣고 상처를 받아서 호스가 꼬이기 시작한다. 그렇게 되면 상황이 급격히 나빠지기 시작한다. 사랑과 존경으로 대화하기 위해 꼭 인식해야 할 아주 중요한 사실 하나는 이것이다

> 화난 배우자가 꺼내드는 문제는 대부분 진짜 문제가 아니다.

진짜 문제는 남편이 한 말이 사랑 없이 들리고 아내가 한 말이 존경 없이 들린 것이다. 그래서 자신을 방어하려고 다시 사랑 없고 존경 없는 말로 대응한다. 그렇게 계속 오가다가 바로 악성 사이클에 들어서는 것이다.

### 다윗 왕과 아내 미갈도 악성 사이클에 올랐다

성경 시대에도 틀림없이 오늘날 부부가 겪는 의사소통의 어려움을 동일하게 겪었을 것이다. 악성 사이클이나 배우자의 말 해석하기, 공기호스 같은 개념은 없었어도 그 시대 남녀도 우리처럼 사랑과 존경이라

는 기본적인 욕구를 가지고 있었다. 다윗 왕의 일화 가운데 아내가 남편의 호스를 밟은 대표적인 예가 있다.

사울 왕이 다윗에게 딸 미갈을 아내로 주었을 때, 이 결혼은 처음부터 아주 순조로워 보였다. 사무엘상 18장 20절은 "사울의 딸 미갈이 다윗을 사랑하매"라고 말한다. 그런데 과연 미갈이 다윗을 존경했을까? 사무엘하 6장에서 언약궤가 예루살렘으로 돌아오던 날 벌어진 사건을 보자. 그날은 말할 수 없이 기쁜 날이었다.

큰 환호성과 나팔 소리와 함께 여호와의 궤가 들어올 때 다윗은 여호와를 경배하는 기쁨에 겨워 "힘을 다하여" 춤을 추었다. 신나서 즐겁게 뛰고 춤출 때 다윗은 왕복이 아니라 레위 대제사장 옷인 베 에봇(웃옷)을 입고 있었다. 이스라엘 왕으로서 의식에 맞추어 언약궤를 운반하고 싶었기 때문이다(사무엘하 6장 1-15절을 보라). 다윗은 옷 때문에 왕처럼 보이지 않았다. 그렇다고 제사장처럼 에봇 안에 푸른 옷을 갖춰 입지도 않았다.

창문에서 그 모습을 내려다보던 미갈은 다윗이 전혀 왕처럼 보이지 않는데다 부끄러운 줄도 모르고 춤을 추고 있다고 생각했다. 그래서 "심중에 그를 업신여겼다"(삼하 6:16). 다윗은 언약궤를 위해 세운 특별한 장막까지 행진하여 언약궤를 안치하고 번제와 화목제를 드렸다. 만군의 여호와의 이름으로 백성을 축복하고 모두에게 떡 한 개와 고기 한 조각, 건포도 떡 한 덩이를 나누어 주었다(사무엘하 6장 17-19절을 보라).

한 나라의 지도자로서 임무를 다한 다윗은 "자기의 가족에게 축복하러" 성으로 돌아갔다. 그러나 슬프게도 아내 미갈은 하나님을 영화롭게 한 그 사건이 지닌 거룩함을 이해하지 못했다. 언약궤가 돌아온 일이나 다윗이 힘을 다하여 하나님을 찬양하고자 한 일, 하나님의 법대로 정확히 언약궤를 옮기기 위해 애쓴 일이나 하나님께 감사드린 일, 주 여호와께서 영광을 받으신 일은 전혀 언급하지 않았다.

사무엘하 6장 20-23절에 나온 미갈과 다윗의 대화를 보면 이 둘이 악성 사이클에 오르고 있음을 잘 알 수 있다. 미갈이 하는 말 한마디 한마디에 비난과 경멸이 가득하다. "오늘 이스라엘의 임금님이, 건달패들이 맨살을 드러내고 춤을 추듯이, 신하들의 아내가 보는 앞에서 몸을 드러내며 춤을 추셨으니, 임금님의 체통이 어떻게 되었겠습니까?"(새번역)[1] 다윗은 충격을 받았지만 물러서지 않고 되받아 말했다. "그렇소. 내가 주님 앞에서 그렇게 춤을 추었소. 주님께서는, 그대의 아버지와 그의 온 집안이 있는데도, 그들을 마다하시고, 나를 뽑으셔서, 주님의 백성 이스라엘을 다스리도록, 통치자로 세워 주셨소. 그러니 나는 주님을 찬양할 수밖에 없소. 나는 언제나 주님 앞에서 기뻐하며 뛸 것이오. 내가 스스로를 보아도 천한 사람처럼 보이지만, 주님을 찬양하는 일 때문이라면, 이보다 더 낮아지고 싶소. 그래도 그대가 말한 그 여자들은 나를 더욱더 존경할 것이오"(새번역). 다윗의 이 마지막 말로 악성 사이클은 막을 내린다.

이어서 이런 말이 기록되어 있다. "그러므로 사울의 딸 미갈이 죽는 날까지 그에게 자식이 없으니라"(삼하 6:23). 미갈이 이스라엘 왕과 왕이 주도한 거룩한 사건을 경멸했기 때문에 하나님은 미갈에게 아이를 낳지 못하는 수치를 당하게 하셨다.

미갈은 존경이라는 남편의 기본 욕구를 무시하는 데 도를 넘어 버렸다. 다윗이 지나치게 대응했다고 비난할 수도 있지만, 놀라운 예배를 경험한 후 가족을 축복하러 왔는데 아내에게 경멸당한다는 건 작지 않은 사건이다. 이 모든 상황을 보면 블루가 얼마나 적절한 존경을 원하는지, 핑크의 지나친 경멸이 사랑의 감정을 얼마나 크게 깎아내리는지 잘 알 수 있다.

## 라헬과 야곱도 악성 사이클에 올랐다

성경에서 공기호스가 뒤틀린 사건이 하나 더 있다. 아기를 낳지 못한 라헬이 이미 아들을 넷이나 낳은 언니 레아를 질투해서 야곱에게 이렇게 말한 사건이 있다. "내게 자식을 낳게 하라. 그렇지 아니하면 내가 죽겠노라"(창 30:1). 어처구니없는 요구에 화가 난 야곱은 이렇게 대답했다. "그대를 임신하지 못하게 하시는 이는 하나님이시니 내가 하나님을 대신하겠느냐"(창 30:2). 아기가 없어 절망하는 아내에게 야곱은 동정을 보이는 대신 지나치게 반응하여 상처를 주고 있다.

라헬은 상당히 핑크스럽다. 즉 이성보다는 감성이 앞선다. 라헬이 진심으로 바라는 것은 사랑스런 아기를 갖는 것이다. 그때나 지금이나 결혼한 여자라면 아기를 원하는 것이 당연한 일이다. 여자는 베풀고 나누려는 마음으로 작고 소중한 아기에게 한없이 사랑을 쏟아 붓고 싶을 것이다. 그렇다고 라헬이 야곱에게 하나님 역할을 기대한 걸까? 물론 아닐 것이다. 그런데 야곱이 한 대답은 몹시 퉁명스럽고 불친절했다. 라헬은 단지 무거운 짐을 나누길 원했고, 야곱이 자기 말을 해석해 주길 바랐다. 라헬은 진짜로 자살하겠다는 것이 아니라 아기를 품에 안을 수 없는 삶은 재미없다고 말한 것이다. 야곱은 철저한 블루로서 아내 말을 논리적으로 듣고 성급하게 대답했다. 아내를 이해하고 사랑하기보다는 화를 내버린 것이다.

족장 시대 남편이든 오늘날 남편이든 남자는 아내가 하는 말 사이사이에 숨겨진 사랑에 대한 외침을 잘 읽지 못한다. 야곱이 이런 생각을 했다면 어땠을까? '라헬이 불안해서 저러나? 안심시켜달라고? 라헬의 불안감을 없애기 위해 사랑을 느끼게 할 좋은 말이 없을까?' 라헬은 아기가 없어도 변함없이 사랑받을 거라는 확신이 절실히 필요했다.

### "이건 내 문제야!"

라헬의 남편 야곱이나 다윗의 아내 미갈을 통해 배우자의 공기호스를 밟아 악성 사이클로 악화된 성경의 예를 살펴보았다. 성경 시대든 오늘날이든 부부가 싸우게 되는 문제는 언제 어디나 있게 마련이다. 성적이 떨어진 아들 때문에 이야기를 나누는 부부를 생각해 보자. 아내는 남편이 아들과 함께 시간을 보내주고 공부도 도와주길 바란다. 그러나 남편은 직장에서 받는 압박과 과중한 업무에 시달리고 있어 도울 시간이 없다고 한다. 그렇게 시작한 대화는 곧 진짜 싸움으로 번진다. 거친 말이 오가고 언성이 높아지며 서로 이기려 들다가 끝내 상대방의 공기호스를 밟는다. 화가 난 부부는 잠자리에 들어서도 서로 아무 말도 하지 않는다. 완전히 악성 사이클에 걸려들고 만 것이다.

이런 상황은 아주 흔하지 않은가? 날마다 의문이 생기고 해결할 거리에 부딪친다. 심지어 시간마다 맞닥뜨릴 때도 있다. 이런 문제들은 논쟁을 거쳐 전면전으로 커지기도 한다. 이쯤 되면 틀림없이 공기호스가 꼬여 버린다. 그러면 싸우고 있는 문제는 더 이상 진짜 문제가 아니다. 그 바닥에는 사랑과 존경이 부족하다는, 더 깊은 문제가 갈등의 원인으로 자리 잡고 있다.

의사소통에서 암호를 해독하는 열쇠는 배우자가 항상 나와 다른 선글라스로 보고 나와 다른 보청기로 듣는다는 걸 염두에 두는 것이다. 눈앞에서 숨막혀하는 배우자를 보며 "그건 당신 문제"라는 말로 자신을 방어하기에 급급해하는 것이 아니라 "항상 내 문제"임을 인정해야 한다. 내 말이 아내에게 사랑 없이 들렸거나 남편에게 존경 없이 들렸다는 사실을 생각해야 한다. 어리석고 무력하게 악성 사이클에 갇히지 말고 그 주기에서 벗어날 방법을 찾아야 한다.

## 악성 사이클을 중간에 멈추는 방법

이제 이렇게 묻고 싶을 것이다. "좋아요. 그러면 둘 중 누군가가 한 말 때문에 악성 사이클에 들어서기 시작할 땐, 어떻게 해야 멈출 수 있지요?" 몇 가지 기본 단계가 있다.

1. 배우자가 선한 의도를 가지고 있음을 다시 한 번 기억하라. 배우자가 한 말이나 행동 때문에 그 순간은 그런 생각이 들지 않더라도 긍정적인 태도를 잃지 말아야 한다.
2. 배우자의 공기호스를 밟은 일이 없는지 생각해 보라. 시간을 두고 배우자를 화나게 하는 말을 하지 않았는지 곰곰이 혼자 생각해 보라. 무언가 배우자를 화나게 한 일이 있을 것이다.
3. 이쯤에서 사랑과 존경 세미나에서 가르치는 기본적인 방법을 시도해 보라. 문제를 찾겠답시고 "당신은 사랑이 없어요"라든가 "당신에게는 존경하는 태도가 없어요"라는 식으로 말하면 절대 안 된다. 비난은 공기호스만 더욱 조일 뿐이다.

아내는 이렇게 말할 수 있다. "사랑받지 못하고 있는 것 같아요. 혹시 내가 당신에게 무례하게 굴었나요?" 남편이 그렇다고 하면 이렇게 대답하라. "무례하게 굴어서 미안해요. 용서해 주겠어요? 어떻게 하면 내가 당신을 더 존경할 수 있을까요?"

남편은 이렇게 말할 수 있다. "존경받지 못하는 것처럼 느껴지는데, 내가 당신을 사랑하지 않는 것처럼 행동한 일이 있었나요?" 아내가 그렇다고 말하면 남편은 이렇게 대답할 수 있다. "사랑 없이 행동해서 미안해요. 내가 어떻게 하면 당신이 사랑받는다고 느낄까요?"

## 간단한 표현 하나가 관계를 풀 수 있다

서로 의견이 첨예하게 부딪치거나 배우자의 공기호스를 밟았을 때 간단한 대화를 통해 문제를 해결한 부부가 많다. 이런 표현을 편안하게 할 수 있을 때까지 그들은 조건 없는 사랑과 존경을 실천해 왔다. 여기 전형적인 두 가지 사례가 있다.

사랑과 존경 세미나에 참석하기 전에 우리 부부는 주로 "당신은 늘……", "당신은 한 번도……", "어떻게 그렇게 말할 수 있죠?"라는 식으로 '싸움을 거는 듯한' 표현을 잘 썼습니다. 그러나 세미나에 참석한 뒤로는 캐서린에게는 사랑하는, 찰스에게는 존경하는 표현을 쓰게 되었습니다. 예를 들면 "내가 무례했나요? 당신이 나를 사랑하는 것 같지 않아요"라든가 "내가 사랑해 주지 않았나요? 영 존경받지 못하는 것 같네요"와 같이 표현합니다. 얼마 전 일주일에 한 번 있는 부부 데이트를 하다가 캐서린과 나는 오랫동안 우리를 힘들게 해 온, 서로를 탓하던 '말싸움'을 거의 하지 않는다는 걸 깨달았습니다.

남편 짐과의 관계가 정말 많이 좋아졌습니다. 바로 이 의사소통법이 우리 부부 관계를 그야말로 확 바꾸어 놓았습니다. 우리 부부는 이제 서로의 말을 듣고 잠시 생각해 본 뒤 이렇게 말합니다. "내가 당신을 존중하지 않은 일이 있나요? 사랑받지 못하는 것처럼 느껴져서요." "존경받지 못하는 것 같은데, 내가 사랑 없이 행동한 일이 있나요?" 이런 표현은 서로에 대한 태도를 바꾸어 주었습니다. 세미나 이후 우리 부부에게는 냉전이 한 번도 없었습니다.

어떤 부부는 우리가 가르쳐 준 방법을 불편해한다. 아무래도 처음에는 "사랑받지 못하는 것 같아요"라든가 "존경받지 못하는 것 같아요"라는 표현이 좀 과장된 것 같고 어색하기 때문이다. 특히 아내에게 존경받지 못해서 마음이 불편했다는 사실조차 인식하지 못하던 남편은 더욱 그렇다. 남편들은 계속해서 무언가 빠진 것 같긴 한데 단지 자기가 아내를 충분히 사랑하지 못해서 생긴 문제일 거라고 여기며 그런 느낌을 일축해 왔다고 말한다. 부부 세미나와 상담에 수도 없이 참석해 봤지만 어떻게 아내를 사랑해야 하는지만 들었다고 말이다.

## 긴장을 늦추는 또 다른 가벼운 표현들

"사랑받지 못하는 것 같다"나 "존경받지 못하는 것 같다"라는 표현이 도움이 되는 건 사실이지만 신중해야 할 상황도 있다. 예를 들어 남편의 어떤 말이나 행동으로 이미 아내가 공기호스를 밟혀 상처 받고 분노하는 경우이다. 여전히 남편이 한 말과 행동 때문에 아내는 화가 나 있는데, 남편이 아이들에게 "나한테 묻지 마라. 너희 엄마는 내 말을 뭐든 무시하니까. 엄마가 우리 집 대장이잖아"라고 말했다고 하자. 물론 아내가 이렇게 말하면 아주 이상적일 것이다. "사랑받지 못하는 것 같군요. 내가 무례하게 굴어서 기분을 상하게 한 게 있나요?" 그렇지만 깊이 상처 받은 아내는 화가 나서 아마 한바탕 퍼부어댈 것이다. "어떻게 그런 식으로 심하게 나를 모욕할 수 있죠? 아이들한테 어떻게 그렇게 말할 수 있냐고요?"

그 순간 남편이 화를 내며 쏟아 붓는 아내 말에 무시당한 것 같다고 말한다면 아내는 더욱 방어적으로 나올 것이다. 아내 잘못을 지적하기 위해 아이들을 이용한 것은 분명한 남편 잘못이기 때문이다. "존경받지 못한다고 느꼈다"는 표현을 적절치 못한 시기에 사용한 것이다. 남편이 먼저 말로 아내를 쳐서 아내가 되받아친 경우에는 자신을 존경하지 않는다고 비난할 권리가 없다. 오히려 적절히 아내를 사랑하지 못했다고 고백해야 한다.

남편이 존경할 만한 사람이라면 "엄마가 우리 집 대장이잖아!"라는 말이 지나쳤다는 것을 알아채고 이렇게 말할 것이다. "여보, 생각해 보니까 내가 당신 공기호스를 밟은 것 같아요. 정말 미안해요. 당신하고 아이들한테 사과할게요."

물론 반대 경우도 있다. 분명한 아내 잘못으로 화가 난 남편이 전형적인 블루식으로 행동하거나 말을 하지 않는다면 남편에게 "사랑받지 못하는 것 같아요"라고 하기보다는 "여보, 내가 당신 공기호스를 막은 것 같은데, 어떤 말이 무례했는지 말해 줄래요?"라고 말하는 게 낫다.

핵심은 표현 방법에 특별한 기준이 없다는 것이다. 악성 사이클이 심각해지기 전에 멈추기 위해서는 어떤 방법을 써도 좋다. 두 사람 모두 이해할 수 있고 편안하게 느끼는 표현을 사용하면 된다. 어떤 남편은 이렇게 말했다.

> 지금은 아내의 표현이나 몸짓 언어에 훨씬 더 주의를 기울입니다. 내 말이 아내 영혼에 상처를 주지는 않았는지 말입니다. 특히 어려운 문제를 상의할 때에는 더욱 신경을 씁니다. 우리는 무슨 말이든 서로 자유롭게 말하기로 합의했습니다. "당신, 도가 너무 지나쳤어요. 내 영혼을 짓누르고 있다고요. 당신 말과 태도 말이에요." 실제 이렇게 말하는 것은 아닙니다. 나는 숨이 막히는 것처럼 목을 조르는 흉내를 내고 아내는 내가 공기호스를 밟고 있다고 말합니다.

> <더 깊은 사랑과 존경을 위한 조언>
>
> ## 악성 사이클을 멈춰야 할 때 사용할 수 있는 가벼운 표현
>
> - "워워. 지금 악성 사이클을 돌리려는 건가요?"
> - "도와줘요. 내 핑크(블루) 선글라스가 안개 낀 것같이 뿌예서 잘 안 보여요."
> - "여보, 당신이 내 말을 이해할 수 있게 내 핑크(블루) 보청기를 빌려줄까요?"

이 부부는 긴장을 늦추는 방법으로 가벼운 표현을 쓰고 있다.[2] 그리고 기억해야 할 것이 있다. '가벼운' 대화체를 쓰려면 배우자도 그 상황에서 유머로 받아들일 수 있는 말이어야 한다. 만약 '가벼운' 말로 문제마저 가볍게 여긴다는 인상을 준다면 악성 사이클이 더 심하게 돌아갈 수 있다.

### 실생활에서 얼마나 효과적일까?

앞서 간략하게 설명한 전략들이 실제 부부 대화에서는 얼마나 효과적일까? 몇 가지 예를 들기 전에 로이의 편지를 소개하고자 한다. 그는 책을 읽고 '온갖 방법으로' 아내 낸시를 설득하여 사랑과 존경 세미나에 함께 참석하였다. 그렇게 세미나에 참석한 이 부부는 그 뒤 결혼생활이 크게 달라졌다. 전에는 끊임없는 긴장 상태에 놓여 매우 불안했는데 사랑과 존경을 실천하면서 언어가 바뀌었다고 한다. 한 번도 서로를 미워하지 않는다는 것이 아니라, 서로를 적으로 여기지 않고 서로 다른 관점을 가진 동지로 여기게 되었다고 한다. 그의 편지는 이렇게 계속된다.

제가 아내 말을 전혀 이해하지 못한다는 가정 아래 대화를 시작했습니다. 그건 잘한 일이었습니다. 아내 말을 곧이곧대로 듣지 않고 그 아래 숨은 뜻을 찾아보았습니다. 아내 말을 처음부터 이해하지 못한다고 가정하자 나는 더 질문하고 아내의 감정을 더 살피게 되며, 아내도 더 사려 깊게 대답해 주더라고요. 그러자 마침내 정말 아내가 하고자 하는 말을 알아듣게 되었습니다. 그건 대부분 처음에 한 말은 아니었습니다. 그 결과 우리는 더 효과적으로 대화하기 시작했습니다. 아내는 내가 자기 마음을 이해하고 있다고 믿습니다. 내 의도를 넘겨짚지도 않습니다. 내가 자기 말을 진심으로 들어준다고 믿을 수 있게 되자 나를 더욱 인정하게 되었습니다.

로이와 낸시는 암호 해독의 필요성과 서로의 공기호스를 밟지 말아야 한다는 것을 깨닫고 나서 사랑과 존경의 원칙을 적용할 기회를 많이 발견하게 되었다. 아래에 남편과 아내의 대화법 실례를 소개한다. 사랑과 존경을 실천하려는 로이와 낸시 부부의 이야기를 일부 수정한 내용이다.

어느 날 저녁, 아이들이 잠자리에 들고 난 뒤 아내 홀리가 남편 존에게 말했다. "아무래도 아이들을 학교에 데려가는 건 당신 말고 내가 해야겠어요."

남편 존은 이 말을 "당신은 아침부터 고속도로를 통과해야 하는데, 출근시간에 맞춰 가려면 시간이 더 필요하잖아요"라는 뜻으로 들을 수도 있고, "당신, 벌써 아이들을 몇 번씩이나 지각시켰지요? 당신보다는 내가 더 낫겠어요"라는 말로 들을 수도 있다.

실제로 존은 지난달에 아이들을 네 번이나 지각시켰다. 한 번은 한

명이 늦게 나왔고, 또 한 번은 차가 막혀 어쩔 수가 없었다. 존과 홀리는 사랑과 존경 세미나에 참석했고 책도 읽었다. 사랑과 존경을 배우기 전이라면 아마 아내 말에 방어적으로 대답했을 것이다. "정말 당신답군요. 당신은 잘났고, 난 뭐 하나 제대로 하는 게 없단 말이죠!"

홀리 말에 이렇게 대답하는 것은 홀리의 의도를 비난하고 공격하는 것이다. "뭐 하나 제대로"라는 표현도 마찬가지다. 이런 말 모두, 아니 한두 가지 말이라도 홀리의 공기호스를 뒤틀리게 하며 사랑받지 못한다고 느끼게 할 것이다. 반면 홀리가 존의 공기호스에 주의해서 존경하는 태도로 이렇게 말할 수도 있었다. "여보, 아이들은 내가 학교에 데려다주는 게 어떨까요? 그러면 당신도 일찍 출발해서 회사에 늦지 않게 갈 수 있잖아요?" 이런 표현은 논의할 여지를 남겨둔다.

존은 모든 결정을 아내가 한다고 느끼지 않고, 자신의 생각을 나눌 기회를 얻는 것이다. 아마 남편도 아내가 아이들을 학교에 데려다주면 좋겠다고 생각했을 수 있고, 아니면 아이들을 지각시켜서 미안하다고 말할 수도 있다. 또 어쩌다 늦었는지 변명할 기회를 줄 수도 있다.

많은 부부 대화에서, 특히 이런 예민한 문제를 다루는 대화에서는 두 사람 모두 배우자의 의도를 파악하려는 노력이 필요하다. 쉽게 속단해서는 안 된다. 배우자의 공기호스를 염두에 두고, 배우자가 선한 의도로 말했다는 전제 아래 상대방에게 의견을 말할 여지를 남겨두고 대답해야 한다. 예를 들면 아내가 아이들을 학교에 데려다주겠다고 말한 의도에 화를 내거나 비난하지 않고 자기 공기호스가 약간 비틀린 것을 참으며 이렇게 대답할 수 있다. "여보, 그렇게 하면 변화가 클 거예요. 나야 물론 출근하는 데 여유가 있어서 좋죠. 요즘은 정말 고속도로가 굉장히 막히거든요. 그런데 왜 그런 생각을 했는지 말해 줄 수 있어요?"

해명을 요구하는 남편에게 답하는 방법도 다양할 것이다. 남편의 공기호스를 생각하지 않고 무뚝뚝하게 "계속 아이들을 지각시켰잖아요. 어제는 지미가 불평하더라고요"라고 말할 수도 있다. 이때 존이 악성 사이클에 빠지고 싶지 않다면, "그래요. 내가 몇 번 늦은 건 사실이에요"라고 대답하면서 아이들이 얼마나 늦게 준비하는지, 왜 늦었는지 변명할 것이다. 실제로 지각시킨 횟수가 얼마나 되는지, 누구 잘못인지를 따지지 않고 말이다.

아니면 이렇게 대답할 수도 있다. "글쎄, 좀 생각해 봐야 할 문제인 것 같은데요. 정말 당신이 아이들을 학교까지 태워줘도 괜찮겠어요? 당신도 일하러 가야 하잖아요. 좀 더 일찍 출발하는 방법은 어때요?" 이런 대화는 존이 아내와 아이들을 염려하고 있다는 것을 아내에게 확신시키며, 어떻게 할지 함께 생각해 보자는 방향으로 이끌어준다.

아내 홀리도 다르게 대답할 수 있다. 시간제로 일하는 홀리가 "글쎄요. 나는 어차피 그쪽 방향으로 가잖아요. 하루를 시작하면서 아이들과 더 시간을 보내는 것도 좋을 것 같고요"라고 말하는 것이다. 그러면 존은 고맙다고 대답할 것이다. 그리고 아이들을 몇 번 늦게 데려다준 걸 겸손하게 인정하고 회사 갈 시간이 여유로워져서 좋다고 말할 수도 있다.

가장 좋은 시나리오는 홀리가 이렇게 말하는 것이다. "요즘 당신 너무 힘들게 일하는 것 같아요. 아이들 데려다주는 일까지 맡기고 싶지 않아요. 당신 일을 좀 덜어주고 싶어요." 아내가 이렇게 존경하는 태도로 말한다면 남편은 이렇게 대답할 것이다. "역시 당신이 최고라니까. 그렇지만 정말 그래도 괜찮을지 걱정되네요. 당신도 할 일이 많은데 말이에요." 이런 식으로 누가 아이들을 학교에 데려다줄지 찬찬히 상의할 수 있다.

사실 앞 상황은 그저 다양한 가능성일 뿐이다. 이런 식으로 대화를 하더라도 부부마다 다른 상황이 연출될 것이다. 중요한 점은 사랑과 존경을 행하려는 부부는 늘 상대방의 말을 해석하고 배우자의 공기호스를 밟지 않기 위해 노력해야 한다는 것이다.

배우자의 말을 해석하지 않아도 되는 부부도 있을 것이다. 그러나 로이와 낸시처럼 해석이 필요한 대화가 대부분인 부부도 있다. 로이의 편지를 기억하는가? 그는 이렇게 말했다. "아내 말을 전혀 이해하지 못한다는 가정 아래 대화를 시작했습니다." 이런 태도 때문에 아내 말을 더 주의 깊게 듣고, 아내의 진짜 의도를 파악할 수 있었다. 그래서 서로 더 대화하고, 아내는 남편을 더 신뢰하며, 남편은 더 존경받는다고 느끼게 된 것이다.

### '그렇게 하는 게 힘들진 않을까?'

지금쯤 이런 생각이 드는 사람도 있을 것이다. '배우자의 말을 해독하고 공기호스를 밟지 않으려고 노력하는 일이 힘들진 않을까?' 사실 많은 수고가 필요하다. 결혼생활을 잘하려면 누구나 앞서 보여준 예와 같은 대화를 주고받을 수 있어야 한다. 그렇지만 생각처럼 그렇게 많은 수고가 필요한 것은 아니다. 배우자의 말을 해독하는 번거로움을 피할 수도 있고, 배우자의 공기호스를 신경 쓰지 않을 수도 있다.

어쨌든 당신은 이미 어떤 방식이나 어떤 형태로든 배우자 말에 응답하고 있다. 성급하게 단정하고 더 큰 문제는 회피하려고 하면서 말이다. 그렇게 되면 어떤 상황이 벌어질지 우리는 잘 알고 있다. 당신은 화내고, 삐지고, 숨고, 비난하고, 방어하고, 걱정하느라 잠 못 이루는 밤을 보내는 데 많은 시간과 힘을 쓰게 될 것이다.

만약 사람이 모두 완벽하다면 공기호스를 피하거나 배우자 말을 해독하기 위해 노력하지 않아도 될 것이다. 그러나 이런 노력이 필요하다고 해서 부부 관계가 잘못된 것은 아니다. 나도 "우리 부부는 한 번도 서로를 오해한 적이 없어요. 유람선을 탄 것처럼 멋진 결혼생활을 누리고 있지요"라고 말할 수 있으면 좋겠다. 그러나 사라와 나도 매일같이 서로의 진의를 파악하려고 노력하며 공기호스를 밟지 않기 위해 무척 조심한다. 악성 사이클을 피하려면 누구나 이렇게 해야 한다.

중요한 것은 '신중하게 결정하고 서로의 진짜 의도를 파악하기 위해 시간을 두고 질문하는 노력을 기울이는가'이다. 당신은 상황을 분별하여 배우자의 공기호스를 밟고 있는 걸 알면 그 자리에서 사과하겠는가? 물론 그렇게 하는 것이 늘 편하고 즐겁지만은 않을 것이다. 그러나 이런 과정을 거칠 때 최상의 결혼생활이 가능하다.

### 날마다 이렇게 질문하라!

배우자 말 해독하기, 공기호스 밟지 않기와 더불어 생활 속에서 날마다 스스로에게 물어보면 유익한 질문 두 가지가 있다. 하나는 남편이 해야 할 질문이고 다른 하나는 아내가 해야 할 질문이다.

- "내가 지금 하려는 하는 말이나 행동 때문에 아내가 사랑받지 못한다고 느끼지는 않을까?"
- "내가 지금 하려는 하는 말이나 행동 때문에 남편이 존경받지 못한다고 느끼지는 않을까?"

별로 어려울 것 없는 질문 같아 보이지만 장담컨대 결코 쉽지 않은 질문이다. 신경 쓸 일이 많고 정신없이 바쁜 일상에서는 이 질문을 쉽게 잊어버린다. 그럴 의도가 아닌데도 서로 사랑 없고 존경 없는 태도로 대하기 쉽다. 사라와 나도 가끔 악성 사이클에 시동이 걸려 힘들 때가 있고 아직도 가끔 사과할 때가 있다. 방법을 다 알고 있는 부부라 할지라도 잊지 말아야 할 사실이 있다.

### 기꺼이 먼저 하려는 마음이 있어야 한다

배우자의 선한 의도와 공기호스를 알고 있는 부부에게 필요한 것은 기꺼이 자신의 감정을 정직하고 겸손하게, 방어하지 않으면서 나누려는 마음이다. 먼저 하겠다는 기꺼운 태도가 모든 문제를 해결할 수 있다는 사실은 아무리 강조해도 지나치지 않다. 악성 사이클이 한창일지라도 어느 한 사람이 이렇게 말한다면 그 주기는 끝날 것이다. "여보, 지금 뭔가 잘못되고 있는 것 같은데, 아마 내가 문제인 것 같아요. 미안해요. 용서해 줘요."

지금 이 시대와 교회에서, 그리고 슬프게도 부부 관계에서 용서라는 미덕은 잊혀가고 있는 것 같다. 용서는 정말 중요한 문제다. 이제 6장에서 예수님처럼 서로 용서하는 기술을 배워보자.

용서하는 것이 힘든가? 예수님이 말씀하셨다.
"내게 배우라. 그리하면 너희 마음이 쉼을 얻으리니"(마 11:29).

chapter 06

# 일곱 번씩 일흔 번까지라도 용서해야 할 이유

앞에서 말한 두 기본 전략만으로 모든 의사소통 문제가 해결된다면 얼마나 좋을까? 그러나 불행히도 그리 간단치 않다. 아무리 열심히 노력해도 제때에 제대로 해독하지 못하는 경우가 생긴다. 의도하지 않았지만 자주 상대방의 공기호스를 밟는다. 그러면 어떻게 해야 할까? 악성 사이클을 멈추는 데 가장 중요한 셋째 전략은 아주 쉽기도 하고 아주 어렵기도 하다. 바로 예수님이 나를 용서하신 것처럼 서로 용서하는 것이다.

## 용서하지 않을 '이유'는 얼마든지 있다

배우자 때문에 마음 상한 적이 있는가? 배우자를 용서하려고 애써 본 적 있는가? 아마 이 질문은 모두 배우자의 말 해독하기와 관련이 있을 것이다. 그리고 뭐가 되었든 분명 공기호스가 꼬여 악성 사이클이 돌아갔을 것이다. 부부싸움이 몇 분, 몇 시간이나 이어지기도 하고 며칠, 몇 주, 아니 더 오래가는 경우도 있다. 부부싸움을 하다가 배우자를 용서하려고 하면 어떤 생각이 드는가? 내 경험에 따르면 다음과 같은 생각에 사로잡힌다. 아래 이유를 포함해 수없이 많은 이유로 "절대 용서 못한다"고 생각한다.

- "내가 이런 대접을 받을 순 없지!" [바꿔 말하면 "내가 얼마나 잘했는데……. 이건 불공평하다고."]
- "더 이상은 이런 대우를 받지 않을 거야!" [바꿔 말하면 "다시는 바보나 희생자가 되지 않을 거야."]
- "남편은(아내는) 그 값을 톡톡히 치러야 해. 그냥 용서해 줄 순 없어!" [바꿔 말하면 "나한테 한 만큼 벌을 받아야 해."]
- "이런 생각이 드는 건 당연한 거 아냐?" [바꿔 말하면 "내가 맞아. 난 내가 옳고 남편이(아내가) 틀렸다는 걸 증명할 수 있어. 예수님도 가끔 의분을 내셨잖아."]
- "친구들도 내 편일 걸?" [바꿔 말하면 "친구들은 내 말을 들어주고 이해할 거야. 같은 경험을 했을 테니까."]
- "하나님은 나를 실망시키셨어. 어느 정도는 하나님도 책임이 있다고." [바꿔 말하면 "이런 일을 허락하신 하나님께 화낼 만도 하지. 뭔가 좋은 일로 변상해 주셔야 한다고."]
- "용서할 수 있으면 좋지. 그렇지만 우선 나부터 살고 봐야 하지 않겠어?" [바꿔 말하면 "현실은 눈에는 눈, 이에는 이로 갚아야 하는 세상이라고. 그렇지 않으면 항상 손해를 보게 마련이지."]

홧김에 이런 생각에 빠져들지만, 사실 이런 생각은 용서하지 않으려는 변명일 뿐이다. 이것을 우리 스스로도 잘 알고 있다. 예수님이 제자들에게 "일곱 번까지가 아니라, 일곱 번씩 일흔 번까지라도 용서해 주어야 한다"(마 18:22, 쉬운성경)라고 말씀하신 것도 알고 있다. 심지어 "너희가 사람의 잘못을 용서하면 너희 하늘 아버지께서도 너희 잘못을 용서하시려니와 너희가 사람의 잘못을 용서하지 아니하면 너희 아버지께서도 너희 잘못을 용서하지 아니하시리라"(마 6:14-15)라는 말씀을 읽으면 움찔해진다.

이 말씀이 정확히 무슨 뜻인지 질문하는 사람도 많다. "그러니까 예수님 말씀은 다른 사람을 용서하지 않으면 하나님도 저를 용서하시지 않고, 그러면 구원을 잃을 수도 있다는 뜻인가요?" 그러나 예수님이 이미 십자가를 지시고 우리 죄 대신 돌아가셨기 때문에 구원은 '이미 이루어졌다.' 이 사실을 잊지 말라. 그런데 부활 이후 예수님이 믿는 자들에게 가장 먼저 권고하신 것이 바로 용서다. 용서 받기 위해 용서하라는 것이 아니라, 이미 용서 받았기 때문에 용서하라는 것이다(에베소서 4장 32절과 골로새서 3장 13절을 보라).

### 우리가 용서해야 하는 진짜 이유

다른 사람을 용서하지 않는다고 구원을 잃는 것은 아니다. 그러나 주님과의 교제에는 큰 타격이 있을 것이다. 앞 성경 말씀은 "네게 잘못한 사람을 용서하지 않으면 나와 교제할 수 없고 깨끗케 하는 내 능력도 경험할 수 없다"라고 해석해도 좋을 것이다. 우리가 용서하지 않는다고 해서 우리를 저주하시지는 않지만, 훈련을 시작하실 것이다. 고집 센 모든 아들을 사랑으로 채찍질하실 것이다(히브리서 12장 5-11절을 보라). 그렇기 때문에 마음에 원한을 품고 용서하지 않는 사람들이 하나님의 임재와 평화와 능력을 맛보지 못하는 것이다. 천국이 희미해지고 하나님이 멀리 계신 것처럼 느껴질 것이다.

'천국이 희미해지는' 상황에 처하는 건 어렵지 않다. 결혼 초 사라와 나는 아주 작은 일에도 그런 일을 경험했다. 신혼 시절, 걸핏하면 사라나 내가 화를 내는 상황이 벌어졌다. 그러고는 아무도 용서하지도, 용서를 구하지도 않았다. 하루는 화가 풀리기도 전에 설교를 준비한다고 집을 나가 교회 사무실로 향했다. 그러나 사무실 문을 닫고 앉아 기도하고 성경을 읽다 보면 하늘이 열리지 않는 걸 느낄 수 있었다. 무언가 하나님이 내게 불만을 가지고 계신 것 같았다. 하나님이 인색하신 건 아닐 텐데 그저 말씀이 무미건조하게 느껴졌.

실제로 음성이 들리진 않았지만, 하나님은 꽤 분명하게 말씀하셨다. "네가 사라를 용서하지 않고 사라에게 용서를 구하지 않는다면 성령을 통해 네 영혼을 감동시키는 일은 없을 것이다. 전화해서 사라와 화해하기 전까지는 일이 잘 풀리지 않을 것이다." 그래서 전화를 걸려고 하면 대부분 수화기를 들기도 전에 벨이 울린다. 사라 전화다. 사라도 같은 음성을 들었기 때문이다.

우리 부부싸움은 그저 갓 결혼한 두 사람이 별일 아닌 일로 티격태격하는 정도다. 드물긴 하지만 지금도 5장에 소개한 공항 사건처럼 작은 싸움을 하기도 한다. 그래도 우리 부부싸움은 비교적 가벼운 편이다. 간음, 가정폭력, 유기같이 심각한 문제를 겪는 부부도 있다. 부부싸움이 작든 크든 원리는 같다. 작은 싸움으로도 배우자를 용서하지 못하고 천국이 멀어진 것처럼 느껴진다면 큰 잘못을 저지른 배우자를 용서하지 못하고 몇 년간, 아니 평생 그렇게 사는 사람은 어떻겠는가!

문제가 크든 작든, 먼저 용서해야 한다. 처음부터 배우자 때문이 아님을 아는 것이 용서의 시작이다. 가장 중요한 첫째 이유는 바로 하나님과의 관계 때문이다. 만약 사라가 100퍼센트 잘못했다고 해도 그것이 내가 사라를 용서하지 않는 행위를 정당화할 수는 없다.

### 예수님이 용서하신 과정을 배우라

오랫동안 여러 학자가 "어떻게 용서할 수 있는가? 어떤 과정을 거쳐 용서에 이르는가? 특히 용서하고 싶지 않을 때 어떻게 용서할 수 있는가?"라는 질문에 답한 내용을 들어왔다. 그 내용은 하나같이 예수님의 가르침에서 배운 것을 확인시켰다. 예수님은 세상 누구보다 깊은 억울함을 당하셨다. 무엇보다 세상 모든 죄가 온전히 그분의 어깨에 실리지 않았는가! 온전하신 그분이 보여준 용서를 생각해 보라. 예수님이 어떻게 용서하셨는지 말씀을 통해 보여주시는데, 다음과 같이 세 단계가 있다.

> <더 깊은 사랑과 존경을 위한 조언>
> **"저는 죽어도 남편을(아내를) 용서하기 싫어요!"**
>
> 물론 원한다면 끝까지 용서하지 않을 수 있다. 그러나 그러는 동안에는 절대 하나님과 달콤한 동행을 하지 못할 것이다. 내가 받은 상처를 치료받고 하루 종일 하나님하고든 누구하고든 내가 용서하지 않는 이유를 논쟁하고 설명할 수는 있다. 그러나 성령의 법은 변하지 않는다. 용서하지 않으면 하나님께 용서 받지 못한 채로 남아 있게 된다. 용서하지 않는 마음은 죄고, 그 죄가 하나님과 나 사이를 막아 버린다. 배우자와의 문제는 하나님과의 관계 다음의 문제다.

예수님은 잘못을 저지르는 자들을 이해하셨다(sympathize).
예수님은 하늘 아버지에게 아픔을 맡기셨다(relinquish).
예수님은 아버지의 도움을 기대하셨다(anticipate).

이 세 단계는 매우 낯설고 심지어 불가능해 보이기까지 한다. 이런 생각이 들 수도 있다. '그래요, 좋아요. 그렇지만 제 남편을(아내를) 보면 그런 말 못하실 걸요!' 내 말을 끝까지 들어보라. 이 세 단계는 황폐한 마음에서 벗어나거나 처음부터 아예 쓴 마음을 품지 않도록 이끌어줄 것이다. 당신은 배우자를 이해하려고 노력하고, 하나님께 아픔을 맡겨보고, 하나님의 도우심을 기대해 본 적이 있는가? "예수님이니까 그렇게 하신 거죠. 예수님은 온전한 분이잖아요. 예수님과 우리를 비교하면 안 되죠. 예수님처럼 하는 건 불가능해요"라고 말하고 싶은가?

베드로는 남편과 아내가 본받아야 할 본보기로 예수님을 꼽는다. 베드로전서 2장에서 베드로는 믿는 자의 삶 속에 은혜가 갖는 의미를 설명하며 1장에서 시작한 토론을 이어간다. 그리스도인은 거룩하고, 하나님을 두려워하며, 사랑하고, 존경하며, 성숙하고, 억울하게 고난당해도 권위에 순종해야 한다고 말한다. 그러면 그리스도인은 왜 이런 삶을 살아야 하는가? "이를 위하여 너희가 부르심을 받았으니 그리스도도 너희를 위하여 고난을 받으사 너희에게 본을 끼쳐 그 자취를 따라오게 하려 하셨느니라"(벧전 2:21).

억울하게 고난당했을 때 예수님이 하신 행동을 몇 구절 더 설명한 뒤, 베드로는 이어서 이렇게 말한다. "아내들아 이와 같이 …… 남편들아 이와 같이 ……"(벧전 3:1, 7). "이와 같이"라니, 무엇같이 하라는 말인가? 배우자에게 오해를 받거나 억울한 고난을 당할 때, 예수님이 억울하게 고난당하셨을 때와 같이 대응하라는 뜻이다. 베드로는 예수님이 절대 따라갈 수 없는 분이 아니라고 말한다. 예수님은 사람이 되셔서 우리와 함께 거하셨다. 말하자면 그분은 우리 편으로 우리와 같은 유니폼을 입고 계신다. 예수님은 "우리의 연약함을 동정하지 못하실 이"가 아니라 "모든 일에 우리와 똑같이 시험을 받으신 이로되 죄는 없으신" 분이다(히 4:15).

배우자 때문에 자주 화가 나거나, 용서하지 않는 마음 때문에 지쳐 있다면 예수님이 용서하신 과정을 배우라. 물론 저절로 이루어지지는 않을 것이다. 노력해야 한다. 노력하지 않으면 당신은 결국 꺼지지 않는 불꽃에 다 타버리고 말 것이다. 마치 꼬챙이에 꽂힌 돼지처럼 불꽃 속에서 한 시간 두 시간, 하루 이틀 그렇게 구워질 것이다. 죽은 돼지는 고통을 느끼지 못하지만 생생히 살아 있는 당신은 용서하지 않는 마음의 불꽃에서 죽지 않을 만큼만 떨어진 채 고통당할 것이다(부록1을 보라).

물론 당신이 배우자에게 당한 고통과 아픔은 내가 경험한 것보다 훨씬 클 수도 있다. 내가 사라를 힘겹게 용서할 일은 없었지만, 결혼 전 아버지에게서 겪은 고통을 통해 용서가 무엇인지 조금은 알고 있다. 그 경험을 통해 예수 그리스도께서 가르쳐주신 용서가 얼마나 귀한지도 알고 있다. 그분의 가르침은 충분히 시간과 노력을 들일 만하며, 다른 가르침과는 기본부터 다르다. 바로 그 차이가 당신을 도울 수 있을 것이다.

### 용서의 첫 번째 단계 _이해

배우자를 이해한다는 것은 배우자가 저지르는 잘못 자체를 넘어 왜 그런 행동을 하게 되었는지 생각해 보는 것이다. 이해하는 만큼 용서하기도 쉬워진다. 이 단계에 대해 예수님은 어떤 본을 보이셨을까? 바로 십자가의 극한 고통 가운데 이렇게 기도하신 모습에서 찾아볼 수 있다. "아버지, 저들을 사하여 주옵소서. 자기들이 하는 것을 알지 못함이니이다"(눅 23:34). 예수님은 자신을 십자가에 못 박고 있는 유대인과 로마 병사를 용서해 달라고 기도하셨다. 그들이 저지르는 극악한 범죄 뒤에 있는 그들의 무지와 미처 깨닫지 못한 두려움, 이유 없는 미움을 이해하시고 그들을 용서해 달라고 간구하셨다. 십자가의 고통 가운데서도 적들의 진정한 상황을 이해하시고 그들을 동정하신 것이다.

사도 바울도 용서에 대해 예수님의 가르침을 따른다. 예를 들면, 에베소서 5장에서 결혼에 대한 주제를 다루기 전에 4장에서 먼저 용서를 언급한다. 남편과 아내는 서로를 용서해야 한다는 것이다. "너희는 모든 악독과 노함과 분 냄과 떠드는 것과 비방하는 것을 모든 악의와 함께 버리고, 서로 친절하게 하며 불쌍히 여기며 서로 용서하기를 하나님이 그리스도 안에서 너희를 용서하심과 같이 하라"(엡 4:31-32). 또한 그리스도를 따르는 용서 받은 자들이기 때문에 서로를 용서할 수 있고 용서해야 한다. 우리 자신이 용서 받아야 한다는 사실을 통해 다른 사람도 우리에게 용서 받아야 한다는 사실을 이해할 수 있고 이해해야만 한다. 우리는 모두 같은 배를 타고 있기 때문에 서로를 동정할 수 있고 동정해야만 한다.

우리 어머니는 사람의 잘못 너머에 있는 원인을 보는 데 훌륭한 본보기셨다. 한 열 살쯤 되었을 때, 나는 어머니에게 아버지의 무책임과 욕설 때문에 화가 나고 상처를 입었다고 말한 적이 있다. 그런데 어머니는 이렇게 말씀하셨다. "그렇구나. 그런데 네 아빠는 아버지가 없으셨단다. 태어난 지 석 달 만에 돌아가셨거든. 그래서 아버지에게 아버지 역할을 배우지 못하신 거야."

처음에는 어머니 말을 이해하지 못했다. 나중에서야 나보다 어머니가 더 힘드셨을 텐데도 아버지를 이해하셨다는 것을 알았다. 현명하신 어머니의 태도 때문에 나도 어머니도 쓴 마음을 품지 않을 수 있었다. 결국 아버지는 적이 아니라 오히려 적에게 희생당한 분임을 이해할 수 있었다. 사랑으로 이끌어줄 아버지 없이 자란 아픔의 희생자인 것이다. 그렇게 나는 아버지의 모습 가운데 받아들이기 힘들던 부분도 받아들일 수 있었다. 물론 아버지가 욕을 하거나 심하게 분노를 폭발하실 때는 정말 고통스러웠다. 그러나 어머니를 통해 아버지가 상처를 주는 이유를 깨달았다. 아버지를 이해하고 용서할 수 있었다.

아버지의 공격적인 행동 뒤에 있는 원인을 바라봤기 때문에 "형편없는 아버지"라고 평가절하하지 않을 수 있었다. 몇 년 뒤 내가 대학생일 때 아버지가 예수님을 영접했다. 만약 주님이 정죄하지 않으신 아버지를 내가 정죄했다면 얼마나 슬픈 일이 벌어졌을까! 결국 아버지를 부르신 걸 보면 하나님은 아버지를 끝까지 포기하지 않으신 것이 분명했다. 주님의 부르심에 응답한 아버지는 조심스럽게 주님께 마음을 여셨다. 만약 내가 아버지의 고통스러운 삶의 배경을 보지 못했다면 어떻게 되었을까? 아버지를 이해하거나 용서하지 못했을 것이고, 돌아가시기 전 몇 년간 함께 나눈 그 행복한 시간도 맛보지 못했을 것이다.

배우자가 잘못을 저질렀을 때, 그 행동을 설명해 줄 만한 원인을 고려해 보라. 바울은 에베소서 4장 32절에 쓴 충고를 골로새서 3장 13절에서 반복한다. "주께서 너희를 용서하신 것같이 너희도 그리하고." 결국, 용서가 필요하다는 점에서는 당신이나 배우자나 크게 다를 바가 없다. 상대방에게 용서 받아야 할 말이나 행동을 안 하는 사람이 어디 있겠는가! 그러니 서로를 이해하면서 시작해 보면 어떨까?

상담을 하다 보면 진정한 용서가 무엇인지 아는 사람을 만나게 된다. 그들은 "내가 용서할 수 있었던 것은 하나님 덕분이다"라는 명언을 이해한 사람들이다. 한 남편은 이런 말을 했다.

> 불륜을 저지른 아내에게 심한 배신감을 느꼈습니다. 그러나 한편으로는 아내가 왜 그랬는지 이해할 것 같기도 합니다. 절대로 아내 행동이 정당하다는 건 아니지만 욕구를 채우고 싶은 아내를 이해할 수 있습니다. 그런 식으로 채우면 안 되지만 말입니다. 뼈아픈 결과를 보고 있으니까요. 내가 아내의 욕구를 좀 더 세심하게 채워주었다면 유혹에 그렇게 쉽게 넘어가지는 않았을 거라는 생각도 해봅니다. 우리 부부는 분명 이 상황을 잘 헤쳐 나갈 수 있을 것입니다. 아내가 먼저 용서를 구했고 저도 아내에게 용서를 구했습니다. 우리에게는 정말 힘든 시간이지만, 서로에게 마음을 열고 정직하게 대하고 있습니다. 몇 년 전에 그렇게 했다면 더 좋았을 텐데 말이지요.

남편이 직장 동료와 불륜을 저지른 사연을 보내온 아내도 있다. 그 아내는 참담한 마음에도 가정을 지키기로 굳게 마음먹었다. 자신의 행동을 살펴보려 했고, 관계를 회복하기 위해 남편에 대해 알아야 할 것을 알려달라고 하나님께 기도했다. 그러던 어느 날, 사랑과 존경을 소개한 라디오 프로그램을 통해 남편에게 존경이라는 욕구가 있다는 사실을 처음 듣게 되었다. 남편이 저지른 간음은 용서할 수 없는 잘못이지만, 그래도 사랑과 존경의 메시지가 남편을 이해하고 동정하는 데 도움이 되었다고 한다.

> 남편에게 사랑받으려고 써온 방법이 오히려 내가 해야 할 행동과 정반대였음을 알게 되었습니다. …… 사랑과 존경 메시지는 내게, 그리고 내 안에 커다란 영향을 끼쳤습니다. 남편을 향해 다시 마음을

열 수 있었습니다. 그리고 남편의 행동을 전혀 다른 방향에서 볼 수 있게 되었습니다.

사연을 보낸 남편과 아내 말고도 많은 사람이 배우자를 이해하려고 들자 용서할 수 있었다고 고백한다. 이렇게 말한 아내도 있다. "배우자가 그렇게 행동하는 이유를 이해하고 나니 용서하기가 훨씬 쉬워졌습니다." 이해가 열쇠다. 배우자를 이해하면 공감할 수 있다(배우자의 크고 작은 잘못을 이해하는 방법을 알려면 부록1을 보라).

<더 깊은 사랑과 존경을 위한 조언>

## "배우자에게 매우 깊은 상처를 받았다면 ……
## 어떻게 용서를 할까?"

종종 이렇게 묻는 사람들이 있다. "내가 배우자에게 준 상처보다 배우자에게 받은 상처가 훨씬 깊은 경우에는 어떻게 하지요? 정말 심하게 다쳤다면 어떻게 용서할 수 있나요?" 예를 들어 심하게 화를 내고 험한 말을 한 남편에게 상처를 받았다고 생각해 보자. 그런데 알고 보니 남편은 자라면서 아버지의 분노와 거친 행동에 상처를 받았으며, 그 결과 그런 성격이 형성되었다. 남편 자신도 다혈질적인 성격 때문에 힘들어하면서도 자신이 얼마나 거칠게 행동하는지 잘 모르는 것이다. 남편의 태도를 넘어 성장 배경을 이해하면 왜 그렇게 거칠고 자주 화를 내는지 이해할 수 있다. 그렇다고 남편의 죄가 아무것도 아니라거나 '그 너머만 보고' 남편의 분노나 거친 태도에 대해 전혀 언급하지 말라는 것은 아니다.[3] 그러나 성장 배경을 알면 더 넓게 남편을 이해할 수 있다. 남편의 마음과 고통을 더 깊이 이해하게 된다.

### 용서의 두 번째 단계 _ 맡김

아픈 마음을 하나님께 맡긴다는 것은 배우자에 대해 마음속에 지닌 모든 반감을 하나님께 다 드린다는 뜻이다. 아픔을 버리라는 말이 배우자가 져야 할 모든 책임을 면제해 주라는 뜻은 아니다(부록2를 보라). 그보다 영혼 속에 있는 상처를 하나님께 드리라는 말이다. 배우자를 이해해도 마음속 분노는 쉽게 사라지지 않는다. 용서하고 싶지 않은 마음을 하나님 앞에 내려놓아야 한다.

이론적으로는 쉬워 보이지만 실제로 행하기는 결코 만만치 않다. 그들이 느끼는 분노는 제거하기 힘든 종양처럼 고통스럽다. 분노를 친구로 삼는 사람도 있다. 분노와 헤어지기 싫은 것이다. 심지어 분노 자체가 되어 버리는 사람도 있다. 이런 상처와 미움을 하나님께 맡겨 버리는 과정은 정말 넘을 수 없는 산처럼 보인다. 예수님은 이런 어려움 속에서 어떻게 하셨을까?

온 인류의 죄를 어깨에 고스라니 얹고 십자가에서 견뎌야 할 상상할 수 없는 고통을 생각하며 예수님은 겟세마네 동산에서 이렇게 기도하셨다. "아버지여 만일 아버지의 뜻이거든 이 잔을 내게서 옮기시옵소서. 그러나 내 원대로 마시옵고 아버지의 원대로 되기를 원하나이다"(눅 22:42).

분명 예수님은 앞에 놓인 어려움에 잔뜩 움츠러든 그분의 의지를 내려놓으셨다. 그리고 아버지 뜻에 순복하셨다. 그럼 우리도 예수님처럼 해야 할까? 베드로는 이렇게 말한다.

> "그리스도도 너희를 위하여 고난을 받으사 너희에게 본을 끼쳐 그 자취를 따라오게 하려 하셨느니라. 그는 죄를 범하지 아니하시고 그

입에 거짓도 없으시며 욕을 당하시되 맞대어 욕하지 아니하시고 고난을 당하시되 위협하지 아니하시고 오직 공의로 심판하시는 이에게 부탁하시며"(벧전 2:21-23).

우리는 예수 그리스도를 본받아야 한다. 복수할 권리를 하나님께 맡기고 그 결과를 신뢰하신 예수님처럼 우리도 그렇게 해야 한다.

마음의 상처를 떨쳐 버리려면 그 상처를 어딘가에 버려야 한다. 예수 그리스도의 본을 따라 하늘에 계신 아버지께 맡기라. 예수님처럼 이렇게 기도하라. "내 원대로 마시옵고." 그래야 화나는 마음, 용서하고 싶지 않은 마음을 버릴 수 있다. 아버지 앞에 진심으로 기도하라. 용서를 향해 가려면 피할 수 없는 길이다. '마음으로부터' 용서하라는 예수님의 가르침을 생각하라(마 18:35).

마음으로 용서하려면 먼저 자기 마음속에 있는 것을 정직하게 인정해야 한다. 배우자에 대한 분노가 있음을 깨달아야 한다. 하나님께 맡기기 전에 마음에 있는 것을 보고 인정할 수 있어야 한다.

인정하고 싶지 않겠지만, 배우자를 용서해야 하는 이유는 바로 자신 안에 있는 쓴 마음 때문이다. 에베소서 4장 31절에서 바울이 모든 믿는 자에게 한 말을 기억하는가? "너희는 모든 악독(bitterness, 쓴 마음)과 노함과 분 냄과 떠드는 것과 비방하는 것을 모든 악의와 함께 버리고." 나는 악독(쓴 마음)을 버리라는 말을 굉장히 단순하게 생각했다. 그런데 지난 몇 년간, 생각보다 훨씬 많은 사람이 감정에 휘둘리는 모습을 봐왔다. 자신이 용서하는 일에 무능하다는 사실을 깨달고 맡기는 순간, 하나님이 당신을 도우실 것이다. 그러면서 그 쓴 마음을 버리라고 말씀하실 것이다.

한 남편이 이런 편지를 썼다.

저는 분노를 버리고 아내를 용서하며 쓴 마음을 넘어 치유로 나아 가기 위해 노력하고 있습니다. 지금은 정말이지 쓴 마음이나 분노 를 느끼지 않습니다. 그저 슬프고 실망스러울 뿐입니다. 저는 복수 하고 싶은 생각과 쓴 마음을 몰아내려고 노력하고 있습니다. 말씀 을 통해 그것들이 내면에서 나를 집어삼킬 수 있다는 사실을 알고 난 뒤로 말입니다.

한 아내는 이렇게 쓰고 있다.

하나님이 제 안에 있는 쓴 마음과 분노를 내려놓아야 한다는 것을 보여주셨습니다. 남편이 저를 사랑하거나 아끼는 마음이 부족하다 고 느낄 때 생기는 마음 말입니다.

원한다면 우리는 쓴 마음을 제하여 버릴 수 있다. 많은 사람이 쓴 마음을 품는 것은 바로 그들이 원하기 때문이다. 계속 쓴 마음을 갖고 싶은 이유는 쓴 마음이 그들에게 힘이 되기 때문이다. 그러나 일단 쓴 마음이 하나님 뜻과 어긋나고 끝내 자신을 파괴하며 다른 사람을 변화시키는 데 전혀 효과가 없다는 걸 알고 나면 쓴 마음을 버릴 수 있다.

가끔은 아주 쉽게 쓴 마음과 적개심을 버리는 사람을 보고 상당히 놀란다. 속으로 '이 사람은 분명 자기 부정을 하고 있어. 그렇게 쉽게 쓴 마음을 버리고 치유로 나아갈 수는 없지'라고 생각했다. 그런데 그는 진심으로 쓴 마음을 버렸다. 주님은 다시 한 번 잘못된 내 생각을 고쳐주셨다. 결국 쓴 마음을 갖는 것은 스스로 선택한 것이지 쓴 마음이 그들을 선택한 것은 아님을 깨달았다. 우리는 모두 스스로 선택할 수 있다. 마음속에서 계속 쓴 마음을 만들어낼 수도 있고, 아니면 어느 순간 그

공장 문을 닫아 버릴 수도 있다!

곰곰이 생각해 보라. 남편이나 아내가 품는 쓰디쓴 분노는 하나님의 의를 이루지 못한다(야고보서 1장 20절을 보라). 배우자의 말이나 행동에 상처를 받았다고 다시 상처 주는 말이나 행동으로 앙갚음하는 것은 파괴적이고 비생산적이다. 똥 묻은 개가 겨 묻은 개 나무라는 식밖에 되지 않는다. 맞불은 산불을 끄는 데 도움이 될 수 있을지 몰라도 부부 관계에서는 불난 데 기름을 붓는 행동일 뿐이다(상처 받지 않고 배우자의 잘못을 바르게 지적하는 의사소통 기술을 알고 싶다면 부록2를 보라).

### 용서의 마지막 단계 _기대

기대한다는 것은 하나님이 일하실 것을 믿고 바란다는 뜻이다. 예수님이 "뜻이 …… 이루어지이다"라고 기도하신 것은 아버지 뜻이 이루어질 것을 믿으셨기 때문이다. 그래서 자신을 "오직 공의로 심판하시는 이에게 부탁"하셨다(벧전 2:23).

자신의 의지를 버리고 나서야 이런 기대를 할 수 있다. "내 원대로 마시옵고"라고 기도하고 나서 "뜻이 이루어지이다"라고 기도할 수 있다. 하나님의 온전하신 돌보심과 의로운 판단을 믿고 기대한다면 불타는 복수심이나 사무치는 원한에서 벗어날 수 있다. 즉, 용서가 필요한 상황을 하나님께 맡긴 만큼 하나님이 간섭하고 도와주신다.

어떤 남편이 부부 문제로 막다른 길에 들어선 경험을 담아 이런 편지를 보내왔다.

> 많은 기도를 드리고 나서야 포기할 수 있었습니다. 저는 이렇게 기도했습니다. "하나님, 이 모든 것을 당신 손에 맡깁니다." 며칠 뒤 아

내와 함께 아내의 직장 동료에게 줄 성경책을 사려고 기독교 서점에 갔습니다. 그곳에서 아내는 당신이 쓴 「사랑과 존경」을 발견했습니다. 아내가 책을 읽기 시작하면서 결혼 2년간 일어난 것보다 훨씬 많은 긍정적인 변화가 일어났습니다.

정말 믿을 수 없는 것은 아내가 제게 존경을 표현하기 시작했다는 것입니다. 그러자 제 안에 아내를 향한 사랑과 애정이 다시 일어나기 시작했습니다. 마치 오랫동안 쓰지 않고 방치된 낡은 모터에 시동이 걸리는 것 같았습니다. 당신 말이 옳았습니다. 아내가 저를 존경하기 시작하자, 아내를 기쁘게 해주기 위해서라면 죽도록 일해도 좋을 만큼 기분이 좋아졌습니다.

이 남자가 '모든 것'을 하나님 손에 맡겼다는 것은 혼자 문제를 해결해 보려는 비효율적인 시도를 멈추고 하나님께 나아가 도움을 청했다는 뜻이다. 하나님이 일하시도록 믿음으로 문을 열어놓은 것이다. 모든 것을 주님 손에 맡겼을 때 결혼생활의 방향이 바뀌기 시작했다.

큰 잘못을 저지른 남편 때문에 화가 나 남편을 용서할 수 없었다고 고백한 아내가 있다. 그러나 그리스도인인 아내는 용서하지 않는 마음이 자신을 파괴하고 있다는 걸 알고 하나님의 도움이 절실하다는 것을 깨달았다. 하나님께 도움을 받으려면 먼저 해야 할 일이 있다는 것도 알았다.

남편을 이해하기로 결심하고 남편 처지에서 이야기를 듣자 남편을 더 깊이 이해하고 조금 편안하게 분노를 버릴 수 있었다. 그리고 남편에게 자기의 잘못된 태도에 대해 용서를 빌었다. 그때 기쁘게도 하나님이 나타나셨다. 그는 이렇게 쓰고 있다.

친구는 제가 하나님이 원하시는 대로 행하게 해달라고 기도했다고 합니다. 저는 확신이 생겼고, 겸손한 마음을 갖게 되자 남편에게 사과 편지를 써야겠다는 생각이 들었습니다. 마땅히 해야 할 존경을 하지 않은 것뿐 아니라 하나님 방식대로 분노를 해결하지 않은 것을 사과했습니다. 그리고 남편에게 고마웠던 일도 썼습니다. 그때까지도 저는 제가 얼마나 화가 나 있었는지조차 알지 못했습니다. 편지를 쓰고 나니 무거운 짐이 떨어져나간 것처럼 크나큰 평안이 찾아왔습니다. 전에 경험해 보지 못한 신비로운 느낌이었습니다. 그 후, 어떤 일이 일어날지는 전혀 몰랐습니다. 그저 순종하는 마음으로 행동했는데 하나님이 저를 얼마나 축복하시고 우리 부부를 얼마나 치유하셨는지 그저 놀라울 뿐입니다.

이 아내는 믿음과 순종으로 행동했다. 하나님이 자기 가정을 위해 일하실 것을 믿고 기대했고 하나님은 그 기대대로 베푸셨다. 그렇게 되기까지 아내가 애쓴 일을 생각해 보자. 남편을 이해하려고 노력하며 쓴 마음을 버리고, 남편을 위해 무언가 긍정적인 일을 했다. 남편에게 고마워하고 남편을 축복했다.

사실 남편은 저주받을 만했지만, 아내는 저주 대신 남편을 축복했다. 베드로가 한 충고대로 행한 것이다. "악을 악으로, 욕을 욕으로 갚지 말고 도리어 복을 빌라. …… 이는 복을 이어받게 하려 하심이라"(벧전 3:9). 이 아내가 축복을 받았을까? 직접 고백하고 있다. "하나님이 저를 얼마나 축복하셨는지 그저 놀라울 뿐입니다."

화가 나고 용서하기 힘들어도 이해하고 분노를 버리는 단계를 천천히 밟아가고 있다면, 계속 앞으로 나아가라. 하나님이 당신의 가정을 만져주실 것이다. 물론 배우자가 먼저 용서를 구하면 좋을 것이다. 그러나 당신만큼 성숙하지 못하고, 당신보다 불순종한 배우자라면 어떻게 할 것인가? 계속 용서하지 않고 미워하며 살아갈 것인가? 그래서 마음속에 역사하실 하나님의 능력을 놓칠 것인가?(하나님의 도움을 기대하는 법을 알고 싶다면 부록1을 보라)

## 공식이 아니라 과정이다

앞서 말한 세 단계는 그대로 따라 하기만 하면 무조건 들어맞는 공식이 아니다. 단지 용서로 나아가는 길을 안내해 줄 뿐이다. 배우자를 이해하지 못하지만 용서하는 사람도 있다. 그러나 대부분은 용서하지 못하고 분노하는 마음과 싸우면서 그 짐을 버려야 한다. 특별히 하나님이 믿음을 귀히 보시고 그들의 삶 가운데 역사하실 것을 기대해야 할 사람도 있다. 이 세 단계 모두 배우자와 더 나은 의사소통을 하는 데 매우 유용하다.

1. 배우자를 이해하고 공감한다면 매번 자기가 받은 상처를 말하기보다는 배우자를 이해하려는 태도를 취할 것이다. 상호 이해가 원활한 의사소통의 열쇠임을 기억하라.
2. 분노가 없어졌다면 당신 말투나 태도가 변한 것을 배우자도 눈치챌 것이다. 그러면 배우자의 태도도 좋아질 것이다. 쓴 마음은 배우자의 마음을 닫아 버린다는 것을 기억하라. 쓴 마음을 버릴 때 배우자도 마음을 열기가 더 쉽다.
3. 기대한다는 것은 하나님께 희망을 거는 것이다. 하나님이 일하실 것을 기대한다면 배우자에게 비현실적인 기대를 걸지 않을 것이다. 지나친 기대는 배우자를 주눅 들게 하고 건강한 의사소

통은 멀어져버리고 만다는 것을 기억하라. 하나님을 깊이 신뢰한다면 편안한 마음으로 배우자에게 친절히 대할 수 있을 것이다. 그런 친절은 대화의 장을 열어준다.

이 세 단계는 마음의 틀을 넓혀준다. 벌어진 의사소통의 틈을 메워 배우자에게 다가갈 수 있게 도와준다. 의사소통이란 서로 연결됨을 뜻한다. 다음 편지는 그것을 잘 말해 준다.

결혼 25주년이 되어갈 즈음, 사탄의 장난으로 보이는 비극적인 사건으로 어느 부부가 별거에 들어갔다. 아내는 거의 자살하기 직전이고, 비참하기는 남편도 마찬가지였다. 그러다가 한 친구에게 「사랑과 존경」을 전해들은 아내는 즉시 책을 샀다. 몇 가지 주제를 읽고 나서 아내는 남편에게 있는 존경의 욕구를 공감하기 시작했다. 아내의 편지는 이렇게 이어진다.

이 모든 것이 사탄의 장난이라는 게 분명했습니다. 하나님은 혼란이나 거짓의 하나님이 아니라 진리와 사랑의 하나님이기 때문입니다. 저는 남편에게 이메일을 보냈습니다. 부정적인 말과 행동을 보였지만, 그래도 늘 남편을 존경해 왔다고요. 남편이 살아온 인생과, 저와 아이들을 돌보아준 것을 존경한다고요. 그리고 비록 안 좋은 일이 있었지만 그래도 남편을 존경하는 내 마음은 변하지 않는다고도 말했습니다.

그러자 남편은 즉시 전화를 걸어왔고 자기가 잘못한 부분에 대해 용서를 빌었습니다. 저 역시 잘못에 대해 용서를 빌었습니다. 다음 날 저는 집으로 돌아왔고 그 후로 우리 부부는 아주 행복하게 살고 있습니다.

이 사연은 해마다 수백 통 넘게 받는 편지 가운데 하나일 뿐이다. 악성 사이클은 늘 존재하며 언제라도 돌아갈 태세를 갖추고 있다. 그러나 사랑으로 이야기하고 존경을 표현하며 용서하기로 결정한다면, 언제든 악성 사이클은 느려질 수 있고 완전히 멈출 수도 있다.

누구나 때때로 악성 사이클에 오르지만 항상 효과적인 예방책은 있게 마련이다. 바로 활력 사이클이다. 이 주기에서는 아내의 존경이 남편의 사랑을 일으키고 남편의 사랑이 아내의 존경을 일으킨다. 그렇지만 다른 사람에게 동기를 주려면 무엇보다 그 사람의 욕구를 이해해야 한다. 그 사람의 가장 깊은 욕구를 만족시키면 동기가 부여된다. 즉 아내에게 사랑을, 남편에게는 존경을 만족시키는 것이다. 'Part 3'에서는 사랑과 존경으로 말하고 행동하며 긍정적인 의사소통을 나누고 하나님이 의도하신 부부 관계를 즐겁게 나누는 등 악성 사이클을 예방하는 방법을 다룰 것이다.

<주>

1.
어떤 학자들은 미갈이 다윗에게 화가 난 이유가 에봇을 적절하지 않게 입어 몸을 노출시켰기 때문이라고 생각한다. 그러나 내가 성경을 연구한 결과, 다윗은 에봇과 함께 "베로 속바지를 만들어 허리에서부터 두 넓적다리까지 이르게 하여 하체를 가리"고 있었을 것으로 추측된다 (출 28:42). 다윗은 레위 제사장의 옷을 일부만 입고 있지는 않았을 것이다. 그렇게 거룩한 상황에서 적절치 못하게 '몸을 드러내는' 위험을 감수하지는 않았을 것이기 때문이다. 그런 행동은 레위인에게 명하신 하나님의 명령을 완전히 어기는 것이다. 출애굽기 20장 26절에서도 하나님이 모세를 통해 그 백성에게 "너는 층계로 내 제단에 오르지 말라. 네 하체가 그 위에서 드러날까 함이니라"라고 말씀하셨다. 이런 역사적인 배경을 생각해 보면 미갈이 마음속으로 무엇을 생각한 것인지 알기란 쉽지 않다. 아마 다윗이 '부끄럽게' 옷을 입었다고 생각한 미갈이 멀리서 다윗을 보고 몸을 드러냈다고 여겼을 수도 있다. 아니면 단순히 (순전히 자기 문제지만) 다윗이 왕답게 옷을 입지 않거나 행동하지 않았다고 느끼고, 그것이 왕뿐 아니라 아내인 자기의 명예도 실추시켰다고 생각했을 수 있다. 미갈은 다윗이 자기를 부끄럽게 한 만큼 다윗을 부끄럽게 만들기 위해 다윗의 행동을 과장해서 표현했을 것이다. 그러나 사실 미갈이 "부끄럽다"고 표현한 다윗의 행동은 그렇게 부끄러운 일이 아니다. 오히려 다윗은 주님 앞에서 춤추는 모습을 계집종들이 보는 걸 부끄럽게 여기지 않고 자랑스럽게 여겼다(삼하 6:22).

2.
가볍게 대화하는 법을 더 알고 싶다면 「사랑과 존경」 부록A를 보라.

3.
하나님은 배우자를 용서하라고 명령하셨지 어리석게 행동하라고 하시지 않았다. 배우자가 당신과 자녀를 위험에 빠뜨리거나 심각한 죄를 지은 경우 어떻게 해야 할지 알고 싶다면 부록2 "심각한 잘못을 저지른 배우자를 대하는 방법"을 찾아보라.

수많은 부부가 악성 사이클을 멈추는 법은 배웠지만 계속해서 즐겁게 의사소통하는 관계를 유지하기가 쉽지 않다고 말한다. 이 문제를 해결할 답이 여기 있다. 바로 활력 사이클이다. 이 주기에는 둘 다 서로에게 이익이 되는 상황이 계속 반복된다. 활력 사이클 속에 있으면 악성 사이클은 돌아갈 기회가 없다. 이어지는 장에서 활력 사이클을 돌리기 위한 도구를 소개할 것이다.

8장은 "C-O-U-P-L-E"과 "C-H-A-I-R-S"를 적용하여 더 좋은 의사소통을 이루는 법을 소개한다. 9장과 10장에서는 화가 나거나 기분 나쁠 때 누구라도 하게 되는 말을 해독하는 법을 배울 것이다. 11장과 12장에서는 일상에서 벌어지는 의사소통의 어려움을 다루는 법을 알아볼 것이다.

Part 3.

"활력 사이클":
두 사람 욕구를
모두 만족시키는 주기

남편은 사랑으로 아내를 세우고,
아내는 존경으로 남편을 세우는 것
그게 바로 활력 사이클이다!
늘 우리는 "서로 덕을 세우는 일을 힘써야"(롬 14:19)한다.

chapter 07

# 윈-윈 의사소통을 즐기라

「사랑과 존경」을 읽은 많은 부부가 악성 사이클을 늦추고 멈추는 법은 알겠는데, 다시 돌아가지 않게 유지하기가 힘들다고 말한다. 되도록 부정적으로 대하지 않으려고 노력하지만 서로에게 불화살 같은 말을 하는 상황이 계속 벌어진다고 한다. 불로 서로를 태워버리지는 않지만 그렇다고 시원한 냉수를 주는 것도 아니다. 전보다는 덜 끔찍하지만 그래도 「사랑과 존경」에서 약속하는 그런 즐거운 결혼생활은 아닌 것 같다고 한다. 여기 두 사연을 소개한다.

과거에는 아주 간단한 문제에도 곁눈질을 하거나 한숨지으며 말해서 남편이 방어적으로 반응하게 했는데 사랑과 존경을 실천하려고 노력하는 지금도 여전히 옛 습관이 쉽게 사라지지 않는다며 편지를 보내온 어느 아내 이야기다.

수요일 밤 교회 모임에 남편과 저는 간신히 시간에 맞추어 도착했습니다. 사실 저는 남편이 심한 감기에 걸렸기 때문에 가지 않을 거라고 생각했습니다. 그런데 남편은 제가 같이 가길 원한다고 생각한 것입니다. 그렇게 생각하지 않았는데 말이죠. 저는 남편 혼자 생각이라고 말했습니다. 그러자 남편은 그냥 집에 있을 걸 그랬다고 대답했습니다. 남편은 제가 관심이 없다고 믿은 걸까요? 확실히 우리 부부는 효과적인 의사소통을 배워야 오해가 생기지 않을 것 같습니다.

어떤 남편은 사랑과 존경 세미나를 듣고 부부간의 의사소통이 놀랄 만큼 좋아졌다고 말했다. 아내 말을 더 들으려고 노력하고, 아내는 공기호스가 밟히면 신호를 보낸다고 한다. 예전보다 더 빨리 "미안하다"고 말하며 아내를 이해하기 위해 열심히 귀를 기울이는 자신을 발견했다고 한다. 그런데 이런 좋은 점을 경험하고서도 다음과 같이 덧붙였다.

그래도 더 나아져야 할 부분이 있는 것 같습니다. 지난주에 아내가 '해결되지 않은 갈등의 그릇'에서 지나간 일을 꺼내들었습니다. 그 일은 아내 잘못이라 여겨지지만 저는 평화를 위해서 침묵하기로 마음먹었습니다. 그런데 결국은 저도 제 '해결되지 않은 갈등의 그릇'에서 지난 일을 들춰내 이야기하고 있었습니다.

사랑과 존경으로 악성 사이클을 멈추는 건 시작일 뿐이라는 걸 이 두 편지가 잘 보여준다. 모든 부부는 활력 사이클이라 부르는 궤도에 들어가기 위해 의도적으로 노력해야 한다. 활력 사이클 원칙을 통해 더 효과적인 의사소통 도구를 갖게 될 것이다.

## 활력 사이클은 어떻게 작용할까?

악성 사이클을 늦추고 멈춘다고 해서 저절로 활력 사이클에 오르는 것은 아니다. 부정적인 것을 버린다고 즉시 긍정적으로 변하는 것은 아니기 때문이다. 실패하지 않음이 성공을 뜻하지는 않는 것처럼 말이다.

민첩하게 방어하는(reactive, 악성 사이클이 시작될 때 즉시 사랑과 존경으로 악성 사이클을 멈추는) 데서 더 나아가야 한다. 그래서 공격적으로 예방하는(pro-active, 부부 관계에 새로운 생명을 불어넣기 위해 사랑과 존경 원칙을 행하는) 데 이르러야 한다.

앞에서도 설명했지만 에베소서 5장 33절에서 전에 발견하지 못한 사랑과 존경 고리를 찾은 그날, 활력 사이클도 발견하였다. 분명하게 남편은 아내를 자기 자신처럼 사랑해야 하고 아내는 남편을 존경해야 한다고 적혀 있다. 나는 그 말씀을 발견하기 오래전부터 성경에서 말하는 남편과 아내의 중요한 책임으로 사랑과 존경을 가르쳐 왔다.

에베소서 5장 33절을 읽으면서 이런 의문이 생겼다. "만약 아내가 존경받고자 하는 남편의 욕구를 만족시키면 어떤 일이 일어날까?" 대답은 매우 분명했다. "그야 기분이 좋아져서 아내를 사랑하고 싶어지겠지." 그런 생각이 들자 다른 질문의 답도 분명해졌다. "만약 남편이 사랑받고자 하는 아내의 욕구를 채워주면 어떻게 될까?" 답은 명확했다. "기분이 좋아져서 당연히 남편을 존경하는 마음이 생기겠지."

에베소서 5장 33절 말씀에서 발견한 긍정적인 사랑과 존경의 관계도 하나의 주기라는 생각이 들었다. 바로 활력 사이클 말이다.

> 남편의 사랑은 아내의 존경을 불러일으킨다.
> 아내의 존경은 남편의 사랑을 불러일으킨다.

새롭게 찾은 이 주기를 생각하면서 이런 질문이 떠올랐다. "활력 사이클은 어떻게 작용할까? 남편과 아내가 서로를 기쁘게 하기 위해 특별히 할 수 있는 것이 뭐가 있을까?" 거의 즉각적으로 답이 떠올랐다.

성경은 분명하게 남편은 아내를 이해하고, 존중하며, 부드럽게 대하고, 이끌며, 돌보고, 당연히 사랑해야 한다고 가르친다. 성경은 아내에게 남편의 결정에 따르는 것을 포함해서 다투지 아니하고, 도와주며, 친구가 되고, 온유하고 안정한 심령으로 단장하며, 성적으로 남편에게 열려 있고, 당연히 남편을 존경해야 한다고 가르친다.

활력 사이클을 어떻게 더 힘차게 돌아가게 할지 생각하니 길은 더욱 분명해졌다. 바로 성경이 말하는 배우자에 대한 의무를 다하는 것, 그것이 가장 좋은 길이다.

### C-O-U-P-L-E _ 아내를 사랑하는 여섯 가지 방법

쉽게 가르치고 배우기 위해 내가 잘 쓰는 방법은 기억하기 좋게 하나님의 명령을 약자로 만드는 것이다. 성경 원리를 이렇게 저렇게 짜 맞추어 드디어 사랑과 존경이라는 체계의 머릿돌이 될 만한 원리를 완성했다. 남편이 아내를 사랑하는 법을 기억하기 좋도록 C-O-U-P-L-E이라는 단어를 만들어낸 것이다. 그럼 성경적 원리로 만들어진 C-O-U-P-L-E의 원리를 살펴보자.

- 친밀감(Closeness) _
  아내를 사랑하는 남편은 아내에게 다가가려고 한다. 성관계를 원할 때만이 아니라, 함께 이야기하고 사랑을 보여주며 마음으로 다가간다(창세기 2장 24절을 보라).

- 솔직함(Openness) _

  아내를 사랑하는 남편은 친절하고 부드럽게 대하며 솔직하게 자기 생각과 의견을 나눈다. 다른 생각에 사로잡혀 있거나, 무관심하거나, 화를 내지 않는다(골로새서 3장 19절을 보라).

- 이해심(Understanding) _

  아내를 사랑하는 남편은 아내를 "잘 이해하며" 함께 살아간다(베드로전서 3장 7절[현대인의성경]을 보라). 아내에게 걱정이 있거나 문제가 있을 때 아내 말에 귀 기울인다. 고치려 들지 않고 주의를 기울여 들어주며 적절한 반응을 보이면서 잘 듣고 있다는 확신을 심어준다.

- 평화(Peacemaking) _

  아내를 사랑하는 남편은 기꺼이 "여보, 미안해요. 용서해요"라고 말한다. 둘이 아니라 한 몸이 되어 화평하며 사이좋게 지낸다(마태복음 19장 6절을 보라).

- 충실(Loyalty) _

  아내를 사랑하는 남편은 아내에게 변함없는 사랑과 헌신을 확실히 보여준다. 아내는 남편이 절대 "거짓을 행하지" 않고 결혼 서약을 잘 지킬 것을 믿고 안심할 수 있다(말라기 2장 14-15절을 보라).

- 존중(Esteem) _

  아내를 사랑하는 남편은 아내를 구체적으로 존중하고 아낀다. 늘 아내를 첫째로 두고, "생명의 은혜를 함께 이어받을 자"로 존중한다(베드로전서 3장 7절을 보라).

C-O-U-P-L-E 원리대로 사랑받고자 하는 아내의 욕구를 채워주는 말을 해주면 아내는 기쁘고 힘이 나며 동기를 부여받는다. 분명 사랑은 말보다 더 높다. 그러나 앞에서도 말했지만 사람은 마음에 가득한 것을

입으로 말하게 되어 있다.

　아내를 사랑하는 마음이 가득하더라도, 아내는 그 사랑을 말이나 글로 확인하고 싶어한다. 얼굴에 대고 직접 말하는 것을 어색해하고 힘들어하는 사람도 있다. 일반적으로 남자는 감정을 표현하길 어려워한다. 나도 결혼 초에 그런 어려움을 겪었다. 그래서 주로 사라에게 짧은 쪽지를 보냈다. 몇 년이 지나서야 아내에 대한 감정을 솔직하게 표현할 수 있었다. 예를 하나 들면, 이 책을 쓰는 동안 어머니날을 맞아 이런 카드를 보냈다.

> 사라, 아이들을 위해 기도하는 기도의 어머니가 되어줘서 고마워요. 모든 것이 끝나 이 땅이 없어지고 바다가 사라지며 이 세대가 끝나는 날, 하나님이 말씀하실 그때에 당신이 조나단과 데이비드와 조이를 위해 드린 기도가 얼마나 중요했는지 알게 되겠지요. 한 번밖에 없는 이 인생을 사는 동안 그 짐을 지고 가줘서 고마워요.
> 　　　　　　　　　　　　　　　당신을 사랑하는 남편

　나는 카드 안에 친밀감과 솔직함, 특히 존중을 담으려 했다. 사라가 정말 좋은 엄마이자 아내라고 존중하고 싶었다. 내 칭찬을 듣고 사라는 어땠을까? 눈물을 글썽이며 애써 울음을 참는 아내의 표정이 그 마음을 말해 주었다. 그리고 나중에 이런 편지를 보내왔다.

> 어머니날에 보내준 당신 카드와 글은 내게 무척 소중해요. 꾸준히 기도하는 데 얼마나 힘이 되는지 몰라요. 부모 역할을 제대로 못하고 있는 것 같았는데, 용기를 얻었어요. 그때나 지금이나 당신은 내게 목적과 성취감을 심어줘요. 당신은 정말 최고예요!

> <더 깊은 사랑과 존경을 위한 조언>
>
> ## "왜 남자들은 말로 하는 사랑 표현에 서툴까?"
>
> 남편이 쪽지에 사랑 표현을 적어주는 것을 좋아하는 아내도 많지만, 이렇게 말하는 사람도 있을 것이다. "마음으로 사랑한다면 입으로도 말하게 되지 않나요?" 이런 태도를 지닌 아내를 상담할 때면 나는 핑크와 블루 문제를 설명한다. 핑크는 대부분 감정을 쉽게 표현하지만 블루는 그렇지 않다. 당신이 사랑하는 남자가 그런 일을 어려워한다면 조금 더 여유를 갖고 기다리라. 많은 남자가 마음 깊이 아내를 사랑하지만 표현하는 데는 시간이 걸린다(아내에게 사랑을 표현하는 법을 더 보고 싶다면 부록3을 보라).

### C-H-A-I-R-S _ 남편을 존경하는 여섯 가지 방법

C-O-U-P-L-E이 아내가 바라는 것을 잘 요약해서 보여준다면 남편은 어떤가? 남편이 원하는 것은 무엇일까? 한 단어로 표현하기 위해 생각하다가 하나님이 남자로 하여금 아내를 인도하고, 보호하며, 섬기도록 창조하셨다는 사실이 떠올랐다. 한마디로 남편은 아내와의 관계에서 '대장'(Chairs)이 되고 싶어한다. 하나님이 창조하신 남자 모습을 그대로 담은 남편의 존경 욕구에 무엇이 있는지 쉽게 기억하도록 "대장"이라는 뜻을 지닌 C-H-A-I-R-S라는 머리글자를 만들어 보았다. C-H-A-I-R-S에는 성경적인 배경을 지닌 여섯 가지 욕구가 들어 있다.

- 정복(Conquest) _
  하나님은 남자를 일하도록 만드셨다(창세기 2장 15절을 보라). 남편을 존경하는 아내는 남편에게 일을 잘하려는 욕망과 애쓰는 밭(field, 영역)에서 성공하고 싶은 욕망이 있음을 인정해야 한다. 남편이 들이는 노력에 감사하고 남편 뒤에서 항상 응원하고 있음을 알게 한다 (창세기 2장 18절을 보라).

- 계급(Hierarchy) _

  성경은 그리스도가 교회의 머리 되듯 남편이 아내의 머리가 된다고 말한다. 그러므로 남편을 존경하는 아내는 남편에게 순종하도록 부름 받았다. 마음으로 아내와 가족을 보호하고 돌보려고 애쓰는 남편에게 고마운 마음으로 대한다(에베소서 5장 22-25절을 보라).

- 권위(Authority) _

  아내는 남편의 권위를 존중하도록 부름 받았다. 남편과 싸우거나 경쟁하려 드는 것이 아니라 아내와 가정을 섬기고 인도하려는 남편의 욕구에 고마워하며, 남편의 위치를 결코 가볍게 여기지 않고 높여준다(에베소서 5장 25-33절, 잠언 21장 9절을 보라).

- 통찰(Insight) _

  성경은 여자들이 거짓 문화의 간사한 목소리에 속아 넘어갈 수 있으며 육적인 욕망과 본능으로 방향감각을 잃을 수 있다고 지적한다(딤전 2:14, 고후 11:3). 남편을 존경하는 아내는 분석하고 충고하려는 남편의 욕구를 인정하고 아내를 지키기 위해 하는 말들을 주의 깊게 듣는다. 동의할 수 없더라도 존경하는 태도를 잃지 않는다.

- 유대(Relationship) _

  성경은 아내에게 남편을 필레오(phileo, 친구)로 사랑하라고 말한다 (디도서 2장 4절을 보라). 남편을 존경하는 아내는 남편에게 아내와 어깨를 나란히 하는 친구가 되고 싶은 욕구가 있음을 인정한다. 아내는 남편에게 애인이자 친구라는 사실을 인식한다(아가서 5장 16절을 보라).

- 성욕(Sexuality) _

  남편에게 성적으로 아내가 필요하다는 사실을 이해한다. 남편을 존경하는 아내는 성에 관한 남편의 권리를 박탈하지 않는다. 성적인 친밀감을 원하는 남편을 존중한다. 성관계가 존경의 깊은 욕구를 상징한다는 사실을 이해한다(잠언 5장 19절, 고린도전서 7장 5절, 아가서 4장 1-15절을 보라).

### "다른 건 몰라도 S는 절대 바꾸지 마세요!"

나는 이 이론을 정리하면서 피드백을 얻기 위해 부부 소모임을 가졌다. 이들에게 "이 원칙에 공감합니까? 특히 C-H-A-I-R-S는 어떤가요?" 하고 물었다. 물론 아내들은 C-O-U-P-L-E에 공감할 거라고 생각했다. 아내들이 마음속으로 가장 소중하게 여기는 것들을 남편들에게 계속 가르치고 격려해 왔기 때문이다. 그러나 여성들이, 또는 남성들도 C-H-A-I-R-S라는 좀 더 추상적이고 과감한 명령에 긍정적으로 대답할지는 조금 염려되었다.

페미니즘에 많은 영향을 받은 아내들에게 계급이나 권위 같은 단어가 거북하지는 않은지 물어보았다. 그들의 대답은 조금 놀라웠다. "설명을 하나하나 듣고 삶에 적용하는 방식을 듣고 나니까 공감이 됩니다. 바꾸지 마세요." 그래도 믿기지 않아 다시 말했다. "설명을 듣기 전이라도 단어 자체에 거부감이 들면 고칠 수 있습니다."

아내들은 모두 계속 그 표현을 사용하라고 했다. 한 여성은 이렇게 말했다. "이 단어들을 에둘러 말하려 하지 마세요. 남자들 모습 그대로를 반영하고 있잖아요." 남편들도 아내들 말에 동의하면서 단호히 말했다. "바꾸지 마세요. 우리가 느끼는 바를 잘 가르치고 있습니다." 한 남자는 사람들이 다 들을 수 있을 만큼 큰 소리로 말했다. "C-H-A-I-R-S의 처음 다섯 글자는 어떻게 해도 좋지만 마지막 S는 절대 바꾸지 마세요!"

몇 년간 궁리하고 성경을 연구한 결과, 지금과 같이 C-O-U-P-L-E과 C-H-A-I-R-S를 이용한 활력 사이클을 가르칠 수 있었다. 각 글자는 성경에 근거한 특별한 원리를 담고 있다. 하나님이 아내와 남편에게 결혼생활 가운데 행하라고 명령하신 것들이다. 이 성경적인 원리를 삶에 적용하면 부부는 서로의 힘을 빼는 게 아니라 서로에게 힘을 주는 방식으로 의사소통할 수 있다.

C-O-U-P-L-E은 아내의 내면세계를 그리고 있다. 아내의 생각과 감정은 C-O-U-P-L-E을 중심으로 움직인다. 아내는 핑크로 생각하기 때문에 남편이 핑크 언어로 이야기할 때 사랑을 느낀다(핑크 언어를 쓴다고 해서 여성스러워지라는 뜻은 아니다. 여전히 멋진 남성으로서도 그럴 수 있다). 마찬가지로 C-H-A-I-R-S는 남편의 내면세계를 보여준다. 남편의 생각과 감정은 C-H-A-I-R-S를 중심으로 움직인다. 블루로 생각하는 남편은 아내가 블루 언어로 말할 때 존경받는다고 느낀다(남성스러워지라는 것이 아니다. 여전히 여성스러우면서도 그럴 수 있다).

### "만약……한다면" 원리가 활력 사이클을 돌린다

활력 사이클은 "만약 …… 한다면"이라는 원리로 작용하는 사랑과 존경의 상호 연관성에 기반을 둔다. 만약 아내가 남편을 존경하는 어떤 일을 한다면 남편도 뭔가 아내를 사랑하는 일을 하고 싶어질 것이다. 남편이 어떤 식으로든 아내를 사랑한다면 아내도 뭔가 남편을 존경하는 일을 할 가능성이 높아진다. C-O-U-P-L-E과 C-H-A-I-R-S는 부부가 서로에게 사랑과 존경을 행하는 데 남편이 실천할 여섯 가지 사랑의 원칙과 아내가 실천할 여섯 가지 존경의 원칙을 말한다.

그런데 활력 사이클에 대해 더 이해해야 할 점이 있다. C-O-U-P-L-E과 C-H-A-I-R-S는 "만약 ……한다면"이라는 원리 안에 서로 연결되어 있다는 것이다. 몇 년 동안 연구와 상담을 해오면서 부부 관계는 마치 과일나무처럼 살아서 자라는 유기체라는 생각이 들었다. 그런 그림으로 활력 사이클을 설명하자면, C-O-U-P-L-E과 C-H-A-I-R-S는 한 글자씩 서로 짝을 이루어 수분(受粉)된다. 꽃의 암술과 수술이 수분되어 식물이 과일을 맺는 것처럼 C-O-U-P-L-E과 C-H-A-I-R-S도 서로 관계를 맺으며 부부 관계에서 열매를 맺을 것이다.

어떤 글자든 짝을 이룰 수 있다. 그렇지만 여기에서는 그중 각각 한 쌍씩 뽑아서 두 원리의 조합(타화수분)이 결혼생활을 어떻게 풍성하게 해주는지 보여주고자 한다. 이런 타화수분의 경험을 통해 실제로 부부 관계에 힘과 활력을 얻은 부부들의 경험담도 나눌 것이다.

## C-O-U-P-L-E과 C-H-A-I-R-S의 강력한 연관 관계

C-O-U-P-L-E과 C-H-A-I-R-S는 특별한 관련이 있다. C-O-U-P-L-E의 글자 하나하나는 C-H-A-I-R-S의 글자 하나하나와 연결된다. 하나의 행동이 연속으로 다른 행동을 일으킨다. 여기서 말하는 행동은 말과 행위, 얼굴 표정 등으로 하는 의사소통을 의미한다.

남편의 C-O-U-P-L-E 하나와 아내의 C-H-A-I-R-S 하나가 서로 자유롭게 오가면서 역동적인 관계가 이루어진다. 누가 '먼저 시작해야' 하는 것은 아니지만 누구든 기꺼이 먼저 하려는 의지가 필요하다. 예를 들어보자.

• 친밀함과 유대의 연관성

　남편이 먼저 친밀하게 아내와 얼굴을 마주하고 대화하면 아내는 이야기하지 않아도 남편과 어깨를 나란히 하고 싶어진다. 반대로 아무 말 하지 않았는데도 아내가 먼저 남편과 어깨를 나란히 하고 친근하게 대하면 남편은 아내와 얼굴을 마주 대하고 이야기하고 싶어진다.

　둘의 상관관계를 매우 분명히 경험했다고 말하는 부부가 많다. 어떤 아내는 이렇게 말했다. "우리는 함께 얼굴을 마주 대하는 시간과 어깨를 나란히 하는 시간을 보내기로 했어요." 그 결과는? "남편과의 관계가 많이 바뀌었습니다. 그냥 대화하는 정도가 아니라 깊은 대화를 나누게 되었죠. 얼마나 더 깊이 사랑하게 되었는지, 정말 믿을 수 없을 정도입니다."

　어떤 아내는 차갑고 멀기만 하던 남편이 이제 따뜻하고 친근해졌다고 이야기한다. 서로가 하는 일에 관심을 보이기 시작하면서 변한 것이다. 전에는 인터넷에서 무언가를 발견한 남편이 한번 와서 보라고 하면 짜증을 냈는데, 지금은 보기만 하는 게 아니라 남편이 찾은 것에 대해 이야기도 나누고 남편의 다양한 지식을 칭찬하기도 한다. 그러자 남편도 온라인 쇼핑몰에서 함께 아내가 좋아하는 물건을 골라준다고 한다.

• 솔직함과 성욕의 연관성

　남편이 마음을 열고 솔직하게 대해 주면 아내 역시 성적으로 마음을 열기가 쉽다. 물론 반대도 마찬가지다. 아내가 성적으로 응해 주면 남편도 기꺼이 마음을 열 것이다. 남편에게 성관계가 중요하다는 사실과, 부부가 하나 되는 도구로 하나님이 성을 창조하셨다는 사실을 알게 되었다는 어떤 아내의 이메일을 보자.

지난 몇 달간 이런 기도를 드렸습니다. "주님, 제가 침대에서 조금 더 적극적이고 즐거워하는 아내가 되게 해주세요." 이런 기도를 드린다는 것이 좀……. 그러나 결국 남편을 존중하는 것이 하나님을 존중하는 것임을 알게 되면서 마음이 자유로워졌습니다. 결국 하나님이 성을 만드셨으니까요. 남편도 제 변화를 눈치챈 것 같습니다. 정서적으로 더욱 가까워졌고 대화하는 데도 스스럼없어졌거든요. 이제 우리 부부는 침대뿐 아니라 전체적으로 더욱 하나 되고 있습니다. 싸움도 덜하고 서로를 더욱 즐거워하고 있습니다.

남편들이 사용해 볼 만한 방법이 하나 있다. 우선 저녁 식사에 몇몇 부부를 초대한다. 물론 아내와 먼저 상의한다. 식사를 하면서 다른 부부들에게 어떻게 만나서 결혼까지 하게 되었는지 물어본다. 사람들의 이야기를 다 듣고 난 뒤, 당신 부부가 만나서 데이트하게 된 과정을 이야기하고 그때 아내에게 느낀 감정이 어땠는지 이야기한다. 그 감정이 진심이라면 지금도 그때와 같다고, 다시 돌아간다 해도 같은 이유로 아내를 쫓아다녔을 거라고 말한다. 손님이 돌아간 뒤, 아내의 기분을 살펴보라. 아마 무척 들떠 있을 것이다. 여자들이 결혼식에 가는 걸 좋아하는 이유가 바로 이것이다. 여자는 그 시절로 돌아가 낭만적인 감정에 빠지는 걸 좋아한다.

꼭 식사 초대가 아니더라도 그냥 아내를 향한 당신의 사랑을 이야기하라. 절대 조급함이나 분노, 초초함을 보여서는 안 된다. 그러면 아내는 성적으로 마음을 닫아 버린다. 그렇지만 얼마나 사랑하는지 말해 주는 일은 언제나 여자를 설레게 한다.

단지 성관계를 하려는 이유로 솔직해져서는 안 된다는 사실을 명심하라. 사실 사랑하는 마음을 보인다고 아내가 늘 성적으로 반응하지는 않을 것이다. 그러나 아내를 얼마나 사랑하는지, 아내와 함께하는 삶이 얼마나 즐거운지 이야기하며 아내의 정서적 욕구를 채워준다면 아내도 남편의 성적 욕구를 채워주고 싶어할 확률이 매우 높다. 하나님이 여자를 그렇게 만드셨기 때문이다.

이렇게 말하는 아내를 많이 만났다. "저도 성관계를 좋아해요. 그렇지만 남편이 거칠게 대하면 반응하기 힘들어져요. 남편이 화내거나 상처주지 않고 사랑한다고 말해 주면 저도 훨씬 즐겁게 반응할 거예요."

- 이해심과 통찰의 연관성

  남편이 아내의 관심사나 문제를 이해하고 잘 들어주면 아내도 남편의 통찰력을 존중할 것이다. 아내가 남편의 통찰력과 시각, 의견을 잘 들어주면 남편도 아내를 고치려 하기보다는 이해하려고 할 것이다.

한 남편에게서 편지를 받았다. 그는 사랑과 존경을 듣기 전에는 아내가 문제나 상처 받은 일을 털어놓으면 항상 해결해 주려고 충고를 해서 악성 사이클에 올랐다고 한다. 좋은 의도였지만 아내는 자기를 고치려 들거나 설교하지 말라며 화를 냈다고 한다. 그는 이렇게 설명한다.

저도 화가 났습니다. '내가 뭘 어쨌다고? 도움을 청하니까 충고했을 뿐인데. 왜 아내는 내 충고를 하찮게 여기는 거지?'라고 생각했습니다. 그렇게 해서 아내는 사랑받지 못한다고 느끼고 저는 존경받지 못한다고 느꼈습니다. 지금은 잘 들어주어야 한다는 걸 이해하고 이렇게 묻습니다. "당신은 지금 해결 방법이 필요한 거야, 아니면 내가 그냥 들어주면 되는 거야?" 그런 식으로 말하자 아내와 더 자유롭게 대화할 수 있게 되었고, 우리는 더욱 끈끈해졌습니다.

한 아내는 이런 고백을 했다. 아내는 딸의 결혼식 준비에 상당한 비용이 들어갔지만 남편과 전혀 상의하지 않았다. 남편은 화가 났고 모두 자기 생각을 무시한다고 불평하기 시작했다. 즉 존경받지 못한다는 생각이 든 것이다. 사랑과 존경을 듣기 전이라면 아내는 하나밖에 없는 딸의 결혼식이라는 둥, 정말 멋지게 결혼식을 치르고 싶다는 둥 하면서 화를 냈을 것이다. 그러나 이제는 남편의 관점에서 생각하게 되면서 활력 사이클이 돌기 시작했다고 한다. 아내는 남편에게 혼자 결혼식을 계획한 것을 사과했다. 아내의 편지는 이렇게 계속된다.

남편과 결혼식 비용으로 얼마나 쓸지를 상의했습니다. 남편은 바로 마음을 가라앉혔기 때문에 비용에 대해 합리적이고 명확하게 토론할 수 있었습니다. 예전 같으면 사랑한다는 말로 남편을 달래려고 했을 것입니다. 그러면 남편은 이렇게 대답하죠. "나도 알아. 그렇지만 당신은 나를 너무 가볍게 여긴다고!" 저는 남편이 제 사랑만으로 만족하지 않는 것을 이해할 수 없었습니다. 결혼식 비용 문제 이후, 우리 부부는 더욱 가까워졌습니다. 이제는 문제를 함께 풀어가는 팀처럼 느껴집니다.

- 평화와 권위의 연관성
  남편이 아내와 화평하기로 마음먹고 논쟁이나 갈등 중에도 아내의 욕구와 관심을 배려한다면, 아내도 궁지에 몰린 남편일지라도 그 권위를 인정해 줄 것이다. 마찬가지로 아내가 남편의 권위(섬기고 인도하려는 욕구)를 존중하면, 남편도 아무리 큰 갈등이 있더라도 아내와 화평하기 위해 노력하고 아내의 욕구와 관심을 채워주고 싶을 것이다.

사랑과 존경의 대화법이 정말 빛을 발했다며 편지를 보내온 남편이 있다. 자기가 한 말이나 행동 때문에 아내가 상처 받고 사랑받지 못한다고 느낄 때, 더 세심히 아내를 살피고 진심으로 용서를 구하자 부부 관계가 더 좋은 방향으로 나아가게 되었다고 한다. 그는 이어서 "아내는 제가 가족을 사랑하고 이끌어가는 방식이 정말 좋다며 존경한다고 말했습니다. 그 말은 정말 저를 기분 좋게 합니다"라고 덧붙였다.

가끔 아내가 매우 지시적이거나 권위적이라며 상담을 요청하는 남편이 있는데, 그런 경우 문제가 많이 일어난다. 남편과 자신은 문제를 해결하는 방식이나 논쟁을 처리하는 방식이 완전히 다르다고 말하는 아내도 있다. 이 아내는 '논쟁이 잦은' 가정에서 자라서 감정을 그대로 표현하고 의견이 다를 때 여과 없이 말했다. 그런데 남편은 문제가 있어도 아무 일 없는 것처럼 부인하며 조용히 지내는 가정에서 자라났다.

「사랑과 존경」을 읽고 나서야 아내는 남편이 자기와 같은 식으로 반응하려는 것을 보면서 자신이 남편보다 권위를 갖고 남편이 '잘못하면' 거칠게 행동했다는 것을 깨달았다. 그래서 그 후로는 남편을 존경하는 태도로 대하려고 노력했다고 한다.

이 아내는 결국 성공했다! 아내가 권위를 내세우려 하면 남편은 전혀 아내와 화평하려 하지 않는다. 아내가 남편을 비난하거나 무시하는 태도를 버리고 친절하고 수용하는 태도를 보이자, 남편도 숨어버리거나 문제를 모른 척하지 않고 직면하게 된 것이다.

- 충실과 정복의 연관성

남편이 아내와 가정에 충실하고 아내도 그 점을 변함없이 믿을 수 있다면, 아내 역시 남편이 직장에서 성공하는 걸 돕고 싶을 것이다. 마찬가지로 아내가 일에 대한 남편의 욕구를 인정하고 남편이 수고하는 영역에서 성공하도록 돕는다면 남편도 아내와 가족에게 더욱 충실하고 싶어질 것이다.

이 둘 사이에는 매우 미묘한 균형이 필요하다. FBI에서 일하던 한 남편이 다음과 같은 이야기를 내게 털어놓았다. 남편이 직장에서 매우 많은 시간을 보내자 아내는 불평이 많아지고 의심이 생겼다. 그러나 남편은 비교적 균형을 잘 맞추고 있다고 생각했기 때문에 아내가 그럴수록 자꾸 자신을 방어하였고, 직장에서 최선을 다하는 자신을 의심하는 아내가 달갑지 않다고 퍼부었다. 끝내 이 부부는 악성 사이클에 빠졌다. 직장에서 수고하는데도 아내가 의심하자 남편은 존경받지 못한다고 느꼈다. 아내는 아내대로 남편이 집밖에서 지나치게 많은 시간을 보내는 것 때문에 사랑받지 못한다고 느끼고 있었다. 편지는 이렇게 이어진다.

우리 부부는 정말 정신없이 악성 사이클이 돌았습니다. 공부한 대로 사랑과 존경에 비추어 생각하고 이야기하기 전까지는 이 문제와 관련된 서로의 감정을 전혀 이해하지 못했습니다. 제가 시간을 조절하는 것이 힘든 처지에서 그나마 상황을 바꿀 수 있었던 것은 서로의 의도를 이해하는 능력 때문이었습니다. 서로 그렇게 이해하자 대화를 방해하던 긴장 상태에서 벗어날 수 있었습니다.

서로를 이해하면 더 나은 대화를 할 수 있다. FBI 요원과 아내는 두 가지 중요한 결정을 내렸다. 아내는 남편이 밖에서 많은 시간을 보낸다고 가족을 등한시하는 것이 아니며 예측할 수 없는 상황에서도 남편이 최대한 빨리 오려고 노력한다는 것을 믿어주기로 했다. 그리고 남편은 가족과 보내는 시간에 최우선을 두라는 말을 받아들이기로 했다. 아내가 의식적으로 남편의 위치와 의사 결정권을 인정하고 존경하는 표현을 쓴다는 것을 깨달았기 때문이다. 남편은 덧붙여서 "생각을 확 바꾸자 우리 문제가 분명하게 보이더군요. 그래서 서로 안도의 웃음을 지었습니다. 우리 문제 가운데 90퍼센트가 태도 때문이고 나머지 10퍼센트가 상황 때문이었습니다. 10퍼센트 정도는 어렵지 않게 해결할 수 있지요"라고 이야기했다.

마찬가지로 남편이 직장에서 지나치게 많은 시간을 보내 힘들어하던 어느 아내도 자신의 이야기를 들려주었다. 하루는 남편 직장 근처에 간 아내가 잠깐 남편과 얘기라도 나눌 생각으로 직장에 들렀다. 그런데 남편은 계속 울려대는 전화를 받느라 정신이 없어서 아내가 10분이 넘도록 불편하게 기다리고 있는 것조차 눈치채지 못했다. 아내는 결국 인사도 못하고 슬쩍 빠져나올 수밖에 없었다.

집으로 돌아오면서 아내는 무언가 결심이 필요하다는 생각이 들었다. 아내는 남편과 함께 사랑과 존경을 공부하고 있었는데, 아마 이전이라면 이렇게 말했을 것이다. "당신은 항상 나보다 일이 먼저죠? 당신 얼굴 보기도 힘들다고요! 나한테 관심이나 있는 거예요?" 아내는 그저 조금의 관심과 몇 마디 대화처럼 남편의 작은 사랑을 기대하며 사무실을 찾아갔다. 그러나 아무것도 얻지 못하고 돌아온 것이다. 그날 저녁, 남편이 돌아왔을 때에는 당연히 악성 사이클이 돌아갔을 것이다. 사무실까지 찾아갔는데 남편이 차갑게 대했다고 하면서 말이다.

그러나 그때 아내는 하나님이 남편을 어떻게 일터로 부르셨는지를 떠올렸다. 그리고 직장에서 열심히 일하고 뛰어나길 바라는 남편의 욕구를 존중해야 한다는 말도 생각났다. 그래서 남편에게 화내지 않겠다고 결심한 순간 전화가 왔다. 걱정에 찬 남편의 전화였다. "여보? 미안해요. 전화가 너무 많이 와서 말이야." 아내가 대답했다. "괜찮아요, 저 화 안 났어요! 열심히 일하시는 당신 모습 정말 보기 좋아요. 나는 100퍼센트 당신 편이에요. 우리 가족이 생활하는 모든 걸 당신이 책임지고 있잖아요. 당신은 정말 좋은 가장이에요. 정말 고마워요!"

아내 말에 남편은 깜짝 놀랐다. "당신이 이해해 주니 정말 기뻐요. 전화가 또 오네. 끊어야겠어요! 사랑해요!" 아내의 편지는 이렇게 계속된다.

> 집에 오는 길에 눈물이 나더라고요. 하나님이 제 마음을 변화시키셨다는 걸 알았기 때문입니다. 그 열매를 사랑합니다. 그날 밤, 남편이 문을 열고 집에 들어오자마자 저를 껴안고 처음처럼 키스를 퍼부었습니다. 그리고 말했습니다. "당신이 보고 싶어서 죽는 줄 알았어요. 우리 나갑시다. 아이들 없이 우리 둘만 말이에요."

아내가 직장에서 성공하고 싶어하는 남편을 존중하자 남편은 아내에게 신의와 사랑을 표현했다. 남편이 아내에 대한 헌신을 확신시키자 아내는 기꺼이 남편이 하는 일을 지지했다.

• 존중과 계급의 연관성

남편이 아내를 존중하고 가정에서 하는 아내 역할을 인정해 주면, 아내도 남편이 가정에서 하는 머리 역할을 존중하고 받아들일 것이다. 마찬가지로 아내가 가정을 보호하고 돌보는 머리로서 남편 역할을 인정하면, 남편도 아내를 최우선으로 여기고 인정하며 존중하고 존경할 것이다.

여기저기에서 C-O-U-P-L-E과 C-H-A-I-R-S 사이의 강력한 연관관계를 경험한 부부들의 이야기가 들려온다. 「사랑과 존경」을 읽고 남편이 가정에서 얼마나 채움 받지 못했는지 깨달았다는 한 아내의 이야기가 있다. 아내는 남편을 깊이 사랑하지만 전혀 이해하지 못했다며 이야기를 시작했다. 아내의 아버지는 매우 지배적인 성격으로 늘 어머니를 억압하셨다. 그래서 힘들어하는 어머니를 보며 아내는 절대 그렇게 살지 않겠다고 다짐했다. 결혼한 후에도 부부는 맞벌이를 했는데, 아내가 다닌 직장이 보수가 더 좋았다. 아이들이 태어나면서 교대로 시간을 내어 집에 있어준 남편 덕에 아내도 시간제이긴 하지만 계속 일할 수 있었다. 아내는 자신이 남편에게서 독립하든지, 남편 곁에 남든지 하는 것은 자신의 선택임을 보여줄 수 있다는 게 자랑스러웠다. 사랑과 존경을 배우기 전까지는 그런 상황에서 남편이 어떻게 느끼는지 전혀 몰랐다.

아버지가 한 것처럼 남자가 저를 지배하려 드는 것이 싫었습니다. 그런데 그것 때문에 남편이 완전히 무시당한다고 느낄 줄은 전혀 몰랐습니다. 심지어 가정에 필요하지 않은 존재처럼 여길 정도였습니다. 게다가 남편이 만족스럽지도, 재정적으로 좋지도 않은 직장에 다닌 이유는 아이 돌보는 사람 없이 아이를 키우기 위해서, 또 제가 집에서 좀 더 자유로워지도록 해주기 위해서였는데 그게 엄청난 희생이라고는 전혀 생각하지 못했습니다. 단지 겁나서 다른 직장으로 옮기지 않는다고만 생각한 거죠. 우리 부부는 「사랑과 존경」을 사서 함께 읽었습니다. 몇 년간 지속되던 오해와 고통을 생각하니 눈물이 났습니다. 저는 완전히 부서졌습니다. 이제는 남편과 함께 있어도 자유롭습니다. 제가 남편의 모국어를 이해하고 그 말에 대답할 수 있다는 걸 남편도 알기 때문입니다.

아내는 남편이 자신을 위해 별로 좋지 않은 직장을 고수한 것을 깨닫고, 남편이 겸손하게 희생하며 가정의 머리 역할을 감당하고 있다는 걸 알게 되었다. 그래서 남편에게 깊은 존경을 표현하며 남편을 높여주었다. 이들 부부는 오랫동안 악성 사이클에 놓여 있다는 사실조차 깨닫지 못했다. 사랑과 존경은 그들을 활력 사이클로 옮겨주었고, 가정을 구해 주었다.

## 정말 큰 효과를 볼 때도 있다

어떤 남편은 사랑과 존경 세미나에 참석하기 전까지 부부 관계가 깨어지고 있는 것조차 알지 못했다. 남편과 아내 모두 형제 가운데 첫째고 직장에서도 성공한 사람이라서 그런지 늘 둘 다 자기 생각을 강요해 왔다. 세미나를 듣고 나서야 남편은 자기 생각이나 바람을 우길 때마다 아내 영혼을 짓눌러왔다는 사실을 알았다. 그때는 단지 자기에게 책임이 있다는 걸 알리려고 했을 뿐이며, 시간이 지나면 좋아질 거라고 잘못 생각했다. 그가 권위주의적 태도를 버리기로 결심하자 가정에 평화가 찾아왔다.

집에 돌아왔을 때나 아내와 대화할 때, 사랑하는 태도로 말하려고 노력합니다. 아내에게 사랑한다고 말하고 아내 의견을 존중합니다.

가끔 상황이 걷잡을 수 없어지면 나중에 사실을 되짚으며 사랑으로 아내에게 다가갑니다. 상황에 대해 대화를 나누며 앞으로 나아갑니다. 그러면 대부분 합의에 이르게 됩니다. 누군가가 양보해야 할 상황이 되어도 둘 다 결과에 만족합니다. 세미나에서 배운 원칙 덕분에 힘든 시간을 이겨낼 수 있었습니다.

또 다른 아내는 남편에게 "눈치도 없는 바보"라고 말하지 않기로 했다. 그러자 남편도 아내를 더 이해해 주기 시작했다고 한다. 그리고 남편에게 "당신은 도대체 내 마음을 왜 이렇게 몰라주는 거예요"라며 투정하기보다 솔직하게 욕구를 표현할 수 있게 되었다. 아내의 이메일은 이렇게 계속된다.

남편에게 시간이나 관심, 격려가 필요하면 이제 자신 있게 요구할 수 있습니다. 남편이 원하는 것 가운데 하나가 제게 갑옷 입은 기사가 되는 것임을 알기 때문입니다. 아주 단순한 원리지만, 더 이상 씩씩거리며 남편이 눈치채기만을 기다리지 않습니다. 이제는 원하는 걸 존경하는 태도로 자유롭게 요구합니다. 남편을 바보로 취급하지 않고 말이죠. 말하지 않으면서 마음을 알아차려주길 바라는 것은 부부 관계에 있어서 아주 끔찍한 방법인 것 같아요.

때로는 배우자를 기쁘게 하고 있다고 생각하지만 아주 간단한 것조차 알아차리지 못하는 사람도 있다. 한 남편이 이런 고백을 했다.

"사랑과 존경"이라는 세미나 이름을 듣고 저는 아내에게 사랑받고 있는 것 같냐고 물었습니다. 우리는 결혼한 지 37년이나 되었고, 저는 아내에게 사랑을 많이 표현해 왔기 때문에 당연히 "물론이죠, 여보!"라고 대답할 거라 생각했지요. 그런데 대답 없는 아내를 보고 정말 놀랐습니다. 그동안 아내에게 한 일을 떠올려 본 나는 왜 대답하지 않는지 이해할 수 없다고 말했습니다. 잠시 후, 마침내 아내가 입을 열었습니다. "당신이 나를 위해 해주는 모든 일에 감사해요. 그렇지만 내가 사랑을 느끼는 건 말하는 방식에 달려 있어요. 당신 친구한테 하듯이 말하면 나는 사랑받는다고 느끼지 못해요." 와우! 그 말에 눈이 번쩍 뜨였습니다! 아내가 한 말에 저는 아내를 사랑하는 법을 완전히 바꾸게 되었습니다.

남편은 아내에게 친절하고 부드럽고 사려 깊게 대답하기 시작했다. 친구에게 하듯 서두르거나 직설적으로 말하지 않고 말이다. 얼마 전, 아내가 남편에게 이렇게 말했다고 한다. "여보, 당신은 며칠간 내게 정말 사랑으로 대해 줬어요. 정말 좋았어요. 고마워요."

### C-O-U-P-L-E과 C-H-A-I-R-S는 자동판매기가 아니다

부부들에게 늘 당부하는 말이 있다. C-O-U-P-L-E과 C-H-A-I-R-S는 동전만 넣으면 언제든지 원하는 결과를 얻을 수 있는 자동판매기가 아니라는 것이다. 얼마든지 다음과 같은 생각을 할 수 있다.

- "남편과 함께 승마를 해주면 남편은 나와 함께 커피를 마시면서 저녁 내내 나와 눈을 마주치고 있겠지."
- "아내에게 마음을 열어주면 아내는 나를 위해 야한 속옷을 사서 침대에서 입고 있겠지."

- "남편과 잠자리를 더 해주면 남편은 진정한 내 영혼의 짝이 되어줄 거야."

이런 생각은 마치 아이가 막대사탕을 사달라고 조르듯 사랑과 존경을 적용하는 것이다. C-O-U-P-L-E과 C-H-A-I-R-S는 남편이 자기를 사랑하게 만들고 아내가 자기를 존경하게 만들려는 것이 아니다. 나는 사랑과 존경 원칙으로 배우자의 욕구를 만족시키려고 하기보다는 배우자를 변화시키려는 부부를 많이 보아왔다. 그들은 사랑과 존경을 하려는 게 아니라 받으려는 것이다.

예를 들면 이런 편지를 보내오는 아내들이 있다. "(딱 하루지만) 남편을 존경해 주니까 남편이 얼마나 변했는지 몰라요. 집안일도 돕고, 심부름도 해주고, 심지어 등도 쓰다듬어주었어요. 그런데 그 다음 날이 되자 모든 것이 사라져 버렸어요." 그러고는 묻는다. "어떻게 하죠? 이 방법은 먹히질 않아요. 뭐 해주실 말씀 없으세요? 제가 뭘 잘못했나요? 하루 동안 남편은 정말 좋았어요. 그런데 오래가지 않네요."

이런 편지를 받고 처음 드는 생각은 이렇다. "네, 해줄 말이 있죠. 당신에게 진심으로 배우자를 위하려는 의도가 없다는 사실을 당신은 모르고 있습니다. 결혼생활은 자동판매기가 아닙니다. 당신은 이렇게 생각하겠죠. '날마다 조금씩 남편에게 존경을 베풀면 남편도 날마다 즐겁게 만족할 만큼 나를 사랑해 주겠지. 남편이 날마다 그렇게 날 사랑해 주지 않으면 이 방법은 의미가 없어.' 제가 해주고 싶은 말은 현실적이 되라는 것입니다. 당신은 남편을 무조건 존경하고 인내해야 합니다."

이미 여러 번 악성 사이클을 일으킬 만한 실수를 저지른 남편이 뒤늦게 아내를 사랑하려고 애쓰는 경우에도 같은 충고를 할 수 있다. 몇 번은 성공하지만, 다시 아내는 비난하던 예전 태도로 돌아가 버리고 만다. 그것이 현실이다. 그저 인내하면서 무조건 사랑하라. 두 시간 동안 더러운 진흙탕에서 뒹굴었다면 씻는 데도 두 시간이 걸린다. 아니, 더 걸릴 수도 있다. 마찬가지로 아내에게 몇 년 동안 심각한 상처를 주었다면 아내 쪽에서 남편을 신뢰하고 다시 마음을 열어도 좋을지 확신할 시간이 필요하다. 많은 시간이 걸린다. 지름길은 없다. 아내가 존경을 보이든 안 보이든 상관없이 무조건 아내를 사랑해야 한다.

기억하라. 무조건이란 조건이 없다는 뜻이다! 이런 말을 어떻게 생각하는가? "나는 조건을 걸고 무조건 사랑하고 존경할 거야! 배우자가 반응을 보이면 무조건 사랑하고 존경할 거라고. 그것도 당장 반응을 보일 때 말이지! 배우자가 이 조건을 만족시키지 않으면 조건 없이 하는 이 일을 그만둘 거야!" 말도 안 되는 모순에 모두들 웃고 말 것이다. 조건부 무조건이라니! 그러나 자신의 은혜로운 노력에 배우자가 반응하지 않는다면 누구나 이런 생각을 할 것이다.

<더 깊은 사랑과 존경을 위한 조언>

### "활력 사이클은 배우자가 긍정적으로 반응한다고 약속하는가?"

위 질문에 대한 답은 "그렇지 않다!"이다. 활력 사이클은 단지 최상의 방법일 뿐이다. 아내를 미워하는 것보다 사랑하는 것이 남편을 향해 존경할 마음을 일으킬 가능성이 높을 뿐이다. 남편을 무시하는 것보다 존경하는 것이 남편 마음에 사랑을 일으킬 가능성이 높다. 그렇지만 사랑과 존경이 확실히 그런 마음을 일으킨다고는 보장할 수 없다. 그렇기 때문에 사랑과 존경 앞에 '무조건'이 붙는 것이다. 역설적이지만 조건 없이 사랑하고 존경할 때라야 진짜 효과가 나타난다.

## 활력 사이클에는 장기적인 안목이 필요하다

정말 '본질을 꿰뚫는' 이메일을 받은 적이 있다. 이 남편은 결혼한 후 7-9년 동안 줄곧 아내의 공기호스를 밟아왔다. 자기 마음에 맞지 않는 아내 모습을 비난해 온 것이다. 남편은 '서로를 비난하는' 가정에서 자라났다. 아내는 그런 남편의 태도 때문에 힘들었고 남편을 향한 마음을 닫아 버렸다. 그러나 사랑과 존경이 남편을 변화시켰다. 특히 '사랑'에 있어서 말이다. 그가 보내온 이메일은 이렇다.

> 특별한 방법으로 아내를 사랑하는 것이 얼마나 중요한지 깨달았습니다. 다행히 전보다는 악성 사이클에 적게 오르고 있습니다. 인내가 가장 중요한 것 같습니다. 아내를 비난하지 않고 칭찬하기 위해 노력하고 있습니다. 사랑과 존경 프로그램에 참석한 뒤 작은 진보를 이루었습니다. 성경적인 결혼이 어떤 것인지 더 확실한 그림을 그릴 수 있었습니다. 이 방법에 뒤따를 장기적인 가능성이 기대됩니다.

나는 이 남자의 표현 중에 "장기적인 가능성"(long-term potential)이라는 말이 특히 마음에 든다. 선한 의도를 지닌 두 사람이 결혼이라는 마라톤을 함께할 때 남편이 사랑해 준다면 아내는 남편이 존경스러울 것이다. 마찬가지로 아내가 존경해 준다면 남편은 아내에게 사랑으로 대하고 싶을 것이다. 이런 일이 아름다울 수 있는 이유는 C-O-U-P-L-E과 C-H-A-I-R-S가 예로 든 조합뿐 아니라 여러 조합으로 타화수분하기 때문이다.

예를 들어 아내가 남편의 권위와 리더십을 인정하면 남편은 친밀하게 다가올 것이다. 아내가 직장에서 열심히 일하는 남편을 칭찬하고 인정하면 남편도 날카롭게 말하던 걸 사과하고 화평을 청할 것이다. 남편이 아내의 관심사를 이해하고 들어주면 아내도 보호하고 돌봐주는 남편에게 특별한 감사를 표현할 것이다.

사랑과 존경이라는 황금률은 어디에나 적용할 수 있다. 제한이 없다. 즉, 인내하며 신실하게 실천한다면 활력 사이클이 멋지게 돌아갈 것이다. 그러나 이렇게 좋은 면만 있는 것은 아니다. 우리는 C-O-U-P-L-E과 C-H-A-I-R-S는 매우 효과적인 도구일 뿐이지, 마법 탄환은 아니라는 것을 알아야 한다. 아무리 활력을 주고 긍정적으로 대화하려고 노력해도 상대방이 부정적으로 나올 수 있다. 활력 사이클이 계속되려면 이런 상황에서 해독을 해야 한다.

이미 4장에서 우리는 배우자의 말을 해석해서 악성 사이클 멈추는 법을 살펴보았다. 대부분 알고 있겠지만 악성 사이클과 활력 사이클은 미세하게 연결되어 있다. 활력 사이클이 힘 있게 돌아가게 하려면 배우자 말 해독 기술을 확실하게 익혀 둬야 한다. 이제 두 장에 걸쳐 결혼생활에서 배우자 말 해독 기술이 필요한 이유를 설명하고, 남편과 아내 모두 즐겁게 대화할 수 있는 몇 가지 모범 기술을 보여줄 것이다.

남편을 존경하는 아내는
"허물을 덮어주는 자는 사랑을 구하는 자요
그것을 거듭 말하는 자는 친한 벗을 이간하는 자"(잠 17:9)임을 안다.

chapter 08

# 아내들이여, C-H-A-I-R-S를 활용하라

(남편이 함께 읽어도 좋다)

이 책을 쓰기 몇 달 전 일이다. 그날은 하루 종일 제대로 되는 일이 하나도 없었다. 자동차로 2시간 정도 떨어진 곳에서 조찬 기도회 설교를 부탁해 와서 전날 밤 먼저 가서 모텔에서 잔 후, 다음 날 일찍 기도회에 가기로 했다. 기도회를 잘 마치고 집으로 오는데 휴대폰이 울렸다. 사라였다. 무릎 검사와 엑스레이 촬영을 위해 병원을 예약해 두었다고 했다. 무릎이 심하게 아프지는 않지만 조깅하기에는 힘든 상황이었다.

사라는 나를 걱정해서, 그리고 계속 불평하면서도 아무런 조치를 취하지 않는 데 지치기도 해서 진료를 예약한 것이다. 나는 예약 시간에 맞춰 병원에 갔다. 그러나 병원에 가본 사람은 다 알겠지만, 기다리고 또 기다려야 했다.

병원 실수로 세 시간 뒤에야 잘못된 의사 두 사람을 만나고, 만나야 할 의사는 한 시간 반이나 늦게 와서는 주사 하나 놔주더니 사라져 버렸다. 엑스레이 기사가 점심을 먹고 오기까지 하염없이 또 기다려야 했다. 결국 간호사가 전화로 지시받으며 엑스레이를 찍어주었다. 무릎은 괜찮고 다시 운동을 시작하기 전에 좀 쉬라는 말을 들었다. 그리고 병원을 나왔다. 나는 사라에게 다시는 이 병원에 예약하지 말라고 할 생각을 하며 집으로 돌아왔다.

여전히 조깅을 하기에는 무리일 만큼 무릎이 시큰거렸다. 집에 오자 수많은 이메일이 답장을 기다리고 있었다. 게다가 원고는 한 글자도 쓰지 못했다. 그런데 사라가 멀리서 온 친구 케시와 저녁 식사를 하러 간다는 말에 더욱 혼란스러워졌다. 아내는 나와 함께 가고 싶지만 일이 많으면 그러지 않아도 된다고 했다. 그래도 나는 손님을 잘 대접하고 싶은 마음에 함께 나갔다. 집으로 돌아와 다시 책상에 앉았을 땐 답장해 달라고 아우성치는 이메일이 더 많아졌다. 잠자리에 들기 전 사라와 케시가 대화를 나누는 걸 본 나는 양해를 구하고 먼저 일어섰다.

급한 이메일부터 답장을 보낸 뒤 사라에게 메일을 보내야겠다고 생각했다. 둘 다 컴퓨터를 많이 사용하기 때문에 사라도 개인 컴퓨터를 가지고 있고 집에서도 이메일로 이야기하는 게 더 빠르고 편리할 때가 있다. 나는 사라에게 간단한 이메일을 보냈다. "정말 어쩔 줄 모르겠어요. 원고는 하나도 못 쓰고, 온통 답장할 이메일만 쌓여 있고……."

그렇게 썼지만 사실 내가 정말로 하고 싶은 말은 아니었다. 나는 사라에게 이렇게 말하고 싶었다. "오늘 있었던 일 때문에 원고를 전혀 못 썼어요. 도저히 마감 시간에 맞출 수 없을 것 같아요. 특히 당신이 예약한 병원 진료와 저녁 손님 때문에 말이에요."

나는 이메일로 만족하지 못하고 사라가 친구와 대화를 나누고 있는 방으로 갔다. 그리고 친구에게 보이지 않는 곳에 서서 사라가 쳐다

보길 기다렸다가 이렇게 말했다. "오늘 원고를 한 자도 못 썼어요. 게다가 온통 이메일 천지예요." 소리를 내거나 화난 표정을 짓지는 않았다. 그저 있는 사실을 말했을 뿐이다. 그러나 사라는 내 진의를 파악한 것 같았다. "오늘은 완전히 실패작이라고요!" 사라는 나를 쳐다봤지만 아무 대답도 하지 않고 계속 케시와 이야기를 나눴다. 나는 컴퓨터가 있는 방으로 돌아왔다.

나는 망쳐 버린 하루에 대해 사라를 비난하고 싶었다. 아니, 좀 더 정확히 말해서 일을 하지 못한 좌절감을 이야기하고 싶었다. 나는 어떤 문제로 화가 났을 때 시간을 주면 잊어버리고 괜찮아질 거라고 사라에게 말해 왔다. 무엇 때문에 화가 나든 그건 내 문제지, 사라 문제가 아니다. 그런데도 솔직히 내 문제에 사라를 끌어들여 같이 기분 나쁘게 하고 싶을 때가 있다. 물론 끔찍한 하루를 보내서 속상하다고 말할 것까지는 없었다. 결국 다 내 문제니까. 그렇지만 실망을 표현해서 징징거리고 싶은 유혹을 뿌리치지 못했다. 그것도 사랑과 존경에 대한 책을 쓰고 있는 중에 말이다!

### 사라는 성숙과 인내와 동정으로 참아주었다

나중에 사라의 메일을 확인하고 알게 된 사실인데, 사라는 친구와 대화하는 데 내가 무례하게 끼어들어서는 "오늘 원고를 한 자도 못 썼어요. 게다가 온통 이메일 천지예요"라고 말했을 때 정말 화가 났다고 한다. 세 시간이나 걸린 병원 예약이나 케시와 함께한 저녁 식사를 비난하고 있다는 것도 이미 눈치챘다고 한다. 사라는 화가 났지만 '이건 남편 문제야. 나중에 예의를 갖춰 말하고 지금은 잊어버려야겠다'라고 생각한 것이다.

케시가 손님방으로 돌아가고 나서 사라는 아까 내가 보냈던 메일을 확인했다. 아내는 또 화가 났지만 과거에도 내가 화를 냈다가 곧잘 털어 버렸다는 사실을 생각했다. 화를 참으면서 사라는 내 메일에 이런 답장을 보냈다.

오늘 병원에서 고생한 거 안됐네요. 그렇지만 지난밤에 갑자기 당신이 병원에 가보는 게 좋겠다는 생각이 들었어요. 계속 걱정만 하고 운동도 못하고 있으니까요. 그리고 저녁 식사에 함께 가지 않아도 된다고 한 말은 진심이었어요. 오늘 글을 하나도 쓰지 못했다니 정말 안됐어요. 그렇지만 이 책도 분명히 잘 끝내실 거라 믿어요. 게다가 무릎에 아무 문제가 없다니 얼마나 다행이에요. 컵에 물이 반밖에 남지 않았다고 말할 수도 있지만, 반이나 남았다고 할 수도 있잖아요. 당신이 자주 말했죠. "당신이 선택할 문제예요. 현명하게 선택해요." 만약 수술을 받아야 했다면 또 꼬박 하루를 보내고 회복하는 데도 몇 주가 걸렸을 거예요.
나는 당신에게 도움이 되는 일이라면 뭐든지 할 거예요. 병원 예약이나, 길을 가르쳐주는 일이나, 호텔이나 비행기 예약이나, 사람들에게 당신이 가지 못한다고 양해를 구하는 일이나 무엇이든지요. 그렇지만 기도보다 더 당신에게 도움이 되는 일은 없는 것 같아요.

사라는 내가 일을 못해서 화가 났다는 걸 정확히 읽어냈다. 그러나 망친 하루에 대해 아내를 비난하려던 내 의도에는 휘말리지 않았다. 이미 내가 감정을 드러냈기 때문에 그러기 쉬웠는데도 말이다. 나를 향해 비난을 쏟아댈 수도 있었는데 그러지 않았다. 친구에게 곁눈질을 하며 비웃듯이 "우리 남편은 책을 쓸 때면 저렇게 예민해진다니까"라고 말하지도 않았다. 대신 짜증 섞인 내 이메일과, 친구와 나누는 대화에 끼어든 일을 성숙과 인내와 동정으로 참아주었다.

수년 동안 부부 대화를 연구해 온 사라는 자신이 보낸 이메일을 나도 선한 의도로 받을 수 있는 상황임을 알았다. 내가 "온통 이메일 천지예요"라고 투덜댄 것이 유치해 보일 수 있다. 그러나 우리가 보기에 그것은 목표를 성취하지 못해 매우 화가 난 내 감정을 솔직하게 말한 것이고, 사라도 존경하는 태도로 정직하게 대답하였다. 내 마음속에 있는 것을 그대로 표현했고 사라도 자기 의견을 솔직하게 나누었다. 그것이 중요하다. 사라는 내가 자신의 조심스러운 충고를 받아들일 거라고 믿었고, 실제로 나는 그렇게 했다.

잠자리에 들 때 사라는 다음 날 할 일이 있어서 밤을 새야 한다고 말했다. 사라도 나도 그날 일어난 일이나 이메일에 관해 말하지 않았다. 그렇다면 우리 부부는 해가 지도록 분을 품은 것일까?(엡 4:26) 나는 힘든 하루에 대한 속상함을 표현하면서 나아졌고, 사라도 화를 누르고 내게 존경하는 태도를 보이면서 나아졌기 때문에 그 사건에 있어서는 그러지 않았다고 할 수 있다.

### 활력 사이클과 악성 사이클은 미묘한 관련이 있다

다음 날 사라는 친구와 재밌는 시간을 보냈고, 나도 평상시대로 즐거운 마음으로 일을 시작했다. 물론 하루를 시작하기 전에 사라에게 "어젯밤 이메일 고마워요. 어제 일 중 가장 좋은 선물이에요"라고 말했더라면 아마 완벽했을 것이다.

그렇지만 그때는 그런 말이 전혀 생각나지 않았다. 단지 아직도 갈 길이 멀다는 사실만 떠올랐을 뿐이다. 우리는 완벽하게 대처하지는 못했지만 그런 실수를 통해 부부 대화에 덜 미숙할 수 있었다.

며칠 동안 책을 계속 써 나가다가 배우자의 공기호스를 밟지 않더라도 나의 끔찍한 하루가 부정적인 메시지를 해독할 수 있다는 생각이 들었다. 그래서 그날 일을 대충 써서 사라에게 보여주었다. 그제야 나는 사라가 "온통 이메일 천지예요"라는 내 투정에 화가 났었다는 사실을 알게 되었다.

"당신이 그렇게 무례하게 끼어들었을 땐 정말 화가 났어요." 사라가 솔직한 마음을 드러내며 이야기를 꺼냈다. "하마터면 케시가 있는 자리에서 말할 뻔했어요. 그렇지만 참았어요. 그건 당신 문제지, 내 문제가 아니라는 생각이 들었거든요. 그리고 메일을 쓰면서 내 생각을 전하려고 했고요."

사라 말에 깜짝 놀랐다. 메일을 읽으면서 화가 난 걸 전혀 눈치채지 못했기 때문이다. 지금 읽어보니 화가 많이 났지만 계속 존경하는 태도를 유지하려고 노력한 것이 보인다. 그 사건은 전형적인 블루의 아둔함을 고스란히 보여주었다. 솔직히 그런 경우가 많다. 나는 비생산적인 하루 때문에 화가 났고, 대부분 그렇듯 은근히 불만을 나타내고는 다시 일하러 돌아간 것이다.

이 모든 사건을 사랑과 존경의 시각으로 본다면, 사건의 본질에 깔려 있는 건 병원에서 세 시간이나 기다리며 비생산적인 대우로 무시당한 느낌을 받은 것('내가 얼마나 바쁜 사람인데, 이 사람들은 도대체 일 좀 제대로 해주면 안 되나?')과 일정이 틀어져 혼란스러워진 것이다. 화가 난 나는 어딘가 분출할 곳이 필요했다. 그래서 다른 남편들처럼 집에 있는 아내에게 분풀이를 하고 사랑으로 대하지 못한 것이다.

만약 사라도 똑같이 나왔다면 활력 사이클이 늦춰지거나 아예 멈추고 악성 사이클이 돌기 시작했을 것이다. 나는 이미 그 길로 가고 있었지만 성숙한 아내는 존경하는 태도를 버리지 않음으로써 사태를 진정시켰다. 그 상황에서 내 모습은 사랑과 존경의 모범이라기보다는 다트판에 붙일 얼굴이라고 하는 게 어울릴 것이다.

내가 하고 싶은 말은 활력 사이클과 악성 사이클 사이에는 미묘한 관련성이 있다는 것이다. 활력 사이클이 계속 돌아가도록 노력하다 보면 힘든 날도 있다. 그런 날일수록 성숙한 태도로 배우자의 말과 행동을 해석하는 것이 더욱 중요하다. 그렇지 않으면 활력 사이클은 속도가 줄다가 결국 멈춰서고 악성 사이클이 시동을 걸어온다. 그러면 활력 사이클에 머물겠다는 목표를 달성하지 못할 것이다.

해석이 필요한 배우자의 말을 모두 낱낱이 살펴볼 수는 없다. 부부마다 대화하는 양식이 다르기 때문이다. 누구나 자신만의 특별한 방법으로 메시지를 전달한다. 그러나 모든 사람에게 있는 사랑과 존경이라는 욕구를 만족시킬 성경적 방법을 몇 가지 살펴볼 수는 있다.

이 장에서는 해석이 필요한 전형적인 부정적 표현으로는 어떤 것이 있는지 살펴보고, 활력 사이클을 계속 돌게 할 긍정적인 대답을 제시할 것이다.

배우자가 어떤 식으로 귀에 거슬리는 말을 하든지 그에게 있는 기본적인 욕구를 염두에 두고 생각해 보라. 그 말 가장 밑바닥에는 대부분 아내의 경우 사랑받고 싶은 욕구가, 남편의 경우 존경받고 싶은 욕구가 깔려 있음을 생각한다면 배우자를 너그럽게 용납할 수 있을 것이다. 그렇게 되면 결혼생활은 크게 향상될 수밖에 없다.

## C-H-A-I-R-S를 통해 남편의 존경 욕구 해석하기

성경은 배우자의 말을 해석하게 해주는 도구를 제공하고 있는가?

물론이다. 이미 7장에서 활력 사이클이 돌아가도록 남편이 사용할 C-O-U-P-L-E과 아내가 사용할 C-H-A-I-R-S를 대충 살펴보았다. 지금부터 C-H-A-I-R-S를 통해 남편의 부정적인 말을 해석(decode) 혹은 완화(defuse)하는 성경적 원리를 살펴볼 것이다. 9장에서는 C-O-U-P-L-E이라는 성경적 원리를 통해 아내의 부정적인 말을 해석하고 완화하는 법을 살펴볼 것이다.

아내들도 느끼겠지만 종종 남편이 애정 없는 말을 하는 것은 존경해 달라는 아우성일 때가 많다. 아내가 하는 말이나 행동에 불만이 있거나 어떤 사건이 불만스럽다는 것을 표현하는 것이다. 내가 하루를 망치고 나서 아내를 탓하는 메시지를 담아 말한 것처럼 말이다. 사실은 병원에서 본 낭패와 일하지 못한 것 때문에 화가 난 것이다.

아내는 애정 없이 내뱉은 남편 말에 상처 받기보다는 왜 그런 행동을 했는지 생각해 보고 남편을 존경하라는 하나님 명령을 따를 수 있다. 비록 존경받을 만하지 않은 남편이라도 말이다(엡 5:33). 바로 C-H-A-I-R-S를 통해 남편을 조건 없이 존경할 수 있다.

- 정복 _열심히 일하고 성취하려는 남편의 욕구를 존중한다.
- 계급 _보호하고 돌보려는 남편의 욕구를 존중한다.
- 권위 _섬기고 이끌려는 남편의 욕구를 존중한다.
- 통찰 _분석하고 조언하려는 남편의 욕구를 존중한다.
- 유대 _아내와 어깨를 나란히 하는 우정을 원하는 남편의 욕구를 존중한다.
- 성욕 _성적 친밀감을 원하는 남편의 욕구를 존중한다.

경험상 남편은 대부분 아내에게 여섯 개의 기본적인 욕구와 관련하여 메시지를 보낸다는 걸 확신할 수 있다. 이런 메시지를 잘 해석해서 남편과의 대화를 증진시킬 방법을 살펴보자.

### 정복 _ 남편의 성취 욕구를 만족시킬 만한 대화법 [1]

하나님은 아담을 비롯하여 남자에게 일하라고 명하셨다. "여호와 하나님이 그 사람을 이끌어 에덴동산에 두어 그것을 경작하며 지키게 하시고"(창 2:15). 그런데 하나님은 아담을 위한 또 다른 계획을 가지고 계셨다. "여호와 하나님이 이르시되 사람이 혼자 사는 것이 좋지 아니하니 내가 그를 위하여 돕는 배필(a helper suitable)을 지으리라 하시니라"(창 2:18).

아내가 돕는 배필, 즉 함께하는 동료가 되어 외로움을 덜어주고 일터에서 애쓰는 남편을 지지할 때 남편은 존경받는다고 느낀다. 그런데 아내가 관심과 격려를 보이지 않으면 남편에게 이런 말을 들을 것이다. "항상 애들, 애들……. 당신은 늘 애들만 신경 쓰죠? 훌륭한 엄마가 되는 것도 중요하지만, 그러면 우리 관계는 어떻게 해요?" 아내는 이런 말을 들으면 남편에게 사랑이 없고 심지어 이기적이라는 생각이 든다. "우리"란 사실 "나는 어떻게 해요?"라는 말이기 때문이다. 그러나 그 뒤에 숨겨진 진짜 의미를 알아채야 한다. 좀 더 존경해 달라는 아우성 말이다.

그러니 "당신은 자기 생각뿐이죠"라든가 "나도 나름대로 최선을 다하고 있다고요"라는 말은 전혀 도움이 되지 않는다. 비난처럼 들렸겠지만 사실 남편 마음은 이렇게 말하고 있다. "데이트할 때 옆에서 나를 응원해 주던 치어리더는 어디 갔어요? 내가 세상을 정복할 수 있을 것처럼 믿어주던 그 여자는 어디 갔냐고요." 남편이 존경이나 지지를 얻지 못한다고 느끼거나 스스로 돈 버는 기계밖에 되지 않는다고 느끼는 것 같다면 아내는 이런 말로 남편을 격려할 수 있다.

- "당신 말이 맞아요. 내가 아이들한테만 신경을 빼앗겨 버린 것 같아요. 미안해요."
- 당신 덕분에 아이들을 잘 돌볼 수 있어서 고마워요. 당신을 돈 버는 기계 정도로 취급하는 것 같았다면 정말 미안해요. 내가 어떻게 하면 좋을까요?"
- "당신이 하는 일을 정말 자랑스러워하고 있는데, 당신한테만 말하지 않은 것 같아요. 앞으로는 자주 표현할게요. 지금부터 말예요."
- "오늘 저녁에 둘이서만 시간을 보내면 어때요? 직장에서 있었던 일을 듣고 싶어요."
- "성경은 하와를 가리켜 아담을 돕는 배필이라고 했는데, 내가 제대로 돕고 있는지 모르겠어요. 어떻게 하면 당신을 잘 도울 수 있을까요?"
- "직장일이 잘 안 된다니 속상하네요. 그렇지만 당신을 믿어요. 난 항상 당신 편이에요."

마지막 표현은 사라가 이메일에 쓴 말과 비슷하다. 사라는 책을 못 써서 안됐다고 말했고, 그렇지만 내가 그 책을 잘 마무리할 거라고 믿는다고 했다.

남편을 격려하는 말은 다양하다. 사람마다 표현 방법이 다를 수 있다. ("책 속의 작은 책" 37쪽 "정복"을 보라. 남편의 정복 욕구를 만족시키는 격려의 말이 생각날 것이다.)

## 계급 _ 남편의 보호 욕구를 만족시킬 만한 대화법

오늘날처럼 페미니즘에 극단적으로 영향 받고 있는 현대 문화에서 에베소서 5장 22-23절 말씀은 논쟁거리가 될 소지가 많다. "아내들이여 자기 남편에게 복종하기를 주께 하듯 하라. 이는 남편이 아내의 머리 됨이 그리스도께서 교회의 머리 됨과 같음이니……."「사랑과 존경」에서도 설명했지만,[2] 아내가 기꺼이 남편의 보호와 돌봄 아래 거하면 남편은 존경받는다고 느낀다.

그러나 남편에게 원하는 것을 공급해 주지 않는다고 불평하거나 재정적으로 걱정되고 불안하다며 남편을 비난한다면 남편은 이런 말로 응수할 것이다. "불평 좀 그만해요. 당신은 허구한 날 잔소리야. 내가 뭐 하나 제대로 하는 게 없단 소리예요? 그래요, 당신은 내가 어떻게 해도 절대 만족하지 못할 거예요." 심지어 "걱정도 팔자군. 내가 버는 게 신통치 않으면 당신이 다시 대학에 들어가서 능력을 키우지 그래요? 그러면 당신을 먹여 살릴 걱정은 덜겠네요!"라고 말할지도 모른다.

정말 이런 말은 매정하게 들릴 것이다. 특히 남편이 충분히 벌지 못하고 본인도 그 사실을 알고 있는 경우라면 더욱 그렇다. 현명한 아내라면 남편이 암호로 된 메시지를 보내고 있다는 걸 알아챌 것이다. 좀 더 존경해 달라는 뜻이다! 남편은 과장하거나 아내에게 잔소리가 많다고 말하지만, 암호를 해독해 보면 정말 하고 싶은 말은 이렇다. "나는 이 가정의 머리 역할을 감당해야 한다고요. 그래서 가끔 겁이 나기도 해요. 내 책임을 다하려고 노력하는 중이에요. 가정을 돌보기 위해 노력하는 걸 당신이 존중해 줘야 힘을 낼 수 있어요."

남편의 머리 됨을 다루기 어려워하는 부부도 있을 것이다. 그렇지만 남편 말을 기꺼이 해독하려고 한다면, 아내는 남편이 가정에서 머리

되는 자신의 위치가 위협받거나 무시당한다고 느끼고 있다는 것을 알아차릴 수 있다. 그런 경우 다음과 같은 말로 활력 사이클이 계속 돌아가게 할 수 있다.

- "여보, 당신을 과소평가하는 말처럼 들렸다면 미안해요. 당신 문제가 아니라, 어린 시절부터 지닌 내 두려움과 관련된 문제였는데 말이죠. 나를 용서해 주겠어요?"
- "당신과 함께 있으면 얼마나 마음이 편한지 말한 적 있나요? 나는 그런 안정감이 정말 좋아요."
- "당신이 나와 아이들을 돌보고 보호해 주는 게 참 감사해서 주님께 감사 기도를 드릴 때가 있어요."
- "당신이 나를 위해 죽을 수도 있다는 걸 알았을 땐 정말 감격했어요. 여보, 고마워요!"
- "당신처럼 책임감 있는 남자와 결혼한 게 정말 감사해요. 정말 다행이에요."
- "여보, 내가 불평만 늘어놓고 당신을 존경한다는 말은 자주 하지 못해서 미안해요."

위에 소개한 표현은 가정의 보호자와 부양자로서 인정받고 싶은 남편과 그 욕구에 응답하는 표현 가운데 일부일 뿐이다.

이런 남편의 욕구를 절대로 무시해서는 안 된다. 남편의 가슴 깊은 곳에 있는 욕구이자 꼭 충족되어야 할 욕구이기 때문이다("책 속의 작은 책" 37쪽 "계급"에 나온 질문을 보라. 보호하고 돌보려는 남편의 욕구를 만족시키는 격려 방법이 더 생각날 것이다).

## 권위 _ 남편의 리더십 욕구를 만족시킬 만한 대화법

성경은 아내에게 다투지 말라고 분명하게 가르친다. 잠언 21장 9절을 생각해 보자. "다투는 여인과 함께 큰 집에서 사는 것보다 움막에서 혼자 사는 것이 나으니라." 아내와 다투는 상황은 다양하지만, 그중에서도 하나님이 남편에게 주신 권위를 무시하듯 도전하는 모습은 활력 사이클을 급격하게 늦출 수 있다.

「사랑과 존경」에서도 말했지만, 남편이 존경받고 있다고 느끼게 하는 중요한 방법으로 남편에게 51퍼센트 책임이 있다고 말하는 것처럼 남편은 권위도 51퍼센트를 갖는다.[3] 그런데 결정하기 어려운 선택 상황에서 최종 결정을 내릴 권한이 남편에게 주어지지 않는다면 어떤 일이 벌어질까? 아마 남편은 이렇게 말할 것이다. "당신은 나를 머리로 인정하는 거예요, 안 하는 거예요?" 정말 화가 나면 이런 말도 할 것이다. "이 집에서 남자가 누구예요? 당신이에요?" 이런 말은 종종 거칠고 사랑이 없는 말처럼 들린다.

그러나 본심은 그게 아닐 것이다. 그 말을 해독해 보면 "당신을 사랑하지 않아요"가 아니라 "책임 맡은 사람은 난데, 당신이 거부권을 행사하면 무시당하는 것 같단 말이에요"라는 것을 알 수 있다.

사랑과 존경을 실천하는 부부라면 두 사람 모두 관련된 문제를 결정할 때 서로 의견을 주고받는 것이 당연하다. 그러나 남편 주장에 동의할 수 없더라도 그 의견을 존중해 준다면 남편은 아내에게 무척 고마워할 것이다. 남편이 리더십을 발휘하지 못할 때 좌절감에 빠진다는 것을 이해한다면 남편에게 존경과 힘을 주기 위해 다음과 같은 말을 할 수 있다.

- "내가 불평하고 당신을 비난한 건 확신이 필요했기 때문이에요. 그렇지만 그런 것들이 당신의 리더십을 깎아내리는 일이란 걸 미처 몰랐어요. 미안해요. 용서해 주세요."
- "하나님이 당신과 나를 동등하게 만드셨지만, 특별히 당신에게 나와 아이들에 대한 책임을 부여하신 걸 인정해요. 당신 권위를 존중하지 못한 일이 있다면 용서해 주세요."
- "여보, 가정을 이끌어가야 한다는 중압감이 크죠? 기도나 다른 방법으로 당신을 도울 수 있는 게 없을까요?"
- "당신이 가진 능력과 권위를 생각하면 마음이 든든해요. 특히 아이들을 생각하면요. 당신도 그걸 알아주면 좋겠어요."
- "의견이 달라서 말싸움을 하는 건 내가 가장 역할을 하려는 게 아니라 도움이 되고 싶어서예요. 내 진심을 믿어주세요."
- "최근에 내가 다투기 좋아하는 심성이 있다는 걸 알았어요. 당신 리더십을 존중하지 않았다면 용서해 주세요."

다시 한 번 강조하지만 남편들은 아내를 섬기고 인도하고 싶은 욕구를 잘 표현하지 못한다. 거칠고 애정 없이 불만을 나타내기도 하지만 그보다는 농담처럼 건네는 경우가 더 많다. 한 남편은 이렇게 말했다. "목이 머리를 돌리려 하는군." 다행히 이 아내는 '농담'을 잘 해독하여 자신의 태도를 바꾸었다. ("책 속의 작은 책" 38쪽 "권위"에 나온 질문을 보라. 섬기고 이끌려는 남편의 욕구를 충족시켜 남편을 격려할 말이 생각날 것이다.)

### 통찰 _ 남편의 분석과 조언 욕구를 만족시킬 만한 대화법

아내는 남편의 조언과 식견을 존중하여 건강하게 의존하는 것이 좋다. 아내가 그렇게 하지 않아 속은 경우를 많이 상담해 왔기 때문이다. 바울도 이렇게 말했다. "아담이 속은 것이 아니고 여자가 속아 죄에 빠졌음이라"(딤전 2:14). 여성주의자들은 이 말씀을 "남성우월주의에 빠진 여성 비하"라고 말한다. 그렇지만 이 말씀에는 아내들이 생각해 볼만한 지혜가 담겨 있다. 여성은 직관이라는 놀라운 은사를 가지고 있다. 그런데 문제는 가끔 자신의 직관을 지나치게 믿어서 남편의 바른 판단을 거부한다는 것이다.

또 다른 문제는 여성이 원하는 것은 충고나 해결책이 아니라 공감하며 들어주는 귀라는 것이다. 남편이 분석한 것을 나누려고 하면 이런 말을 들을 것이다. "매일 나를 고치려 들지 좀 말아요!" 그러면 남편은 다시 이렇게 말한다. "도움이 필요 없으면 나한테 왜 말한 거예요?" 이 말을 해독하지 않거나, 문제를 대하는 남성이 보이는 전형적인 행동이라는 걸 알아채지 못하면 이런 말은 아주 매정하게 들릴 것이다. 남편은 해결책을 제시해서 아내를 도와주려는 것뿐이다. 만약 해결책을 무례하게 거절해서 남편 기를 꺾었다면 다음과 같은 말로 힘을 주고 격려할 수 있다.

- "미안해요. 나도 당신이 돕고 싶다는 건 알아요. 그렇지만 그냥 들어주기만 하면 좋겠어요. 그러면 기분이 한결 나아질 것 같아요."
- "내가 가끔 감정에 치우칠 때가 있다는 걸 알아요. 그런 내 옆에 탁월한 통찰력을 가진 당신이 있어서 참 감사해요."
- "있잖아요, 우리는 정말 좋은 팀인 것 같아요. 내 직관과 당신 통찰력으로 많은 문제를 해결하잖아요."
- "아이들 문제에 당신 의견을 무시하는 것처럼 행동해서 미안해

요. 당신 도움이 필요해요. 골머리를 앓을 때가 참 많아요. 뭐 하나 제대로 되는 게 없는 것 같아서 그만 당신을 탓했어요. 용서해 주세요."
- "당신이 들어주고 해결해 주길 바라면서도 내 마음대로 당신을 판단한 걸 용서해 줘요. 내 진심을 당신이 알아주면 좋겠어요."
- "여보, 당신 도움이 필요한데, 뭐 좀 물어봐도 돼요?"

충고하고 싶은 남자의 욕구와 이해를 바라는 여자의 욕구 사이에는 적절한 균형이 필요하다. 여자는 대부분 충고보다는 그냥 들어주길 원한다. 그러나 아내를 도와주고 충고하고 싶은 남편의 강한 욕구도 이해해야 한다.

화가 나더라도 참고 유머로 넘기는 법을 알아야 한다. 어떤 아내는 이렇게 말했다. "당신 충고 고마워요. 모든 문제를 내가 다 처리할 수는 없다는 거 알아요. 당신이 함께해서 정말 다행이에요." ("책 속의 작은 책" 39쪽 "통찰"에 있는 질문을 보라. 분석하고 조언하려는 남편의 욕구를 만족시켜 힘을 주는 말이 떠오를 것이다.)

## 유대 _ 남편의 우정 욕구를 만족시킬 만한 대화법

사도 바울이 디도에게 한 충고에서 아내는 어깨를 나란히 하는 우정을 원하는 남편의 욕구를 만족시켜야 한다는 사실을 알 수 있다. 바울은 보통 사랑을 이야기할 때 헬라어 아가페(*agape*)를 썼는데, 나이 든 여성에게 "남편과 자녀를 사랑"하도록 젊은 여성들을 가르치라고 한 말씀(딛 2:4)에서는 특별히 필레오(*phileo*)를 쓰고 있다. 즉 남편을 애인(lover)이자 친구(friend)로 사랑하라는 말이다.[4]

아내가 친근하게 굴면서 남편을 좋아한다는 걸 보여주고, 특히 남편과 어깨를 나란히 하며 함께한다면 남편은 존중받는다고 느낀다. 만약 이런저런 일에 치여 남편과 함께 보내는 시간이 없으면 아내는 이런 말을 들을 것이다. "몇 분만이라도 일 좀 그만하고 여기 앉아요. 이 경기 마지막 2분만이라도 함께 봅시다." 남편이 이렇게 요구할 때 아내는 "할 일이 얼마나 많은지 몰라서 그래요?"라고 대답할지도 모른다. 그러나 남편의 숨은 뜻을 읽고, 잠시 일을 멈추고 이렇게 말할 수도 있다. "그래요. 당신과 함께 경기를 보면 정말 재밌어요."

진심으로 대답하는 것이 중요하다. 마치 어쩔 수 없이 체념하는 태도를 보이거나 마지못해 함께해서는 안 된다. 부부 관계가 돈독해지는 가장 효과적인 방법 가운데 하나가 바로 남편에게 친근하게 다가가는 것이다. 절망에 빠져 편지를 보내오는 아내에게 나는 이런 짧은 숙제를 내준다. "결혼생활이 바뀌길 바란다면 세 가지를 시도해 볼 수 있습니다. 첫째, 남편에게 친구가 되어주십시오. 둘째, 남편에게 친근하게 대하십시오. 셋째, 남편에게 친근한 친구가 되어주십시오." 그리고 남편에게 친근하게 대하기 위해 할 수 있는 일곱 가지 일을 적어보게 한다. 그것들을 실천에 옮기고 6주 후에 어떤 일이 벌어졌는지 답장을 달라고 요청한다.

이렇게 아내가 친근하게 굴면 대부분 남편이 이런 편지를 보내온다. "도대체 당신은 누구십니까? 도대체 제 아내를 어떻게 한 거죠?" 그리고 "어떤 약을 쓰는지 잘 모르겠지만 절대 그 처방을 멈추지 마십시오"라고 부탁한다.

친근하게 굴기가 악성 사이클을 멈추는 데 유용하다면 활력 사이클에는 얼마나 효과적이겠는가! 그러나 친근하게 대한답시고 "당신에게 좋은 친구가 되고 싶어요"라며 직접적으로 표현하는 것은 현명하지 못하다. 말보다 행동이 크게 말한다. 그저 남편과 친근하게 지낼 기회를 찾아보라.

예를 들어 그냥 남편 옆에서 15분이나 20분 정도 남편이 하는 일을 지켜보기만 하라. 왜 거기 그러고 있느냐고 물어보면 "그냥 함께 있고 싶어서"라고 말하면 된다. "이야기하고 싶어서" 온 게 아니라는 걸 알리라. 전형적인 여성이라면 침묵이 견디기 힘들 것이다. 그러나 말하고 싶은 유혹을 참아야 한다.

남편과 대화하는 가장 좋은 방법은 남편과 대화하지 않으려고 노력하는 것이다! 남편 태도를 보면 알 것이다! ("책 속의 작은 책" 39쪽 "유대"에 나온 질문을 살펴보라. 남편이 원하는 어깨를 나란히 하는 우정을 채워주는 데 도움이 될 생각이 떠오를 것이다.)

## 성욕 _ 남편이 성적 욕구를 만족시킬 만한 대화법

남편의 성적 욕구를 해소시킬 수 있는 사람은 오직 아내뿐이다. 아내가 그렇게 해줄 때 남편은 존경받고 존중받는다고 느낀다. 마찬가지로 애정과 정서적 친밀감이라는 아내의 욕구는 남편만이 만족시킬 수 있다. 남편이 그렇게 해줄 때 아내는 사랑받고 소중하게 여겨진다고 느낀다.

중요한 두 욕구가 만족되지 못할 때 활력 사이클은 멈추고 교착 상태에 빠질 수 있다. 누군가가 먼저 움직이지 않으면 해결하기 힘든 상황이 되는 것이다.

남편을 부끄럽게 하는 아내는 "뼈가 썩음" 같게 한다(잠 12:4). 남편을 부끄럽게 할 수 있는 것 가운데 하나가 바로 성(性)이다. 남편의 성적 욕구를 경멸적으로 대하면("왜 이래요! 난 하고 싶지 않다고요") 남편은 좌절해서 이렇게 말할 것이다. "도대체 당신은 하고 싶은 때가 언제예요?" 또는 이렇게 덧붙일 것이다. "나를 괴롭히고 싶어서 그래요?", "언제까지 잠자리로 나를 협박할 거예요?" 이쯤 되면 이미 활력 사이클은 멈추고 악성 사이클이 몇 바퀴 돌기 시작한 것이다. 아내는 좌절감에 빠진 남편을 모른 척할 수도 있고, 존경을 부르짖는 외침에 귀 기울일 수도 있다. 남편의 성적 욕구를 존중하는 아내라면 다음과 같은 말로 활력 사이클을 돌릴 수 있을 것이다.

- "잠자리를 거부해서 협박하려는 게 아니에요. 그렇게 보였다면 미안해요. 그럴 뜻은 전혀 없었어요."
- "나도 당신과 사랑을 나누는 걸 좋아해요. 그렇지만 그 전에 먼저 안아주고 서로 이야기를 나누면 좋겠어요. 나는 도자기 냄비고, 당신은 전자레인지잖아요. 둘 다 목표는 같지만, 난 시간이 좀 걸려요."
- "나도 성적으로 당신을 만족시키고 싶어요. 둘 다 만족하면 좋죠. 그래서 말인데, 앞으로 저녁에 우리 대화하는 시간을 좀 더 늘리면 좋을 것 같아요. 그러면 좀 더 편안하게 사랑을 나눌 수 있을 것 같아요."
- "잠자리를 거절해서 당신을 벌주려는 게 절대 아니에요. 그렇지만 당신 기분이 어떤지 알겠어요. 미안해요."
- "당신 마음을 내게 숨김없이 털어놓고 미안하다고 이야기할 때, 난 더 마음 편히 잠자리에 들 수 있어요."
- "가끔 아이들이나 집안일 때문에 몹시 피곤해서 사랑을 나누지 못하는 것 미안해요. 주말에 잠시 아이들을 맡기고 둘이서만 여행 가는 건 어때요?"

<더 깊은 사랑과 존경을 위한 조언>

"Just Do It!"

성생활 치료사인 미셸 와이너-데이비스는 부부가 성에 관한 대화를 많이 나눌 뿐 아니라, 나이키 광고처럼 "Just Do It!"(그냥 하는 거야!) 방법을 시행하면 다시 사랑의 불꽃이 일어난다는 것을 알려주어 많은 부부를 도왔다. ("Just Do It!" 방법으로 부부 성을 증진시킬 방법을 더 알고 싶다면 「사랑과 존경 워크북」 부록E 부분을 보라.)

와이너-데이비스는 25년 동안 결혼생활을 해 오면서 남편보다 성욕이 낮을 때가 있었다. 그러나 문제를 해결해 가면서 부부 사이의 유대가 더욱 돈독해졌다. 상담을 요청해 온 여성이 남편에게 사랑과 관심을 받으려면 성관계를 더 가져야 한다는 말에 주저하면 와이너-데이비스는 이런 질문을 던진다. "아내와 육체적으로 더 친밀해지려면 집에서 아내와 자주 대화하고, 함께 외출하고, 낭만적인 관계를 더 가지라는 숙제를 내주었더니 남편이 투덜댔다고 해봅시다. 아내 기분이 어떨까요?"

와이너-데이비스는 좋은 부부 관계란 상대방의 욕구와 필요를 배려할 때 시작된다고 말한다. 그럴 때 부부 사이에 상호 혜택이 일어난다!

C-H-A-I-R-S 원리에서 성적인 메시지는 해석하기가 가장 쉬울 수도, 가장 어려울 수도 있다. 노골적으로 불만을 드러내는 남편의 말은 그리 어렵지 않게 해석할 수 있다. 그러나 자존심이 강한 남편은 다른 식으로 불만을 표현한다. 어떤 방식으로 표현하든 남편의 성적 욕구가

매우 강하다는 것을 염두에 두고, 내키지 않더라도 그 욕구를 만족시키기 위해 노력해야 한다는 건 분명하다.("책 속의 작은 책" 40쪽 "성욕"에 나온 질문을 살펴보라. 성적 친밀감으로 남편에게 힘을 실어줄 말이 생각날 것이다.)

이 장에서는 C-H-A-I-R-S를 이용하여 남편의 부정적인 메시지를 어떻게 해독할 것인지를 살펴보았다. 남편이 하는 부정적인 말에 아내가 성숙하고 존경하는 태도로 대응하지 못한다면 활력 사이클은 멈추어 버릴 것이다. 내가 말한 남성의 욕구가 실제적이고 확실하다는 걸 깨달은 많은 여성이 C-H-A-I-R-S의 효과를 실제로 경험하고 있다.

그렇다면 아내의 욕구는 어떠한가? 여성의 가장 기본적인 욕구는 C-O-U-P-L-E이 잘 설명해 준다. 모든 남편은 C-O-U-P-L-E이라는 아내의 욕구를 해독하는 데 능통해야 한다. 아내가 사랑받는다고 느끼게 할 비밀 열쇠이기 때문이다. 다음 장에서 C-O-U-P-L-E을 살펴보자.

남편이여, 아내에게 힘을 실어주라.
"말과 혀로만 사랑하지 말고 행함과 진실함으로 하자"(요일 3:18).

chapter 09
# 남편들이여, C-O-U-P-L-E을 활용하라

(아내가 함께 읽어도 좋다)

사라와 내가 30대 후반에서 40대 초반을 지날 때, 세 아이는 10대였다. 다른 가정처럼 우리 가정도 늘 긴장감이 감돌았다. 쉽지 않은 시간이었다. 그 즈음 어느 날 저녁 시간을 묘사해 놓은 일기가 있는데, 그 시절 우리 가정이 어땠는지를 잘 보여준다.

사라는 풀이 죽었다. 우리 가족이 서로 친하지 않다고 느끼기 때문이다. 한 아들은 퉁명스럽고 쌀쌀맞다. 다른 아들은 집에 있는 게 재미없다고 한다. 결국 둘 다 친구들과 놀러 나갔다. 그날따라 딸 조이도 친구 집에 가고 없었다. 아내는 아이들이 집밖을 더 좋아하는 것 같다며 실망하고 슬퍼했다.

내 기억에 어느 금요일 저녁에 쓴 짧은 글인데, 마음이 무거운 날이면 쓰는 그런 글이다. 단 둘이 저녁을 먹는데, 사라가 내게 공격하듯이 불평을 늘어놓았다. 우리 가정이 정말 '재미없다'는 것이다. 사라는 단지 실망을 표현했을 뿐 나를 공격한 것이 아닌데도 나는 받아들이기가 힘들었다. 비난받는 것 같고 어떻게 대답해야 할지 모른 채 식사를 계속했다. 무거운 분위기를 좀 가볍게 해볼 생각으로 옆에 있는 개를 쳐다보며 말했다. "너도 오늘 어디 나가지 그랬냐!"

그러나 사라가 한 짧은 대답은 농담 같지 않았다. "집에서 나가야 할 사람은 나라고요." 마주보고 앉아 있던 우리는 부모 역할이 인기투표도 아니며, 단거리 달리기보다는 긴 마라톤에 가깝다는 걸 알고 있었다. 우리는 하늘에 계신 창조주 하나님을 신뢰하고 그분의 약속을 믿어야 한다는 걸 알고 있지만, 종종 불확실한 순간을 만날 때면 두려움이 인다. 아이들이 모두 탈영해버린 것 같던 그날 저녁도 바로 그런 순간이었다.

죄의식이 엄습해 왔다. 그리고 엉뚱한 생각이 들기 시작했다. '아버지인 내가 끔찍한 권위주의자라서 아이들이 다 나가버린 거야. 아이들이 기저귀 차고 있을 때 잘해 주었다면 10대가 된 지금, 함께 벽난로 앞에 앉아 따뜻한 차를 마시고 찬송을 흥얼거리며 앞으로 선교사가 되어 순교하겠다는 열정을 보여줄 텐데. 하버드 의대를 졸업하고 나서 말이지.' 사라 말에 궁지에 몰린 나머지 이런 생각까지 들었다. '부모 역할도 엉망인데 사역을 그만두어야 하는 건 아닐까? 그럼 뭘 먹고 살지? 교회에 사표 내고 집집마다 성경책을 팔러 다녀야 되나?'

이런 경망스러운 말을 했다가는 오해가 깊어질 것 같아 그냥 마음을 가라앉혔다. 그리고 아이들이 어렸을 때와 무척 대조적이라는 생각이 들었다. 그때 우리 집은 늘 아이들로 북적댔다. 동네 아이들이 집에 와서 "아저씨, 같이 놀아 주세요"라고 졸라댔다. 그런데 아이들이 10대가 되자, 특히 두 아들이 운전면허를 따고 나자 부모 역할은 완전히 새로운 전환을 맞이했다.

여전히 우리 집은 아이들에게 열려 있고 언제라도 친구를 데리고 올 수 있지만, 집에서 벗어나 독립하고 싶은 10대 자녀를 둔 부모가 겪는 변화를 동일하게 경험한 것이다. 아이들에게 집은 심심한 곳이다. 그들은 어디든 밖으로 나가고 싶어한다. 아이들에게 지극히 정상적인 일이지만, 아이들을 기다리며 시계만 바라보는 부모에게는 즐거운 일만은 아니다. 특히 그 금요일 저녁, 사라는 아이들과 친구들이 집에서 떠들썩하게 웃으며 즐거운 시간을 보내던 시절을 그리워했다. 그러나 집에는 우리 두 사람뿐, 즐거움도 웃음도 없었다.

사실 아이들이 없으면 아내와 둘이서 아이스크림을 먹으며 데이트를 하거나 집에서 이야기를 나눌 수도 있다. 아니면 늘 해 보고 싶던 일인데, 친구를 불러내서 즐거운 시간을 보내고 저녁 늦게서야 집에 돌아올 수도 있다. 그러나 우리는 그렇게 하지 못했다. 사라는 차고를 청소했고 나는 운동을 하러 나갔다.

> <더 깊은 사랑과 존경을 위한 조언>
> ## "왜 아내가 나를 비하하는 말을 할까요?"
>
> 가끔 아내가 남편을 비하하는 말을 할 때가 있다. 그러나 그 말은 잘 해석해 보면 사랑해 달라는 외침이다. 아내가 그렇게 말하는 것은 하나님이 말씀하신 "자기의 아내 사랑하기를 자신같이 하라"(엡 5:33)는 계명을 남편이 지키지 않는 것 같아 보이기[5] 때문이다. 하나님은 남편들에게 C-O-U-P-L-E을 실천하라고 명하셨다. 그렇게 말할 수 있는 이유는 여섯 가지 원칙이 모두 성경에서 나왔기 때문이다. C-O-U-P-L-E을 통해 아내의 부정적인 말을 잘 해석해서 사랑으로 응답하고 계속 활력 사이클을 돌릴 수 있다

### "당신은 아들이 걱정도 안 돼요?"

10대 자녀와 관련된 사라의 실망은 계속되었다. 또 다른 금요일 저녁, 아들 데이비드가 밤늦도록 돌아오지 않았다. 아들 행방을 알 수 없자 사라는 걱정하기 시작했다. 밤이 깊도록 교회 모임을 준비하던 내게 사라가 비난하는 목소리로 "당신은 아들이 어디 있는지 걱정도 안 돼요? 저녁 내내 한 번도 묻지 않네요!"라고 말했다.

집중해서 글을 쓰고 있다가 깜짝 놀라 나름대로 심혈을 기울여 대답한 말은 이랬다. "묻지 않는다고 걱정하지 않는 건 아니잖아요." 그때는 아직 부부 관계를 다룬 연속 설교나 에베소서 5장 33절에서 이야기하는 사랑과 존경의 관계를 발견하기 전이었다. 내 대답은 약간 방어적이었다. 사라에게 상처를 줄 생각은 전혀 없었다. 데이비드를 많이 걱정한 것도 사실이다. 그러나 사라 눈에는 그렇게 보이지 않았다. 사라는 휙 돌아서서 그대로 방을 나가 버렸다. 잠시 후 아내에게 가보니 몹시 어두운 표정을 하고 있었다. 나는 무슨 말을 어떻게 해야 좋을지 몰랐다.

몇 년이 지난 지금은 사랑과 존경으로 어떤 반응을 보여야 하는지 알고 있다. 그저 안아주면서 이렇게 말하면 된다. "아니에요. 나도 걱정돼요. 그것도 아주 많이. 걱정하지 않는 것처럼 보였다면 미안해요. 데이비드를 위해 기도하고 어떻게 할지 상의합시다." 아직 사랑과 존경을 발견하지 못했고, 사랑에 대해 그저 어렴풋이 알고 있을 때였다. 사라가 내게 사랑과 관련된 무언가를 받고 싶어 소리치고 있다는 건 알 것 같았다. 그런데도 아내가 부정적이고 도전적으로 질문하면 말문이 막히거나 나도 모르게 매정한 말을 하게 된다.

내가 존경을 원한다는 사실은 더욱 알지 못했다. 사라가 지적하는 것이 공격이 아니라는 것은 알았지만, 분명 뭔가 무시당하는 듯한 느낌을 받았다. 정확히 뭐라고 표현할 수는 없지만 어떻게든 나는 내가 느낀 감정을 나타내려고 애썼다. 관심이 없거나 사랑하지 않는 것처럼 보이려고 했다. 그리고 대부분 말을 하지 않은 것 같다. 그저 무력감에 빠져 마음 문을 걸어 잠갔다.

그리고 그때까지 깨닫지 못한 중요한 개념이 바로 배우자 말 해독하기다. "아들이 어디 있는지 걱정도 안 돼요?"라는 말은 비난처럼 들리지만, 사실 그저 부모로서 느낀 무력감과 좌절감을 표현한 말일 뿐이다. 아내는 우리 가정이 사랑 넘치고 즐겁고 원만하게 흘러가길 원할 뿐이다. 그러나 아이들은 상황을 뒤죽박죽으로 만들고, 가끔 우리 두 사람을 무력감에 빠뜨렸다. 배우자 말을 해독해야 한다거나 그 방법마저 알지 못한 나로서는 달리 뾰족한 방법이 없었다. 그날 저녁, 사라는 잠자리에 들었지만 나는 잠을 자지 않고 일기를 썼다.

> 아내는 엄마로서 짐이 무겁다고 하소연할 때면 부정적인 표현을 쓴다. 내가 충분히 성숙하다면 그런 말을 개인적으로 받아들이지 않을 것이다. 하나님이 개인적인 감정을 덜 갖도록 남자를 만드신 이유는 아내의 이런 부정적인 감정 표현을 잘 받아들일 수 있게 하기 위해서인지도 모른다! 그렇지만 …… 가족을 걱정하지 않는다는 말에 남자들이 달리 어떤 대답을 할 수 있단 말인가?

지금 생각해 보면 정확히 뭐라고 불러야 할지는 모르겠지만 그때, 적어도 사라의 말과 행동을 이해하려고 노력했던 것 같다. 최소한 한 가지는 이해하고 있었다. 사라에게 부정적인 감정을 풀 곳이 필요하다는 것 말이다. 그러나 그것이 내게 쏟아 부어질 때 나는 감당하지 못하고 허우적거렸다.

사라가 "당신은 걱정도 안 돼요?"라고 말한 것은 사실 "데이비드와 나를 걱정하고 있다고 말해 주세요. 어떻게든 날 좀 도와주세요"라는 뜻이다. 아내를 이해하고 그 말을 인신공격으로 받아들이지 않으려고 노력했지만 아내 말을 정확히 해석해서 도울 만큼은 아니었다. 관심도 없다는 아내의 극단적인 말에 어떻게 대답해야 할지 고민할 뿐이었다.

### 아내 말을 해석하는 실력도 노력하면 늘어난다

몇 년 전에 있었던 이 일은 아내를 이해하고 사랑하려고 노력했지만 조금 미치지 못한 전형적인 사건이다. 나는 해야 할 말을 할 수 없었다. 아니, 하지 않았다. 왜 그랬을까? 아마도 사라가 비난조로 던진 질문에 감정이 상한 나머지 자존심을 지키기 위해 방어하고 싶었던 것 같다. 상처를 주려고 한 말이 아니란 건 알지만 어쨌든 아내 말은 내게 상처가 되었다. 다른 남편들도 아마 그런 상황에 있으면 누구나 힘들어할 것이다. 그래서 아내 말을 해석하는 것도 중요하지만 더 잘 해석하도록 꾸준히 노력하는 일이 얼마나 더 중요한지를 절감하였다.

최근에는 사랑과 존경 원리를 적용하여 먼저 아내가 하는 말이나 질문을 해독한 뒤 조금이나마 아내 기분이 나아지게 하는 법을 알게 되었다. 예를 하나 들자면, 요즘 나는 밤마다 데이비드에게 전화로 기도해 주고 있다. 무슨 일이든 하나님의 인도하심을 구하는 것이 중요하다고 생각하기 때문이다. 데이비드가 직접 전화를 받기도 하지만 대부분 잠자리에 들고 난 뒤 전화를 하기 때문에 나는 자동 응답기에 기도를 녹음해 둔다. 다음 날 아침 자동응답기에 남겨진 기도를 들으면 새로운 하루를 시작하는 데 힘이 날 것이다.

그렇지만 솔직히 글에 대한 압박감 때문에 전화를 잊을 때가 있다.

그러면 사라는 잊지 않고 "여보, 데이비드에게 전화로 기도해 주셨어요?"라고 알려준다. 지난주는 이틀 연속 전화하는 것을 잊어버렸다. 사라가 말을 해주었지만 나는 다른 사람을 격려하기에 몹시 지쳐 있었다. 사흘째 밤, 저녁 늦게까지 기다리던 사라가 늘 그렇듯 책 쓰는 데 빠져 있는 내게 말했다. "당신, 도대체 데이비드에게 다시 전화할 생각이 있기나 한 거예요?"

예전에는 아내에게 "도대체"라는 말을 들으면 기분이 나빴다. 아마 비꼬는 말투로 "아들에게 전화 안 하겠다는 생각은 해본 적도 없어요"라고 대답했을 것이다. 그러고는 저녁 내내 삐쳐서 다음 날까지 말도 안 했을 것이다. 그래도 지금은 사랑과 존경을 실천하고, 사라의 마음을 읽으며, 무책임하다는 잔소리나 비난으로 해석할 수 있는 아내 말에 화내지 않는다. 그리고 아내 질문이 단지 데이비드를 걱정하는 말이라는 걸 안다. 아내는 내가 교회 사역을 하기 때문에 내 기도가 실제로 데이비드의 인생에 영향을 준다고 생각한다. 나를 끌어내리려는(put down) 게 아니라 데이비드를 격려하고(lift up) 싶은 것이다. 물론 아내가 "도대체"라는 표현을 사용하는 것은 지나치다. 그렇지만 아내는 그 표현을 보통 몹시 걱정되거나 불안할 때 사용한다는 걸 나는 알고 있다.

1-2초 사이에 이 모든 생각이 내 머리를 스쳤다. 나는 몸을 돌려 말했다. "오, 이런! 우리 아들을 위해 기도해 주는 걸 바빠서 깜빡 잊었네요. 알려줘서 고마워요. 지금 당장 전화해야겠어요. 마감시간이 임박해서 그러니까 당신이 계속 데이비드에게 전화할 수 있도록 도와줘요."

사라 말을 해독하기 위해 나는 계속 노력해 왔다. 언제나 아내에게서 새로운 점을 발견하고 내가 사랑하는 사람의 마음을 읽어내는 새로운 방법을 알게 된다. 나는 수많은 남편에게서 아내 말에 좌절하거나 화가 난다고 하는 말을 들어왔다. 나 역시 같은 일을 경험했기 때문에 자신 있게 말할 수 있다. 물론 우리 블루가 핑크를 완벽하게 이해할 수는 없지만, 훨씬 나아질 수는 있다. 지금부터 C-O-U-P-L-E 원리를 통해 전형적인 남편이 아내가 하는 말을 해독해서 사랑으로 대답하고 활력 사이클을 계속 돌릴 방법을 설명할 것이다.

C-O-U-P-L-E의 여섯 가지 원칙으로 아내가 보내는 모든 메시지를 해독할 수 있을까? 그렇지는 않다. 8장에서도 말했지만 부부마다 다르고, 아내마다 독특한 표현 방법이 있기 때문에 모든 상황에 들어맞는 답은 없다. 그렇지만 적어도 C-O-U-P-L-E의 여섯 가지 원칙은 아내의 가장 기본적인 욕구를 들을 수 있는 귀를 갖게 할 것이다. 아내가 부정적으로 표현하거나 비난하더라도 그 밑바닥에는 사랑에 관한 욕구의 표현이 깔려 있다. 사랑의 욕구는 C-O-U-P-L-E, 즉 친밀감, 솔직함, 이해심, 평화, 충실, 존중을 실천하면 채워질 수 있다.

## 친밀감 _ 가까워지고 싶은 아내의 욕구를 채워줄 대화법

"이러므로 남자가 …… 그 아내와 합하여 둘이 한 몸을 이룰지로다"(창 2:24). 이 말씀을 그저 소극적으로 본다면 육체적으로 "아내와 성관계를 가지라"라고 해석할 수 있다. 그러나 남편에게 아내와 정서적으로 친밀히 하나 되려는 마음이 없다면 아내에게 성(性)은 큰 의미가 없다. 만약 그럴 경우, 아내는 이런 말을 할지도 모른다. "당신이 원하는 건 그저 밥하고 잠자리뿐이지요." 또는 이렇게 말할 것이다. "당신이 나한테 관심을 보이는 때는 오로지 육체적 사랑이 필요할 때뿐이군요." 이런 말은 비난처럼 들린다. 그러나 아내 마음이 정말로 하는 말은 이것이다. "당신은 그 어떤 사람보다 내게 중요해요. 내 사랑을 채워줄 수 있는 사람은 당신뿐이라고요. 난 당신이 필요해요."

아내에게 "나는 모든 면에서 당신과 가까워지고 싶어요"라고 해석될 수 있는 말을 듣는다면, 남편은 뭐라고 대답할 수 있을까? 아내에게 힘을 주는 몇 가지 예가 있다. 적당한 말을 골라 사용해 보자.

- "저녁 먹고 차 한 잔 할까요? 오늘 어떻게 지냈는지 듣고 싶어요."
- "잠깐 딴 생각을 했어요. 미안해요. 다시 말해 줘요."
- "내가 성관계만 원하는 건 아니에요. 이기적인 것처럼 굴어서 미안해요."
- "일정을 바꿔서 당신과 더 많은 시간을 보내야겠어요."
- "전처럼 약속을 잡아서 데이트를 하면 어때요?"
- "우리 가정을 어떻게 바꿀지 논의하는 데 찬성이에요. 함께 생각해 봅시다."

앞서 제안한 표현은 대부분 어떻게든 아내와 대화를 시도하려는 데 초점이 맞추어져 있다. 7장에서 지적했듯이 남편이 아내에게 친밀감이나 솔직함을 보여주면 아내 역시 나중에 성적으로 친밀감을 보일 확률이 훨씬 높다. 한 남편은 이렇게 말했다. "이런 사실을 몇 년 전에 알았다면 얼마나 좋았을까요. 만약 그랬다면 그렇게 많은 밤을 거실 소파에서 보내지 않을 수 있었을 텐데 말이죠." ("책 속의 작은 책" 33쪽 "친밀감"에 나온 질문을 읽어 보라. 친밀함을 바라는 아내에게 힘을 주는 말이 생각날 것이다.)

### 솔직함 _
### 남편의 솔직함을 원하는 아내의 욕구를 채워줄 대화법

하나님은 남편들에게 "아내를 사랑하며 괴롭게 하지 말라"(골 3:19)고 말씀하셨다. "괴롭게 하다"라는 말을 "모질게"(harsh)라고 번역한 성경(새번역 참고)도 있고, 전체적으로 "아내를 사랑하고 부드럽게 대하며 아껴주십시오"라고 번역해 놓은 성경(쉬운성경 참고)도 있다. 눈빛이 험하거나 말투가 거칠면 아내는 사랑받지 못한다고 느끼고 힘이 빠진다. 아무리 활력 사이클에 오르려 해도 계속 화내고 불평한다면, 결국 이런 소리를 들을 것이다. "이번엔 내가 뭘 잘못했지요? 나한테 화났어요?", "왜 그렇게 짜증을 내세요? 요즘 계속 살얼음판을 걷는 것 같아요." 아니면 "아이쿠, 화난 곰 한 마리가 여기 있네." 남편을 무시하려고 하는 말이 아니다. 아내는 단지 남편이 화나지 않았고 자신을 사랑하고 있음을 확인하고 싶은 것이다. 그걸 알아채는 남편이 지혜로운 남편이다.

아내에게 거칠고 화가 난 것 같다는 메시지를 받은 남편이 좀 더 부드럽고 사랑스럽게 다가가 아내를 격려하려면 어떻게 말할 수 있을까? 다음과 같은 말이 효과적일 것이다.

- "화난 것처럼 보였다면 미안해요. 용서해요."
- "당신한테 화난 게 아니에요. 사실은 나 자신에게 화가 난 건데. 미안해요."
- "생각한 걸 말로 표현하기가 쉽지 않네요. 그래서 당신을 힘들게 했나 봐요. 앞으로는 더 표현하도록 노력할게요."
- "어떤 사람이 그러는데 남편이 나중에 대화할 시간을 갖겠다고 약속하면 아내도 남편에게 일할 시간을 준다고 하더군요. 나도 나중에 대화하기로 약속할게요!"
- "오늘부터 당신이 내 생각을 물어보면 더 다정하게 대답할게요. 내가 잘 대답하는지 당신이 체크해 줘요."
- "어떻게 하루를 보냈는지 저녁마다 몇 분이라도 이야기할 시간

을 갖고 싶은데, 어때요? 당신만 괜찮다면 오늘 저녁부터 시작해 볼까요?"

두 사람 사이에 활력 사이클이 제대로 돌아가는 상황에서 아내가 "부드럽게 말해 달라"고 요구할 경우에는 약간 익살스럽게 대답할 수도 있다. "나 전혀 화 안 났어요. 여보, 이리 와, 뽀뽀." 아니면 기발한 방법을 발휘하여 농담을 하면서도 아내 말을 이해했음을 알릴 수 있다. 물론 아내가 좋아할 경우에 그렇게 해야 한다. ("책 속의 작은 책" 33쪽 "솔직함"에 나온 질문을 살펴보라. 솔직함을 바라는 아내의 욕구를 채워 힘나게 할 말이 생각날 것이다.)

### 이해심 _
### 남편에게 공감을 원하는 아내의 욕구를 채워줄 대화법

베드로전서 3장 7절은 남편들에게 "아내를 잘 이해하며 함께 살아가십시오"(현대인의성경)라고 말한다. 남편들은 여기에 밑줄을 그어라. 아내는 이해 받는 것 같을 때, 사랑받는다고 느낀다. 아내를 이해해 주지 않으면 이런 말을 들을 것이다. "도대체 내 말을 이해하지 못 하는군요." "정말 못 알아듣네요." "왜 내 말을 안 듣는 거죠?" 이런 말은 해독이 필요하다. 남편을 무시하거나 경멸하려는 말이 아니다. 아내가 하고 싶은 말은 바로 이렇다. "제발 내 마음을 이해한다는 공감을 좀 표현해 주세요. 당신이 나를 사랑한다는 걸 느낄 수 있게 말이에요." 아내를 이해하고 있다고 느끼게 하거나 적어도 공감하려고 노력한다는 걸 알리려면 다음과 같은 표현으로 아내에게 힘을 줄 수 있다.

- "이해하지 못해서 미안해요. 용서해 줘요."

- "미안, 한 번 더 얘기해 줘요. 이번엔 잘 들을게요."
- "내가 듣기엔 …… 라는 말 같은데, 내가 잘 이해했나요?"
- "내가 너무 답답하게 굴어서 미안해요. 나도 당신 말을 이해하고 싶어요."
- "직접 경험해 보지 않아서 잘 모르지만, 당신이 겪은 일은 정말 마음이 아프네요."
- "정말 안됐어요. 내가 도울 일 없을까요?"

위 표현들은 단지 제안일 뿐이다. 어떤 표현이든 그저 아내에게 마음 쓰고 공감한다는 것을 전달하면 된다. 가장 좋은 방법은 그냥 들어주면서 진심어린 관심을 표현하는 것이다. 어떤 아내는 사랑과 존경이 남편에게 어떤 영향을 끼쳤는지 말해 주었다. "남편은 정말 깊이 감동한 것 같아요. 나를 사랑하고 섬기겠다고 말하는 데 진심을 느낄 수 있었어요. 어젯밤에는 자신이 들어주길 원하는지, 해결해 주길 원하는지 물어보더라고요. 그 모습이 얼마나 귀엽던지!"("책 속의 작은 책" 34쪽 "이해심"에 나온 질문을 다시 살펴보라. 이해받고 싶은 아내를 격려할 말이 떠오를 것이다.)

### 평화 _
### 남편과 하나 됨을 바라는 아내의 욕구를 채워줄 대화법

한 바리새인이 이유가 합당하다면 이혼이 유효한지 물었을 때 예수님은 창세기 말씀을 인용하시면서 남자와 여자가 남성과 여성으로 창조되었고 "사람(a man)이 …… 아내에게 합하여 그 둘이 한 몸이 될지니라. …… 그러므로 하나님이 짝지어주신 것을 사람이 나누지 못할지니라"(마 19:5-6)라고 말씀하셨다. 즉 부부가 '나뉘지'(이혼하지) 않는 것이 하나님이 만드신 이상적인 모습이라는 뜻이다. 하나님이 하나 되게 하셨기 때문에 부부는 더 이상 둘이 아니라 하나다.

남편과 아내는 한 팀이다. 같은 팀으로 하나 되어 갈등을 해결하기 위해 노력하며 관계가 끊어지지 않아야 한다. 남편과의 화평은 아내에게 굉장히 중요하다. 아내는 남편과 화합한다고 느낄 때, 즉 부부가 '하나' 될 때 사랑받는다고 느끼고 힘을 얻기 때문이다.

반면 남편과의 화합이 부족하다고 느끼는 아내는 이렇게 말할 것이다. "왜 꼭 '미안하다'는 말은 내가 해야 하는 거죠?", "그냥 기분 탓인가요? 번번이 나만 잘못했다는 것 같은데요." 또는 좀 더 무시하는 말투로 "당신은 부부가 뭔지 전혀 모르는 사람 같아요"라고 말할지도 모른다. 남편과 화평하고 하나 되고 싶다는 메시지를 보낼 때, 아내는 친밀하고 화합할 수 있는 유일한 남자는 남편뿐인데 둘 사이를 무언가가 가로막고 있는 것 같다는 뜻을 담아 말하는 것이다. 그런 아내의 욕구에 반응하고 아내에게 힘을 주는 말로는 이런 표현이 있다.

- "그렇게 말한 거 미안해요. 내 잘못이야. 용서해 줘요."
- "내가 사과할게요. 무슨 말을 할까 생각하고 있었는데, 오해를 산 것 같네요."
- "화를 내려고 한 건 아닌데, 결국 당신을 속상하게 했나 봐요. 그럴 생각은 아니었어요. 믿어줘요."
- "이번 주에 우리 용돈을 조금씩 떼서 모았다가, 상대방을 비난하지 않고 먼저 자기 책임을 인정하는 사람한테 주기로 합시다. 하하, 내 주머니에서 용돈 좀 나가겠는데요!"
- "하나님이 서로 다른 우리 모습을 어떻게 사용하실지 기도하면서 함께 지혜를 구합시다."

- "교회 새가정 반에 들어가서 부부가 서로 윈윈(win-win)하는 법을 배워보는 건 어때요?"

위 표현에서 첫 번째 말이 가장 강력하고 효과적이다. 활력 사이클이 늦춰지는 조짐이 보이면 시행착오를 거쳐 입증된 이 방법을 써 보라. 솔로몬이 명철하게 "유순한 대답은 분노를 쉬게 하여도"(잠 15:1)라고 말했듯이 유순한 대답보다 더 좋은 대답은 없다.

남편들은 줄곧 이렇게 말해 왔다. "아내한테 '미안해, 여보'라고 말하면 그걸로 계속 나를 괴롭힐 줄 알았어요. 그런데 당신 말대로 효과가 있더라고요. 자기 행동을 미안해하면서 사과까지 하더라고요." ("책 속의 작은 책" 34쪽 "평화"에 나온 질문을 읽어 보라. 평화를 원하는 아내 욕구를 만족시켜 힘을 주는 말이 생각날 것이다.)

### 충실 _ 사랑의 확신이 필요한 아내의 욕구를 채워줄 대화법

말라기 선지자는 아내와 이혼한 불성실한 남편에게 매우 엄중히 경고한다. "네 짝이요 너와 서약한 아내"(말 2:14)에게 어떻게 그럴 수 있냐며 경악한다. 마음속 가장 깊은 곳에 깔린 근본적인 두려움은 남편에게 버림받는 것이라고 말하는 아내들이 있다. 그들은 건강하게 살면서 새로운 여자에게 남편을 빼앗기느니 신실한 남편 옆에서 암으로 죽어가는 게 낫다고 말한다.

아내에게는 남편의 신실함이 곧 사랑이다. 남편이 하는 말이나 행동이 미심쩍어 막연히 불안해지면 아내는 이런 말을 할 것이다. "당신, 정말 날 사랑해요? 가끔 믿을 수가 없어요", "당신, 정말 있는 그대로 나를 사랑하나요? 확신이 들지 않을 때가 있어요." 또는 이런 농담으로 마음을 떠보려고 할 수도 있다. "말해 봐요. 늙어서 검은 머리 파뿌리가 되어도 나랑 같이 살 거예요?" 이런 말은 남편을 존경하지 않는다거나 남편의 성실함을 의심하는 것이 아니다. 단지 죽음이 갈라놓을 때까지 헤어지지 않겠다는 마음을 확인하고 싶은 것이다.

어떤 방법으로든 아내가 "언제까지나 날 사랑해 줄 거죠?"라고 물으면 남편은 다음과 같이 대답할 수 있다.

- "여보, 당신은 항상 내 곁에 있어야 돼요. 나는 땅 속에 들어가기 전까지는 절대로 당신을 떠나지 않을 거예요."
- "나한테 여자는 오직 당신뿐이에요. 믿어줘요."
- "우린 함께 늙어갈 거예요. 나는 끝까지 당신을 사랑할 거고요. 여보, 우리 부부 휠체어 하나 사놓을까요?"
- "가끔 당신을 주신 하나님께 참 감사해요. 얼마나 기쁜지 팔짝팔짝 뛰고 싶다니까요."
- "사랑하는 여보, 어떻게든 당신을 향한 내 사랑이 의심스러웠다면 미안해요. 나는 항상 당신을 사랑해 왔고 앞으로도 쭉 그럴 거예요."
- "당신, 언제까지나 날 사랑해 줄 거죠? 우리 같이 산책하면서 새롭게 사랑을 맹세해 볼까요?"

가끔 이렇게 생각하는 남편이 있다. '부부간의 신의? 우리 부부는 문제없어. 아내도 내가 자기를 사랑하는 줄 알고 있는데 뭐. 그러면 됐지.' 그러나 그렇게 자신할 일이 아니다. 유혹이 많은 현대 문화에서 결혼이라는 언약 관계는 끊임없이 공격받고 있다. 악성 사이클 때문에 낙심한 어떤 아내가 이런 편지를 보내왔다.

남편이 우리 부부 관계에 확신을 심어주었다면 아마 저도 더 많이 노력했을 겁니다. 남편은 제게 아름답다거나, 여전히 매력적이라고 말해 주지 않습니다. 그렇기 때문에 남편이 나를 떠나지 않으리라는 확신이 들지 않습니다. 남편도 다른 남자들처럼 여자들을 쳐다봅니다. 그러면 가끔 이런 생각이 듭니다. '나도 가슴 확대 수술을 해볼까? 55킬로그램은 너무 살찐 게 아닐까? 살을 좀 빼면, 남편이 계속 나를 사랑해 줄까?' 저도 어리석은 생각이란 건 알지만, 어떻게 해야 할지 모르겠습니다. 저는 이제 겨우 스물일곱 살인데, 이런 식으로 사는 건 너무 끔찍하지 않나요?

물론 어떤 아내도 그렇게 살아서는 안 된다. 그런데 이 편지에서 모든 그리스도인 남성이 기억할 점이 있다. 모든 아내는 남편이 변하지 않으리라는 확신만큼이나 외모에 대한 칭찬을 매우 좋아한다는 사실이다. 아내를 자주 칭찬하라. ("책 속의 작은 책" 35쪽 "충실"에 나온 질문을 살펴보라. 부부 관계가 지속될 것을 확신하고 싶은 아내의 욕구를 만족시켜 힘을 얻게 할 말이 생각날 것이다.)

## 존중 _ 인정받는 말을 듣고 싶은 아내를 위한 대화법

베드로전서 3장 7절 뒷부분은 분명하게 선언한다. "(아내를) 생명의 은혜를 함께 이어받을 자로 알아 귀히 여기라(grant her honor)." 여자에게도 존경이 필요하다. 아내도 존경(존중)받을 때 사랑받는다고 느낀다. 2등급 취급을 받는다고 느낀 아내는 이런 말을 할지도 모른다. "당신은 이중 잣대를 가지고 있군요", "그래요. 당신 하고 싶은 대로 하세요. 나야 뭐 그저 한낱 아내일 뿐이니까요." 아내의 신경을 몹시 건드려서 활력 사이클이 멈출 위험에 놓인 경우, 이런 말도 들을 수 있다. "왜 그런지 모르지만 요즘은 내가 현관 깔개 같다는 생각이 드네요." 아내가 무슨 말로든 남편과 동등하게 느끼지 못한다고 표현하면 그 말은 꼭 해독해야만 한다. 즉 남편을 무시하거나 경멸하려는 것이 아니라 좀 더 사랑으로 대해 달라는 요청인 것이다. 오직 남편만이 아내가 원하는 방식으로 사랑해 줄 수 있다.

정말 이상하게도 부정적인 말을 많이 하는 아내일수록 남편에게 긍정적인 사랑을 더 많이 원한다. 현명한 남편은 이런 부정적인 말을 잘 해석할 것이고, 어리석은 남편은 화를 내거나 되받아치거나 침묵하며 등을 돌려 버릴 것이다. 아내에게 확신을 주고 힘을 주기 원하는 현명한 남편은 아래와 같이 말한다.

- "당신을 무시하는 것처럼 말하거나 행동했다면 정말 미안해요. 용서해요!"
- "내가 이중 잣대로 판단했다면 정말 미안해요. 어떻게 하면 바꿀 수 있을까요?"
- "내가 원하는 것이 아니라 당신과 나 모두가 원하는 걸 하고 싶어요."
- "당신을 만난 건 내 생애 최고의 사건이에요. 왜냐하면……."
- "당신은 진짜 멋있어요! 하나님이 당신을 얼마나 다양하게 사용하시는지 알 것 같아요. 특히 우리 가정에서는 정말 없어선 안 될 사람이에요."
- "누가 당신에게 그런 생각을 심어준 거예요? 당신은 누구나 원할 만한 최고의 아내이자 엄마예요."

남편들이여, 아내를 인정하는 말을 절대 미루지 말라. 아내가 가장 중요한 사람이라고 말할 기회를 절대 놓치지 말라. 종종 아내를 칭찬하고 격려하고 싶은 마음이 들지만 굳이 말하지 않는 이유는 '아내도 알고 있을 텐데, 굳이 말로 해야 하나?'라는 생각 때문이다. 그러나 꼭 말로 해야 한다. 자주 할수록 좋다. 갑자기 아내를 잃고 눈물로 고백하는 한 남편의 이야기를 들어 보라. 그는 마음 아파하며 이렇게 고백했다. "아내가 내게 얼마나 소중한 사람인지 말해 줄 수 있다면 얼마나 좋을까요. 그렇게 귀한 보석을 바로 눈앞에 두고도 어떻게 그토록 오랫동안 못 알아볼 수가 있지요?" ("책 속의 작은 책" 36쪽 "존중"에 나온 질문을 보라. 존경과 존중이라는 아내의 욕구를 만족시켜 아내에게 힘을 줄 수 있는 말이 생각날 것이다.)

## 크고 작은 오해가 생길 일은 수없이 많다

8장과 9장에서 강조하는 사실은 배우자가 부정적인 태도로 나올 때 둘 다 활력 사이클에서 벗어나는 것은 시간 문제라는 것이다. 배우자가 하는 부정적인 말은 대부분 사랑이나 존경을 받지 못한 데서 비롯된다는 사실을 이해하는 것이 중요하다. 배우자의 깊은 욕구를 이해하고 그가 보내는 메시지를 이해할 때 사랑과 존경으로 대할 수 있다. 그러면 부부 관계는 더욱 좋아질 것이다.

암호 해독은 매우 중요한 기술이지만, 그것만으로는 활력 사이클을 온전히 유지할 수 없다. 가정에서는 사랑과 존경에 관해 암호 해독과 격려가 필요한 심각한 문제만 일어나는 것이 아니다. 살다 보면 설거지, 청소하기, 시장 보기, 형광등 달기 등 잡다하고도 단순한 일이 더 많다. 이런 일상적인 일 역시 의사소통이 필요하다. 간단하고 평범한 일이라고 해서 의사소통에 어려움이 없는 것은 아니다.

누구나 알고 있듯이 날마다 크고 작은 오해가 생기게 마련이다. 분명하게 말하지 않아서 다른 의미로 해석될 수도 있고, 남편이 아내 말을 귀담아 듣지 않을 수도 있다. 아내가 남편에게 전화하는 것을 잊을 수도 있고, 남편이 아내에게 걸려온 전화를 말해 주지 않을 수도 있다. 그런 일은 수도 없이 일어난다. 이런 작은 문제는 사랑과 존경이 걸린 중대한 문제가 아닐지라도 능숙하게 긍정적으로 해결하지 않으면 나중에 악화되기 쉽다.

다음 장에서는 이런 일상의 오해가 얼마나 쉽게 일어나는지 우리 부부의 사례를 들어 설명하고, 그런 오해를 어떻게 다룰지 생각해 볼 것이다.

사람은 누구나 말을 주고받는다. 그러나 성경은
"사람은 그 입의 대답으로 말미암아 기쁨을 얻나니 때에 맞는 말이
얼마나 아름다운고"(잠 15:23)라고 말한다.

chapter 10

# '분명히 하기'는 오해를 예방하는 최고의 방법

　7장부터 9장에 걸쳐 강조한 "배우자 말 해독하기"는 이미 사랑받지 못한다거나 존경받지 못한다고 느낀 배우자에게 적용할 수 있는 기술이다. 그런데 살다 보면 당장 해결해야 할 문제가 있다. 예를 들면 언제 이사할지, 무엇을 살지, 어떻게 일을 처리할지와 같은 문제는 사랑과 존경이 부족하다고 느낄 만큼 심각하거나 배우자 말을 해독해야 하는 문제는 아니다.

　그래서 암호 해독(decoding)만큼 중요한 기술로 분명히 하기(clarifying)가 있다. 분명히 하기는 배우자가 사랑받지 못하거나 존경받지 못한다고 느껴서 대화가 악화되기 전에 필요한 기술이다. 부부는 일상에서 많은 일들, 즉 작은 의견 차이, 말싸움, 하찮은 오해처럼 다양한 일을 겪기 때문에 분명히 하기가 꼭 필요하다. 분명하게 표현하지 않거나 정확하게 듣지 못하는 경우가 생기는데, 정확히 말하지 않거나 그 의미를 분명히 하지 않으면 작은 문제가 큰 문제로 발전하여 사랑받지 못하거나 존경받지 못한다고 느낄 수 있다.

나는 이런 상황을 "일상에서 만나는 작은 어려움"이라고 부른다. 결혼한 부부라면 내 말을 이해할 것이다. 사랑하는 사람 사이에는 종종 오해가 생기게 마련이다. 말이 잘못 전달되는 경우가 있기 때문이다. 함께 살다 보면 피할 수 없는 일이기도 하다. 최근에 사라와 내가 서로를 오해한 상황을 들어보라.

### "막 나가려던 참이에요"라고 말했을 뿐인데 ……

어느 아름다운 6월 아침이었다. 미시간 주에 있는 우리 집 뒤뜰에는 테라스가 있다. 형형색색의 꽃이 피고 수련 잎과 부들로 뒤덮인 아름다운 늪지도 볼 수 있는 아름다운 곳이다. 그 테라스에서 아침으로 시리얼 한 그릇을 막 비웠을 때, 사라가 성경책과 경건 서적을 들고 나오고 있었다. 아내를 본 나는 "좋은 아침"이나 "잘 잤어요?"라는 인사 없이 그저 "막 나가려던 참이에요"라고 말했다.

내가 사라나 다른 일로 화가 나 있었을까? 물론 아니다. 예전에 아내가 안뜰에 있는 내게 가벼운 농담으로 "내가 좋아하는 장소를 당신이 차지하고 있네요"라고 한 말이 떠올랐을 뿐이다. 나는 아내가 또 그런 말을 할 거라고 생각했다. 그리고 아내의 귀중한 묵상 시간을 방해하고 싶지 않았기 때문에 그저 막 나가려던 참이라고 말한 것이다. "좋은 아침"이나 "잘 잤어요?"처럼 격식 차린 인사는 필요 없다고 생각했다. 게다가 아내도 내 말을 알아들을 거라고 확신했다.

그런데 사라는 "막 나가려던 참이에요"를 어떻게 알아들었을까? 묵상을 방해하지 않으려는 내 생각은 전혀 읽지 못하고 완전히 다른 뜻으로 받아들였다. 내 말에 사라는 이렇게 대답했다. "걱정하지 마세요. 당신하고 말하고 싶어서 나온 건 아니에요."

내가 뜬금없이 "막 나가려던 참이에요"라고 말해서 화가 난 것일까? 아니, 그런 것 같진 않았다. 단지 여러 번 내가 급히 나가던 상황을 떠올린 것 같다. 그래서 이번에도 대화할 시간이 없다는 뜻으로 여긴 것이다. 다른 때 같으면 내 말에 기분이 상했을 수도 있다. 그렇지만 이번에는 아내도 그저 대화하러 나온 게 아니라고 알려 주려고 했다.

그러나 그건 내가 기대한 대답이 전혀 아니었다. 나는 "내게 이곳을 양보해 줘서 고마워요. 여기서 묵상을 하려고 했거든요"라고 말할 줄 알았다. 그런데 걱정하지 말라고, 대화하러 온 게 아니라는 말을 들을 줄이야! 아내는 "막 나가려던 참이에요"라는 내 말을 오해했다. 나는 허를 찔린 것 같았다. 부정적으로 반응할 수도 있었다. 아무 의미 없이 던진 말 한마디가 내 안에 많은 생각을 불러일으켰다. '나와 대화하고 싶은 게 아니라니, 무슨 뜻이지? 미묘하게 빈정대는 말 같은데? 아니면 내가 뭘 잘못했는데 눈치채지 못하는 걸까? 또?' 나는 그 자리에서 정확한 뜻을 묻는 게 좋겠다는 생각이 들었다. 그래서 편안한 마음으로 아내를 바라보며 물었다. "왜 그런 말을 하죠? 막 나가려던 참이라는 말이 당신하고 대화하고 싶지 않다는 뜻인 줄 알았어요?"

질문 형태로 사라에게 물어본 건 일종의 피드백이었다. 아내 말을 들은 대로 다시 질문해서 들려준 것이다. 질문 형태로 피드백하는 것은 중요하다. 사라가 왜 그런 말을 했는지 들어볼 수 있기 때문이다.

사라는 곧 대답했다. "글쎄요. 막 나가려던 참이라는 말이 그런 뜻 아닌가요?"

사라 역시 질문 형태로 피드백을 했다. 잘 들어보니 아내가 내 말, "막 나가려던 참이에요"를 완전히 오해했다는 걸 알 수 있었다. 이제 내가 보일 수 있는 반응은 두 가지다. '어떻게 그런 식으로 생각할 수 있지?' 하며 삐치든지, 오해를 살짝 고쳐주든지.

나는 오해를 푸는 방법을 선택했다. "아니에요, 전혀 그런 뜻이 아닌데! 당신이 여기서 묵상하는 걸 좋아하고 전에 나한테 좋아하는 자리를 빼앗았다고 농담한 적도 있고 해서 그렇게 말한 것뿐이에요. 당신 자리를 뺏을 생각이 전혀 없다고 말해 주려고요. 그리고 진짜로 막 나가려던 참이기도 하고요. 내 말뜻 이해하겠어요?"

나는 대답을 기다렸다. 어리둥절해하던 표정이 환한 미소로 바뀌며 사라가 이렇게 말했다. "아! 미안해요. 그렇게 말하는 게 아닌데. 날 생각해 줘서 고마워요. 난 이곳이 정말 좋아요. 여기 앉아 있으면 축복받은 것처럼 정말 행복해지거든요."

우리 부부는 분명히 하기를 통해 오해를 막을 수 있었다. 나는 시리얼을 마저 먹고 방으로 들어와 다시 책을 쓰기 시작했고, 아내는 성경책과 경건 서적을 펴고 혼자 안뜰을 차지하고는 부들 덤불에 내려앉은 새들과 함께 시간을 보냈다.

지금 막 설명한 상황은 아주 작은 사건이지만 그리 낯설지 않은 풍경일 것이다. 두 사람 모두 서로의 의도를 오해했고, 상대방의 마음을 짐작하는 바람에 섣부르게 결론을 내려 버렸다. 이렇게 결혼생활은 배우자와 의사소통하기 위해 날마다 애써야 하는 삶이지만 결혼이라는 세계에 온 건 축복할 일이다!

### 서로 분명히 하는 데 시간을 들이라

대화에 관한 이론은 아주 많다. 어떤 이론은 조금 복잡하고 실천하기 어렵다. 25년 넘게 부부 상담을 하면서 잘못된 대화법과 오해에 대한 이야기를 듣고 내가 일상에서 부부 대화를 잘하기 위해 세운 가장 중요한 규칙은 아주 간단하다. 서로 분명히 하는 데 시간을 들이라는 것이다. 분명히 하려면 배우자가 내 뜻을 이해하도록 주의 깊게 말해야 한다. 이해시키는 것만큼 중요한 것은 배우자를 이해하기 위해 주의 깊게 듣는 것이다. 말은 쉽지만, 매번 그렇게 하기란 말처럼 쉽지 않다. 내가 안뜰에서 사라에게 "막 나가려던 참이에요"라고 말했을 때처럼 말이다. 우리는 흔히 상대방 생각을 짐작해서 결론을 내려 버린다. 내 말뜻을 잘 알아들을 거라 생각하고 자세히 설명하지 않는 것이다. 그러나 상대방이 늘 정확하게 알아듣는 것은 아니다. 작은 오해가 심각한 문제로 커질 가능성은 매우 높다.

생각 없이 던진 말 한마디가 왜곡되어 전해지면 다시 날카로운 대답으로 이어지고 거친 말이 오가다 감정이 격해진다. 그러고는 영문도 모른 채 '서로 미워하는 관계'가 되고 만다. 그쯤 되면 이제 사랑과 존경이라는 문제를 넘어서 버린다. 적어도 한 사람은 공기호스가 뒤틀려 사랑받지 못하거나 존경받지 못한다고 느낄 것이다. 활력 사이클은 점점 느려지다 멈춰서고 대신 악성 사이클이 돌려고 시동을 걸거나 이미 돌고 있을 것이다.

### 암호 해독과 분명히 하기는 다르다

암호 해독과 분명히 하기가 어떻게 다른지 자세히 살펴보자. 암호 해독은 이미 공기호스가 밟혀 배우자의 영혼이 질식하고 있을 때 사용하는 기술이다. 배우자의 공기호스가 꼬였다는 것을 강하게 느끼거나 알 수 있을 때 우리는 암호 해독 기술을 사용한다. 아내가 사랑받지 못한다거나 남편이 존경받지 못한다고 느껴 이미 악성 사이클이 돌아가기 시작할 때 필요한 의사소통 기술이다.

아내가 남편을 무시하듯이 행동하는 것은 사실 자신이 사랑받지 못하는 것 같다는 것을 남편이 알아주길 원해서다. 존경 없는 아내 행동이나 말은 암호로 된 메시지며, 실제로는 "당신의 사랑을 느끼고 싶어요"라는 뜻이다.

남편이 애정 없는 태도를 보이는 이유는 자신이 존경받지 못하는 것 같다는 것을 아내가 이해해 주길 바라기 때문이다. 애정 없는 듯한 남편 말과 행동은 암호로 된 메시지며, 실제로는 "당신에게 존경받고 싶어요"라는 뜻이다.

그러면 "분명히 하기"란 무엇인가? 공기호스를 밟힌 배우자가 숨이 막히기 전에 당신이 사용할 수 있는 기술이다. 예를 들어 일상적인 대화를 나누다가 오해가 생겼다고 하자. 그런 오해는 분명하게 말하지 않았거나 정확하게 알아듣지 못했을 때 생겨난다. 그런 경우, 배우자의 영혼이 질식하기 전에 그 자리에서 오해를 푸는 것이다. 애정을 가지고 존경하는 마음으로 정확하게 설명하여 배우자가 사랑받지 못한다거나 존경받지 못한다고 느끼지 않게 하는 것이다.

분명히 하기 위해 노력해야 하는 이유는 작은 문제가 사랑과 존경의 문제로 악화되어 해독이 필요한 상황까지 이르지 않도록 예방할 수 있기 때문이다. 분명히 하기는 악성 사이클을 멈추게 하고 부부 사이에 긍정적이고 활기 있는 감정을 계속 공급하여 활력 사이클을 유지시킬 것이다.

'분명히 하기'와 '암호 해독'이 어떻게 다른지 설명하기 위해, 내가 사라에게 "막 나가려던 참이에요"라고 한 사건으로 돌아가 보자. 이 순간 내 생각을 분명하게 표현하지 않았기 때문에 아내는 이 말을 어느 정도 거부의 뜻으로 받아들였다. 만약 아내가 정말 나와 대화하고 싶었다면, 내 말에 아내는 기분이 상했을 것이다. 그리고 내게 비난조로 퍼부었을지도 모른다. "좋아요. 굳이 나를 위해 시간을 낼 거 뭐 있나요? 그냥 세미나에 가서 다른 사람들에게 부부 대화법을 가르칠 궁리나 하시구려." 이런 말은 아내 영혼이 질식하고 있다는 것을 잘 보여주기 때문에 나는 아내 말을 해독해야 할 것이다. 아내는 사랑 부족이라는 문제에 직면한 것이다.

다행히도 아내는 "막 나가려던 참이에요"라는 말에 화를 내지는 않았다. "걱정하지 마세요. 당신하고 말하고 싶어서 나온 건 아니에요"라는 아내 대답은 하루를 시작하는 아침에 나를 존중하는 아내식 표현이다. 대화를 위해 내 시간을 뺏을 생각이 없다는 것을 알린 것이다. 그러나 사라의 마음을 알 길이 없던 나는 무언가 방어적이라고 느꼈고, 분명히 하기가 필요하다는 생각이 들었다. 아마 그동안 아내가 내게 다가와 처음 꺼낸 말이 대부분 "여보, 얘기 좀 할 수 있어요?"였기 때문에 어느 정도 고정화되었던 것 같다.

이 짧은 대화의 역학관계가 더 복잡한 이유는 내가 오랫동안 집에서 연구와 글쓰기를 해왔기 때문이다. 집이 사무실이기도 해서 종종 새로운 생각에 사로잡히기도 하는데, 안뜰에서 아침을 먹을 때도 마찬가지다. 그래서 내가 연구하는 동안 사라는 내 생활을 매우 존중한다. 그러나 적어도 안뜰 테라스만큼은 아내의 공간이어야 한다고 여겼다.

사라가 정말 하려던 말은 뭐였을까? 나랑 대화하고 싶다며 괴롭히러 온 게 아니라는 말이었을까? 마음이 상했지만 아닌 척한 걸까? 아니면 달리 할 일이 있다는 뜻이었을까? 그 말뜻을 정확하게 알아야 했다. 그래서 재빨리 아내에게 피드백한 것이다. 내 피드백이 부드럽고 위협적이지 않기 때문에 아내도 내가 대화할 생각이 없어서 떠난다는 말로 들었다고 자연스럽게 인정했다. 그저 하루를 시작하려는 내 욕구를 존중하고 싶을 뿐이었다고 말이다. 나 역시 무슨 의미로 "막 나가려던 참이에요"라고 말한 것인지 분명하게 설명할 수 있었다.

내가 별 일 아닌 사건을 지나치게 부각한다고 생각할지도 모른다. 하지만 바로 그게 중요하다. 부부싸움과 말다툼은 대부분 아무것도 아닌 일로 시작해서 점점 커지기 때문이다. 일상에서 나누는 대화에서, 분명하지 않고 미묘한 의미나 느낌이 오갈 때 오해할 소지가 많이 생긴다. 사라와 내가 안뜰에서 나눈 대화는 아주 간단해서 의미도 없고 사례로 나눌 만한 이야기로 보이지도 않는다. 그러나 이 대화는 전혀 다른 방향으로 흐를 수도 있었다. 다행히 서로 피드백을 주고받았기 때문에 크게 부딪치지 않고 활력 사이클도 지속된 것이다.

사라와 나는 아주 좋은 부부 관계를 유지하며 서로에게 좋은 친구지만, 여전히 작은 오해들을 경험한다. 오해는 갈등으로 이어지기 쉽다. 의도를 분명히 하지 않으면 작은 오해는 쉽게 큰 싸움으로 번진다. 분명히 하기 위해서는 나누던 대화로 되돌아가 서로 조심스럽게 듣고 말해야 한다. '분명히 하기'에서 가장 주의해야 할 점은 서로 상대방 말을 잘 이해했는지 확인하는 것이다. 그런 능력은 타고나는 게 아니다. 살면서 배워가는 것이다. 우리는 늘 그런 부분을 배울 수 있다(부록4를 보라).

## 내가 한 말이 사람들을 가까이 오게 할까, 멀리 내칠까?

미주리 주 사관학교에 입학하던 열세 살, 나는 다른 사람을 이해하고 내가 이해받으려면 신중하게 듣고 말해야 한다는 사실을 배우기 시작했다. 여름방학을 제외한 5년 내내 그곳에서 지냈다. 처음에는 생도로, 나중에는 생도 리더로 날마다 다른 사람과 부대껴야 했다. 아침 6시 20분 기상 나팔소리에 일어나 저녁 9시 45분 소등 나팔소리에 피곤한 몸으로 침대에 기어들어갈 때까지 그렇게 매일 공동체 생활을 했다.

당연히 그런 공동체 생활을 하다 보면 의사소통에 대해 많은 것을 배우게 된다. 그것도 대부분 시행착오를 거쳐서 말이다. 리더로서 100명이 넘는 생도를 맡고 있을 때다. 생도들을 정렬하는데 뒤쪽에서 줄을 이탈하여 걸어 나가는 생도가 보였다. 나는 날카롭게 소리 질렀다. "이봐, 생도병. 뒤로 들어가. 아직 정렬이 해산되지 않았어." 나중에서야 사령관이 그 생도에게 허리띠를 하고 나오라고 명령한 사실을 알고 당황스러웠다.

키가 그리 크지 않은 사령관은 앞에 서 있는 생도들에 가려져서 보이지 않고 내 눈에는 단지 대열을 이탈하는 생도만 보인 것이다. 조용히 불러서 물어볼 수도 있는 일을 내가 해병대 조교처럼 고함을 치자 사령관도 얼굴이 굳어졌다. 나 자신이 매우 어리석게 느껴지고 몹시 부끄러웠다.

이 사건은 다른 커다란 일들에 비하면 매우 작은 일이다. 그러나 그 일로 나는 사람들과 의사소통하는 옳은 방법과 그른 방법이 있음을 알았다. 올바른 의사소통의 핵심은 바로 조심스럽게 듣고 말하는 것이다.

사관학교를 졸업한 후 수십 년 동안 목회를 하면서 많은 사람을 만났다. 그런데 놀랍게도 신중하게 듣고 말하는 법을 전혀 배우지 못한 사람이 생각보다 많았다. 우리는 다른 사람 말을 이해했고 다른 사람도 내 말을 알아들었을 거라고 생각하지만 계속 큰 실수를 저지른다. 오랫동안 의사소통을 연구하고 잘해 보려고 노력해 왔지만, 무엇보다 중요한 것은 상대방을 이해하기 위해 노력하고 내 말을 상대방이 이해했는지 확인하는 것이다. 자연스럽게 서로를 이해했을 거라고 당연시하는 것은 정말 어리석은 생각이다. 부부 관계에서는 더욱 그렇다.

사관학교를 졸업하고 시카고 서부에 있는 작은 기독교 대학인 휘튼

대학에 입학했다. 예수님을 영접한 지 얼마 되지 않은 터라 사람들에게 내가 깨달은 믿음과 내게 중요한 주제들을 전하고 싶은 마음이 간절했다. 그러나 그 전에 배워야 할 것이 매우 많았다. 주요 몇 과목을 이수하고 나서 "대인관계 역학"이라는 과목을 듣게 되었다.

강의 소개서에는 이 과목이 사람들을 이해하고 자신을 이해시키는 데 도움이 될 거라고 나와 있었다. 이 말에 나는 완전히 끌렸고 정말 운이 좋다고 생각했다. 즉시 수강신청을 한 나는 로이스 르바 박사의 가르침에 푹 빠져들었다. 그 교수의 가르침은 내 의사소통 방식을 완전히 바꾸어 놓았다.

르바 박사는 이런 말을 했다. "특히 민감한 주제에 대해 말하기 전에 속으로 '이 말을 하면 이 사람과 나 사이에 신뢰가 더 돈독해질까? 아니면 깨질까?'라고 질문해 보세요." 바로 이 질문이 내 의사소통 방식에 혁명을 일으켰다. 사람들에게 자신이 어떻게 인식되는지 살피는 것의 중요성을 깨달은 것이다. 르바 박사는 내가 한 말이 사람들을 가까이 오게 하는지 멀리 내치는지 주위 사람의 얼굴 표정을 살펴보라고 권면했다.

## 부부 관계를 놀랍게 바꿔 놓은 한 가지 짧은 질문

르바 박사의 가르침은 결코 잊을 수가 없다. 대학을 졸업하고 대학원과 신학교를 다니다가 다시 대학원으로 돌아오기까지 계속 성경에서 박사의 가르침을 뒷받침해 주는 말씀을 찾았다. 그 말씀들은 의사소통에서 신중하게 듣고 말하기의 중요성을 말해 주었다. 잠언에 있는 다음 세 구절은 신중하게 듣고 말하는 것이 무엇인지를 생생하게 보여 준다.

"사연을 듣기 전에 대답하는 자는 미련하여 욕을 당하느니라"(잠 18:13).

"의인의 마음은 대답할 말을 깊이 생각하여도 악인의 입은 악을 쏟느니라"(잠 15:28).

"지혜로운 자의 마음은 그의 입을 슬기롭게 하고 또 그의 입술에 지식을 더하느니라"(잠 16:23).

만약 당신이 대답하기 전에 듣는다면, 말하기 전에 생각한다면, 마음이 입을 슬기롭게 한다면, 아내는 사랑받는다고 느끼고 남편은 존경받는다고 느낄 것이다.

야고보서 1장 19절도 쉽게 지나칠 수 없는 말씀이다. "내 사랑하는 형제들아, 너희가 알지니 사람마다 듣기는 속히 하고 말하기는 더디 하며 성내기도 더디 하라." 내 마음을 사로잡은 야고보서와 잠언 말씀은 결혼생활에도 긍정적인 영향을 끼쳤다.

실제로 들리지는 않았지만 주님이 어깨를 두드리며 이렇게 말씀하는 것 같았다. "에머슨, 먼저 들어야 한다. 말하는 것만큼 듣기를 빨리 해라. 정말로 먼저 듣기를 훨씬 많이 해야 한다. 성질을 가라앉히고 분노를 늦춰라. 사라가 하는 행동이나 말은 처음 접할 때 느낀 충격만큼 나쁜 것이 아닐 테니 말이다."

사랑과 존경의 관계를 깨달은 후, 르바 박사와 성경이 가르쳐준 내용이 부부에게 얼마나 도움이 되는지 실제로 적용해 보았다. 아내와 원활히 의사소통하고 싶은 좋은 의도를 가진 남편이라면 이런 질문을 해 볼 수 있다. "내 말을 들으면 아내가 사랑받는다고 느낄까, 사랑받지 못한다고 느낄까?" 남편과 의사소통을 개선하길 원하는 좋은 의도를 가진 아내 역시 이 질문 하나면 충분하다. "내 말을 듣고 남편은 존경받는다고 느낄까, 존경받지 못한다고 느낄까?"

이 짧은 질문 하나가 부부 관계를 놀랍도록 바꾸어 놓을 것이다. 사라와 내가 증인이다. 한번 해보라. 목소리가 한결 부드러워지고, 조심스럽게 단어를 고르고, 배우자 말을 더 참을성 있게 듣고 있는 자신을 발견할 것이다. 놀라울 정도로 서로를 향한 이해가 깊어지고 좋은 의사소통을 할 수 있을 것이다.

### 목소리나 표정이 중요하다

대화할 때 적절한 목소리나 표정도 매우 중요하다. 남자나 여자 모두 해당되는 말이지만, 그 이유는 다르다. 상담을 하다 보면 거칠고 애정 없는 남편 태도를 불평하는 아내가 많다.

핑크 시각으로 보면 남편은 못마땅한 듯 얼굴을 찌푸리고 야단치는 목소리로 말하고 심지어 화를 내는 것처럼 보인다. 블루는 단지 자기 생각을 분명하고 정확하게 표현하려 했을 뿐인데 말이다. 확실히 남자는 핑크 선글라스와 보청기를 끼고 자기 표정이나 목소리가 아내에게 어떻게 보이는지 알아야 한다.

남자는 노려보는 듯한 눈빛이 아내에게 어떤 느낌을 주는지 잘 모른다. 아내에게 그런 표정은 잔인하게 느껴질 수 있다. 남자 동료에게 화난 표정으로 "그만두고 저리 비켜봐"라고 했다고 해서 동료가 주저앉아 통곡하지는 않을 것이다. 그러나 하나님은 아내와 딸들이 그런 눈빛을 견딜 만큼 강하게 만들지 않으셨다. 남자와 정서가 다르다고 여자가 잘못된 것은 아니다.

많은 아내가 남편에게 이렇게 말하고 싶어한다. "제발 목소리 좀 낮춰주세요. 무엇보다 당신이 거칠게 말하고 화난 표정을 지으면 내가 어떤 느낌이 드는지 알아주면 좋겠어요. 그보다 견디기 힘든 것도 없을 거예요. 심장이 쿵쾅거리고 머리가 멍해지는 것 같아요. 아주 비참한 생각이 든다고요. 당신과 여러 가지 일을 상의하고 싶은데 당신이 얼굴을 찡그리고 으르렁거리면 내가 뭔가 큰 잘못이나 아주 어리석은 짓을 한 것 같아요. 그러면 그냥 입 다물고 나가서 막 소리를 지르고 싶어진다고요."

그러면서 아내들도 부정적인 말투나 불만에 찬 표정으로 남편을 대했다고 고백한다. 거친 말투는 아니지만 약간 경멸하는 말투나 눈을 흘기는 얼굴로 말했다고 말이다. 이런 행동을 보이는 핑크 아내에게는 남편의 블루 선글라스와 보청기가 필요할 것이다. 그것을 끼고서 보고 들으면 자신이 남편을 얼마나 무시하는 태도로 대했는지 알게 된다. 그저 필요한 말을 한 거라고, 심지어는 존경하는 태도로 말했다고 하는 아내도 있다. 그러나 남편에게 어떻게 보이고 어떻게 들리는지는 이해하지 못한다.

사랑과 존경 세미나에서는 아내들에게 이런 제안을 한다. "스스로 존경하는 태도로 필요한 말을 했다고 생각이 든다면 남편과 격렬하게 토론한 뒤에 곧바로 화장실에서 문을 닫고 재연해 보라. 남편에게 한 말투와 몸짓, 손짓과 표정으로 다시 말해 보라." 그러면 청중 가운데 여기저기서 긴 한숨 소리가 터져 나온다. 집에서 한 일이 생각나는 모양이다.

많은 아내가 그 숙제를 해보고 정말 놀라운 사실을 알게 되었다고 고백한다. 이 아내들은 처음부터 남편을 무시하려 한 걸까? 물론 그렇지 않을 것이다. 아내들은 악한 의도를 가지고 있던 것이 아니다. 그러나 무시하는 듯한 표정은 남편의 영혼에 악영향을 끼친다.

분명히 거친 말투나 경멸하는 억양, 화난 얼굴이나 언짢은 표정은 활력 사이클의 강력한 적이자 악성 사이클의 좋은 친구다. 결혼에 관한 많은 조사 결과도 부부 대화에서 문제를 일으키는 것은 대부분 내용이 아니라 말하는 방법, 즉 태도나 말투라는 사실에 동의한다. 활력 사이클을 유지하고 악성 사이클을 막으려면 오랜 습관을 버리고 태도를 고쳐야 한다. 물론 어려운 일이다. 그러나 진심으로 변화하려는 마음만 있으면 충분히 가능하다.

사랑과 존경을 실천하는 한 아내는 이렇게 썼다.

날마다 남편에게 말뿐 아니라 억양이나 몸짓까지 존경하는 태도로 부드럽게 말해야겠다고 생각했습니다. 그러니까 정말 효과가 있었습니다. 우리 둘 다 자유로워졌습니다. 당신 말대로 며느리가 아들에게 어떻게 대하면 좋을까 생각했지요. 정말 많은 생각이 들더군요. 나는 며느리가 내 아들에게 친절하고 사랑스럽고 부드럽고 존경하는 태도로 대해 주길 바랍니다. 그래서 나도 남편에게 그렇게 말하려고 노력하고 있습니다.

목소리나 표정에 대해 길게 쓰지 않았다고 해서 중요하지 않은 것은 아니다. 어떤 아내가 쓴 다음 편지가 내 생각을 정확히 표현하고 있다.

많은 여성이 '부정적인 말투와 표정'을 심각하게 다루지 않는 이유를 생각해 보았습니다. 아마 자신이 겪는 큰 문제에 비하면 아주 작은 일처럼 보이기 때문인 것 같습니다. 그러나 그런 작은 변화가 큰 영향을 끼친다는 것은 잘 믿지 못합니다. 자신 앞에 놓인 거대한 문제만 보이기 때문입니다. 남편이 아이들에게 매우 무관심하거나, 영적 지도자가 되어주지 않거나, 집안일을 돕지 않거나, 지나치게 일에 빠져 있거나, 더 이상 '데이트'를 하지 않는 문제 말입니다. 그러니 말투나 표정 같은 작은 변화가 이런 큰 문제를 해결해 준다는 걸 믿기 어렵겠지요.

나는 이 말에 전적으로 동의한다. 한 가지 덧붙이자면, 이 '작은 변화'를 시도해 보고 큰 문제가 어떻게 좋아지는지 한번 지켜보길 바란다.

이 장에서는 작은 문제도 분명히 해야 한다는 점과 이런 간단한 방법이 부부 대화를 개선하는 데 매우 중요하다는 것을 설명했다. 이어서 11장에서는 일상에서 겪는 대화의 어려움을 해결하기 위한 효과적인 질문법을 살펴볼 것이다. 의사소통의 어려움을 해결하고 활력 사이클을 유지시킬 또 다른 전략을 찾으러 가 보자!

"온순한 혀는 곧 생명나무다"(잠 15:4)
사랑이 담긴 남편(아내)의 말 몇 마디는
결혼생활에 생명을 불어넣는 좋은 약과 같다.

chapter 11

# 사소해 보이지만
# 꼭 기억해야 할 전략

10장에서는 '분명히 하기'를 설명하고, 어느 한쪽이 사랑받지 못하거나 존경받지 못한다고 느껴 작은 문제가 큰 문제로 커지지 않게 하는 것이 얼마나 중요한지 이야기했다. 이런 질문도 소개했다. "내 말을 듣고 배우자가 사랑받는다고 느낄까, 사랑받지 못한다고 느낄까? 존경받는다고 느낄까, 아니면 존경받지 못한다고 느낄까?" 이 장에서는 "내 말을 듣고……"라는 질문과 함께 더 나은 의사소통으로 이끄는 전략을 살펴보고자 한다.

사랑과 존경의 다른 전략들처럼 "내 말을 듣고……"라는 질문도 아주 간단하다. 그러나 꾸준히 그렇게 질문하기란 쉽지 않다. 사라와 갈등이 생기거나 그럴 조짐이 보일 때마다 나는 그렇게 질문하는가를 생각해 보면, 솔직히 그러지 못한다. 귀찮을 때도 있고, 화가 나서 그렇게 하고 싶지 않을 때도 있다. 그러나 이 질문을 염두에 두고 사라를 사랑으로 대하고 사라도 이 질문을 한 뒤 나를 존경으로 대하면 활력 사이클에 든든히 선다는 점은 확실하다. 그런데 질문을 잊고 내가 사랑 없는 태도로 사라를 대하거나 사라가 존경 없는 태도로 나를 대하면, 우리는 곧바로 활력 사이클에서 뛰어내려 악성 사이클에 오르게 된다.

"내 말을 듣고……"라는 질문을 꾸준히 사용한다면 적어도 두 가지가 확실하게 변한다. 즉 조심스럽게 말하고 조심스럽게 듣게 된다.

내가 이렇게 자신 있게 말할 수 있는 이유는 바로 경험 때문이다. 조심스럽게 듣자 사라를 더 이해할 수 있고, 이해받는다고 느낀 사라는 훨씬 덜 방어적으로 반응한다. 즉 아내는 사랑받는다고 느낀 것이다. 신경 써서 말하자 사라가 나를 더 이해해 주고, 이해받았다는 생각에 나 역시 덜 방어적으로 대하게 된다. 존경받는다고 느꼈기 때문이다.

## 갈등이 생기면 피드백을 통해 분명히 하라

아무리 좋은 의도로 말해도 작은 오해나 갈등은 피할 수 없다. 그럴 때 잘 듣지 않았다거나 분명하게 말하지 않았다고 배우자를 비난해서는 안 된다. 그보다 자신이 먼저 분명히 하도록 노력하라. 배우자 말이 잘 이해되지 않으면 "여보, 미안한데 이해가 잘 안 되네요. 그러니까 당신 말은 …… 라는 거예요?(이해한 만큼 최대한 설명한다) 내가 맞게 이해했나요?"라고 물어보라.

배우자가 제대로 듣지 못했거나 이해하지 못한 것 같다면 "이런, 내가 분명하게 설명하지 못한 것 같네요. 내 말은 ……였어요(하고 싶은 말을 최대한 설명한다). 내 말 뜻을 이해하겠어요?"라고 말하라.

이런 단순한 피드백을 실천하려면 상당한 인내가 필요하다. 이것을 꾸준히 실천하면서 사람들이 듣는 데 얼마나 서툰지 정말 놀라웠다. 정말 나는 명확하게 설명했다고 변호하고 싶었다. 제발 귀에 귀지 좀 빼라고 말하고 싶었으니까! 그러나 그런 말은 아무 소용도 없고 효과적이지도 못하다. 특히 아내 사라에게는 더욱 그랬다. 나는 화내지 않고 웃으면서 했던 말을 하고 또 했다. 그러자 효과가 있었다. 아내와 즐거운 대화를 이어나갈 수 있었고, 어느 누구도 오해로 인한 희생자가 되지 않았다.

### '잘 듣게 된' 또 다른 이유

다른 사람과 대화하는 데 인내가 필요하다는 사실을 배우게 된 다른 이유는 스스로 나 자신이 듣는 데 문제가 있다는 것을 알았기 때문이다. 특히 아내와 대화할 때, 적어도 한 달에 한 번은 귀담아 듣지 못하는 것 같다. 최근에 아내가 출산을 앞둔 친구를 도우러 며칠간 친구 집에 가 있겠다고 말한 적이 있다. 출산일이 다가와 친구 집에 간다고 했을 때 나는 아내가 며칠 집을 비우겠다고 말한 것은 기억나지 않았다. 예전 같으면 이렇게 말했을 것이다. "그런 말 한 적 없는데요?" 그러나 지금은 그렇게 말하지 않는다. 사람들에 대해서나 정서적인 문제라면 사라 기억이 정확하기 때문이다. 사실 이런 일에 관한 한 아내의 기억은 거의 틀림없다. 아내는 한마디 한마디 순서와 억양까지도 정확하게 반복할 수 있다.

경험에 비추어 남편들에게 충고한다. 아내가 "난 분명히 그렇게 말했어요"라고 하면 아내와 다투지 말라. 정확하게 말하지 않았다며 아내를 탓하지 말고, 자신이 주의 깊게 듣지 못한 걸 인정하라. 아내를 믿어주고 선의로 해석하라. 의심스러운 것은 오히려 당신의 기억력일 것이다. 남편들은 대부분 아내 말을 주의 깊게 듣지 않기 때문이다. 감사하게도 사라는 내가 잘 듣지 않아도 잘 봐주는 편이다. 방금 한 말을 다시 물으면 화가 날 만도 한데 친절히 다시 대답해 준다. 어린아이처럼 "말했어요", "안 했어요"라며 싸우지 않고 여유 있게 받아준다.

분명하게 말하지 않거나 잘 듣지 못해서 문제가 생길 때 자신을 방어하거나 화내는 데 힘을 빼지 말라. 그보다 피드백을 통해 서로의 말을 정확하게 말하고 들으라. 문제를 명확히 하면 작은 문제가 큰 문제로 번지지 않는다. 목청껏 소리를 질러 시비를 가리는 것은 아무런 의미가 없다.

### 아내들이여, "말로 말미암지 않고" 남편에게 다가가라!

분명히 하기는 정말 중요하다. 그러나 오해하기 쉬운 점이 하나 있다. 남편이 자신을 이해하지 못한다는 아내들을 많이 상담했는데, 그들은 '분명히 하기'의 방법을 '긴 시간을 들여 대화하는 것'으로 잘못 이해했다. 그래서 말 많은 아내는 말없는 남편에게 더 많은 대화를 요구하며, 그것을 자신이 사랑받는다고 느끼는 근거로 내세우기도 한다. 그러나 현실적으로는 내가 안뜰에서 사라에게 한 것처럼 기꺼이 상황을 설명하려 드는 남편은 별로 없다. 그렇게 자신 있게 말할 수 있는 이유는 결혼 초에 나도 그랬기 때문이다. 사관학교와 대학에서 깨달은 대로 아내를 사랑하는 남편이 되기 위해 몇 년간 적극적으로 노력한 결과 그렇게 된 것이다. 남자는 일반적으로 여자만큼 적극적으로 말하지 않는다.

베드로전서 3장 1-6절을 보면 이 점이 잘 나타나 있다. 베드로는 아내들에게 말이 아니라 안정한 심령(정숙한 마음)으로 남편을 존경하라고 가르친다. 실제로 이 말씀은 "말씀을 순종하지 않는"(세상적인 그리스도인이나 믿지 않는) 남편을 둔 아내에게 한 말이다. 이런 아내들은 "말로 말미암지 않고" 두려워하며 정결한 행실을 보여주어 남편을 구원으로 이끌 수 있다고 말한다(1-2절). 이 말씀은 악성 사이클에 처한 부부뿐 아니라 활력 사이클을 유지하려는 부부에게도 필요하다. 활력 사이클이 잘 돌아가고 있어도 남편은 말이 없고 아내는 말이 많은 경우가 많기 때문이다. 그러므로 남편과 아내는 조심스럽게 말하고 들어야 한다는 내 말을 아내가 원할 때 대화를 요구하는 권리로 삼아서는 안 된다.

여자는 보통 대화를 나눌 때 자신의 처지나 어려움을 쉽게 이야기한다. 남편과 나누는 대화에서도 마찬가지다. 아내는 활력 사이클이 계속 돌아가려면 여러 가지 일에 대해 많이 말해야 한다고 생각한다. 그러나 아무리 활력 사이클이 잘 돌아가고 있어도 아내는 결코 만족하는 법이 없다. '대화를 나누면 내가 어떻게 느끼는지 말해 주고 나를 이해시켜서 남편이 나를 더 사랑하게 할 수 있을 텐데'라고 생각한다.

남편과 더 많이 대화하려다 보면 결국 남편에게 이야기하고 있는 모습을 발견할 것이다. 그러면 활력 사이클은 급격하게 느려지기 시작한다. 비록 남편이 아내가 원하는 부분을 이해하려고 노력하지 않는 것처럼 보일지라도 말을 적게 하는 것이 현명하다. 특히 아내가 말이 많은 편이라면 더욱 그렇다. 남편이 더 많은 대화를 나눠주면 남편을 존경하겠다고 생각해서는 안 된다. 사실 아내가 말을 많이 할수록 남편은 존중받지 못한다고 느끼기 쉽다.[6]

말수가 적은 남편일수록 말을 많이 하려고 하면 대부분 마음을 닫는다. 더 대화하자는 압력을 받으면 그들은 힘이 빠진다. 뒤로 물러나고 싶어지고 전혀 말을 하지 않거나 담을 쌓는다. 그러면 활력 사이클은 멈추고 악성 사이클이 돌아가기 시작한다.

말하고, 또 말하고, 또 말하고 싶은 아내 욕구가 활력 사이클을 유지하지 못하는 주요 원인일 때가 많다. 아내는 베드로가 "말로 말미암지 않고" 남편에게 다가가라고 가르쳐준 방법을 어려워한다. 아내는 대화를 통해 어떻게 하면 부부 관계가 더 건강해질지 남편에게 (물론 사랑하는 태도로) 말해 주어야 한다고 느낀다. 이런 아내는 남편과 즐거운 대화를 나눌 수 있다면, 그리고 부부 관계를 위해 노력해 달라는 요구에 남편이 응해 준다면 모든 것이 환상적일 거라고 생각한다.

내 말에 항의하고 싶은 사람도 있을 것이다. "그렇지만 대화를 나눌 수밖에 없지 않나요? 어떻게 대화하지 않고 문제를 해결할 수 있죠?" 내 말은 완벽하지 않아 보이는 상태를 고치려고 애쓰거나 활력 사이클을 유지하려고 하거나 둘 중 하나를 선택해야 한다는 뜻이다. 아주 절실하게 하고 싶은 말이 있을지라도 남편에게 지나치게 강요한다면 남편 눈에는 자신을 무시하고 경멸하는 것으로 보일 수 있다. 주님이 하지 말라고 명령하신 것을 하게 된다는 말이다.

결국 아내는 둘 중 하나를 선택할 수밖에 없다. 하나님이 주신 대화의 욕구를 채우기 위해 남편에게 더 많은 대화를 요구하든지, 하나님이 창조하신 대로 말을 적게 하는 욕구를 가진 남편을 존중해서 참든지 말이다.

나는 아내들에게 베드로의 가르침을 따를 것을 강력하게 추천한다. 이 가르침은 결국 남편의 마음을 닫게 할 대화로 문제를 해결하려는 자연스러운 성향에서 아내를 보호해 줄 것이다. 남편이 숨 막혀하는 것이 보이면 베드로의 명령을 따를 때가 된 것이다. "말로 말미암지 않고" 남편을 얻으라. 아무 말도 하지 말라는 뜻이 아니다. 온유하고 정숙한 마음(a gentle and quiet spirit)과 존경하는 태도로 남편에게 문제를 제기한다면 남편도 마음을 열고 대화하기 시작할 것이다.

부드럽고 조용하게 존경하는 일은 확실히 효과가 있다. 어떤 아내는 내게 이런 말을 했다. "남편과 대화하면서 내가 얼마나 남편을 오해해 왔는지 알게 되었습니다. 그래서 더 주의 깊게 듣고 질문하게 되었습니다. 좀 더 인내하고 덜 상처 받습니다. 상처를 받더라도 아파하는 시간이 줄었고요. 지금은 훨씬 마음이 평온합니다."

3개월만 남편에게 부드럽고 조용한 심령으로 대하고 나서 부부 관계에 무슨 일이 일어나는지 살펴보라. 사람에게 가장 크게 동기를 부여하는 것은 바로 그 사람에게 있는 가장 깊은 욕구를 채워주는 것이다. 존경받고 싶은 남편의 욕구를 만족시키면 남편 역시 아내의 가장 깊은 욕구인 사랑의 욕구를 채워주고 싶은 마음이 들 것이다.

그렇다고 정숙한 마음을 갖는 것이 자신의 욕구를 전혀 표현하지 말라는 뜻은 아니다. 사랑받고 싶다고 말할 수 있다. 단지 존경을 담아 남편이 감당할 수 있는 속도로 말하라. C-O-U-P-L-E이라는 사랑의 욕구가 채워지길 바란다면 C-H-A-I-R-S라는 남편의 욕구를 먼저 생각하라. 궁극적으로 도달할 목표는 서로를 이해하는 것이지 이해받는 것이 아니다.

---

<더 깊은 사랑과 존경을 위한 조언>

## "부드럽고 조용하게 남편을 존경하기가 정말 힘들어요!"

물론 "말로 말미암지 않고" 남편에게 다가가기란 믿음의 모험이 필요하다. 악성 사이클을 멈추고 활력 사이클이 (때로는 아주 느리게 돌아가더라도) 계속 돌아가게 하려면 "쉬지 말고 기도하라"(살전 5:17). 특히 좌절되거나 힘들 때면 이 아내처럼 유머를 담아 기도해 보는 것도 좋다. "주님, 남편을 이해할 수 있는 지혜와 용서할 수 있는 사랑을 주세요. 남편의 변덕을 참아낼 인내도요. 만약 제게 힘을 주신다면 남편을 죽도록 팰지도 모르니까요!"

### 남편들이여, 아내의 말에 귀를 기울이라

앞에서 말이 많은 아내가 빠지기 쉬운 함정에 대해 경고했다면, 이제는 말수가 지나치게 적은 남편이 저지르기 쉬운 잘못을 지적하고자 한다. 말이 많은 아내에게 말을 너무 많이 하지 말라고 한 내 권고를 도망갈 구실로 삼아서는 안 된다. 부부 대화를 증진하려는 노력을 하지 않아도 된다는 말도 아니다. 베드로는 아내들에게 적게 말하며 조용하고 존경하는 삶을 살라고 말하고 나서(벧전 3:1-6) 곧이어 이렇게 말한다.

> "남편들아, 이와 같이 지식을 따라 너희 아내와 동거하고, 그를 더 연약한 그릇[7]이요 또 생명의 은혜를 함께 이어받을 자로 알아 귀히 여기라. 이는 너희 기도가 막히지 아니하게 하려 함이라"(벧전 3:7).

이 말씀에서 말수가 적은 남편들이 생각해 볼 점이 있다. 남편은 그리스도를 존중하듯 순종하는 마음으로 아내에게 관심을 기울여야 한다. 아내에게 다가가 아내 말에 귀를 기울이고 공감하며 아내를 이해하려고 노력해야 한다. 아내는 남편이 멀어지고 말이 없어지는 걸 두려워한다.

베드로는 특히 남편들에게 "아내를 잘 이해하며 함께 살아가라"고 말한다. 전형적인 남자는 본래 이해하려는 노력을 소홀히 하기 쉽다. 핑크 아내에게서 벗어나 빨리 블루적인 일을 하고 싶기 때문이다. 그러나 그런 모습을 볼 때 아내는 가장 사랑받지 못한다고 느낀다.

사랑과 존경 사역을 하면서 나는 베드로가 "아내를 잘 이해하며 함께 살아가라"고 한 말이 무슨 뜻인지 곰곰이 생각했다. 그리고 드디어 아내를 강철이 아닌 귀한 도자기로 여기고, 그리스도 안에서 생명의 은혜를 함께 이어받을 자로 여기는 선한 의도를 가진 남편이 활력 사이클에 계속 머물 수 있게 할 처방전을 찾아냈다.

- 아내가 당신과 대화하려고 다가오면 귀 기울여 아내 말을 들어주라. 당신이 그 누구보다 중요한 사람이기 때문에 당신과 대화하고 싶은 것이다. 아내에게는 남편인 당신만이 채워줄 수 있는 특별한 정서적 욕구가 있다. 가끔 이해할 수 없는 말을 하거나, 흥분해서 말실수를 하고 부풀려서 말하기 일쑤라도 아내를 실망시키지 말라. 그보다 아내가 가슴으로 하는 소리에 귀를 기울여야 한다. 아내에게 걱정을 늘어놓을 수 있는 기회를 주라. 그리고 아내를 고치려 들지 말라. 먼저 요청하기 전에는 문제를 해결하려 들지 말아야 한다.

- 가끔 남편 역할을 제대로 하고 있는지 아내에게 건설적으로 비판해 달라고 요구하라. 물론 그리 즐거운 일만은 아닐 것이다. 아마 이런 말을 듣기 쉬울 것이다. "당신은 항상……", "당신은 한 번도……" 그래도 남자답게 담담히 받아들이라. 변명하거나 아내를 밀쳐내려 한다면 아내 마음은 산산이 부서질 것이다. 겸손히 아내에게 사과하고 나아질 방법을 찾아야 한다.

- 아내가 정확하게 알지 못하는 것을 당신이 알려줘야 한다면 조용히 사실을 설명해 주라. 생색내거나 거만하게 굴지 말라. 사실을 알려주는 것만으로 충분하다.

- 존경받기 위해 화를 내거나 비꼬지 말라. 존경받지 못하는 것처럼 느껴지면 말로 표현하라. 줏대 없는 남자나 겁쟁이가 되지 말라. 아내가 감정에 휩싸이는 것 같으면 단호하지만 부드럽게 사랑으로 진정시키라. 그렇게 하다 보면 당신은 매우 행복해하는 아내를 두게 되고, 자신도 매우 행복한 남자가 되어 있을 것이다.

한 남자가 사랑과 존경을 알기 전과 후를 이렇게 비교했다. "전에는 아내가 내게 문제를 가지고 오면 다 듣고 나서 대부분 이렇게 대답했습니다. '아, 그래요? 그럴 땐 어떻게 하냐면…….' 나는 항상 해답을 주려는 태도로 아내 말을 들었지, 이해하기 위해 들어본 적이 거의 없었습니다." 결과는 뻔했다. 이 부부는 자주 악성 사이클에 올랐지만, 지금은 사랑과 존경 원칙을 열심히 적용해서 즐겁게 활력 사이클을 돌리고 있다. 이 남자는 덧붙여 이렇게 말했다. "지금은 아내가 문제를 가지고 와서 말하면 더 열심히 듣고 아내 기분을 이해해 주려고 노력합니다. 더 이상 '빨리 말해. 내 생각을 말해 줄 테니까'라는 태도로 듣지 않습니다."

## 거미줄식 대화 극복하기

아내를 이해하고 싶은 선한 의도를 가진 남편이라면 반드시 장애물을 만날 것이다. 그중에서도 가장 까다로운 것으로 거미줄식 대화(spiderwebbing)가 있다. 사전에는 없는 말이지만, 결혼한 사람이라면 무슨 말인지 눈치챘을 것이다. 어떤 이야기를 시작하더니 그 이야기가 끝나기도 전에 다른 이야기를 시작하고, 그 이야기가 끝나기 전에 또 다른 이야기로 이어지고, 그 이야기를 다 마치지도 않았는데 다시 앞 이야기로 돌아가서 이야기가 계속된다. 한 번에 여러 가지 일을 동시에 할 수 있는 여자들에게 이런 대화는 식은 죽 먹기다.

여자들은 여럿이 모여 이야기를 나누는 것을 즐겨한다. 대화하는 도중에 절대 한 가지 이야기를 끝내는 법이 없다. 이야기를 하다 보면 또 다른 이야기가 생각나기 때문이다. 30분 넘게 그렇게 하다가도 어떻게든 다시 한 바퀴 돌아서 결국 그 모든 이야기를 끝맺는다. 남편들에게는 그런 대화가 쉽지 않다. 여기 전형적인 거미줄식 대화가 있다.

아내: 여보, 오늘 무슨 일이 있었는지 아세요? 글쎄, 오늘 중학교에서 화재경보기가 울렸대요. 그래서 학생들이 모두 밖으로 뛰어나왔는데 조이가 그만 코트를 안 입고 나왔다는 거예요. 눈도 오는데 그 상태로 운동장에 20분이나 서 있었나 봐요. 결국 감기가 심하게 걸려서 오늘 병원에 갔다 왔어요

남편: 아, 그래요? 어쩌다 불이 났대요?

아내: 불이 난 게 아니고 그냥 소방훈련이었대요.

남편: 그래서 조이가 감기에 걸렸다고요?

아내: 네. 그런데 내가 하려는 말은 그게 아니에요. 글쎄, 스미스 의사 선생님이 이혼을 한다는 거예요. 그 의사가 글쎄, 가정을 버린대요. 그 병원 사무직원 메리한테 들었어요. 당신, 메리 알죠? 나랑 메리 오빠랑 같은 고등학교 다녔잖아요. 몇 번 만난 적도 있는데. 얼마나 귀여웠던지……. 그 오빠, 성적이 나빠서 퇴학당한 거 기억나요? 그런데 메리 말로는 지금 건설업을 해서 백만장자가 되었대요. 믿을 수 있어요? 피오리아에 거대한 쇼핑몰도 지었대요. 결혼해서 아이가 넷인데 그중 하나는 장애아인가 봐요. 정말 안됐지 뭐예요. 다음에 피오리아에 가면 그 쇼핑몰에 한번 가 봐요. 그건 그렇고 당신, 오늘 집에 오면서 세탁소에 들러 내 옷 찾아왔어요? 오늘 7시 30분까지는 파티에 가야 하는데. 7시 10분까지 준비할 수 있죠? 오늘 아이 봐주는 사람이 새로 왔는데, 투손에서 이사 왔대요. 정말 좋은 사람인 것 같아요. 얼마 전에 우리랑 함께 일할 때, 에밀리가 말해 줬어요. 참, 저 이제 등 아픈 거 다 나았어요. 그리고 이번 달 헬스클럽 회비 냈어요? 지난달에 등록 날짜가 지났다는 말을 들었을 땐 정말 창피했단 말이에요.

만약 두 여자가 나누는 대화라면, 이 긴 이야기를 듣고 있던 여자는 한마디도 빠짐없이 다시 말할 수 있을 것이다. 그러나 남자라면? 아마 멍해지고 골치 아파할 것이다. 누군가가 피오리아에 지었다는 쇼핑몰 쯤에서 헤매고 있을 것이다. 남자가 보통 거미줄처럼 복잡하게 얽힌 이야기에 완전히 맥을 못 추는 이유는 하나님이 남자를 직선적으로 만드셨기 때문이다.

남자들이 회의하는 모습을 생각해 보자. 네 가지 안건을 가지고 회의를 시작한다. 첫째 안건을 시작하면 쭉 그 주제에 대해 이야기한다. 투표해서 9 대 3으로 통과되면 그 안건은 끝난다. 그리고 둘째 안건으로 넘어간다. 같은 방법으로 진행된다. 남자들은 보통 한 가지 안건에 끈질기게 매달린다. 한 가지 안건을 완전히 끝내야 다음 안건으로 넘어간다. 이것을 직선적 사고라고 한다. 남자들은 집에서도 그렇게 대화하려고 한다. 그런데 아내가 한 가지 이야기에서 다른 이야기로 경중경중 건너다니면 남편은 머릿속이 하얘지고 눈빛이 멍해진다. 그러면 아내는 눈치채고 이렇게 말한다. "당신, 내 말 안 듣고 있죠?"

거미줄같이 복잡한 아내 말을 이해하지 못한 남편은 "뭐라고요?" 하고 물어볼 수밖에 없다. 아니면 수줍게 웃으며 인정해야 한다. "아, 미안해요." 또 어떤 남자들은 슬그머니 텔레비전 리모컨을 잡을 것이다. 어떤 식으로 반응하든 활력 사이클은 급격히 느려진다.

어떤 아내들은 거미줄식 대화에 반응을 보이지 않는 남편을 이야기에 관심이 없다고 생각한다. 단지 남자들은 그렇게 많은 정보를 한꺼번에 처리할 능력이 없을 뿐이다. 그러면 어떻게 해결해야 할까? 거미줄식 대화를 완전히 포기하고 남자들처럼 직선적인 사고로 대화해야 할까? 천국이 아니고서는 그렇게 하기란 어려울 것 같다. 그저 서로에게 좀 더 너그러워지는 수밖에 없다. 남편은 아내가 감정을 자유롭게 이야기하게 해주고 공감해야 한다. 아내는 거미줄식 대화를 되도록 줄이고, 그렇게 긴 이야기는 여자 친구들을 위해 남겨두면 좋겠다.

## 갈등 없이 좋아지는 결혼생활은 없다

거미줄식 대화는 남편과 아내가 겪는 사소하고 일상적인 오해 가운데서도 재미있는 예라고 할 수 있다. 그러나 부부 사이에 일어나는 이런 사소한 문제들을 가벼이 여겨서는 안 된다. 내가 아주 작고 일상적인 일들을 지나치게 강조하는 것처럼 보일지도 모르겠다. 그러나 부부 사이에 생기는 많은 갈등과 말다툼, 싸움은 아주 작은 일상의 대화에서 시작된다. 일상적인 오해는 피할 수 없는 일이기도 하다.

작은 오해가 있다고 해서 부부 관계에 문제가 있는 것은 절대 아니다. 제대로 된 관계를 맺지 못하고 있다는 좌절감에 빠질 수는 있다. 그러나 당신 부부는 다른 이웃 부부들처럼 지극히 정상이다.

많은 아내가 결혼생활이 만족스럽지 못하고 낭만적이지 않다고 생각하는 이유는 드라마나 영화에서 보는 결혼생활 때문일 것이다. 제발 텔레비전이나 스크린에 비친 환상을 보며 어리석은 함정에 빠지지 말라. 영화에 나오는 낭만적인 모습은 흥행을 목적으로 전문 배우가 연기한 설정일 뿐이다.

카메라 앞에서는 열정적이고 낭만적으로 사랑하지만, 실제 삶에서는 배우도 보통 사람과 전혀 다르지 않다. 누구나 기본적인 욕구는 같다. 아내는 사랑을, 남편은 존경을 바란다. 사랑과 존경을 실천하는 부부만이 더 풍성하고, 더 만족스럽고, 물론 더 낭만적인 결혼생활을 하게 된다고 확신한다.

그러려면 반드시 먼저 인정해야 할 일이 있다. 결혼은 갈등을 통해 좋아지지, 갈등 없이는 좋아지지 않는다. 성경은 "결혼한 뒤에는 이 세상에서 겪는 환난을 맞이하게 될 것"(고전 7:28, 쉬운성경)이라고 말한다. 그러나 성경은 우리가 생활하면서 부딪치는 일상적인 부부 갈등과 문제, 오해를 해결할 지혜도 가르쳐준다. 1973년, 사람들 앞에서 결혼 서약을 한 뒤로 사라와 나는 꾸준히 일상의 어려움에 성경의 지혜를 적용해 왔는데, 그럴 때마다 결과는 언제나 만족스러웠다.

활력 사이클에 있다고 늘 최상의 상태에 있는 것은 아니다. 물론 그럴 때도 있지만, 그저 조용히 사랑하고 존경하면서 정말 힘겨운 시간을 잠잠히 지날 때도 있다. 해야 할 일을 잘 감당한다면 순탄하게 지나가지만, 오해나 갈등이 생겨 힘들 때면 사랑과 존경하는 태도로 문제를 해결해야 한다.

## 한 단계 더 나아간 사이클

지금까지 악성 사이클을 멈추고 활력 사이클이 부드럽게 돌아가게 하려면 어떤 말과 태도를 보여야 하는지 살펴보았다. 그러나 성경 말씀에 따른 부부 대화로 다른 한 가지 주기를 더 돌릴 수 있다. 바로 상급 사이클이다. 상급 사이클이라고 부르는 이유는 이 땅에서 부부 관계가 어떻든 간에 하나님이 상급을 준비하고 계시기 때문이다. 배우자가 대화하려 하지 않아도 하나님과 대화할 수 있다. 12기통 엔진으로 활력 사이클이 돌아가고 있는 부부도 상급 사이클을 알아야 한다. 배우자를 사랑하거나 존경하는 모든 행위는 무엇보다 먼저 하나님을 향한 순종에서 시작되어야 한다. 12장에서는 상급 사이클의 작용 원리와, 건강한 의사소통에 상급 사이클이 필요한 이유를 살펴보자.

<주>

1.
일터에서 성공하기 원하는 남편의 "정복"에 대한 욕구를 더 깊이 이해하고 싶다면 「사랑과 존경」 16장을 보라.

2.
성경적인 계급의 진정한 뜻을 알고 싶거나, 남성우월주의나 극단적인 여성주의자가 성경을 얼마나 잘못 이해하고 있는지 알고 싶다면 「사랑과 존경」 17장을 보라.

3.
"51퍼센트 법칙"에 대한 자세한 설명이나 권위(섬기고 인도하고 싶은 남편의 욕구)를 자세히 알고 싶다면 「사랑과 존경」 18장을 보라.

4.
어깨를 나란히 하는 관계에 대한 이해나 충분한 설명을 원한다면 「사랑과 존경」 20장을 보라.

5.
아내가 사랑받지 못한다고 느낀다고 해서 남편에게 정말 사랑이 없는 것은 아니다. 그렇지만 활력 사이클이 계속 돌아가게 하려면 남편은 아내의 부정적인 태도를 긍정적으로 대해야 한다.

6.
가장 존경받는 부부 관계 연구가인 존 고트만은 이렇게 썼다. "연구를 위해 살펴본 부부 관계 상호작용에 관한 글을 보면, 아내는 남편보다 늘 더 지적하고, 요구하며, 위압적이고, 상당히 감정적으로 반응하는 것으로 묘사된다."

7.
더 연약한 그릇이라는 표현은 여자가 남자보다 열등하다는 뜻이 아니다. 베드로는 하나님이 여자를 구리나 철로 된 솥단지가 아니라 섬세한 도자기 그릇으로 만드셨다고 말하는 것이다.

무엇보다 결혼은 하나님과 맺은 관계며, 부부는 하나님 방식대로 의사소통해야 한다. 하나님 방식대로 의사소통한다는 것은 조건 없는 사랑과 존경의 언어를 사용한다는 뜻이다. 사랑과 존경의 언어를 사용할 때 하나님이 보상하신다. 배우자가 사랑이나 존경의 언어에 긍정적으로 반응하지 않아도 그분은 상을 주실 것이다. 바로 그것이 상급 사이클이다.

12장에서는 자신이 '무조건'이라는 원리로 살아가는 하나님 나라에 속한 사람임을 깨닫는 것이 얼마나 중요한지 볼 것이다. 13-15장에서는 조건 없는 사랑과 존경으로 말하는, 구체적이고 성경적인 다섯 가지 방법을 배울 것이다. 이런 언어를 조건 없이 사용하는 사람이 바로 하나님 방식대로 말하고 하나님을 영화롭게 하는 사람이다.

Part 4.

"상급 사이클":
'무조건적' 사랑과
존경을 실천하는 주기

상급 사이클을 행하는 모든 사람에게 _
"너희 담대함을 버리지 말라. 이것은 큰 상을 얻게 하느니라" (히 10:35).

chapter 12

# 모든 부부에게 주어진 피할 수 없는 명령

사랑과 존경을 배우고 실천하려는 사람은 대부분 악성 사이클 개념은 물론 악성 사이클이 미친 듯이 돌아가는 것을 막으려면 끊임없이 긴장해야 한다는 사실을 쉽게 이해할 수 있을 것이다. 활력 사이클에 대해서도 마찬가지다. C-O-U-P-L-E로 아내를 사랑하고 C-H-A-I-R-S로 남편을 존경하면 악성 사이클에 오르지 않는다는 것을 쉽게 이해할 수 있을 것이다.

그러나 사라와 나를 포함하여 모든 사람은 활력 사이클이 완벽하지 않다는 걸 알게 된다. 좀 더 정확히 표현하면 C-O-U-P-L-E이나 C-H-A-I-R-S를 완벽하게 실천할 수 있는 사람은 아무도 없다. 우리는 모두 인간이기 때문에 누구도 완벽하게 말할 수 없다(약 3:2). 당신과 배우자는 완벽하게 사랑하거나 완벽하게 존경하지 못할 것이다. 그러면 어떻게 할 것인가? 많은 부부가 악성 사이클을 늦추고 멈추는 데는 성공하지만 활력 사이클을 활기차게 유지하기는 쉽지 않다고 말한다. 의사소통도 완벽하게 이루어지지 않기 때문에 자꾸 용기를 잃는다고 한다. 그래서 상급 사이클이 필요하다. 상급 사이클이란 바로 이런 것이다.

> 아내의 존경과 상관없이 남편은 아내를 사랑한다.
> 남편의 사랑과 상관없이 아내는 남편을 존경한다.

지금 당장은 결혼생활이 엉망이고 악성 사이클에 완전히 붙잡힌 것처럼 보여도 남편은 아내를 조건 없이 사랑하기로, 아내는 남편을 조건 없이 존경하기로 결단하는 것이다. 여기에 "만약"이나 "그렇지만"이라는 전제조건은 달려 있지 않다. "남편이 존경받을 만하면 존경하기 시작할 거야"라든가 "아내가 어느 정도 존경을 보여야 나도 사랑한다는 말을 하지"라는 식의 인간적인 기준이나 타협점은 없는 것이다(조건 없이 사랑하거나 존경한다는 의미를 더 알고 싶으면 부록 5를 보라).

상급 사이클은 일차적으로 자신이나 결혼생활에 관한 것이 아니라 바로 예수 그리스도와의 관계에 관한 것이다. 배우자와의 관계가 심각하게 나쁠지라도 가장 먼저 수행해야 할 임무는 예수 그리스도를 사랑하고 존경하며 섬기는 것이다. 이 책의 마지막 부분인 상급 사이클은 배우자와의 의사소통보다 하나님과의 의사소통을 더 중요하게 여긴다. 아마 배우자가 전혀 대화에 관심을 보이지 않을 때도 있을 것이다. 그렇기 때문에 기도가 중요하다.

기도란 끊임없이 하나님께 이야기하는 것이다. 짐을 내려놓고, 하나님께 도우심을 구하며, 조건 없는 사랑과 존경을 행할 힘을 간구하는 것이다. 그리스도를 섬기는 마음으로 조건 없는 사랑이나 존경을 말할 때 종종 놀라운 일이 일어난다. 더 행복한 결혼생활과 더 깊이 있는 부부 대화, 진정한 하나 됨과 참된 우정을 누릴 수 있다.

하지만 아무리 사랑과 존경 원리로 살아보려고 노력해도 배우자가 전혀 흥미를 보이지 않거나, 대놓고 적대적이거나, 떠나려 하거나, 별거나 이혼을 원하는 경우도 있을 것이다. 둘 다 사랑과 존경 원리를 실천하려는 경우에도 열심이나 훈련에 있어서 정도가 다르다. 어떤 경우든 간에 상급 사이클에 오르는 것은 피할 수 없는 명령(imperative)이다.

## 행복한 부부에게도 상급 사이클이 필요하다

상급 사이클은 문제 있는 부부나 서로 협조적이지 않은 부부에게만 해당될까? 사랑과 존경 세미나에서 중요하게 가르치는 것 가운데 하나가 바로 활력 사이클이 잘 돌아가는 부부에게도 상급 사이클이 필요하다는 사실이다. 누구라도 경험했겠지만 늘 막힘없이 활력 사이클이 핑핑 돌아갈 수는 없다. 사라가 존경하는 말로 다가온다고 해서 내가 항상 사랑의 말로 응답하는 것은 아니기 때문이다. 야고보서 3장 2절을 좀 다르게 풀어본다면 "말에 실수가 없으려면 완벽한 사람이어야 한다"는 뜻이다. 천국이 아닌 이 땅에서는 그렇게 완벽한 사람을 찾기 힘들다.

활력 사이클이 기대한 만큼 일 년 내내 잘 작동하지 않으면 무슨 일이 일어날까? 활력 사이클이 돌아가도록 유지하기란 쉽지 않다. 특히 작정하고 사랑이나 존경의 말을 했는데도 상대방이 그에 합당한 반응을 보이지 않으면 더욱 그렇다. 사라가 내게 존경을 보였는데도 내가 사랑으로 대답하지 않은 때를 다시 떠올려보자. 아마 활력 사이클이 느려지다가 멈추어 버렸을 것이다. 사라는 이렇게 쉽게 말할 수 있었다. "좋아요. 나는 우리 관계를 위해 할 일을 다 했어요. 이젠 당신 차례예요. 다시 제자리로 돌려놔 보시죠." 그런데도 내가 고집을 꺾지 않고 어떤 조치도 취하지 않은 채 미안해하지 않는다고 가정해 보자. 어쩌면 나는 다른 생각에 빠져서 사랑 없이 행동한 사실조차 깨닫지 못할 수도 있다. 아니면 반대로 내가 사라에게 사랑을 표현했는데도 무슨 이유에서인지 섭섭한 대접을 받을 수 있다. 아무리 사이가 좋은 부부라도 이런 일은 얼마든지 일어날 수 있다.

그러므로 그리스도를 따르는 자라면 상급 사이클이라는 다른 관점으로 부부 관계를 바라봐야 한다. 상급 사이클을 중요하게 받아들인다면, 결혼생활에서 단지 존경받기 위해 사랑하거나 사랑받기 위해 존경하는 것보다 더 큰 동기가 생길 것이다. 그리스도 안에서 성숙할수록, 받기 위해 주는 것이 아니라는 점을 깊이 이해할 것이다. 상대방을 마음대로 다루기 위해 사랑하고 존경하는 것이 아니다. "성관계를 해주면 더 사랑으로 대해 줄게"라든가 "돈을 더 쓸 수 있게 해주면 성관계를 잘해 주지"라는 식으로 생각하지 않는다.

따라서 사라와 내가 찾은 다음 결론이 사랑하고 존경하려는 최우선 동기가 되어야 한다. 부부가 서로 사랑과 존경으로 말하려는 가장 중요한 동기는 그리스도께 순종하려는 마음이라는 것이 바로 상급 사이클이다.

> 의사소통이라는 개념으로 상급 사이클을 다시 설명하자면,
> 아내가 존경하는 태도로 말하든 안 하든 남편은 사랑으로 말한다.
> 남편이 사랑하는 태도로 말하든 안 하든 아내는 존경으로 말한다.

사랑과 존경 원리를 네 번이나 듣고 나서야 겨우 상급 사이클의 중요성을 깨달았다는 남편이 있다. 세미나에 두 번이나 참석했는데도 말이다. 테드와 아내 타미는 사랑과 존경을 실천하는 것이 잘될 때도 있

지만 그렇지 않을 때도 있다고 한다. 어리석게도 같은 실수를 반복해서 자꾸 악성 사이클에 빠지는 경우가 많았던 것이다. 그런데 갈등이나 싸움이 생기면 테드는 C-O-U-P-L-E 원리로 극복하려 하기보다 도망가서 숨는 편을 택했다.

 2년간 사랑과 존경으로 노력해도 말싸움을 하는 건 좀처럼 바뀌지 않았다고 한다. 테드는 "원래 그런 놈이니까 그냥 내버려 둬"라고 변명하며 부부 문제를 포기하고 일축해 버리고 싶었지만, 다행히 포기하지 않고 계속 사랑과 존경 세미나에 참석했다. 그리고 마침내 상급 사이클에 대해 네 번째 들었을 때 마법 같은 일이 일어났다. 테드에게서 이렇게 편지가 왔다.

> 세미나에서 상급 사이클에 대해 배울 때입니다. 이런 질문을 하셨지요. "결혼의 목적이 무엇입니까?" 저는 속으로 '자녀를 낳고, 기독교적 가치관의 본을 보여주어 다음 세대의 지도자를 키워내는 것입니다'라고 대답했습니다. 그런데 당신의 대답은 달랐습니다. 결혼생활은 시험장이라고 했습니다. 하나님 아버지와의 궁극적인 관계를 준비하는 과정으로, 결혼생활을 통해 하나님께 영광을 돌릴 수 있다고 했습니다. 그 대답이 급소를 찔렀습니다. 결혼에 대한 제 생각이 얼마나 짧았는지 알게 되었습니다.

 실력 있는 판매원인 테드는 데일 카네기 처세술을 적절히 사용하여 손님을 대할 줄 알았다. 높은 수준의 서비스를 제공했고 그 결과 많은 소개를 받아 고객이 늘고 좋은 실적을 올릴 수 있었다. 네 번째로 상급 사이클에 대해 배울 때에서야 비로소 자신이 아내 타미나 아이들을 대할 때에는 고객을 대하던 처세술은 온데간데없고 애정 없는 태도로 아내가 하는 말마다 이유를 캐묻고 따지려 든다는 것을 깨달았다. 만약 아내가 손님이라면 결코 그런 식으로 말에 토를 달거나 자기 방식대로 하라며 참견하지 않을 것이다.

아내는 존중하고, 소중히 하며, 조건 없이 사랑하라고 하나님이 주신 귀한 선물이다. 그러나 테드는 손님에게만 더 인내하고 더 잘 대해 온 것이다. 상급 사이클 원칙을 마음에 새기기 시작했을 때, 그리고 결혼생활이 하나님과 더 가깝고 친밀해지기 위해 준비된 것이며 궁극적인 보상이라는 사실을 알았을 때, 테드는 무엇보다 가장 먼저 하나님께 나아가야 하며 그리고 나서 아내를 조건 없이 사랑할 방법을 찾아야 한다는 사실을 깨달았다. 테드는 이렇게 편지를 맺고 있다.

> 세미나를 듣는 동안 하나님이 저를 변화시키셨습니다. 상급 사이클에 대해 들으면서 저는 하나님 말씀을 들었다고 기쁘게 말할 수 있습니다. 제 우선순위에 변화가 생겼고 그 우선순위대로 살려고 노력하고 있습니다. 그 어느 때보다 아내와 좋은 대화를 나누고 있습니다. 물론 가끔 악성 사이클에 빠지긴 하지만, 둘 다 곧 알아차리고는 다음 정거장에서 바로 내릴 수 있게 되었습니다.

테드가 보낸 편지에서 가장 마음에 드는 부분은 영원한 천국뿐 아니라 바로 지금 이 땅에서도 그리스도의 보상을 받고 있다고 말한 것이다. 상급 사이클은 동화 속 이야기가 아니다. 사랑과 존경 메시지에 그저 영적인 부분을 더하려는 것도 아니다. 오히려 상급 사이클의 전제조건, 즉 배우자가 반응을 보이지 않더라도 하나님이 상을 주실 것이라는 사실이 우리가 가르치는 가장 중요한 내용이다. 하나님은 당신의 결혼생활을 중요하게 여기시기 때문이다.

## 우리 수준을 '무조건'이라는 차원으로 높이다

결혼생활이 아주 행복하든, 그저 그렇든, 끔찍하든 모든 부부는 상급 사이클의 진짜 의미를 깨달으면 '무조건'이라는 차원으로 들어서게 된다. 이것은 어떤 심오한 미스터리가 아니다. 새롭고 신선한 길, 즉 믿는 자라면 하나님 나라에 속해 있다는 사실을 깨닫는 것이다. 하나님 나라에 속한 자라면 아무리 힘들고 어려워도 하나님을 높이는 방식으로 행동하고 말한다. 내가 세 가지 부부 관계 주기를 발견한 날, 사라가 한 말처럼 말이다. "상급 사이클은 결혼생활에 뭔가 마술 같은 방법이 있다고 말하지 않아요. 사실 가끔은 하나님을 사랑하고 존경하기 때문에 해야만 하는 일이 있잖아요."

가끔 이런 질문을 받는다. "그럼 보상은 어떻게 받나요? 상급 사이클은 실제로 어떤 효과가 있지요?" 하나님 앞에서 신실하게 결혼생활을 살아낼 때 그분이 확실히 보상하신다. 첫째, 바로 지금 이 땅에서 하나님의 존재와 힘을 경험할 수 있다. 하나님이 당신을 지탱하시고 당신 기도에 날마다 응답하실 것이다. 둘째, 상상하지 못할 더 큰 상이 하늘에 기다리고 있다. 이 땅에서 겪은 아픔이 아무리 클지라도 하늘에서 맛볼 기쁨에 비하면 아무것도 아닐 것이다. 사실 예수님도 모든 그리스도인은 조건 없는 삶을 살아야 한다고 가르치셨다.

"너희가 너희를 사랑하는 자를 사랑하면 무슨 상이 있으리요? 세리도 이같이 아니하느냐? 또 너희가 너희 형제에게만 문안하면 남보다 더하는 것이 무엇이냐? 이방인들도 이같이 아니하느냐?"(마 5:46-47).

베드로도 핍박받는 그리스도인들에게 예수님의 가르침을 그대로 전하고 있다.

"사환들아 범사에 두려워함으로 주인들에게 순복하되 선하고 관용하는 자들에게만 아니라 또한 까다로운 자들에게도 그리하라. 부당하게 고난을 받아도 하나님을 생각함으로 슬픔을 참으면 이는 아름다우나 죄가 있어 매를 맞고 참으면 무슨 칭찬이 있으리요. 그러나 선을 행함으로 고난을 받고 참으면 이는 하나님 앞에 아름다우니라. 이를 위하여 너희가 부르심을 받았으니 그리스도도 너희를 위하여 고난을 받으사 너희에게 본을 끼쳐 그 자취를 따라오게 하려 하셨느니라. …… 욕을 당하시되 맞대어 욕하지 아니하시고 고난을 당하시되 위협하지 아니하시고 오직 공의로 심판하시는 이에게 부탁하시며"(벧전 2:18-23).

예수님과 베드로는 무조건이라는 차원에서 하나님이 원하시는 삶의 기준을 이야기한다. "나를 사랑해 주지 않는 사람도 사랑하라. 어떤 대우를 받든 옳은 일을 행하라." 나는 이 기준이 당연히 결혼생활에도 적용된다고 생각한다.[1] 존경받지 못할지라도 아내를 사랑한다면 그 남편은 보상을 받을 것이요, 사랑받지 못할지라도 매정하고 자격 없는 남편을 존경한다면 그 아내 역시 보상받을 것이다. 아내든 남편이든 미칠 듯한 어려움 속에서도 주어질 상급을 생각하면서 앞으로 나아가는 것이다. 하나님의 명령임을 깨닫고 당신이 하는 말과 행동을 하나님이 기뻐하시리라 믿는 것이다.

배우자가 악한 말을 하거나 배반하거나 떠나 버렸다는 사람을 많이 만나 보았다. 그런 사람들은 베드로가 한 이 말이 특히 와 닿을 것이다.

"너희가 그리스도의 이름으로 치욕을 당하면 복 있는 자로다. 영광의 영 곧 하나님의 영이 너희 위에 계심이라"(벧전 4:14).[2] 이런 아내도 있다.

남편이 집을 나가 버렸습니다. 더 이상 저를 사랑하지 않는다는 말을 남긴 채 말이죠. 남편도 자신이 왜 그런지 모르겠다고 합니다. 남편은 6개월 전과는 전혀 다른 사람이 되어 버렸습니다. 지난 13년 동안 무슨 일로든 아이들과 그렇게 오랫동안 떨어져본 적이 없는 사람입니다. 그런데 지금은 별로 신경 쓰지 않는 것 같습니다. 저는 남편을 사랑하고 남편이 돌아오길 바랍니다. 당신이 가르쳐준 대로 존경 카드[3]를 써 보았습니다. 좋은 징조라고는 지난밤 오랫동안 전화로 이야기한 것뿐입니다.

남편에게 쉴 공간이 필요한 것 같아 그대로 두었습니다. 남편은 계속 혼자 있을 시간이 필요하다고 말합니다. 저는 날마다 기도하고 있습니다. 하나님이 역사하고 계신 것을 압니다. 그렇지만 기도 말고 제가 할 수 있는 게 없을까요? 저는 남편이 필요합니다. 아이들도 아빠가 필요하고요. 4월이면 여덟 살이 되는 지미는 정말 힘든 시간을 보내고 있습니다. 가끔 악몽도 꿉니다. 학교도 가지 않으려고 하고요. 캔디스는 이제 네 살인데 이 상황을 전혀 이해하지 못합니다. 가끔 남편 대니와 제가 결혼식에서 함께 찍은 사진을 들고 돌아다닙니다. 우리 가족은 모두 남편이 보고 싶고 집에 돌아오길 바라고 있습니다. 남편이 왜 저를 증오하는 것처럼 행동하는지 전혀 이유를 모르겠습니다. 무얼 잘못했는지 말도 해주지 않습니다. 하나님이 없다면 여기까지 오지도 못했을 겁니다.

댄스 강사와 외도한 아내를 둔 남편은 이렇게 쓰고 있다.

아내에게 온갖 방법으로 사랑을 보이며 1년 반 동안 노력해 봤지만 아내는 전혀 반응이 없습니다. 저를 대하는 아내는 정서적으로 메말라 버렸습니다. 저 역시 아내가 그 남자와 지속적으로 관계를 갖는 것 때문에 몹시 무시당한다고 느끼고 있습니다. 아내는 한 달 전 자기 발로 집을 나갔습니다. 상담 선생님이 절대 그렇게 하지 말라고 했는데도 말입니다. 아내는 지금 다른 상담자를 만나고 있습니다. "개인적인 상담 중"이라고 하더군요.

내일은 밸런타인데이입니다. 아내에게 전화해서 주말에 만나자고 해야겠다고 생각하고 있습니다. 그러나 아마 마음에 없는 형식적인 전화가 될 것입니다. 저도 지난 몇 달 동안 아내에 대한 감정이 메말라 버렸기 때문입니다. 아내가 어떤 반응을 보이더라도 사랑하라는 당신의 충고가 제게 남은 마지막 희망입니다. 말하자면, 하나님이 주신 기회인 셈이죠. 지금 이 땅에서 내린 결정이 영원한 것들에 영향을 주리라 믿으면서 말입니다. 제게 얼마나 힘이 남아 있을지 모르겠습니다. 쉽지 않을 것입니다. 그렇지만 하나님이 원하신다는 것을 압니다. 제게 남은 것은 오직 하나님을 향한 희망과 신뢰뿐입니다.


### 절대, 결코, 마지막까지 포기하지 말라!

앞서 소개한 두 편지는 슬픈 사연을 담고 있다. 아내를 포기하고 떠나보낼 수도 있고, 남편을 저주하면서 다른 남자를 만날 수도 있다. 이 두 사람의 부부 관계에는 전혀 희망이 없는 것일까? 그렇지 않다! 고통 가운데 있는 이 두 사람은 바로 하나님을 향한 희망과 신뢰로 버티고 있다. 결코 희망을 버리지 말라. 배우자가 다른 사람과 결혼하여 완전히 떠나기 전까지는 타협할 기회가 완전히 사라진 것이 아니기 때문이다. 항상 희망은 남아 있다.

하나님이 문을 완전히 닫은 게 아니라면, 내가 먼저 문을 닫아서는 안 된다. 당신이 보기에는 절망적일지 몰라도, 하나님 관점에서나 하나님 능력에 있어서는 절대 그렇지 않기 때문이다. 또 한 가지, 방황하고 있는 배우자 역시 자신의 선택에 회의를 느끼고 돌아오고 싶을 가능성이 상당히 높다. 관계가 회복된 부부에게 종종 이런 말을 듣는다. "사실 그때 집으로 돌아오고 싶었습니다. 그렇지만 말하지 않았습니다. 저는 그때 가장 비열한 나 자신과 싸우고 있었으니까요."

누구나 알고 있듯이 새벽 직전이 가장 어둡다. 나는 아픔에서 회복된 가정을 많이 보아왔다. 포기하지 말라! 치유와 회복을 경험한 사연이 많다. 내게 메일을 보낸 어느 아내는 절망 속에서도 어떻게 하나님의 축복을 기대하며 즐거워하기로 결심하고 가정을 회복시켰는지 고백하고 있다. 아내는 좋은 집과 착한 세 자녀가 있지만 남편은 계속 절망시키고 화를 냈다. "저는 사랑받지도 이해받지도 못한다고 느꼈습니다. 그래서 저는 남편에게 매우 강하게 대항했습니다. 조금이라도 긍정적인 반응을 보여주길 바라면서 말이죠. 그러나 아무 소용이 없었습니다. 끝내 대화는 점점 나빠졌습니다."

그러다 이 아내는 「남편을 하나님께 인도하려면」[4]이라는 소책자를 접하게 되었다. 조건 없이 남편을 존경하라는 상급 사이클 개념을 두고 씨름하던 아내는 결국 결심하였다. 비록 이 땅에서 지내는 삶이 그가 꿈꿔온 삶은 아니지만 영원한 삶을 바라보고 살기로 작정한 것이다. 하나님의 부르심으로 깨닫고 마지막으로 노력해 보기로 한 것이다. 그리고 이 아내는 책에 적힌 대로 해보기로 했다. 그래서 나중에 아이들 얼굴을 마주보며 "엄마는 할 수 있는 한 최선을 다했다"라고 말할 수 있기를 바랐다.

조건 없이 존경하기 위해 '할 수 있는 모든 것'을 다하는 일은 혼자 힘으로 하기 힘들다. 그래서 하나님이 말씀하신 약속을 강하게 의지했다. 그중에는 "내게 능력 주시는 자 안에서 내가 모든 것을 할 수 있느니라"라는 빌립보서 4장 13절 말씀도 있다. 그는 몇 번이나 차고로 달려가 하나님께 도와달라고, 조건 없이 남편을 존경할 수 있는 힘을 달라고, 남편을 무시하고 싶은 욕망을 참을 수 있게 해달라고 부르짖었다. 하나님께 가까이 갈수록 그분이 가까이 오시는 걸 느낄 수 있었다. 자신이 남편에게 고함치고 소리치는 것보다 더 크게 하나님이 남편 가슴에 말씀하실 수 있다는 걸 알았다. 곧 남편은 아내의 존경하는 태도와 말투를 알아주기 시작했다. 말싸움은 점점 줄어들고 다시 함께 웃을 수 있게 되었다.

그러자 남편 역시 주님을 알고 싶은 마음이 커져갔다. 믿음의 친구들을 사귀고 성경공부에 참석하기 시작했다. 결국 남편은 가정에서 영적 지도자가 되었고, 심지어 100명이 넘는 사람들 앞에서 하나님에 대한 믿음과 조건 없는 존경을 보여준 아내를 통해 하나님이 자신과 가정을 변화시키셨다고 고백했다. 몇 달 전만 해도 "이 집에 사는 건 정말 끔찍해!"라고 소리치던 남자가 이제는 사람들 앞에서 하나님이 부부 관계를 어떻게 회복시키셨는지 말하고 있는 것이다. 그 순간 아내는 마치 하나님이 안아 주시면서 이렇게 속삭이는 것 같았다. "잘하였도다, 착하고 충성된 종아." 편지는 이렇게 끝난다.

우리는 아직도 노력하고 있습니다. 하나님의 은혜는 날마다 새롭습니다. 솔직히 자존심을 내려놓고 사회가 알려준 존경 얻는 방법을 거스른 아픔에서 저는 자유로워졌습니다. 저는 현관 깔개가 아닙니다. 사탄은 그렇게 믿으라고 하지만 말입니다. 전에 그토록 얻어내려고 애쓴 가정에서의 높임을 오히려 지금 받고 있습니다. 남편이 가끔 저를 도와주러 옵니다. 남편에게 도움을 원하지 않거나 도와주는 걸 고마워하지 않고 입술만 삐죽이던 예전보다 훨씬 기분이 좋습니다. 완전히 죽었다고 생각한 뇌의 화학반응도 새로 살아나고 있습니다. 이 모든 것을 하나님이 하셨습니다.

인내하는 배우자가 받는 가장 큰 보상은 자녀에게 선한 영향을 끼치고 좋은 본보기가 된다는 사실을 강조하고 싶다. 하나님이 마지막까지 노력하라고 부르시는 것을 느꼈다고 고백하는 아내를 보라. 그렇게 하기로 결심한 아내는 결과가 어떻든 아이들 앞에서 "엄마가 할 수 있는 건 다했다"라고 말할 수 있다는 걸 알았다.

## 남편이 '예수쟁이'가 되는 걸 원치 않았던 아내

때로는 남편이 아내를 돌이키는 경우도 있는데, 그런 부부를 소개하려고 한다. 몇 년간 고통 속에서 지낸 한 부부가 있다. 남편 엘리어트나 아내 린제이는 예수 그리스도를 통한 구원이나 예수 그리스도의 주 되심을 알지 못하는 사람들이었다. 엘리어트는 오랫동안 마약과 알코올 중독에 시달렸다. 그러다 결국 아내가 직장 동료와 외도에 빠지게 되었다. 그 사실을 안 엘리어트는 엄청난 충격에 휩싸였다. 친구에게 도움을 청하자 그 친구는 예수 그리스도를 소개했다. 그런 큰 위기를 통해 엘리어트는 하나님의 용서와 도우심이 필요하다는 것을 알게 되었고 그리스도인이 되었다.

남편에게 일어난 변화는 매우 분명해서 아내도 쉽게 알아볼 수 있었다. 처음에는 부정적인 의미로 다가왔다. 과거에는 알코올과 마약에 빠져 있더니 지금은 성경 읽기라는 다른 중독에 빠진 것처럼 보였기 때문이다. 아내는 예수쟁이 남편과 결혼했다는 사실이 싫었다. 그러나 남편의 변화는 계속 놀라움을 자아냈다.

사귀던 남자가 함께 살자고 했지만 아내는 계속 미뤘다. 그 남자가 직장을 옮겨 만날 기회가 적어지자 열정도 식어갔다. 그러면서 엘리어트와 린제이 사이에 놓인 높은 적대감도 허물어지기 시작했다. 결국 린제이는 남편이 맺은 그리스도와의 관계가 자기에게도 필요하다는 사실을 깨달았다.

린제이는 이렇게 쓰고 있다.

> 저는 주님께 무릎을 꿇고 용서를 빌며 제 마음에 찾아와 주시기를 청했습니다. 와우! 그러자 우리 부부 관계가 완전히 제자리를 잡았습니다. 새로운 교회를 찾고 성경공부도 시작했습니다. 아이를 입양하고, 쌍둥이 자녀도 낳고, 두 아이를 더 입양했습니다. 그런 식이 계속되었습니다. 하나님은 정말 좋은 분입니다!

몇 년 후 사랑과 존경 세미나에 참석한 린제이와 엘리어트는 상급 사이클에 대해 들으면서 자신들의 경험과 같다는 것을 알았다. 세미나는 부부 관계를 더욱 견고하게 만들었고, 그해 성탄절에 린제이는 엘리어트에게 에베소서 5장 33절이 새겨진 새 결혼반지를 선물했다. 엘리어트는 아내의 불륜을 용서하고, 삶을 꾸려가며, 아내가 자신과 자신의 믿음을 경멸하는데도 가정을 지킨 것에 대해 하나님께 칭찬과 인정을 받았다. 게다가 한 가지 상을 더 받았다. 바로 린제이가 믿음을 갖고 사랑과 존경의 부부 관계를 맺게 된 것이다.

## 하나님은 반드시 기도에 응답하신다

남편과 함께 사랑과 존경 세미나에 참석한 한 아내는 한동안 의사소통이 좋아졌다고 느꼈다. 그러나 아내는 곧 자기가 '잘해 줄 때'만 남편이 사랑으로 대해 준다는 사실을 알게 되었다. 한마디로 아내를 향한 남편의 사랑은 극히 조건적이던 것이다. 그때 상급 사이클 개념이 그 아내에게 반드시 필요한 안목을 심어주었다.

주님은 제가 남편의 사랑을 원하고 고통이 지나가길 바란다는 걸 알려주셨습니다. 그런데 성경은 하나님만이 제 마음의 유일한 소망이 되어야 한다고 말합니다. 하나님만이 제가 추구해야 할 유일한 갈망이어야 했습니다. 다른 건 한참 아래 두 번째 순위가 되어야 했습니다. 다른 욕구가 채워지지 않아도 하나님에 대한 내 사랑과 나에 대한 하나님의 사랑만으로 가장 깊은 욕구가 만족될 수 있었습니다. 그것이 제가 진심으로 가장 원하는 것이기 때문입니다.

남편도 아내의 변화를 눈치챘다. 남편은 어릴 때부터 그리스도인이었지만 아직도 아내를 조건적으로 사랑한다. 아내는 이렇게 쓰고 있다.

제가 하나님을 가까이하고 예수님을 닮아 가면 남편도 저를 좋아합니다. 그렇지 않을 땐 저를 피합니다. 그 상황을 이길 수 있는 비법은 남편이 어떤 반응을 보이든 개의치 않는 것입니다. 그리고 하나님이 허락하신 그 상황에 만족하는 것이지요. 하나님의 사랑으로 충만하기 때문에 가능하긴 합니다. 저는 큰 진보를 이루었지만, 아직도 가끔씩은 절제하지 못할 때가 있습니다.

상급 사이클이라는 그림을 이해한 어느 남편은 25년간 함께 살아온 아내가 집을 나갔을 때 상급 사이클 때문에 그 상황을 이겨낼 수 있었다고 한다. 아내는 외도나 학대 같은 전형적인 이유로 집을 나간 것이 아니었다. 아내가 말한 유일한 '이유'는 바로 남편을 사랑하지도 존경하지도 않기 때문이었다. 남편은 이렇게 쓰고 있다.

> 아내에게 거절당한 뒤 그로 인한 아픔 때문에 제 머릿속은 온통 복수하고 싶다는 생각뿐이었습니다. 그 생각이 사라질 것 같지 않았습니다. 그래도 예수님처럼 아내에게 명예롭고 고결한 행동으로 반응하고 싶습니다. 오직 하나님의 능력만이 그렇게 할 수 있는 유일한 희망입니다.

남편은 고통에 몸부림친 2년 동안 「사랑과 존경」을 읽고 DVD를 보았다. 눈물로 "헌신의 기도"(49쪽)를 드렸고, 하나님이 결혼생활을 변화시킬 수 없을 거라고 의심한 일을 회개했다. 그는 결국 이렇게 결론 내렸다.

> 저는 이런 상황 속에서 하나님께 더 가까이 가고 하나님을 경외할 수 있는 기회를 주신 걸 감사했습니다. 아내를 조건 없이 사랑하는 것이 제가 해야 할 숙제임을 압니다. 아내가 떠난 지금, 그렇게 할 수 있는 방법을 보여 달라고 기도했습니다. 진리의 말씀을 해주신 것에 대해 당신께 깊이 감사하고 있습니다. 그 말씀 때문에 이렇게 혼란스러운 가운데서도 마음을 다스릴 수 있었습니다. 저는 실패했고 많은 것을 잃었습니다. 그렇지만 저는 제가 일곱 번 넘어져도 오직 주님만 바라보며 다시 일어나는 의로운 자가 되길 기도합니다.

위에 인용한 편지들은 상급 사이클로 살아가는 것이 어떤지에 대해 해마다 받는 수백 통의 편지 가운데 몇 개일 뿐이다. 어떤 사람은 기적같은 회복을 경험하기도 하고, 또 어떤 사람은 실낱같은 희망을 붙잡고 살기도 한다. 그러나 이 모든 부부에게 공통된 핵심 요소가 하나 있다. 하나님을 신뢰하며 하나님이 자신의 기도에 응답하실 것을 믿고 순종으로 나아간다는 것이다.[6)] 하나님은 기도에 응답하셨고, 응답하시고, 응답하실 것이다. 바로 지금 이 땅에서 하나님은 신실한 증인들을 높이 셔서 자녀와 친구, 그들의 영향권 안에 있는 모든 사람에게 좋은 본보기로 삼으신다. 보상은 실제적이고 계속적이다. 그런데 정말 좋은 소식은 가장 큰 보상이 아직 주어지지 않았다는 사실이다.

## 비교 자체가 불가능한 '하늘에서 받을 보상'

결혼생활을 하면서 주님께 순종하면 지금 이 땅에서도 상당한 보상을 받는다. 그러나 하늘에서 받을 보상에 비하면 정말 보잘것없어 보일 것이다. 영광 가운데 받을 보상은 이 세상 어떤 것으로도 표현할 수 없다. 이 땅에서 무엇을 참고 견뎠든지 간에 주님 얼굴을 뵈올 때 받을 상은 몇 천억 배가 넘는 가치를 지녔을 것이다. 바울은 자신이 겪은 끔찍한 고난과 고통을 되돌아보며 겉사람은 낡아지나 속사람은 날마다 새로워진다고 말하고 이렇게 덧붙인다. "우리의 잠시 받는 환난의 경한 것이 지극히 크고 영원한 영광의 중한 것을 우리에게 이루게 함이니"(고후 4:17).

크게 적어 놓으라. "하나님은 당신의 말과 행동을 보상하실 것이다." 우리가 영원히 "우와!"라고 할 만한 것을 준비하고 계신다. 천국을 상상해 본다면, 주님을 마주 대할 때 느낄 기쁨은 지금껏 살면서 경험한 모든 놀랍고 즐거운 일들, 즉 결혼식, 첫아이의 탄생, 졸업과 승진, 멋진 휴가, 노을의 장관처럼 "우와! 진짜 좋다. 정말 행복해. 숨 막히게 아름다워!"라며 감탄할 이 모든 감정을 합친 것보다 몇 천억 배나 클 것이다. 비교 자체가 불가능하다. 천국에서 "우와!"라고 외치며 느낄 감정은 무한할 것이다. 하나님이 직접 주실 온전하고 영원한 보상이기 때문이다.

배우자의 반응과 상관없이 그를 조건 없이 사랑하고 존경하는 삶을 살았다면 하나님께 이런 말을 들을 것이다. "잘하였도다, 착하고 충성된 종아. 네가 적은 일에 충성하였으매 내가 많은 것으로 네게 맡기리니 네 주인의 즐거움에 참여할지어다"(마 25:21). 바울도 상급에 대해 이렇게 썼다.

"무슨 일을 하든지 마음을 다하여 주께 하듯 하고 사람에게 하듯 하지 말라. 이는 기업의 상을 주께 받을 줄 아나니 너희는 주 그리스도를 섬기느니라"(골 3:23-24).

상급 사이클은 아주 간단하다. 하나님께 영광을 돌리듯 배우자를 축복하라. 그러면 하나님이 당신을 축복하실 것이다.

### 거룩하라, 그러면 행복해질 것이다

대학에 다닐 때 들은 말이 있다. "하나님은 당신의 행복이 아니라 당신의 거룩을 원하신다." 나는 그 말을 잊을 수가 없다. 상담을 할 때도 자주 인용한다. 요점은 거룩하기 위해 노력하고 하나님을 위해 살라는 것이다. 그러다 보면 놀라운 부산물로 내적 행복이 뒤따른다. 그러나 부부상담 치료사는 대부분 개인의 행복이 무엇보다 우선되어야 한다고 처방한다. 이혼한 사람을 대상으로 한 조사에 따르면 상담자의 35퍼센트가 결혼생활을 지키길 원했고, 41퍼센트가 중립이며, 14퍼센트는 이혼을 격려했다.[7] 이 수치는 남편과 아내가 상급 사이클에 머물러야 한다고 생각하는 상담자가 그리 많지 않다는 뜻이다. 그러나 하나님은 부부가 상급 사이클에 머무르길 바라신다. 앞에서 이미 말했지만 어떠한 상황과 처지에 놓여 있더라도 문이 완전히 닫히기 전이라면 부부 관계는 언제든지 회복될 수 있기 때문이다.

성경은 하나님의 심판이 있다고 엄중히 경고한다. 확실히 구원받은 그리스도인에 대한 심판도 예고한다. 그러므로 사랑과 존경을 어느 정도 실천하다가 세상적인 지혜를 따르거나 길고긴 괴로운 여정을 견디기보다 '내 행복'이 더 중요하다는 목소리에 속아 넘어가지 말아야 한다. 오늘날 많은 부부는 거짓 선생들의 가르침에 속지 말라는 요한의 경고를 들어야 한다. "너희는 스스로 삼가 우리가 일한 것을 잃지 말고 오직 온전한 상을 받으라"(요이 8절).[8]

그리스도인은 늘 듣고 계시는 한 분을 위해 살아야 한다는 말씀은 결코 진부한 말이 아니다. 하나님은 살아 계시며, 귀머거리도 아니시다. 예수님은 "사람이 무슨 무익한 말을 하든지 심판 날에 이에 대하여 심문을 받는다"(마 12:36)고 가르치셨다. 바울도 불이 각 사람의 공적을 시험할 텐데, 누구든지 터 위에 세운 공적이 그대로 있으면 상을 받고, 불 타버리면 상도 사라져 버릴 것이라고 했다(고린도전서 3장 12절 이하를 보라). 나는 각 사람이 세우는 공적이란 우리가 말하는 언어가 아닐까 생각한다. 우리가 사랑의 말이나 존경의 말을 하느냐 안 하느냐가 중요한 것이다. 우리가 하는 모든 말이 심판받을 것이기 때문이다. 우리가 하는 말은 우리 마음을 드러낸다. 말 때문에 구원을 잃지는 않겠지만, 주님이 주시고 싶어하는 상급은 잃을 수 있다.

<더 깊은 사랑과 존경을 위한 조언>

## "상급 사이클로 모든 부부가 회복을 경험할 수 있을까?"

하나님이 주신 자유의지가 작용하는 한 상급 사이클이 늘 효과가 있다고 보장할 수는 없다. 예수님도 잠재적인 이혼의 아픔을 말씀하셨고(마 19:3-12, 막 10:11-12), 바울도 믿지 않는 배우자가 가정을 떠날 수 있으며 부부 관계가 끝날 수 있다고 말했다(고전 7:10-15). 그렇다면 배우자가 돌아오지 않고 떠나버리면 그동안 수고한 모든 것이 수포로 돌아가 버리고 말까? 보통은 그렇지 않다. 사실 거절당한 쪽에서 사랑과 존경을 담아 마음에서 우러난 말과 행동을 하면 "철커덩" 하고 보물창고가 열리는 효과를 경험하게 된다. 「사랑과 존경」에서 설명했듯이 천천만만의 천사들이 거대한 하늘 축복 창고문의 손잡이를 잡고 있는데,[5] 전혀 관심이 없는 배우자에게 사랑이나 존경이 담긴 말이나 행동을 하면 천사들이 일제히 그 손잡이를 돌려 ("철커덩!") 어마어마한 금 대접에 보물을 쏟아 붓는다.

물론 로또 복권이 당첨되어 횡재를 하게 된다는 말은 아니다. 그러나 정말 절망적이고 나아질 기미가 보이지 않을 때 순종하는 사람에게 하나님은 반드시 축복하고 상을 주신다.

## "너희 행위에는 상급이 있음이라"

그렇다면 어떻게 하나님이 주실 상급을 잃어버리지 않고 계속 지켜갈 수 있을까? 전혀 행복하지 않은 결혼생활을 하고 있는 한 남편의 편지가 이를 잘 말해 준다.

하나님은 확실히 저를 변화시키셨습니다. 하나님만 바라보면 문제가 없습니다. 그런데 상황을 바라보기 시작하면, 제가 받은 상처가 떠오르고 잘못된 길을 걷게 됩니다. 그럴 때, 해결의 열쇠는 바로 성경입니다. 성경이 아내가 아닌 나 자신에 대해 어떻게 말하는지 살펴봅니다. 하나님 말씀을 정말 사랑하게 되었습니다. 제게 주시는 말씀도 많습니다. 그중에서도 늘 가지고 다니는 낡은 말씀 카드가 있는데, 바로 역대하 15장 7-8절 말씀입니다. 7절은 "그런즉 너희는 강하게 하라. 너희의 손이 약하지 않게 하라. 너희 행위에는 상급이 있음이라 하니라"라고 말합니다. 그리고 8절 말씀을 이렇게 적용해 봅니다. "세드릭이(아사가) 이 말을 듣고 마음을 강하게 하여."

나는 이 남편에게 예수님 말씀을 하나 더 읽어 주고 싶다. "보라, 내가 속히 오리니 내가 줄 상이 내게 있어 세드릭(각 사람)에게 그가 행한 대로 갚아주리라"(계 22:12).

살아 있는 동안 예수님이 재림하시든 당신이 먼저 예수님께 가든, 예수님은 당신에게 상 주길 원하신다. 그러니 용기를 내라. 담대해지라. 포기하지 말라. 주님을 기쁘게 하려는 남편과 아내는 사랑과 존경의 말 때문에 상을 받을 것이다.

앞으로 남은 세 장에서는 특별히 하나님을 기쁘게 하는 다섯 가지 언어를 배울 것이다. 이 다섯 가지 언어를 배우면 이 땅에서 누리는 결혼생활에서 상을 받을 것이고, 즐거운 그날, 주님 앞에 서는 그날에 이런 칭찬을 들을 것이다. "잘하였도다, 착하고 충성된 종아."

"나의 반석이시요 나의 구속자이신 여호와여
내 입의 말과 마음의 묵상이
주님 앞에 열납되기를 원하나이다"(시 19:14).

chapter 13

# 예수님의 대화법
# 'T-U-F-T-S'

    내가 열여덟 살 때, 아버지가 예수 그리스도를 영접하셨다. 그때 아버지 나이는 51세였다. 믿음을 갖게 된 아버지에게서 가장 먼저 보인 변화는 바로 언어다. 험악한 말투와 욕이 사라졌다. 아버지가 하룻밤 만에 변화된 일을 생각하면 1904년 웰시 부흥이 떠오른다. 웰시 석탄 광산에서 일하던 많은 사람이 예수 그리스도를 믿었다. 믿음을 갖자 그들은 더 이상 욕을 하지 않았다. 그러자 문제가 발생했다. 석탄차를 운반하던 당나귀들은 욕에 길들여졌는데, 구원받은 광부들이 욕을 하지 않으니 움직일 생각을 하지 않는 것이다. 당나귀들을 다시 훈련시킬 때까지 석탄 생산은 심각하게 영향을 받았다.

    그렇다고 아버지가 당나귀에게 말하듯 어머니에게 말씀하셨다는 뜻은 아니다. 사실 아버지는 거의 말이 없으셨다. 말투도 그리 거칠지 않으셨다. 다만 어머니가 아버지 맘에 들지 않는 행동을 하면, 예를 들어 필요 없는 가구를 샀다든지 하면 크게 화를 내면서 어머니든 주위에 있는 사람이든 상관하지 않고 욕을 하셨다. 그런데 그리스도인이 되고 나서는 믿는 사람이 그렇게 험하게 화를 내는 것은 위선이라고 생각하셨다. 아버지는 하나님을 기쁘게 하고 그분께 순종하기 원한다면 그렇게 마음대로 화내고 욕해서는 안 된다는 것을 빨리 이해하셨다.

구원받은 뒤 아버지는 두 가지 중요한 관계를 맺으셨다. 바로 하나님과의 관계와 어머니와의 관계다. 이 두 관계가 서로 뗄 수 없는 관계라는 것도 아셨다. 하나님께 이야기하는 방식과 어머니에게 이야기하는 방식이 서로 다를 수 없다는 걸 아셨다. 내 기억으로는 믿음을 갖고 난 뒤, 아버지는 전과 같은 그런 분노를 한 번도 보이지 않으셨다.

야고보도 초대 교회에 보낸 편지에서 믿는 무리에게 바로 이 점을 지적했다. 수평적인 관계를 무시하고 수직적인 관계로 나아갈 수는 없다는 것이다. 하나님께 하는 말과 가족, 친구, 이웃에게 쓰는 말은 다를 수 없다. 야고보는 혀의 힘에 대해 이렇게 경고한다.

> "이것으로 우리가 주 아버지를 찬송하고 또 이것으로 하나님의 형상대로 지음을 받은 사람을 저주하나니 한 입에서 찬송과 저주가 나오는도다. 내 형제들아 이것이 마땅하지 아니하니라"(약 3:9-10).

### 사람에게 향하는 말은 위로도 향한다

야고보서 말씀을 결혼생활에 적용해 보면 삼각형 구도를 그릴 수 있다. 아래 왼쪽에 남편, 아래 오른쪽에 아내, 그리고 삼각형 맨 위에 예수 그리스도를 놓는다. 아주 간단하지만 이 그림은 중요한 내용을 담고 있다. 수평적으로 배우자에게 하는 사랑이나 존경의 말, 그 밖에 어떤 말이든 수직적으로는 같은 생각과 언어로 주님과 소통하고 있다는 것이다. 그리스도를 따르는 자들에게 결혼이란 두 사람이 아닌 세 사람, 즉 남편과 아내, 주님이 함께 연결되어 있다.

아버지는 그리스도를 따르기로 한 뒤 자신이 한 말이 방을 가로질러 어머니에게 갈 뿐 아니라 하늘로도 향한다는 사실을 재빠르게 이해하신 것 같다. 마치 주님이 아버지에게 이렇게 물으시는 것 같았다. "에드, 지금 아내 제이에게 뭐라고 말했지?" 아마 처음에는 그냥 이렇게 대답하셨을 것이다. "주님, 주님께 드린 말씀이 아닌데요. 그냥 아내에게 한 소리예요." 그러면 주님이 이렇게 대답하셨을 것이다. "아니다. 아니야, 에드. 부부 관계는 네 마음 상태를 드러내는 도구일 뿐이다. 아내에게 향한 말은 내게도 향한단다. 네 말 때문에 슬픔에 찬 아내가 내게 부르짖으면 내가 듣기 때문이지. 우리는 모두 연결되어 있어서 나뉠 수 없단다. 나에게 하는 말과 아내에게 하는 말이 다르다고 생각하지 마라."

사람에게 향하는 말이 위로도 향한다는 사실에는 놀라운 진리가 숨어 있다. 어머니를 축복하는 아버지의 말은 모든 말을 듣고 계신 하나님을 찬양하는 말이 될 수 있다는 것이다. 우리 모두 마찬가지다. 배우자에게 하는 긍정적인 말로 주님을 찬양할 수도 있고, 부정적이거나 파괴적인 말로 주님을 슬프게 할 수도 있다. 모두 우리 선택에 달렸다.

## 배우자가 축복의 말을 들을 자격이 없다면

사랑과 존경의 언어로 배우자를 축복하는 건 조건이 없다는 사실을 명심하라. 입술을 깨물어 부정적인 말을 참는 건 비교적 쉽다. 그러나 따뜻하고 긍정적인 말로 배우자를 축복하는 일은 그 말을 들을 자격이 없다고 생각되면 하지 않을 가능성이 높다. 한 가지 명심해야 할 것은,

배우자가 항상 칭찬 들을 만하지는 않다는 것이다. 그러나 이것이 단순히 배우자와 나의 문제라는 생각은 옳지 않다.

우리는 항상 배우자를 통해 그리스도에게 이야기하고 있다는 걸 기억해야 한다. 진심으로 주님을 찬양하고 싶다면 배우자에게 기분 나쁜 말을 들은 뒤에라도 곧 축복하는 말을 하라. 배우자가 욕을 하든 비열하게 나오든 어떤 상황이 벌어지든 간에 우리 목표는 축복으로 응답하는 것이다. 베드로가 한 말처럼 말이다.

> "악을 악으로, 욕을 욕으로 갚지 말고 도리어 복을 빌라. 이를 위하여 너희가 부르심을 받았으니 이는 복을 이어받게 하려 하심이라"(벧전 3:9).

이런 의문이 생길 수 있다. '어떻게 배우자를 축복할 수 있단 말이지? 특히 서로 나누는 대화가 핑크빛으로 물든 낭만적인 대화와는 전혀 거리가 멀다면?' 이럴 때 바로 조건 없는 사랑이나 존경의 언어를 사용하는 것이다. 이런 걱정이 생길 수 있다. '배우자를 축복하려면 목사님 축도처럼 뭔가 아주 거룩하고 영적이어야 하지 않을까?' 물론 그런 축복이 필요할 때도 있다. 그러나 결혼생활에서는 날마다 사랑과 존경을 실천하는 간단하고 다양한 방법으로 서로를 축복할 수 있다.

### 축복하는 방법

축복이란 다른 사람이 감사와 안정감, 지지와 만족, 용기를 느끼게 하는 것이다. 다른 말로 하면 배우자가 사랑과 존경이 문제가 되어 무슨 말을 했을 때 그 말을 해석하기 위해 노력하고 사랑과 존경을 보여

주거나 불명확한 상황을 분명히 하는 것이다.

확실하게 축복하는 또 다른 방법은 말로 표현하는 것이다. 배우자가 괴팍하거나 비열하게 대해도 조건 없이 사랑하고 존경하는 말을 하는 것이다. "당신이 사랑받지 못했다고(존경받지 못했다고) 느꼈다면 미안해요." 또 매우 민감한 이야기를 할 때 내 말이 축복이 될지 아닐지 확실치 않으면 스스로 이렇게 물어보라. "내 말을 듣고 과연 사랑받는다고 느낄까?(존경받는다고 느낄까?)" 어떤 경우든 하나님은 우리가 하는 말을 한 마디도 놓치지 않고 듣고 계신다. 우리가 하는 말은 먼저 하나님께 향하고, 그러고 나서 배우자에게 향하기 때문이다. 주께 하듯 배우자에게 말한다면 배우자는 용기와 힘을 얻으며, 분명 축복받을 것이다.

뒤에서 자세히 설명하겠지만, 마지막으로 예수 그리스도의 대화법을 이용해서 배우자를 축복할 수 있다. 예수 그리스도의 대화법은 T-U-F-T-S(tufts, 송이)로 요약할 수 있다. T-U-F-T-S란 참된 언어(Truthful Words), 격려하는 언어(Uplifting Words), 용서하는 언어(Forgiving Words), 감사하는 언어(Thankful Words), 성경적 언어(Scriptural Words)를 뜻한다. 이런 말이 우리 입을 통해 나갈 때 여러 측면에서 배우자를 축복할 수 있다.

그런데 때로는 아무 말도 하지 않는 것이 축복이 될 때도 있다. 어떤 부부가 사랑과 존경을 시도하려다가 곧 의견이 달라서 부딪치고 말았다고 한다. 남편이 전혀 애정 없는 말을 했기 때문에 아내는 자신의 공기호스를 밟고 있는 남편의 발을 떼게 할 무언가를 말해야겠다고 생각했다. 그러다 베드로전서 3장 9절이 생각났다. "악을 악으로, 욕을 욕으로 갚지 말고 도리어 복을 빌라." 그 아내는 편지에 이렇게 썼다.

저는 재빨리 손으로 입을 막았습니다. 남편을 무시하는 말이 튀어 나오려는 제 입을 막기 위해서였죠. 그래도 몹시 말하고 싶어서 다른 한 손으로 더 틀어막았습니다. 저는 냉장고에 기댄 채 괴로워하며 서 있었습니다. 전처럼 그냥 마구 대꾸하고 싶었습니다. 그때 부엌 건너편에서 남편이 저를 보며 부드럽게 말했습니다. "고마워."

그 말 한마디에 아내는 화가 풀리고 남편을 경멸하고 싶은 마음도 눈 녹듯 사라졌다. 아내는 남편을 존중했고, 남편은 축복을 느꼈다. 이 부부는 정말 훌륭한 저녁 시간을 보냈다. 화가 나서 아무 말도 하지 않고 잠자리에 들던 전과는 딴판이었다. 지난 몇 달간 부부 관계는 개선되었고, 더 많은 대화를 나누었으며, 아내는 남편이 가정을 이끌도록 했다. 둘 다 사랑과 존경으로 반응하려고 노력했다. 아내의 편지는 이렇게 끝을 맺는다. "우리는 오랜 세월의 벽을 허물고 진정한 친구가 되었습니다."

## 배우자 어깨 너머에서 듣고 계시는 예수님

사랑과 존경 세미나에서 정말 많은 사람에게 유익을 끼친 이미지가 있다. "배우자와 즐거운 대화든 막말이 오가는 대화든 모든 대화를 할 때 이렇게 해보라. 배우자 어깨 너머에서 듣고 계시는 예수님을 믿음의 눈으로 그려보라. 사랑이든 존경이든 배우자에게 하는 모든 말은 그리스도에게 하는 것이다. 배우자는 우연히 거기 있을 뿐이다." 이 진리가 많은 사람의 입술을 정화시켰다. 배우자에게 말로 채찍을 가하거나 무언가 긍정적인 말을 해야 한다는 압박감에서 벗어나 조건 없는 사랑과 존경의 말을 할 수 있는 동기를 심어준 것이다.

어떤 남편은 세미나에서 얻은 가장 중요한 핵심이 바로 배우자 너머에 서 계신 예수님의 모습이라고 고백한다. 야고보서 2장 12-13절을 생각나게 했기 때문이라고 말이다.

"너희는 자유의 율법대로 심판받을 자처럼 말도 하고 행하기도 하라. 긍휼을 행하지 아니하는 자에게는 긍휼 없는 심판이 있으리라. 긍휼은 심판을 이기고 자랑하느니라."

그의 편지는 이렇게 결론을 내고 있다.

예수 그리스도와 그분의 용서가 얼마나 필요한지 알게 되자 아내를 더 사랑하고 아내 말에 더 귀 기울일 수 있었습니다. 대화하면서도 인내로 대했더니 아내도 그렇게 대해 주었습니다. 우리 부부는 좀 더 마음이 가벼워졌고 덜 싸우게 되었습니다. 그러자 더 자유롭게 사랑하고 승리할 수 있었습니다.

다음번에 부부싸움을 하게 되면 배우자 어깨 뒤에 서 계신 예수님의 모습을 그려보라. 그리고 이 말씀을 생각하라. "임금이 대답하여 이르시되 내가 진실로 너희에게 이르노니 너희가 여기 내 형제 중에 지극히 작은 자 하나에게 한 것이 곧 내게 한 것이니라"(마 25:40). 배고픈 자를 먹이거나, 목마른 자에게 물을 주거나, 사랑과 존경으로 말하는 모든 행위는 그리스도를 위해 하는 일이다.

### "무슨 선을 행하든지……"

에베소서 6장 7-8절에서 믿는 자들에게 마음으로 하나님의 뜻을 행하라고 말하는 바울은 사실 예수님의 가르침을 반복하고 있다. "기쁜 마음으로 섬기기를 주께 하듯 하고 사람들에게 하듯 하지 말라. 이는 각 사람이 무슨 선을 행하든지 종이나 자유인이나 주께로부터 그대로 받을 줄을 앎이라." 분명 "무슨 선을 행하든지"에서 "선"에는 우리가 하는 말도 포함되어 있을 것이다. 골로새 교회 성도에게 보내는 편지에 바울은 이렇게 썼다.

> "또 무엇을 하든지 말에나 일에나 다 주 예수의 이름으로 하고 그를 힘입어 하나님 아버지께 감사하라. …… 무슨 일을 하든지 마음을 다하여 주께 하듯 하고 사람에게 하듯 하지 말라. 이는 기업의 상을 주께 받을 줄 아나니 너희는 주 그리스도를 섬기느니라"(골 3:17, 23-24).

사람의 심금을 울리는 이 말씀은 골로새 교회 모든 성도에게 한 말이지만, 바울은 그중에서도 특별히 아내, 남편, 아버지, 노예에게 말하고 있다(골 3:18-22). 분명히 부부, 가족, 친지에게 하는 축복은 주께 하는 것이며, 주께서 이 모든 것에 상을 주실 것이다.

간단하지만 놀라운 이 진리, 즉 믿는 자들은 말을 포함한 모든 일을 주의 이름으로 행한다는 사실을 이해한다면 이것을 왜 상급 사이클이라고 부르는지 알 것이다. 아내가 어떤 말을 하든 상관없이 사랑으로 대꾸한다면 하나님께 상을 받을 것이다. 남편의 말에 상관없이 그를 존경으로 대한다면 하나님이 상 주실 것이다. 당신이 어떤 말을 하든 그 말이 선하다면, 주님께서 돌려주실 것이다.

### 예수님의 대화법이 주는 이점

상급 사이클이 지닌 가장 큰 장점은 바로 좋든 나쁘든 어떤 상황 속에서도 사랑과 존경으로 말할 수 있도록 하나님이 가르쳐주신 예수님의 대화법이 있다는 것이다. 주께 하듯 배우자에게 사랑과 존경으로 말하기로 결심하는 것과 실제로 그렇게 해내는 건 서로 다른 문제다. 나는 때때로 지레짐작할 때가 있는데, 이건 대부분 남편들도 그럴 것이다. "내가 정말 사랑으로 말하고 있는 걸까? 이 말을 해야 할까, 말아야 할까? 내 말에 사라(아내)가 사랑을 느낄까? 어떤 말이 적절한지 어떻게 알 수 있지?"

예수님의 대화법을 이해하면 지레짐작하는 어려움을 덜 수 있다. 확실한 지침이 있기 때문이다. 배우자가 긍정적인 반응을 보이지 않아도 사랑과 존경으로 말하고 있음을 확신할 수 있다. 또 부부 사이에 오해가 있거나 배우자가 듣고 있지 않거나 그저 상황이 어려울 때에도 하나님 보시기에 사랑과 존경으로 말하고 있다고 확신할 수 있다.

무엇보다 좋은 점은 말이 잘 전달되지 않은 것 같을 때 예수님의 대화법을 통해 자기가 한 말을 평가해 볼 수 있다는 것이다. 다른 사람이나 사라와 나눈 대화가 뭔가 석연찮을 때, 예수님의 대화법으로 생각해 보면 그 이유를 알 수 있다. T-U-F-T-S, 즉 참된 말, 격려하는 말, 용서하는 말, 감사하는 말, 성경적인 말을 사용했는지 점검하면 된다. 그러면 사랑과 존경의 대화를 생각 없이 엉망으로 만든 근거를 찾을 수 있다.

"엉망으로 만들다"라는 말이 무슨 뜻일까? 간단하다. 선한 의도를 가진 에머슨이 간혹 눈치 없이 사라가 사랑받지 못한다고 느낄 말을 해 버리는 것이다. 좋은 의도를 가진 사라 역시 에머슨이 무시당했다고 느끼는 걸 알아차리지 못하는 것이다. 사랑과 존경 고리를 잘 알고 있는 우리도 종종 실수를 저지른다. 그래서 예수님의 대화법이 필요하다. 다섯 가지 영역에서 우리가 한 말을 성경의 가르침에 비추어 생각해 보면, 우리가 보지 못하거나 생각하지 못한 것이 있음을 알 수 있다.

## 바울이 가르쳐 준 예수님의 대화법

예수님의 대화법은 사복음서가 아닌 에베소 교회에 보낸 바울의 편지에서 찾아볼 수 있다. 에베소서 4장에서 신학 문제를 다루던 바울은 매일의 삶에 적용하는 내용으로 주제를 전환한다. 바울은 에베소 교회 성도에게(또한 우리에게) 더 이상 마음의 허망한 것으로 행하는 이방인처럼 살지 말라고 일깨운다. 이방인들은 하나님에게서 멀어져 그분의 생명에서 떠나 있다. 총명이 어두워지고 그들 가운데 있는 무지함과 그들의 마음이 굳어지고 방탕에 방임하여 모든 더러운 것을 욕심으로 행한다(에베소서 4장 17-19절을 보라). 바울은 또 "오직 너희는 그리스도를 '그같이' 배우지 아니하였느니라! 진리가 예수 안에 있는 것같이 너희가 참으로 그에게서 듣고 또한 그 안에서 가르침을 받았을진대"(엡 4:20-21)라고 강조한다. 그리고 "유혹의 욕심을 따라 썩어져가는 구습을 따르는 '옛 사람'(old self)을 벗어버리고, 오직 너희의 심령이 새롭게 되어 하나님을 따라 의와 진리의 거룩함으로 지으심을 받은 '새 사람'(new self)을 입으라"(엡 4:22-24)라고 말한다.

그러고 나서 새 사람을 입는다는 것이 무엇인지 말한다. 바로 그 말씀에서 예수 그리스도의 대화법, 즉 무조건적인 영역에서 사랑과 존경으로 소통하는 다섯 가지 지침을 발견하였다.

- 참된 말(truthful) _거짓을 버리고 …… 참된 것을 말하라(엡 4:25).
- 격려하는 말(uplifting) _무릇 더러운 말은 너희 입 밖에도 내지 말고 오직 덕을 세우는 말을 하라(엡 4:29).
- 용서하는 말(forgiving) _모든 악독과 노함과 분 냄과 떠드는 것과 비방하는 것을 모든 악의와 함께 버리고 …… 서로 용서하기를 하

나님이 그리스도 안에서 너희를 용서하심과 같이 하라(엡 4:31-32).
- 감사하는 말(thankful) _누추함과 어리석은 말이나 희롱의 말이 마땅치 아니하니 오히려 감사하는 말을 하라(엡 5:4).
- 성경적인 말(scriptural) _시와 찬송과 신령한 노래들로 서로 화답하며 너희의 마음으로 주께 노래하며 찬송하라(엡 5:19).

보면 알겠지만 Truthful, Uplifting, Forgiving, Thankful, Scriptural의 머리글자를 모으면 TUFTS가 된다. 남편에겐 C-O-U-P-L-E, 아내에겐 C-H-A-I-R-S처럼 머리글자로 만든 약자다. C-O-U-P-L-E과 C-H-A-I-R-S는 활력 사이클의 심장이다. 남편과 아내가 사랑과 존경을 보여 서로를 격려하는 확실한 도구이기 때문이다. 그렇다면 T-U-F-T-S는 뭘까? 예수님의 대화법인 이 다섯 가지 언어는 바로 사랑과 존경으로 대화하는 방법의 기초를 제공한다.

## 왜 T-U-F-T-S가 예수님의 대화법일까?

T-U-F-T-S를 머릿속으로 그려보면 그 뜻을 이해하는 데 도움이 될 것이다. tufts(송이)란, 포도처럼 여러 송이가 하나로 묶여 있는 상태를 말한다. T-U-F-T-S는 예수님의 대화법 다섯 가지를 하나로 묶어놓았다고 생각하면 된다. 왜 이 다섯 가지를 예수님의 대화법이라고 하는가? 여기에는 두 가지 이유가 있다. 하나는 그리스도인이 입술을 어떻게 사용해야 하는지 바울이 직접 한 말이기 때문이다. 다른 하나는 우리가 자꾸 다시 "옛 사람"으로 돌아가려 할 때 말해야 하는 방식이라는 걸 바울이 알았기 때문이다.

바울은 새 사람을 입은 그리스도인이 보이는 대화의 특징으로 이 다섯 가지를 꼽고 있다(에베소서 4장 25절-5장 21절을 보라). 이 가르침을 여러 사람에게 적용하면서 가장 먼저 에베소서 5장 22-33절에 부부 관계 전략으로 규정하고 있다. 마치 이렇게 말하는 것 같다. "남편과 아내들이여, 이것이 새 사람을 입는 방법이다. 하나님이 바라시는 삶의 방식이며, 하나님이 바라시는 두 사람의 대화 방식이다. 혼자 고민하며 끙끙거리지 않도록 하나님이 보이신 사랑과 존경의 대화법이다." T-U-F-T-S는 사랑과 존경 대화에서 가장 기본이 되는 대화방식이다.

- 사랑과 존경으로 하는 말은 반드시 진실해야 한다. 거짓이나 반만 진실인 말은 관계를 점점 악화시킨다.
- 사랑과 존경으로 하는 말은 배우자에게 격려가 된다. 남편이나 아내를 이용하려 들지 않고 그를 세워준다.
- 사랑과 존경으로 하는 말은 용서하는 말이다. 누구나 실수하기 때문이다.
- 사랑과 존경으로 하는 말은 감사하는 말이다. 배우자에게, 또는 그가 해준 일에 감사를 표현한다. 배우자의 약점이나 실수에 집착하지 않는다.
- 사랑과 존경으로 하는 말은 성경에 기초하는 말이다. 그리스도의 본질을 거스르는 말은 하지 않는다.

### 성격 탓? 아니면 상황 탓?

자신이 누군가의 공기호스를 뒤틀리게 했을 때, 왜 사람들은 자신에게 너그러울까? 심리학에서는 대화를 할 때 우리가 성격을 탓하거나 상황을 탓한다고 설명한다. 배우자가 상처 주는 말을 하는 건 당연히 배우자 성격이 못되기 때문이다. 유감스럽게도 배우자에게 성격적인 결함이 있는 것이다. 그런데 내가 배우자에게 상처를 주는 것은 성격 탓이 아니라 상황상 어쩔 수 없기 때문이다. 자신도 상황에 희생된 것이다. 어쩔 수 없이 그렇게 된 것이다. 다음 예화를 살펴보자.

아내에게 그날은 정말 길고 힘든 하루였다. 하루 종일 집에서 유치원생 아이 둘, 어린 아기 하나를 돌보았다. 그래도 시간에 맞추어 저녁을 준비하려고 바쁘게 움직였다. 그런데 그날따라 남편은 차가 막혀서 늦게 들어왔다. 남편이 문을 열고 들어서자 아기가 울기 시작했다. 아이 한 명은 아내 다리에 매달리고, 오븐에서는 고기가 타고 있고, 스프는 끓어 넘치고 있다. 스프와 함께 아내도 끓어오르고 있다. 어떻게 그렇게 날마다 생각 없이 식사시간에 늦을 수 있냐고 투덜댄다.

아내에게 잔소리를 들은 남편은 황당하다. 끔찍한 퇴근길에서 돌아와 이제 좀 마음 편히 쉬면서 맛있는 식사를 하려나 했는데, 남편도 집보다 차라리 꽉 막힌 고속도로가 더 낫겠다며 같이 소리를 지른다. 쾅쾅거리며 거실로 간 남편은 텔레비전을 켜고 아내가 자기 기분을 알아채길 기대한다. 그리 어려운 일도 아닐 테니 말이다. 아내가 남편에게 막말을 한 건 하루 종일 스트레스를 받았기 때문이다. 아내가 어떤 하루를 보냈을지 보면 모르나? 아내의 속이 스프와 함께 부글부글 끓어오르는 게 당연하다. 그런데 무감각하고 인정 없는 냉혈한인 남편은 애정 없이 소리만 지르고 있다.

이번에는 남편 입장에서 생각해 보자. 고속도로에서는 움직이는 시간보다 그냥 서 있는 시간이 더 많았다. 엔진은 과열되고, 교회 저녁 모임에 입을 깨끗한 셔츠를 부탁하려고 아내에게 전화를 걸어보지만 도대체 받질 않는다. 아이들이 떠드는 소리 속에서 간신히 벨소리를 들은 아내가 전화를 받아보지만, 화난 남편 목소리만 언뜻언뜻 들릴 뿐이다.

도대체 아내는 어딜 갔다 온 거지? 30분 넘게 전화를 걸었는데 도대체 하루 종일 집에서 뭘 하는 걸까? 고속도로는 꽉 막히고, 차는 과열되고, 파란 셔츠는 꼭 필요한데! 오늘 저녁 모임에 입고 가야 하는데 말이다.

남편이 화난 소리로 요구하자 당황한 아내도 같이 소리친다. 남편보다 더 힘들게 일했으면 일했지, 그날 하루를 어떻게 보냈는지 이야기만 들어도 지칠 것이다. 날마다 집에서 하인처럼 일할 뿐이다. 셔츠쯤은 직접 다려 입으면 안 되나? 아내는 급기야 마음대로 생각하라며 전화를 쾅 끊어 버린다. 물론 남편이 좀 참을성 없이 말하긴 했지만, 아내는 주차장으로 변한 고속도로에서 90도가 넘는 자동차에 앉아 있던 남편을 좀 이해해 주어야 했다.

만약 당신이 이 상황에 놓인다면 이렇게 생각할 가능성이 높다. "그래도 내가 좀 낫지." 그럴 때 바로 하나님 말씀을 생각하라. "그러므로 남을 판단하는 사람아, 누구를 막론하고 네가 핑계하지 못할 것은 남을 판단하는 것으로 네가 너를 정죄함이니 판단하는 네가 같은 일을 행함이니라"(롬 2:1). 다시 말하면, 하나님이 보기에는 둘 다 잘못이 있다. 둘 다 잘못했다면 예수님이나 바울이 가르친 것(마 7:1-5)처럼 한쪽으로 치우쳐서 판단해서는 안 된다. 자신에 대해 온전히 정직해야 한다. 바울이 한 말처럼 "이런 일을 행하는 자를 판단하고도 같은 일을 행하는 사람"이 되는 어리석음을 범하지 말라.

물론 의도적으로 자신에게 편파적인 판단을 하지는 않을 것이다. 그러나 부부 사이에서는 그런 일을 많이 본다. 배우자에게 T-U-F-T-S로 말하는 대신 이렇게 투덜대는 것이다.

- "뭐, 가끔 내가 틀린 것도 사실이야. 그렇지만 인정하진 않을 거야. 남편도 절대 틀린 걸 인정하지 않잖아. 남편은 거만하니까."

- "왜 내가 아내를 치켜세워야 해? 아내는 끊임없이 날 깎아내리기만 하는데! 그렇게 신경질적인 아내에게 멋지고 다정한 남편이 될 생각은 추호도 없다고."
- "농담이라지만 그렇게 거칠고 잔인하게 말하는 건 용납할 수 없어. 남편은 원래부터 야비한 사람이야. 나한테 상처 주는 재미에 산다니까. 절대 용서할 수 없어."
- "아내가 가족을 위해 하는 일에 왜 하나하나 고마워해야 해? 물론 아이들을 돌보며 열심히 사는 건 알아. 그렇지만 생활비 벌려고 나도 얼마나 사람들 비위 맞추며 열심히 사는지 아내가 아냐고! 나보고 고맙다고 말한 게 도대체 언제야? 왜 날마다 나만 아내한테 고마워해야 하냐고!"

<더 깊은 사랑과 존경을 위한 조언>

### "왜 T-U-F-T-S를 꾸준히 실천하기가 어려울까?"

배우자에게 꾸준히 T-U-F-T-S로 말하기 힘든 가장 큰 이유는 상대방이 나만큼 노력하지 않으면 본능적으로 화가 나기 때문이다. 남편이 사랑 없이 말하면 당연히 상처 받고 화가 난다. 게다가 사과도 안 하면 아내도 남편을 무시하게 된다. 남편도 아내 말에 화가 날 거라고는 생각하지 못한다. 자기가 왜 그렇게 말하는지 남편이 알아차리기만을 바란다. 먼저 화나게 한 건 결국 남편이니까. 반대의 경우도 마찬가지다. 무시하는 말을 들은 남편은 화가 나서 자기 방어를 하게 된다. 그런 식으로 말한 아내는 사과조차 없다. 남편은 화를 내거나 매정하게 말하거나 벽을 쌓고 돌아서서 한 마디도 하지 않는다. 그게 바로 핑크 아내가 가장 싫어하는 '대답'이니까. 이렇게 팽팽하게 맞서기 때문에 꾸준히 사랑과 존경으로 말하기 힘든 것이다.

### 내 입술로 죄를 짓지 않으리

성격 탓과 상황 탓으로 돌리는 것이 어떻게 사랑이나 존경을 포기하게 하는지 알 수 있을 것이다. 그뿐 아니라 그런 생각은 악성 사이클까지 일으킨다. 결국 배우자가 '흠이 있는 상품'이라면 무슨 희망이 있겠는가? 많은 사람이 이렇게 말한다. "상황이 좀 달라지고 배우자가 기꺼이 변하려 든다면 우리 부부도 사랑과 존경의 효과를 볼 수 있겠죠. 그러나 우리 부부는 예외인 것 같아요. 솔직히 말해서 제 배우자는 개인적으로 문제가 있어요. 다른 사람들은 제 배우자가 정말 훌륭한 줄 알지만 사실은 그렇지 않습니다. 제가 아는 그 사람을 다른 사람들은 모른다고요."

만약 부부 중 한 사람이라도 그런 태도를 가지고 있다면 결혼생활이 나아질 가능성은 아주 낮다. 지금까지 그런 식으로 말해 왔다면 한걸음 물러서서 스스로 이렇게 물어보라. "배우자만큼 나도 부정적이고 상처 주는 말을 하면서, 나 자신은 용서하고 있지 않은가? 나 자신은 봐주고 배우자는 혹독하게 비판하고 있는 건 아닌가?"

자신을 용서하는 마음으로 배우자에게도 은혜를 베풀어야 한다. 그렇지 않으면 서로를 포기하고 싶어질 비난으로 이어질 것이다. 비판을 멈추고 자비를 베풀라. 하나님도 안 하시는 심판을 배우자에게 행하지 말라.

남편과 아내들이여, 예수님의 대화법에 헌신하라. 상황이 주는 어려움에 지지 말고 이렇게 다짐하라. "주님을 사랑하며 주님이 내 모든 선한 말에 상 주실 걸 알기 때문에 배우자가 거짓되게 굴어도 나는 진실할 것이다. 또한 배우자를 격려하고, 용서할 것이다. 그에게 감사하고, 성경적으로 말할 것이다. 내 궁극적인 목표는 하나님을 기쁘게 하는 것이기 때문이다. 배우자에게 어떤 약점이 있든, 어떤 나쁜 버릇이 있든 그것 때문에 내 입술로 죄를 짓지는 않을 것이다."

구약의 영웅 욥과 욥의 아내는 삶을 바라보는 관점이 어떤 영향을 주는지에 대해 좋은 예를 보여준다. 그들은 가족을 잃는 끔찍한 불행과 온갖 재난을 겪는다. 욥의 아내가 하는 말을 들어보라.

"당신이 그래도 자기의 온전함을 굳게 지키느냐. 하나님을 욕하고 죽으라. 그가 이르되 그대의 말이 한 어리석은 여자의 말 같도다. 우리가 하나님께 복을 받았은즉 화도 받지 아니하겠느냐 하고 이 모든 일에 욥이 입술로 범죄하지 아니하니라"(욥 2:9-10).

배우자는 당신을 꾸짖고 비난하며 심지어 말로 학대할 수 있다. 그러나 배우자가 당신 입술로 하여금 죄를 짓게 할 수는 없다. 그것은 당신에게 달린 일이다. 배우자에게 보이는 반응이 하나님께 영광 돌리는 당신 마음을 드러낸다. 그럴 때 당신은 영원한 상급을 받을 것이다. 사랑과 존경을 실천하는 기초인 T-U-F-T-S로 말함으로 하나님을 찬양하고 배우자를 축복할 수 있다.

다음에 이어지는 14장과 15장을 통해 예수 그리스도의 다섯 가지 대화법을 자세히 살펴보자. 배우자를 축복할 구체적인 방법을 제시하려 한다.

부정적인 말을 하고 싶을 땐 이렇게 기도하라.
"여호와여 내 입에 파수꾼을 세우시고
내 입술의 문을 지키소서"(시 141:3).

chapter 14

# 참된 말, 격려하는 말, 용서하는 말

　앞에서 예수 그리스도의 대화법인 참된 말, 격려하는 말, 용서하는 말, 감사하는 말, 성경적인 말이 사랑과 존경 대화의 기초라고 소개했다. 삼각형 구도를 통해 배우자에게 하는 말과 태도는 동시에 하나님께 향한다는 것도 설명했다. 하나님은 모든 대화의 청중이시며, T-U-F-T-S가 바로 하나님이 바라시는 대화다.

　이 장에서는 T-U-F-T-S 가운데 참되고, 격려하고, 용서하는 말을, 15장에서는 감사하는 말과 성경적인 말을 다룰 것이다. 14장과 15장을 읽고 예수님의 대화법을 배워 더욱 그분을 닮아가길 바란다. 배우자가 반응을 보이지 않더라도 예수님은 언제나 듣고 계시며 마음을 열고 말하는 자들에게 응답하신다.

### Truthful Words, 참된 말

항상 진실을 말하라.
아주 사소한 거짓말도 사랑과 존경의 신뢰 관계를 무너뜨릴 수 있다.

바울이 '새 사람'을 입으라고 짧게 설명하면서(엡 4:24) 가장 먼저 언급한 것이 바로 참됨, 다른 말로 하면 정직이다. "그런즉 거짓을 버리고 각각 그 이웃과 더불어 참된 것을 말하라. 이는 우리가 서로 지체가 됨이라"(25절). 하나님이 에베소 교회 성도나 우리에게 바라는 예수님의 대화법 첫 단계는 바로 진실이다.

예수님은 거짓말하지 않으셨다. 그렇기 때문에 에베소 교인들도 거짓말하면 안 된다. 예수님이 거짓 없이 늘 진실만을 말씀하셨기 때문에 (요 8:45-46) 에베소 교인들도 진실을 말해야 한다. 몇 구절 뒤 결혼생활을 언급할 때도(엡 5:22-33) 바울은 그들이 예수님의 대화법을 기억하길 바랐다. 사랑하는 남편과 존경하는 아내가 되려면 그 입술에서 진실이 흘러나와야 한다.

### 거짓말 유혹에 넘어가기는 쉽다

안타깝게도 그리스도인 부부라고 해서 늘 진실만 말하는 것은 아니다. 여기저기 거짓말이 튀어나온다. 거짓말만큼 인간관계를 심하게 파괴하는 것도 없다. 특히 부부 관계에서는 더욱 그렇다. 습관적인 거짓말은 굉장히 위험해서 사탄의 먹잇감이 되기 쉽다. 예수님은 바리새인들에게 강력하게 경고하셨다. 바리새인들은 아비 마귀에게서 났으니 그들도 그 아비의 욕심대로 행하고 싶어한다며 이렇게 말씀하셨다.

"진리가 그 속에 없으므로 진리에 서지 못하고 거짓을 말할 때마다 제 것으로 말하나니 이는 그가 거짓말쟁이요 거짓의 아비가 되었음이라"(요 8:44).

마태복음에서는 더 심하게 말씀하신다.

"나무도 좋고 열매도 좋다 하든지 나무도 좋지 않고 열매도 좋지 않다 하든지 하라. 그 열매로 나무를 아느니라. 독사의 자식들아 너희는 악하니 어떻게 선한 말을 할 수 있느냐. 이는 마음에 가득한 것을 입으로 말함이라. 선한 사람은 그 쌓은 선에서 선한 것을 내고 악한 사람은 그 쌓은 악에서 악한 것을 내느니라"(마 12:33-35).

거짓말이나 악한 말은 마음에서 나온다. 알코올중독에 거짓말쟁이 중고차 매매상이 술을 먹지 않으면 어떤 사람이 될까? 맨 정신의 거짓말쟁이 중고차 매매상이 될 것이다. 거짓말쟁이가 결코 거짓말을 하지 않을 수 없다는 말이 아니라, DNA 깊은 곳에 그런 기질이 숨어 있음을 알아야 한다는 뜻이다. 상황 때문에 거짓말을 하는 것은 아니기 때문이다.

참되고 선한 말 역시 마음에서 나온다. 한 과부가 어떤 남자에게 청혼을 받았다. 죽은 전남편이 습관적으로 거짓말을 했기 때문에 그 과부는 자연스럽게 이런 질문을 했다. "결혼하면 항상 진실만 말해 줄 수 있나요?" 그러자 남자는 이렇게 대답했다. "당신과 결혼을 하든지 안 하든지 늘 진실만 말할 것입니다." 과부는 그 대답에 결혼하기로 굳게 다짐하였다. 그 남자는 참된 사람이 되려고 했기 때문에 항상 진실을 말하겠다고 한 것이다. 좋은 뿌리에서 좋은 열매가 나온다.

남편도 자기처럼 참된 사람이라고 믿고 결혼한 한 여자가 있다. 어느 날, 남편이 바람을 피운다는 소문을 들었다며 이런 이야기를 들려주었다. "남편이 그러더라고요. '내가 당신을 속이고 있다는 소문이 있지만 그건 사실이 아니야. 우리 관계가 위태로워지거나 당신이나 아이들이 상처 받는 일은 절대 없을 거야.'"

남편을 사랑하고 신뢰한 아내는 남편 말을 믿고 모든 소문을 일축해 버렸다. 그러다가 남편의 휴대폰 청구서에서 남편이 어떤 여자에게 문자를 518통이나 보냈고, 그 여자는 516통을 보내왔으며, 918분 동안 통화한 사실을 알게 되었다. 편지는 이렇게 끝이 난다. "정말 몹시 화가 나고 큰 상처를 받았습니다. 그런데 남편은 사과하기는커녕 청구서를 봤다고 화를 내더군요."

내게 오는 많은 이메일을 읽어 보면, 오늘날 앞서 이야기한 남편과 비슷한 남편이 상당히 많다는 걸 알 수 있다. 처지가 바뀌어, 아내가 외도를 한다면 이 남자들이 무슨 말을 할지 상당히 궁금하다. 어떤 경우든 결코 거짓말을 하는 동시에 사랑하거나 존경할 수는 없다. 배신당한 배우자, 특히 아내들은 종종 배우자의 간음이나 방황은 용서할 수 있지만 거짓말한 사실은 정말 용서하기 힘들다고 말한다.

문자로 바람을 피운 이 남편은 뻔뻔스러운 거짓말쟁이다. 그러나 기본적으로 착한 배우자도 유혹에 걸려 넘어지는 경우가 있다. 선한 의도가 죄의 유혹에 넘어가지 않는다고 보장해 주지는 않기 때문이다. 이메일에서 가장 자주 보는 전형적인 시나리오는 이렇다. 사랑과 존경 세미나에 참석한 부부는 6주, 길게는 6개월 동안 사랑과 존경을 열심히 실천해 본다. 남편은 아내를 사랑하려고 최선을 다하는데 아내는 그만큼 열심을 내지 않거나(보통은 그 반대지만), 별로 존경을 보이지 않거나, 전혀 변화가 없다.

그렇게 한두 달 지나다 보면 이런 노력이 쓸데없는 짓은 아닌지 의심이 들기 시작한다. 그러던 어느 날, 남편은 한동안 보지 못한 한 동료 여성과 긴 대화를 나누게 된다. 대화가 잘 통하다 보니 가정 문제도 상담하기 시작한다. 편안히 자기 문제를 꺼내게 되는 것이다.

그러다 매력적이고 이해심 많은 이 여성과 이따금 점심도 같이한다. 직장 일을 묻는 아내에게는 조금씩 숨기면서 말이다. 아내는 전혀 존경해 주지 않는데 이 새로운 친구는 남편을 굉장히 존경해 준다. 남편은 아내에게 말하지 않는 데 대해 전혀 죄의식을 느끼지 않는다. 이러니 아내는 이 여자에 대해 전혀 모를 것이다. 사실 이쯤 되면 남편은 이미 정서적인 외도에 빠진 것이다. 머지않아 완전히 외도에 빠질 것이다. 가정에서 사랑을 실천해 보려는 노력도 중요하지만 남편은 진실해야 한다는 기본에서 한참 멀어져가고 있다(에베소서 4장 25절을 보라). 사랑과 존경의 기본인 T-U-F-T-S에 큰 틈이 생기면 피할 수 없는 일이 벌어진다.

이렇게 진실을 가리면 아내에 대한 사랑이 값싸진다. 하나님이 보시기에는 더욱 그렇다. 거짓말이 드러나면 사랑만 의심받는 게 아니라 신뢰도 큰 타격을 입는다. 물론 아내가 진실을 가리는 시나리오도 마찬가지다. 그런데 중요한 건 내게도 이런 일이 일어날 수 있다는 것이다. 만약 남편이나 아내가 사랑이나 존경받고 싶은 욕구에 관심을 보이지 않는다면, 특히 자기는 끊임없이 노력하는데 상대방은 반응이 없다면 끝내 지치지 않겠는가?

정서적인 외도에 빠진다는 이 설정이 매우 억지스러워 보일지 몰라도, 진실의 귀퉁이를 살짝 가리는 상황은 다양하다. 어쩌다 왜 부정직해졌든 간에 우리는 진실에 충실해서 언제나 정직하게 말하기보다는 거짓의 어두운 곳으로 미끄러져 들어가기 쉽다.

## 진실을 전달하는 방법

이 책을 읽는 많은 남편과 아내는 아마 위 이야기처럼 배우자를 속이거나 뻔한 거짓말은 하지 않을 것이다. 그래서 이번 장이 별로 자신에게는 해당되지 않는다고 생각할 수 있다. 그러나 사실은 그렇지 않다. 진실을 말하지 않거나 정직하지 않은 때가 여러 번 있기 때문이다. 예를 들면, 부부 문제에 자신이 원인을 제공하고 있다는 사실을 몇 년이고 정직하게 인정하지 못하는 경우가 그렇다.

어떤 아내가 이런 편지를 보내왔다. 남편과 함께 사랑과 존경 세미나에 참석한 이 아내는 "자기 눈에 들보 빼내기"가 가장 좋았다고 한다. 그 이유는 매우 분명했다. 20년이 넘도록 남편의 '티끌'을 빼내려고 애써온 자신을 발견했기 때문이다(마 7:3-5). 집으로 돌아오는 길에 남편은 감격에 휩싸였다. 자기에게 존경받고 싶은 욕구가 있다는 걸 알았을 때 질책당하는 것이 아니라 이해받은 것 같았다고 한다. 자신이 남편을 질책해 왔다는 사실을 깨달은 아내는 엄청난 충격에 빠졌다. "사랑과 존경 세미나에 참석하고 나서 주님께 깊이 고백하였습니다. 남편에 대한 존경이 부족했음을 주님께, 남편에게, 가족에게 고백하였습니다. 그런 고백을 하는 일주일 동안 주님은 부족한 것을 하나씩 생각나게 하셨습니다."

나는 이 아내의 태도가 정말 마음에 든다. 아내가 20년 동안 일부러 남편을 무시한 것은 아니다. 그러나 남편에게 사랑이 없다는 점에만 집중한 나머지 자신이 남편을 존경하지 않고 있다는 사실은 보지 못한 것이다. 세미나를 통해 자기 눈에 있는 들보를 발견한 아내는 자신에 대해 솔직해지고 잘못을 고백하며 변화되었다.

그러나 진실은 조심스럽게 전달되어야 한다. 남편이든 아내든 잔인하거나 무시하는 태도로 진실을 말해서는 안 된다. 배우자를 완전히 때려눕히고 나서 "그저 정직하게 말했을 뿐이에요"라고 말하는 건 잔인할 뿐 아니라 스스로 속이는 행동이다. 한 남편은 자신이 진실이라는 명목 아래 아내를 포함한 많은 사람을 마구 때려눕혔다는 걸 깨달았다. "그저 정직하게 말하려는 것뿐이에요"라는 말이 얼마나 무자비한 말인지 알게 된 뒤로는 그런 태도를 많이 버렸다고 한다.

진실을 말할 때 고려할 점은 배우자가 화를 내거나 경멸할까 봐 진실을 말하지 못할 수도 있다는 것이다. 가끔은 맞을 각오로 진실을 말해야 할 때도 있다. 한마디로 이렇게 말할 수 있다. "진리 편에 서서 실수하는 편이 낫다." 그리고 한 가지를 덧붙이자면, "사랑과 존경으로 진실을 말하라"는 것이다.

항상 진실하려고 노력하다 보면 많은 어려움과 함정을 만날 것이다. 이런 함정에 빠지지 않으려면 다음과 같은 다짐이 필요하다.

예수님의 대화법에는 결코 거짓이 있을 수 없다. 예수님은 거짓말을 가르치지 않으셨다.[9] 그분은 항상 진실만 말씀하셨다. 그렇기 때문에 나도 항상 진실만 이야기할 것이다.

## Uplifting Words, 격려하는 말

항상 배우자를 격려하는 말을 해야 한다.
사랑받거나 존경받으려는 자기 욕구를 채우기 위해 상대방을 속이려는 책략으로 사랑과 존경을 이용해서는 안 된다.

에베소 교회 성도에게 주께 하듯 행하고 말하는 법을 계속 가르치면서 바울은 덕을 세우는 말을 하라고 권한다. "무릇 더러운 말은 너희 입 밖에도 내지 말고 오직 덕을 세우는 데 소용되는 대로 선한 말을 하여 듣는 자들에게 은혜를 끼치게 하라"(엡 4:29). NIV성경은 "덕을 세우는"(edification)이란 말을 좀 더 단순하게 "다른 사람을 세우는 데(building others up) 도움이 되는"이라고 표현한다.

사랑과 존경으로 살아가는 부부라면 은혜로운 말로 서로를 높여야 한다. 그렇게 할 때 예수님의 대화법에 한 걸음 더 다가서게 된다. 누가복음에서 예수님이 하시는 말에 대한 사람들의 평가가 이를 잘 보여 준다.

"그들이 다 그를 증언하고 그 입으로 나오는 바 은혜로운 말을 놀랍게 여겨"(눅 4:22).

### 남편이 아내를 격려하는 방법

이 책을 쓰는 동안 선한 말로 아내를 격려하는 좋은 모델을 우연히 만났다. 친구 게리와 카를라 집에서 함께 시간을 보내는 동안 나는 그들에게 부부 사이의 의사소통을 높이는 방법에 관한 책을 쓰고 있다고 말했다. 부부가 서로를 격려하는 일이 얼마나 중요한지 나누며 이런 질문을 했다. "이봐 게리, 자네는 아내 카를라를 어떻게 높여주는가?"

질문을 듣자마자 게리가 대답했다. "참 신기하군. 바로 오늘 아침에 그런 생각을 했는데. 요즘 아내가 아주 기분이 좋아. 아내 말로는 내가 아내와 아내가 하는 일을 지지해 줘서 그렇다더군."

최근 카를라는 자기 은사를 살려서 작가와 편집자 일을 훌륭히 해내고 있다. 특히 요즘은 일반 고등학교에서 미국의 기초를 세운 사람들에게 성경이 끼친 영향을 다룬 과목의 마케팅을 담당하고 있다.

"결혼 초 아이들이 아직 어릴 때 카를라는 집안일 때문에 직업을 가질 여유가 없었어. 그래서 관심 분야에 달란트를 활용하지 못했지. 아내가 좋아하는 일을 하고 주님을 섬길 수 있게 되면서 생각한 건데, 아내가 가정을 위해 많은 희생을 했다는 거야. 그래서 자네 말처럼 '아내를 격려할' 뭔가를 해야겠다고 생각했지."

"예를 들면 그게 뭐지?" 나는 더욱 궁금해졌다. 좋은 아이디어를 얻을 수 있을 것 같았다. 게리는 생각보다 많은 방법을 쓰고 있었다. 나는 서둘러 적었다. 그는 아내를 격려하는 아주 좋은 방법을 다양하게 일러주었다.

"나는 기회가 생기는 대로 사람들 앞에서 아내를 칭찬해 주지. 예를 들어 저녁에 손님과 식사를 할 때면 아내의 달란트를 자랑한다네. 음악적인 재능을 포함해서 말이야. 얼마 전에는 교회 성가대에서 솔로를 하게 되어서 다들 보러 교회에 오라고 말했어. 물론 아내가 성경이 미국 역사에 끼친 영향에 관한 책을 마케팅하면서 전국에 있는 수천 명의 학생에게 끼치는 영향에 대한 자랑도 빼놓지 않았어. 또 아이들을 위해 신실하게 기도해 주고 아이들에게 좋은 영향을 끼친다는 말도 하지. 딸 리사가 이번 방학에 아프리카로 선교 여행을 가는데, 그건 의심할 나위 없이 아내 카를라의 기도 때문에 선교에 대한 마음을 품게 된 거야."

"정말 좋은 방법이야, 게리." 나는 그 정도에서 끝날 줄 알았다. 그런데 그것은 시작일 뿐이었다. 게리 이야기는 계속 이어졌다.

"우리는 25년 동안 한 동네에서 살아왔고 내 일의 특성상 우리를 잘 아는 사람을 동네에서 자주 마주치거든. 그래서 누군가가 아내를 칭찬하면 잊지 않고 그 말을 꼭 아내에게 전해 준다네. 지나가는 사소한 말일지라도 말이야. 얼마 전에는 어떤 사람이 나한테 그러더라고. 자신이

기획하는 공연 자료를 카를라가 편집해 주었는데, 일하는 방식에 아주 깊은 인상을 받았다고 말이야. 그래서 집에 와서 잊지 않고 얘기해 주었지. 몇 년 전이라면 전해 주지 않았을지도 모르는데 말이야."

"다른 건 더 없나?" 약간의 집요함을 보이며 더 질문했다.

"글쎄, 오랫동안 아내는 가족과 손님을 위해 식사를 준비해 왔지. 아내는 아주 훌륭한 요리사야. 그런데 지금은 전임으로 일하느라 바빠서 내가 시장을 보거나 식사를 준비할 때가 많아."

젊었을 때는 작은 시비만 있어도 싸우려 들던 마초 같은 게리와 비교해 보면 정말 어울리지 않는 모습이다. 예전에 한 경찰관이 게리에게 운전하는 법을 트집 잡는 바람에 게리가 경찰서를 한바탕 뒤집어 놓았던 일을 떠올리면 정말 의외였다. 게리가 웃으면서 말했다. "사실 나는 요즘 요리하는 걸 좀 즐기는 편이야. 식사 준비할 시간도 내기 쉬워서 외식하지 않는 날 저녁은 내가 준비하지. 그리 어려운 일도 아니야. 정말 기분 좋은 건 아내가 문을 열고 들어오면서 식사가 준비된 걸 보고 즐거워하는 모습을 보는 거라네."

게리는 잠깐 생각하더니 덧붙여 말했다. "아, 그렇지! 하나 더 있네. 내 친구나 동료가 우리 집에 정기적으로 놀러오는데 아내가 원하면 함께 대화를 나누지. 나는 아내가 함께하는 게 좋아. 아내는 대화를 즐겁게 만들거든."

게리가 '카를라를 치켜세우는 방법'은 몹시 거창해서 비현실적으로 들릴 수도 있다. 많은 남편이 이렇게 말할 것이다. "정말 인상적입니다. 그러나 저는 그렇게까지 할 수 없습니다." 그럴 수 있다. 중요한 건 남편이 아내를 격려하는 방법은 굉장히 다양하다는 것이다. 게리가 하는 방법도 얼마든지 변형할 수 있다. 사실 나도 사라를 격려하는 몇 가지 방법을 알고 있다.

### 사랑받는 일은 아내에게 달렸다

격려하고 세워주는 말의 힘은 강력하다. 축구 선수인 남편에게 다정하고 격려하는 말로 엄청난 영향을 끼친 한 아내에 관한 아주 재미있는 이야기가 있다. 하루는 아내가 여성 성경공부 모임에서 칭찬과 격려로 남편을 세워주라는 숙제를 받았다. 그날 남편은 몸이 좋지 않아 병원에서 몇 가지 검사를 받으려고 예약을 해놓은 상태였다.

축구 선수인 남편과 아내가 검사 결과를 기다리는 동안 아내는 계속 친절하고 긍정적인 태도로 남편을 세워줬다. 확연히 달라진 태도에 남편은 무슨 일이 있는 거라고 짐작했다. 결국 의사에게 나쁜 소식을 들은 거라고 확신한 남편은 걱정에 찬 말투로 대뜸 이렇게 물었다. "좋아. 당신, 솔직하게 말해. 의사가 뭐라고 한 거야? 내가 불치병 말기라고 그래? 그래서 나한테 이렇게 친절한 거야? 죽기 전에 잘해 주고 싶어서?"

정말 재미있는 이야기다. 그러나 우리는 이 이야기에서 아주 기본적인 진리를 깨달을 수 있다. 격려하는 말은 자주 해야 한다는 것이다. 특히 남편에게 친근하게 굴고자 하는 아내일수록 더욱 그렇다. 남편에게 더 사랑받고 싶다고 말하는 아내들에게 나는 이렇게 조언한다. 첫째, 남편에게 친구가 되라. 둘째, 남편에게 친근히 대하라. 셋째, 남편에게 친근한 친구가 되라.

남편과 아내가 서로 격려하는 예를 두 가지 들어보았다. 그런데 많은 부부에게서 듣는 이야기는 거의 그 반대다. 서로를 세워주기는커녕 아무것도 하지 않고, 오히려 비난만 하거나 끌어내린다는 것이다. 그러니 상급 사이클을 살아보겠다고 결심해도 어려울 수밖에 없다. "나를 향하신 그리스도의 뜻이니까 사랑이나 존경으로 배우자를 세워주고 배우자의 욕구를 채워줘야 하나? 아니면 내 욕구도 채워주지 않는데 그냥 마음을 닫아 버릴까?" 갈등하게 된다.

그럴 때 우리를 돕는 강력한 도우미가 있다. 바로 우리와 함께하시는 그리스도의 성령이다. 아내든 남편이든 성령의 도우심이 필요하지 않은 사람은 없다. 사랑과 존경 세미나에서 남편들에게 C-O-U-P-L-E의 여섯 가지 방법으로 아내를 더 사랑하라고 거듭 말하지만(7장과 9장을 보라), 사랑받고 싶은 아내들을 몇 년간 도우면서 느낀 건 오히려 사랑받는 일이 아내에게 달렸다는 것이다. 남편을 얼마나 조건 없이 존경하느냐에 달려 있다.

남편에게 더 사랑받고 싶은 아내라면 의식적으로 또 의도적으로 남편을 조건 없이 존경해야 한다는 사실은 아무리 강조해도 지나치지 않다. 좋은 방법 가운데 하나는 바로 비난을 줄이는 것이다. 아무리 남편이 비난받아 '마땅할지라도' 말이다.

---

<더 깊은 사랑과 존경을 위한 조언>

### "내가 남편을 야단치고 있는 거라고요?"

비난하기를 즐겨하는 아내에게 성경은 귀한 조언을 전한다. "지혜로운 여인은 자기 집을 세우되 미련한 여인은 자기 손으로 그것을 허느니라"(잠 14:1). 이 말씀에 말을 좀 보탠다면 바로 자기 입으로 집을 헌다는 것이다.

수백 통의 이메일을 읽고 내린 결론은 아내들이 부정적인 데 집착하는 경향이 있다는 것이다. 게다가 남편의 잘못을 고치는 데 도움이 된답시고 자녀에게 하듯 남편을 야단치는데, 본인은 전혀 모르고 있다는 것이다.

### "엄마는 하나로 족해요!"

보통 아내가 보는 남편의 실수나 잘못은 그다지 틀리지 않다. 그런데 문제는 남편의 부족한 단점만 집중하다 보니 남편이 지닌 장점을 보지 못한다는 것이다. 남편은 하나님 형상대로 지음 받은 존재다. 비록 아직 완성되지 않았지만, 어쨌든 하나님이 만지고 계신다. 대부분 아내들은 현미경으로 남편의 부족한 점을 자세히 들여다본다. 남편의 나쁜 점을 낱낱이 마음에 적고 날마다 그 목록을 들여다본다.

여성은 본성적으로 걱정이 많다. 가정과 자녀, 심지어는 친한 친구의 태어날 아기 목욕까지 걱정한다. 여성은 누구든 무엇이든 간에 걱정을 해야만 직성이풀리는 모양이다. 누구든, 무슨 일이든 관심을 갖고 부담을 느끼는 것이 여성의 본성인 것 같다. 그 대상에 남편이 있는 건 당연하다. 아내는 남편을 더 좋게 만들어야 한다는 부담감을 가지고 있다. 특히 자기를 더 사랑할 수 있도록 도와야 한다고 느낀다.

사랑과 존경 고리를 발견하기 전인 결혼 초에는 사라와 나도 서로 옳다고 주장하며 싸우는 일이 많았다. 한 달에 한 번은 사라가 나에 대해 불평을 늘어놓는 것 같았다. 그러던 어느 날, 사라에게 성경 구절은 아니지만 성경적인 시각이 담긴 말을 해주었다. 사라는 그때 내가 애정 어린 태도로 말했다고 기억한다. "사라, 당신은 완벽한 인생을 원하지만 인생은 죄 때문에 결코 완벽해질 수 없어요." 피해갈 구멍을 만들려고 한 말이 아니다. 갈등 없는 결혼생활을 강요하는 아내 때문이었다. 아내는 우리 가정이 완벽하기를 원했고, 아내의 그런 비현실적인 기대는 나도 아내도 힘들게 했다.

사라는 그 말 때문에 결혼생활에 대한 태도는 물론 인생도 바뀌었다고 했다. 그날 이후 아내는 인생의 긍정적인 면을 보려고 노력했고,

엄마 노릇을 하려는 여성적인 성향도 조절하고 통제하려고 애썼다. 그 당시 아이는 없었지만 사라도 다른 여성처럼 엄마가 되는, 즉 고치고 더 낫게 하려는 본성적인 욕구가 있게끔 창조되었다. 이것이 엄마가 할 일이다. 아내는 완벽한 가정을 만들기 위해 나에게 엄마 노릇을 하려고 한 것이다. 그러나 아내는 절대 남편의 엄마가 아니다. 어느 남편이 한 말처럼 말이다. "엄마는 하나로 족해요. 엄마를 하나 더 갖는 일은 고맙지만 사양하겠어요."

완벽주의 엄마의 특성이 불완전한 세상, 불완전한 배우자와 만나면 불평하는 아내와 고집불통 남편이 생기게 된다. 사라는 이 사실을 인식하고 완벽주의적인 태도를 통제하기 위해 노력했다. 특히 나를 향한 태도를 말이다. 그건 정말 큰 변화를 가져왔다. 불평하는 소리가 적어지고 인정하는 말을 더 듣게 되었다. 지금까지도 그렇게 하고 있다. 물론 아직까지 젖은 수건을 그냥 던져두는 버릇은 이해 못하지만 말이다. 마찬가지로 나는 사라의 동기가 순수하다는 걸 알고 있다. 아내는 경건한 여성으로서 나를 돕고 섬기고 싶어서 엄마 역할을 하려는 것이다.

아내가 엄마처럼 행동할 때, 순수한 동기마저 공격해서는 안 된다. 어찌됐든 여성은 거의 다 엄마다! 여성은 아이가 없더라도 돌보고 양육하도록 만들어졌다. 남성은 그 사실을 잊어서는 안 된다.

### 비난하는 아내, 기를 꺾는 남편

여자의 비난하는 성향을 다시 생각해 보자. 비난이라는 표현이 좀 그렇다면 비평이라고 해도 좋다. 보통 비평하는 쪽은 여성이기 때문에 나는 종종 여성에게 이렇게 자문해 보라고 제안한다. "내가 남편을 비난하는 것처럼 남편이 나를 비난한다면 기분이 어떨까?" 다행히 여자들은 대부분 선한 의도로 단지 결혼생활을 더 낫게 하려는 것뿐이다. 비열하기 때문에 비난하는 게 아니라 남편을 도우려는 것이다. 자기 어려움을 좀 이해해 주길, 그래서 부부 관계가 좋아지길 바라는 것이다. 내 질문을 들은 아내들은 대부분 자신과 남편을 보는 눈이 달라진다. 선한 의도를 가진 많은 아내가 변화하기 위해 노력한다. 세미나를 하러 가는 곳마다 변화되는 여성을 보는 것은 정말 즐거운 일이다.

가정이 허물어지는 것을 바라지 않은(빌 4:8-9) 어느 아내는 남편의 관계에서 좋은 점을 보기 시작했다며 이런 편지를 보내왔다.

> 최근에는 남편이 사과에 민감한 점이나 더 잘하려고 노력하는 다른 점을 생각하게 되었습니다. 내가 남편이 못하는 일에 불평만 늘어놓는 것은 남편의 노력을 허물어뜨리는 일이라는 것도 알았습니다.

마침내 이 아내는 깨닫게 된 것이다. 존경은 효과가 있지만 공격은 효과가 없다는 것을 말이다!

아내들에게 자신을 들여다볼 거울을 주었다면, 이제 남편들에게는 결혼 초에 저지른 내 실수를 이야기해 주고 싶다. 격려하는 말과 참된 말은 연결되어 있다. 그러나 늘 긍정적으로 연결되어 있는 것은 아니다. 대학 시절 채플시간에 앞에 나가 설교할 기회가 있었다. 끝나고 나서 교목 목사님께 피드백을 구했을 때, 목사님은 "성도를 때리지 말아야 한다"고 말씀하셨다. 내게는 뼈아픈 말이긴 하지만 절대 잊지 못할 말이다.

남편들은 좋은 의도를 가졌지만, 때때로 아내에게 상처가 되거나 파괴적인 말을 할 수 있다. 참된 말일지라도 아내를 격려하지 못한다면, 단지 아내의 기를 꺾고 때리는 말일 뿐이다. 아내가 듣기 힘들어할 만한 진실이라면 신사적으로 부드럽게 말하라. 아내를 천국까지 올라가게 하지는 못할망정 상처 받아 땅바닥에 주저앉게 할 것은 없지 않은가.

## 보상을 받기 위해 격려하는 말을 이용해서는 안 된다

사랑과 존경으로 말하려고 하지만 실제로는 하나님이 원하시는 만큼 참되게 배우자를 높이지 못할 때가 있다. 늘 사랑하고 존경하려는 마음의 동기를 잘 살펴야 한다. 배우자를 교묘히 조종하기 위해 칭찬해서는 안 된다. 뭔가 보상을 바라는 마음으로 상대방을 격려하려고 들면 안 되는 것이다.

존경이 남편에게 어떤 영향을 끼치는지 알아보기 위해 '존경 시험'을 해본 아내가 있다. 존경 시험이란 남편에게 존경을 보이면 어떤 일이 벌어지는지 알아보기 위해 이런 말을 해보는 것이다. "오늘 당신을 생각하면서 든 마음인데, 당신이 정말 존경스러워요. 내가 당신을 존경하고 있다는 걸 알아주면 좋겠어요." 그리고 그냥 방을 나가 버린다!

그러면 남편들은 대부분 궁금해하며 뒤따라 나온다. 그리고 일부러 시키거나 잔소리하지 않아도 아내를 섬기고 사랑하기 시작한다. 그런데 한 달 뒤 불평이 담긴 편지가 도착한다. "지금은 처음 존경 시험을 시행했을 때 같지 않아요. 남편이 처음처럼 사랑해 주지 않아요."

이 아내는 남편을 변화시키려고 긍정적인 말을 사용하긴 했다. 그러나 진심으로 남편에게 있는 존경의 욕구를 채워주려던 것이 아니다! 예를 들어, 아이들에게 잘해 주길 바라면 좋은 아빠라고 치켜세우는 식이다. 이 아내는 남편에게 동기를 부여하기보다는 조종하려고 했다. 그런 의도를 알아차린 남편은 아내에게 완전히 마음을 닫아 버린 것이다.

이기적인 목적으로 사랑하거나 존경한다면 거의 틀림없이 후환이 생긴다. 남편이 이렇게 말한다면 얼마나 끔찍하겠는가? "자, 오늘은 하루 종일 당신을 사랑해 주었으니까 오늘 밤은 그냥 지나가면 안 돼." 남편의 목적이 자기 욕구를 채우려는 것이라면, 아내 마음은 엉망이 되어 버릴 것이다. 남편이 사랑해 준 것은 그 자체가 목적이 아니라 자기 목적을 이루기 위한 수단, 즉 성관계에 대한 욕구를 채우기 위해서일 뿐이라는 사실을 아내도 금방 눈치챌 것이다.

현명한 남편은 아내에게 격려가 필요하다는 걸 알고 있다. 아내는 자신에게 보여주는 꾸준한 확신이나 격려가 필요하다. 이것을 세미나에서 다음과 같이 이름을 붙여 사용하고 있다.

"에머슨의 아주 중요한 발견"
여자는 대화를 통해 격려받는다. 남편이 아내 영혼 깊은 곳에 있는 문제와 욕구에 대해 대화하고 용기를 낼 수 있게끔 격려해 준다면 아내는 해결되었다고 느낄 것이다. 적어도 그날 하루 동안은!

어떤 아내는 남편에 대해 이렇게 썼다.

남편은 제 용기의 원천입니다. 제가 실수를 저질러서 사과하면 제게 용기를 잃지 말라고 말해 줍니다. 이제는 자주 실수를 저지르지 않을 뿐더러 남편이 준 용기로 자신감을 얻게 되었습니다.

이런 이메일도 보낸 아내도 있다.

정말 남편은 제게 큰 축복입니다. 올해 제가 유방암에 걸려 투병하는 동안 남편은 저를 정말 잘 돌봐주고 좋은 말도 많이 해주었습니다. 방사선 요법으로 치료받고 유방 절제술을 두 번이나 하는 동안 남편이 보여준 헌신은 그리스도의 사랑과 용납을 그대로 보여줍니다. 어떤 일이 일어나든지 말이지요!

남편과 아내가 서로를 격려하는 모습은 정말 아름답다. 한 남편이 편지에 표현한 것처럼 말이다. "우리는 배우자 말을 해독하고 사랑과 존경을 보이며 많은 대화를 나눌 수 있었습니다. 의식하지도 않았는데 말입니다! 나중에는 절로 이런 감탄이 흘러나왔습니다. '와, 여보, 우리가 서로를 이해하고 대화하는 데 상당히 발전한 것 같네요!'"

남편과 아내가 서로에게 사랑과 존경으로 말하는 건강한 대화란 서로를 격려하고 세워주는 대화다. 성공적인 부부 대화란 긍정적인 대화를 많이 하는 것이다. 연구에 따르면 5대 1정도, 즉 긍정적인 말 다섯 마디에 부정적인 말 한 마디 정도가 적당하다. 그래서 T-U-F-T-S가 중요하며 누구나 다음과 같이 다짐하는 것이 좋다.

배우자를 말로 허무는 것은 예수님 방식이 아니다. 그리스도에게 배운 것은 배우자를 격려하는 말이다. 예수님은 듣는 자들에게 은혜를 베푸셨고, 필요를 채워줄 격려하는 말씀을 해주셨다. 나도 그렇게 할 것이다.

### Forgiving Words, 용서하는 말

배우자를 안다고 해서 온전히 사랑하거나
존경할 수 있는 것은 아니다.
용서하는 마음으로 배우자를 미워하거나 경멸하지 않아야 한다.

바울은 에베소 교회 성도 역시 일반적인 문제를 지닌 평범한 사람들이라고 보았다. 그래서 계속 모든 악독과 노함과 분 냄과 떠드는 것과 비방하는 것을 모든 악의와 함께 버리라고 가르쳤다(에베소서 4장 31절을 보라). 그리고 그런 악한 행동 대신 "서로 친절하게 하며 불쌍히 여기며 서로 용서하기를 하나님이 그리스도 안에서 너희를 용서하심과 같이 하라"(엡 4:32)고 했다. 용서가 바로 에베소 교회 성도가 기억해야 할 그리스도의 가르침이다(에베소서 4장 20절을 보라). 용서는 예수님 대화법의 중심이다. 예수 그리스도의 본성, 존재, 이 땅에 오신 목적이 바로 용서이기 때문이다.

우리 죄를 용서하기 위하여 끔찍한 고통 속에서 십자가에 달려 돌아가실 때 예수님은 "아버지여, 저들을 사하여 주옵소서. 자기들이 하는 것을 알지 못함이니이다"(눅 23:34)라고 말씀하셨다. 또한 이 땅에 사시는 동안 그분을 따르는 자들에게 다른 사람을 용서하라고 가르치시며(마 18:23-35), 하나님이 우리를 용서하신 것처럼 우리가 형제를 용서하지 않을 때 당할 결과를 경고하셨다(마 6:14-15).[10]

우리는 이미 6장에서 용서에 대해 살펴보았다. 그러나 가장 실천하기 힘든 용서가 예수님의 대화법에서 왜 그렇게 중요한지 다시 한 번 살펴봐야 한다. 당신이 사랑과 존경으로 말하려고 그토록 애쓰는데도 배우자는 변하지 않을 때가 있게 마련이다. 그것만큼 화나는 일도 없다. 그래도 주저 없이 용서해야 한다는 건 알지만 목구멍에서 차마 말이 나오지 않을 때가 있다. 그럴 때 우리는 미움과 경멸로 대꾸할지, 계속해서 조건 없이 사랑하고 존경할지 선택해야 한다.

또 배우자의 죄 된 행동을 지적해야 할 때가 있다. 그럴 때에도 용서하는 마음으로 죄를 지적할 수 있고, 화를 내며 쓴 마음으로 지적할 수도 있다. 마음속에 분노가 있거나 사람들에게 배우자의 잘못을 낱낱이 알리고 싶을 때 사랑과 존경으로 말하기란 거의 불가능하다(잔인하거나 파괴적인 행동을 하는 배우자의 죄를 지적하는 데 도움이 필요하다면 부록2를 보라).

## 진정한 용서는 분노와 함께할 수 없다

많은 부부가 악성 사이클을 멈추고 활력 사이클에 오르고 나서 조건 없는 사랑과 존경이라는 상급 사이클의 사고가 필요하다는 것을 잘 알고 있다. 그런데 문제는 모르는 사이에 이전 버릇대로 상대방을 비난하기 쉽다는 것이다. 특히 이런 문제는 아내에게 쉽게 나타나는데, 앞에서도 말했듯이 아내에게는 고치고 지적하고 싶은 본능이 있기 때문이다. 그리고 솔직히 말하면, 남편은 아내의 비난에 충분한 이유가 있다는 걸 인정해야 한다.

남편 역시 진심으로 활력 사이클에 오르고 싶지만 하룻밤 새에 나쁜 버릇이 사라지지는 않는다. 자신도 모르게 아내의 공기호스를 밟기 쉽다. 그러다 보면 아내의 인내심과 용서는 바닥나 버린다.

예를 들어, 한 아내가 「사랑과 존경」을 읽고 열심히 남편을 존경해 보지만 정작 남편은 아내를 사랑하는 일에 전혀 관심이 없다고 하자. 그렇게 몇 달이 지속되다 보면 혼자 애쓰는 아내는 점점 지쳐가기 시작한다. 계속하겠다고 결심하고 존경하는 태도로 말하는 것 같지만 사실은 애정 없는 남편의 나쁜 행동을 하나둘 마음에 담기 시작한다.

그러다 자기도 모르게 진짜 분노를 느끼기 시작한다. 혼잣말로 "남편을 존경한다는 게 무슨 소용이람?"이라고 중얼거린다. 그러다 점점 비판하고 판단하게 된다. 에베소서 4장 31-32절에서 바울이 가르친 용서나 T-U-F-T-S도 잊혀간다. 특히 격려하거나 감사하는 말은 더욱 그렇다.

이때가 가장 힘든 순간이다. 중대한 결정을 내릴 순간이다. 남편에 대한 존경을 완전히 집어치울지, 하나님의 은혜로 그렇게 바보 같은 남편을 계속 조건 없이 존경할지 결정해야 한다. 후자를 택한다면, 언어에 탁월한 재능을 가진 여성은 하나님께 인내를 달라고 더욱 기도해야 한다. 일단 말로 남편을 깎아내리고 나면 다시 세우기란 좀처럼 쉽지 않기 때문이다.

이메일에서 어느 아내는 자신이 우울하거나 날카롭거나 무뚝뚝하거나 남편을 비난할 때면 남편이 얼마나 무시당한다고 느끼는지 깨달았다고 한다. 이 아내는 남편을 용서하는 일이 힘들었다며 이렇게 말했다.

> 남편에게 상처가 되는 비난을 삼갈 수 있게 되었습니다. 머릿속에서 계속 생각이 나는데도 말이지요. 일단 내뱉은 말에 상처 입은 영혼은 치료할 방법이 없다는 걸 깨달았거든요. 나 자신을 이 정도까지 통제할 수 있게 되어 정말 감사합니다.

이 여성이 겪었을 어려움을 이해한다. 이 여성은 많이 나아지고 있다. 중요한 첫 단계는 비난하는 말이 튀어나오려고 할 때 입을 틀어막아서라도 참는 것이다. 그런 후, 마음으로 용서하는 완전한 자리까지 나아갈 수 있기를 기도해야 한다. 마음으로 용서하는 일은 시간이 필요하다. 그러나 나는 많은 아내가 그렇게 하는 걸 보아왔다.

남편을 비난하고 싶은 마음을 다스리고 진정으로 용서해야 한다고 강조하는 이유는 비난할 때 하기 쉬운 경멸의 말은 남편이 다른 사람에게서는 전혀 들어보지 못할 말일 수도 있기 때문이다.

많은 남편이 이런 고민을 털어놓는다. "모든 사람이 저를 존경합니다만 유독 아내만 저를 존경하지 않습니다." 그러니 남편이 아내에게 이런 말을 하는 것이다. "나는 결코 당신이 만족할 만큼 훌륭해질 수 없을 거야." 남편이 이런 말을 하면 (용서와 함께) 존경받고 싶다고 외치는 소리라는 것을 알아야 한다. 이렇게 외치는 건 교만해서도, 관심이 없어서도 아니다. 하나님이 남편 안에 넣어두신 친근한 존경이라는 깊은 욕구 때문이다. 이런 남편을 만족시키려면 덜 비난해야 한다. 그리고 남편이 아내에게 있는 사랑의 욕구를 이해하지 못한다면, 남편에게 공기호스에서 내려오는 법을 정중하게 알려주라.

---

<더 깊은 사랑과 존경을 위한 조언>

## "배우자에 대한 끓어오르는 분노가 식지 않는 이유가 뭘까요"

계속 화를 내거나 용서하지 못하면 대부분 감정이 더욱 격해진다. 그러면 왜 그런 감정이 드는지 살펴보아야 한다. 정말 자신을 괴롭히는 게 무엇일까? 비도덕적이거나 위험하거나 학대와 같은 큰 문제가 아니라면 바로 자기 자신이 사소한 문제를 큰 문제로 확대하고 있는 것이다.

누구나 배우자를 원망하기는 쉽다. 자신이 잘한 일만 생각하고 배우자가 잘못한 일만 보려 하기 때문이다. 누구나 자기 약점은 좀처럼 보기 어렵기 때문에 이것은 매우 미묘한 문제다. 13장에서 말한 성격 탓과 상황 탓을 기억하는가? 아내가 물어뜯고 비난하는 건 성격 탓(disposition)이고, 자신이 실수로 잠시 '화를 낸' 건 상황 탓(situation)이라고 여긴다. 여기서 중요한 건 사람은 자기 죄를 볼 수 없다는 것이다.

## 용서도 상대방을 조종하는 데 이용될 수 있다

용서에 관해 빠지기 쉬운 다른 함정은 배우자가 자기에게 용서를 빌게 하려고 용서의 말을 꺼내는 것이다. 아주 심한 경우를 예로 들자면 "내가 용서해 줄 테니까 다시는 그러지 않겠다고 빨리 말해"라는 식이다. 그러나 이런 용서는 거의 먹히지 않는다. 특히 잘못했다고 생각하지 않거나, 뉘우치는 분위기가 아니거나, 용서를 원하지 않는 경우에는 더욱 그렇다. 아내가 본인의 잘못이라고 생각하지도 않는데, 남편이 "짐이 그대를 용서하노라!"라고 말한다면 반감만 살 것이다. 게다가 별로 현명한 방법도 아니다. 그런 말은 거드름을 피우며 생색내는 것처럼 들린다. 얻어낸 결과라고는 마음을 닫아 버린 아내뿐이다. 뉘우치거나 달라지고 싶은 마음이 더 달아나게 만든다. 만일 당신이 그렇게 한다면, 오히려 용서를 구해야 할 것이다.

주님이 용서하라고 명령하셨기 때문에 용서 자체가 목적이어야 한다. 그런데 배우자를 용서할 상황이 계속 발생한다면 둘 중 하나라고 생각할 수 있다. 배우자가 개인적으로 계속 잘못을 저지르는 심각한 문제를 가졌거나, 당신이 너무 쉽게 상처를 받는 것이다.

예를 들어, 많은 아내가 교회 입구에서 주차장까지 가는 길에 남편이 앞서 걸어가면 화가 난다고 한다. 사랑이 없어서 그런 거라며 이렇게 말한다. "여보, 얘기 좀 해요. 당신이 그렇게 먼저 걸어가는 걸 보면 사람들이 뭐라고 생각하겠어요?" 이런 말을 들으면 갑자기 마음이 복잡해진다. 여자는 자기 느낌을 '진실'이라고 여기는 경향이 있다. 감정이 상하면 무의식적으로 남편 잘못이며 남편에게 사랑이 없다고 결론 내린다. 남편이 부주의하거나 다른 생각에 사로잡힌 걸 바로 사랑과 존경이라는 큰 문제로 확대 해석하는 경우가 많다.

물론 자동차까지 함께 걸어가는 것이 남편에게는 쉽게 지나칠 수 있는 세심한 행동일 수 있다. 나도 다른 생각에 빠져 아내보다 앞서 걸은 적이 있는데, 그때 사라는 적절히 일러주었다. 내 잘못이라거나 사랑이 없다며 확대 비난하지 않았고 그저 조용히 말했다. "여보, 좀 천천히 가면 안 될까요? 당신과 나란히 걷고 싶은데." 그 말에 정신이 든 나는 미안하다고 말하고 함께 걸었다. 그렇게 작은 일에 마음을 상하는 건 마치 "하루살이는 걸러내고 낙타는 삼키는"(마 23:24) 것과 같다. 너무 쉽게 마음이 상하면 그것이 나쁜 씨앗이 되어 큰 문제로 자랄 수 있다. 그런 속단을 계속한다면 말이다.

### 분노의 원인은 나에게서 나온다

남편과 아내는 배우자를 용서하는 것이 힘들다면 적대감이나 경멸에 사로잡힐지도 모른다는 것을 기억해야 한다. 나는 아버지에게서 그런 모습을 보았다. 예수님을 믿고 나서 아버지는 이런 고백을 하셨다. 아주 작은 일에도 어머니에게 화가 나셨다고 말이다. 어머니가 일부러 자기를 화나게 하려고 그랬다는 생각이 들어 화가 나셨다고 했다. 어머니 마음을 이해하지 못했기 때문에 어머니의 선한 동기를 믿지 못하고 종종 화를 내거나 적대감을 보이셨다.

그리스도를 따르고 나서는 그 분노가 단순히 어머니 행동이나 동기에 대한 오해 때문임을 아셨다. 주로 아버지 마음에 있는 문제가 감정을 자극한 것이다. 그리스도 안에서 성장하면서 분노의 원인이 어머니가 아니라 자신 안에 있는 커다란 부정적인 감정이라는 것도 아셨다. 그래서 조그만 상처에도 불같이 화를 내신 것이다. 함께 살다 보면 갈등이 생기는 게 당연하다는 것을 아시고는 화산같이 끓어오르는 분노를 길들일 수 있었다. 의견이 다르다는 것이 자신을 무시하거나 존중하지 않는 것은 아니라는 사실도 받아들이셨다.

용서에 대해 말할 것이 하나 더 있다. 세미나를 마칠 때쯤 꼭 이런 주의를 준다. "명심할 점이 있습니다. 다들 이 자리를 떠나면서 이제부터 사랑과 존경의 삶을 살겠다고 결심할 겁니다. 그러나 배우자 중 한 쪽이 잘하지 못하면 원망하고 싶어질 것입니다. 그러다가 정말 실수라도 저지르면 원망이 쌓입니다. 그러면 사랑과 존경이라는 결혼생활의 기반은 흔들립니다. 용서하지 못하는데 어떻게 진심으로 사랑하고 존경하겠습니까!"

## 용서하지 않으면 배우자를 헐뜯게 된다

이메일에서 늘 보는 내용이 있다. 사실이 아니라면 좋겠지만 불행히도 자주 일어나는 일이다. 바로 아내가 자기도 모르게 남편을 헐뜯고 있는 것이다. 헐뜯는다는 것은 누군가에 대해 거짓되고 악한 소문을 내는 것인데, 대부분의 아내는 남편을 일부러 헐뜯지는 않을 것이다. 그저 마음에 상처를 받거나 화가 나서 밖으로 표출하고 싶을 뿐이다. 핑크로 보는 아내 눈에 블루인 남편은 악당처럼 보인다. 자신은 약한 반면 남편은 항상 강하고 고집 세고 눈치 없고 애정이 없다고 여긴다. 그러나 사실은 약간의 핑크 빛으로 물들여 사람들에게 자신의 처지를 호소해서 동정을 얻고 싶은 마음이 깔려 있다. 그렇게 한쪽으로 치우친 말을 듣는다면 남편은 분노를 일으키고 화를 내며 멀리 떨어진 곳으로 가서 벽을 쌓아 버릴 것이다.

골로새에 보낸 편지에 바울이 남편들에게 한 말은 정곡을 찌른다. "남편들아 아내를 사랑하며 괴롭게 하지 말라"(골 3:19). 헐뜯는 일에 잘

빠지는 여자의 성향과, 그것 때문에 화를 내는 남자의 성향을 꿰뚫어본 것일까? 단언하기 힘들지만, 그렇게 행동하는 아내가 있다면 잠언 25장 23절을 마음에 새기면 좋을 것이다. "북풍이 비를 일으킴같이 참소하는 혀는 사람의 얼굴에 분을 일으키느니라."

현명한 아내는 남편이 없는 곳에서 가족이나 자녀, 친구, 동료에게 남편을 헐뜯지 않으려고 조심한다. 남편도 자신이 완벽하지 않다는 것을 알고 있다. 그러나 아내가 사람들 앞에서 자신을 비방하지 않는 걸 알면, 일어나 아내를 복되다 할 것이다(잠언 31장 26-31절, 특히 28절을 보라). 다음은 남편이 결혼 초부터 다른 여자 앞에서 자기 흉을 보지 않은 아내에게 고마워하는 글이다.

> 결혼하고 얼마 되지 않아 아내는 가장 친한 친구 결혼식 전야 모임에 다녀왔습니다. 모인 친구 대부분이 결혼을 했는데, 남편 없는 자리에서 흉을 보는 걸 보고 놀랐다고 하더군요. 아내도 제 약점을 상당히 잘 알지만, 함께 불평을 늘어놓지 않았다고 합니다. 다른 사람들 앞에서 저를 비방하지 않겠다는 아내 생각은 지금도 변함이 없습니다.

아내들이여, 남편을 용서하고 비난하지 않겠다고 결심해야 하는 가장 큰 이유는 바로 하나님이 당신을 용서하셨기 때문이다(에베소서 4장 32절, 골로새서 3장 13절을 보라). 남편들이여, 아내가 비난할지라도 같은 이유로 아내를 용서하라. 다른 사람에게 지지받고 싶은 아내 마음을 이해하라. 당신이라면 넘지 않을 선을 아내는 넘을 수도 있다. 그러나 당신이 여자라면, 또 남편이 부드럽고 겸허하게 받아주지 않는다면 당신도 똑같이 사람들에게 지지받고 싶을 것이다. 아내는 사람들 앞에서 당신을 부끄럽게 하려는 것이 아니다. 그것은 아내가 원하는 바가 아니다.

당신이 아내에게 더 다정하다면 다른 사람이 아닌 당신에게 더 다가갈 것이다. 더 공감해 주고 짐을 가볍게 해주고 함께 기도해 준다면 부정적인 감정을 솔직히 풀어낼 것이다. 아내가 선한 의도를 가진 여자임을 잊지 말라. 당신을 헐뜯고 싶은 게 아니라 당신과 하나 되고 싶을 뿐이다. 아내를 용서하라!

마음속에 용서가 넘치면 입술에서 참된 사랑과 존경이 흘러넘친다. 그 순간 주님이 듣고 계신다. 주님은 당신이 나약하지 않으며, 당신 안에 그분이 주신 힘이 있다는 것을 아신다. 당신은 나약하지도, 어리석지도, 두려워하지도 않으며, 어떤 값을 치르더라도 평화를 원한다는 걸 알고 계신다. 주님은 당신이 경건하고 현명하며, 주님을 닮아가기 위해 노력하고 있는 것과 "잘하였도다!"라는 칭찬을 듣고 싶어한다는 것을 알고 계신다. 참된 말, 격려하는 말과 더불어 용서하는 말을 하겠다고 다짐하라.

> 용서하지 못하는 완악한 마음은 예수님의 대화법과 어울리지 않는다. 배우자를 용서하라고 주님이 말씀하셨다. 예수님도 나를 용서하셨다. 그러므로 나도 배우자를 용서할 것이다.

지금까지 참된 말, 격려하는 말, 용서하는 말을 살펴보았다. T-U-F-T-S의 앞 세 글자를 배운 것이다. 아직 중요한 개념 두 가지가 남았다. 배우자에게 자주 고맙다고 말하는가? 배우자와 성경적인 대화가 오가는가? 다음 15장에서는 이런 질문과 더불어 중요한 여러 질문을 통해 상급 사이클에 대한 이야기를 완성할 것이다.

"범사에 감사하라
이것이 그리스도 예수 안에서 너희를 향하신
하나님의 뜻이니라"(살전 5:18).

chapter 15

# 감사하는 말, 성경적인 말

이제 T-U-F-T-S의 두 가지 개념이 남았다. 바로 감사하는 말과 성경적인 말이다. 당신과 배우자가 서로를 조건 없이 축복하기 위해 감사의 언어와 성경적인 언어를 사용한다면 특별한 방법으로 하나님을 찬양하게 될 것이다. 하나님은 감사하는 말과 성경적인 언어를 사용하는 사람을 특별히 기뻐하신다.

### Thankful Words, 감사하는 말

누구나 부정적인 면을 보기 쉽다. 배우자의 좋은 면에 집중하고
사랑이나 존경이라는 긍정적인 언어로 고마움을 표현하라.

배우자가 날마다 당신을 위해 하는 일에 얼마나 고마워하는가? 혹

시 배우자에게 그럴 자격이 없다거나 고맙다는 말을 잘 받아들이지 않는다며 그냥 넘어가지는 않는가? 에베소에 보내는 편지에서 바울은 "음행과 온갖 더러운 것과 탐욕"(엡 5:3)을 경고하고 "누추함과 어리석은 말이나 희롱의 말이 마땅치 아니하니, 오히려 감사하는 말을 하라"(4절)고 덧붙인다.

에베소 교회 성도에게든 우리에게든, 바울이 예수님의 대화법으로 감사하는 말을 소개하는 건 놀라운 일이 아니다. 예수님도 감사하는 일을 최우선 순위로 삼으셨다. 감사할 일이 생기면 언제나 먼저 감사하셨다. 예를 들면, 오천 명을 먹이시기 전에 감사 기도를 드린 일처럼 말이다(요 6:11). 예수님은 늘 감사하셨고, 주님을 따르는 자들에게도 하나님과 사람들에게 감사할 것을 기대하셨다. 고침 받은 문둥병자들 가운데 단 한 사람만(그것도 사마리아인만) 돌아와서 감사한 사실을 눈여겨보셨다(눅 17:11-19).

이제 이런 궁금증이 생길 것이다. "바울은 왜 감사를 누추함(더러움), 어리석은 말, 희롱의 말처럼 부정적인 것과 대비시켰을까?" 아마도 편지를 받는 사람들에게 감사하는 사람은 음란한 사람, 어리석은 말을 늘 어놓는 사람, 더러운 농담을 일삼는 사람과 엄청나게 다르다는 사실을 보여주고 싶었던 것 같다.

바울은 그 시대 믿는 자들이 복음을 알기 이전의 비도덕적 삶으로 되돌아가지 않을 수 있는 강력한 방어막이 바로 감사라고 믿었다. 그 진리는 지금 이 시대에도 동일하다. 상담하다 보면 부부 사이에 거칠고 조잡한 말이 상당히 많이 오가는 걸 들을 수 있다.

한 부부를 예로 들어보자. 살이 쪘다며 아내를 무지막지하게 몰아붙이는 것, 특히 많은 사람 앞에서 그렇게 대하는 것은 심히 거칠고 조잡한 행동이다. 마찬가지로 아내가 다른 사람들 앞에서 쉴 새 없이 한숨을 쉬고 눈을 흘기며 "도대체 내 말을 못 알아들으시네요"라고 말하는 것도 남편을 심하게 폄하하는 행동이다. 예수님의 대화법은 긍정적인 것에 초점을 맞추며 배우자의 단점을 무례한 말로 고치려 들지 않는다.

그렇다고 장난삼아 배우자를 놀리는 일도 해서는 안 된다는 뜻은 아니다. 중요한 건 상대방을 깎아내리지 않는 재미여야 한다는 것이다. 자칫하다가는 냉소적이거나 비판적으로 "당신은 중요하지 않다"거나 "당신에게 고맙지 않다"는 뜻을 지닌 말로 들리기 쉽기 때문이다.

### "배우자에게 얼마나 감사하고 있는가?"

다시 감사의 주제로 돌아오자. 이 장을 읽고 있는 아내나 남편에게 "배우자에게 얼마나 감사하고 있는가?"라고 질문한다면 저마다 대답이 다를 것이다. 당신은 매우 어리석고, 조잡하며, 배우자를 폄하하기도 하는 징글징글한 사람일 수도 있다. 또는 배우자의 긍정적인 면은 보지 않고, 농담이라면서 미묘하게 부정적인 것만 지적할 수도 있다. 그런가 하면 하나님이 배우자를 만드신 방식을 이해하지 못하고 나와 매우 다르다며 어울리지 못할 수도 있다(그런 경우라면 2장으로 돌아가 하나님이 왜 남자와 여자를 각각 블루와 핑크로 만드셨는지 다시 살펴보라).

서로 매우 다르다는 이유로 고마워하지 않는다면 분명 악성 사이클에 오를 것이며, 그러고도 계속 감사하지 않는다면 악성 사이클에서 내려오기 힘들 것이다.

또는 배우자에게 고마워할 게 없다고 생각할 수도 있다. 적어도 지금 당장은 전혀 고맙지 않을 수 있다. 전혀 사랑이나 존경 없이 행동하고 말하기 때문이다. 간음하고, 약물이나 알코올에 중독되어 있으며, 가족에게 관심이 없고, 부부 관계를 위해 전혀 노력하지 않는 등 수많은 고통을 호소하는 사람들 이야기로 이 책을 가득 채울 수도 있다. 하지만 배우자에게서 감사할 이유를 찾지 못하더라도, 결혼생활에서 겪는 시련을 통해 믿음이 자란 것을 감사할 수는 있다. 감사하는 사람은 어디서든 감사할 거리를 찾아낸다. 좋은 일뿐 아니라 나쁜 일에도 감사하기 때문이다.

당신은 C-O-U-P-L-E과 C-H-A-I-R-S를 실천하려고 애쓰면서 배우자 때문에 하나님께 감사한 적이 있는가? 아내로서 자신에게 이렇게 질문해 보라. "남편이 나를 가까이하고 마음을 열며 이해하고 화평하며 신실하고 존중하려고 노력하는 데 감사하는가? 아니면 남편이 말해 주지 않고 해주지 않은 것 때문에 때로 부정적이고, 비난하며, 비아냥거리는 옛날 모습으로 돌아가고 있지는 않은가?"

남편은 스스로 이런 질문을 해보라. "C-H-A-I-R-S를 실천하려고 애쓰는 아내 때문에 하나님께 감사하고 있는가? 아내가 일이나 성공에 대한 내 욕구를 인정하며, 가족을 보호하고, 생계를 책임지며, 섬기고 인도하며, 분석하고 상담하려는 내 바람을 귀하게 여기고, 어깨를 나란히 하는 친구가 되어주며, 성적으로 친밀감을 갖기 위해 노력하는 걸 고마워하고 있는가? 아니면 아내가 해주지 않은 말이나 행동 때문에 치사하게 아내를 놀리거나 반감을 품거나 원망을 쌓고 있지는 않은가?"

아내를 사랑하고 싶다면 고맙다는 말을 하지 않을 수 없다. 남편을 존경하기 원하는 아내라면 남편에게 불평만 늘어놓지는 않을 것이다. 또는 겉으로는 고맙다고 말하면서 진심으로 사랑하거나 존경하지 않는다면, 그 고맙다는 말이 거짓말이나 퉁명스러운 비난조로 들릴 수 있다. 남편을 존중한다면 진심으로 고마워해야 한다.

또 한 가지 염두에 둘 일은 부부 관계에서 감사는 주고받는 것이라는 점이다. 남편을 존경하는 노력에 대해 고맙다는 말을 듣고 싶으면 사랑하기 위해 노력하는 남편에게 먼저 고마움을 표현해야 한다. 아내를 사랑하는 노력에 고맙다는 말을 듣고 싶으면 존경하기 위해 애쓰는 아내에게 먼저 고맙다고 말해야 한다.

## 감사는 자기 힘으로 하기 힘들다

정말 배우자 때문에 감사하는가? 매우 기본적인 질문이라고 생각할 수도 있다. 배우자와 그 밖에 많은 이유로 하나님께 감사해야 하는 건 당연하지 않은가? 그렇지만 상급 사이클에 오르는 것과 마찬가지로 감사도 자기 힘으로는 하기 힘들다. 예수님의 대화법을 신뢰한다면 당연히 부부 관계 가운데 감사하는 말을 하려고 노력할 것이다. 그러나 단지 배우자나 배우자가 해주는 것 때문에 감사하기보다는 이런 기도를 드려야 한다. "주님, 당신을 사랑하기 때문에 감사하는 사람이 되길 원합니다. 제 궁극적인 목표는 당신을 기쁘게 하는 것입니다. '잘하였도다', '잘 말하였도다' 하는 당신의 칭찬을 듣길 원합니다."

에베소서 5장 1-2절을 다시 생각해 보자. "그러므로 …… 너희는 하나님을 본받는 자가 되고 그리스도께서 너희를 사랑하신 것같이 너희도 사랑 가운데서 행하라. 그는 우리를 위하여 자신을 버리사……." 하나님을 본받는 자 되어 사랑 가운데 행하기 원한다면 배우자를 부정적으로 보지 않고 긍정적으로 보는 일이 훨씬 쉬워질 것이다. 좀 더 긍정적인 결혼생활을 바라는 아내가 남편의 부정적인 면에만 집착하면 부정적인 태도가 더욱 강화될 것이다. 부정적인 결혼생활을 원하지 않으면서도 남편이 긍정적인 부부 관계를 만드는 데 별 노력을 기울이지 않으면 부정적인 채로 남아 있기 쉽다. 긍정적인 삶을 원한다면 먼저 하나님께 더욱 가까이 나아가라. 그리고 그분을 본받으라. 그러면 부부가 서로 감사하는 긍정적인 부부 관계를 맺을 수 있을 것이다.

내 아내 사라는 주께 하듯 감사하기로 결단한 사람이다. 하나님이 사라에게 거의 모든 상황에 감사할 수 있는 힘을 주시는 걸 보아왔다. 예를 들어, 지난 몇 년간 선택의 기로에 선 순간이 몇 번 있었다. 그중에는 아내가 원치 않은 방향으로 가게 된 경우도 있지만, 우리가 가는 길은 달라지지 않았다. 일단 결정되고 나면 늘 이렇게 말했다. "그렇게 하는 게 좋겠어요." 그리고 그 선택이 좋은 이유를 몇 가지 댈 수 있었다.

다른 길을 원하지 않은 것도 아니고 자기 의견을 더 강하게 내세울 수도 있지만, 상황이 허락하지 않으면 원치 않는 길로 가게 되더라도 못마땅해하지 않고 감사하며 긍정적으로 반응하였다. 사라는 하나님이 허락하신 길의 좋은 점을 보기 때문이다. 아내를 보면 바울이 빌립보 교인에게 한 말이 떠오른다.

> "내가 비천에 처할 줄도 알고 풍부에 처할 줄도 알아 모든 일 곧 배부름과 배고픔과 풍부와 궁핍에도 처할 줄 아는 일체의 비결을 배웠노라"(빌 4:12).

<더 깊은 사랑과 존경을 위한 조언>

### '감사'라고 하기 어려운 말!

이런 말은 감사라고 하기 어렵다.
"세 번씩 말하고 나서야 차에 기름을 넣어주다니, 정말 고맙네요."
아내를 사랑하는 남편은 진정으로 고마움을 표현해야 한다. 다음과 같은 교활한 함정을 파서도 안 된다.
"한 달에 한 번 집을 청소해 줘서 고마워!"

### 감사를 실천하는 부부 이야기

사랑과 존경을 실천하는 많은 부부가 하나님이 그들의 삶과 결혼생활에 하신 일을 인정하고 감사하는 이메일을 보내온다. 몇 가지 사례를 소개하고자 한다. 한 남편이 보낸 이메일이다.

저는 아내로 인해 늘 하나님께 감사하기로 결심했습니다. 저는 수년간 아내에게 충실했고, 아내는 세 아이의 훌륭한 엄마가 되었습니다. 그런데 10년 전쯤 제가 심장발작을 일으켜 개흉 수술을 받아야 했고 이 때문에 직장도 잃었습니다. 우리 가정은 저축해 놓은 돈과 집을 다 잃었습니다. 지금 아내는 공인중개사 자격증을 땄고, 수입에서 큰 부분을 맡고 있습니다. 저는 더 이상 중역에 취직하지 못해서 지금은 시간제 임시직으로 일하고 있습니다. 아내가 비난하고 빈정대고 경멸하는 것같이 보일 때마다 저는 아내가 아직 제 곁에 있다는 것만으로도 감사합니다. 저는 그리스도와 관계를 더욱 깊게 갖기로 다짐했고 특히 더 많이 기도하려고 합니다. 그건 아내와 갈등이 있을 때를 준비하기 위해서입니다. 저는 성령의 인도하심으로 아내에게 더 천천히 친절하게 인내로 반응할 수 있길 바랍니다.

어떤 아내는 이런 이메일을 보내왔다.

저는 날마다 남편에 대해 감사한 이유를 한 가지씩 적어봅니다. 그리고 남편에게 용기를 주기 위해 그 내용을 이야기해 줍니다. 저는 남편의 좋은 점에 눈을 고정시키고 싶습니다. 또한 하나님이 남편을 향한 사랑과 신뢰를 회복시키길 기도합니다.

어떤 아내는 독특하게 지역 라디오 방송을 통해 남편에게 감사를 표현했다. 24시간 방송되는 프로그램으로 매시간 친구나 사랑하는 사람에게 하고 싶은 말을 전해 주는 방송이다. 밸런타인데이를 맞아 남편에게 보낸 킴의 메시지는 남편과 그의 동료 수십 명이 들을 수 있었다.

킴이 밸런타인데이를 맞아 남편 케리를 위해 사연을 보냈습니다. 에베소서 5장 33절은 이렇게 말합니다. "너희도 각각 자기의 아내 사랑하기를 자신같이 하고 아내도 자기 남편을 존경하라." 킴이 이렇게 적어주셨네요. "케리, 그리스도께서 우리를 사랑하신 것처럼 저와 아이들을 헌신적으로, 그리고 조건 없이 사랑해 줘서 고마워요. 우리 가정을 위해 열심히 일하는 것도 매우 고마워요. 당신 때문에 우리 가족이 편안하고 행복하게 살 수 있어요. 필요하다면 당신은 생명도 내어놓을 거라는 걸 알아요. 내가 당신 아내라는 사실이 몹시 자랑스러워요. 시간이 흐를수록 당신을 향한 사랑은 커져만 갑니다. 그렇지만 남편이자 남자인 당신을 향한 내 존경은 그보다 더 큽니다. 무한한 존경을 보내며 아내 킴."

킴의 이메일은 이렇게 이어졌다.

방송을 들은 사람들이 어떤 반응을 보였는지 믿지 못할 거예요! 주변에 있는 남자들이 다 부러워했대요! 여자들은 정말 닭살스럽다고 말하지만요.

남편 케리는 방송을 듣고 고마워서 눈물을 흘렸다고 한다. 아내가 남편 됨을 고마워했지만, 무엇보다 남편을 높이 세워주었기 때문이다.

## 감사할 수 없는 상황에서도 감사할 수 있다

고맙다고 말하거나 배우자를 칭찬하는 건 사실 그리 어려운 일이 아니다. 그러나 많은 사람이 여러 이유로 그렇게 하지 못한다. 다른 여자에게서는 찾을 수 없는 매력을 지닌 정말 멋진 아내를 두었다는 한 남편은 이렇게 고백한다. "제가 자라온 환경 때문에 아무렇지 않게 아내를 칭찬하기가 힘듭니다. 저는 오히려 비난하는 게 쉽습니다. 그래서 아내가 힘들어합니다."

그와 반대로 40년간 결혼생활을 해온 어느 아내는 「사랑과 존경」을 읽었는데 남편이 전혀 책을 읽으려 들지 않았다. 그런 남편에게 불만이 생기자 아내는 하나님께 간구했다. 그날 밤 잠들지 못하고 누워 있는데 하나님이 이렇게 말씀하시는 것 같았다. "네가 커다란 조명이 되었다고 상상해 보아라. 그것으로 남편에 관해 존경할 만한 진실을 비추어보아라. 나는 네가 내 눈을 통해 남편을 보길 원한다."

아내는 바로 일어나 글을 쓰기 시작했다. 남편을 존경하는 이유와 남편에게 감사한 이유로 한 면을 가득 채워갔다. 남편이 책을 읽지 않는 것은 개의치 않기로 했다. 그저 남편을 축복하고 감사하며 남편이 원하는 존경을 보여주었다. 그리고 이런 편지를 보내왔다.

하나님이 남편을 사랑할 수 있도록 그분의 사랑을 부어주셨습니다. 그리고 우리 가정에 빛을 비춰주셨습니다. 그 주 내내 우리 부부는 두 번째 신혼여행을 보내는 것 같았습니다. 아니, 그보다 더 좋았습니다! 남편은 이제 더 많이 공감해 주고 더 많이 사랑해 줍니다. 저는 매우 행복합니다. 그 사람의 아내라는 사실이 만족스럽습니다. 그저 마음을 열고 하나님이 생각을 바꾸시도록 허락했는데, 그분이 우리 가정에 이루고 싶어하시는 아름다운 이야기가 펼쳐졌습니다.

하나님이 우리에게 허락하신 모든 일에 감사하기 위해서는 생각하는 방식이 매우 중요하다. 사라가 나와 가족에 대해 감사하는 것을 보면 감탄이 절로 나온다. 사라가 그럴 수 있는 이유는 그 뒤에 계신 하나님을 바라보고 있기 때문이다. 사실, 사라가 좋아하는 성경 구절도 시편 50편 23절이다. "감사로 제사를 드리는 자가 나를 영화롭게 하나니 그 행위를 옳게 하는 자에게 내가 하나님의 구원을 보이리라." 일기에도 그 말씀을 인용했다.

아들 데이비드가 심하게 다리를 다친 날이 기억난다. 8학년 때 야구를 하다가 다리를 다쳤다. 메이저리그 야구 선수가 되겠다는 꿈을 이룰 수 없다는 사실에 더욱 낙담하는 아들을 보며 아들의 다리도, 잃어버린 꿈도 어떻게 해줄 수 없는 내가 미웠다. 마음이 찢어지는 것 같았다. 힘들어하는 내게 하나님은 이것이 아들에게 닥친 위기가 아니라 내 믿음의 위기라는 것을 깨우치셨다.

어떤 상황에서도 하나님께 감사하는 것이 하나님의 뜻임을 알지만, 그때는 정말 감사할 수 있는 상황이 아니었다. 그렇지만 바로 그때 나는 시편 50편 23절에서 말하는 "감사로 드리는 제사"가 무엇인지 배울 수 있었다.

데이비드가 회복하는 동안 이 말씀을 대하면서 나는 그것이 자연스럽게 할 수 있는 일은 아니라는 생각이 들었다. 바로 그때 하나뿐인 아들을 제단에 바쳐야 했던 아브라함이 떠올랐다. 그 일은 자연스럽게 할 수 있는 일이 아니다. 그렇다. 일이 잘되지 않더라도 우리는 감사로 제사를 드려야 할 때가 있다.

그때 처음으로 찬양과 감사의 제사를 드렸다. 마치 본 경기 전에 펼쳐지는 준비운동 같았다. 나는 큰 경기가 다가오고 있다는 걸 전혀 모르고 있었다. 내가 유방암에 걸렸다는 사실 말이다. 아들의 실망과 암에 걸렸다는 소식 사이에서 10년이라는 세월을 보내면서 나는 하나님께 감사하는 기쁨을 깨달았다.

감사로 제사를 드릴 때마다 그것이 하나님을 영화롭게 하는 일임을 알았다. 상황이 변하지 않아도 천국에서 일어나고 있는 일을 떠올렸다. 또한 내 영혼 속에서도 변화가 일어나고 있다는 걸 알 수 있었다!

사라는 두 번이나 유방 절제술을 받아야 했다. 다행히 수술 후 암이 완전히 치료되어 더 이상 치료받지 않아도 되었다. 그 모든 상황에서도 사라는 하나님께 찬양과 감사의 제사를 드릴 수 있었다. 상황을 넘어 하나님을 볼 수 있었기 때문이다. 그것이 바로 감사다. 지금 배우자와 관계가 어떠하든, 즉 매우 감사할 만한 관계든, 아주 조금만 감사할 만한 관계든, 전혀 감사할 수 없는 관계든 간에 사라와 같은 방법을 사용할 수 있길 바란다. 감사하지 않는 구덩이에서 벗어나려면 다음과 같이 다짐해 보라.

나는 하나님이 주시는 힘으로 배우자의 좋은 점을 감사하고, 배우자를 부정적으로 보려는 본성과 싸울 것이다. 예수님은 내 약점이나 잘못만으로 나를 판단하시지 않고, 나를 무가치하게 생각하시지도 않으며, 바보 같은 농담거리로 만드시지도 않는다. 주님이 나를 대하시듯 나도 배우자를 대할 것이다. 주님께 그렇게 배웠기 때문이다!

### Scriptural Words, 성경적인 말

꾸준히 사랑과 존경으로 말할 수 있으려면 생각을 성경에 고정시키고, 도와주시겠다는 주님의 약속을 믿고 그 약속에 대해 말해야 한다.

T-U-F-T-S의 마지막 요소는 성경적 언어다. 바울은 그리스도인이 걷고 말하는 것과 경건치 않은 자가 걷고 말하는 것을 비교해서 성경적 언어를 마무리 짓고 있다(엡 4:17-5:21). 참되고, 격려하며, 용서하고, 감사하는 말을 언급하고 나서 옛 사람과 새 사람을 독특한 방법으로 비교한다(엡 5:18-21). 에베소인들은 "술 취하는" 대신 "오직 성령으로 충만함을 받아야" 한다(18절). 그리고 "시와 찬송과 신령한 노래들로 서로 화답하며 마음으로 주께 노래하며 찬송"해야 한다(19절).

얼핏 보면 그리스도인이 예배드리는 법을 바울이 멋지게 설명하는 것처럼 보인다. 그렇게 해석하는 주석가도 많다. 그러나 문맥을 자세히 들여다보면 바울은 일상 가운데 우리가 어떻게 말해야 하는지를 이야기하고 있다.

그런데 바울은 왜 처음에 술 취함과 시와 찬미를 대조한 것일까? 그 대답은 과하게 술 취하지 말고 "성령의 충만함을 받으라"는 말씀에서 찾을 수 있다. 방탕해질 정도로 취한다는 것은 술에 조종당한다는 말이다. 그런 사람은 결국 자기 자신에게 열중하게(self-absorbed) 된다. 술에 취해 자기 욕구, 실망, 죄의식에만 초점을 맞추는 사람과 달리 그리스도인은 그리스도의 말씀과 성령에 초점을 맞추며 살아간다. 성령에 취해 성령의 통제와 다스림에 따라 시와 찬미와 신령한 노래로 언어가 바뀌어야 한다.

바울은 그리스도인들이 '자신'이 아닌 성령에 빠져야 한다고 말한다. 즉, 성령으로 충만해야 한다는 것이다. 성령이 당신 삶을 주장하실 수 있어야 한다. 하나님의 갈망과 목적, 은혜에 초점을 맞추어야 한다.

같은 주제로 바울은 골로새서 3장 16절에서 성령으로 충만해지는 아주 좋은 방법을 제시한다. "그리스도의 말씀이 너희 속에 풍성히 거하여 모든 지혜로 피차 가르치며 권면하고 시와 찬송과 신령한 노래를 부르며 감사하는 마음으로 하나님을 찬양하고." 그리스도의 말씀이 우리 마음에 충만해져야 한다. 그분 말씀이 우리 영혼에 흘러넘칠 때 성령이 우리 삶 가운데서 자유롭게 일하실 수 있기 때문이다.

바울이 아내와 남편을 향해 결혼에 관한 가장 중요한 말씀인 에베소서 5장 22-33절을 쓴 것은 우연이 아닐 것이다. 성경적인 언어가 가장 필요한 관계가 있다면 바로 부부 관계일 테니까.

### "예수님은 뭐라고 말씀하실까?"

다른 네 가지 언어와 마찬가지로 성경적인 언어 사용에서도 예수님이 가장 좋은 본보기다. 주님은 끊임없이 성경을 인용하셨다. 종종 그분은 말씀을 듣는 자들에게 "읽지 못하였느냐"고 물으신다. 마태복음 19장 4-5절에서 바리새인들이 예수님을 함정에 빠뜨리기 위해 이혼을 허락해도 되는지 물을 때 이렇게 말씀하셨다. "사람을 지으신 이가 본래 그들을 남자와 여자로 지으시고 말씀하시기를 그러므로 사람이 그 부모를 떠나서 아내에게 합하여 그 둘이 한 몸이 될지니라 하신 것을 읽지 못하였느냐"(마가복음 2장 25절, 12장 10절, 12장 26절에서도 "읽지 못하였느냐"고 물으신다). 에베소인들이 제대로 '그리스도를 배웠다면' 예수님이 얼마나 성경 말씀을 중요하게 생각하시는지 이해할 것이다(에베소서 4장 20절을 보라).

다시 한 번 말하지만, 성경적인 언어도 일차적으로는 배우자와 관계가 아니라 예수 그리스도 안에서 하나님과의 관계임을 이해해야 한다. 예수님의 대화법을 중요하게 생각한다면 주님의 말씀과 반대되는 말은 하지 않을 것이다. 술 취한 사람처럼 자기중심적인 데 빠지지 말고 주님을 기쁘게 하기 위해 성경적인 생각과 말, 행동을 취해야 할 것이다. 성경적으로 말하려면 성경적인 시각으로 바라보기로 결심해야 한다. "WWJD"(What Would Jesus Do?, 예수님이라면 어떻게 하셨을까?) 팔찌를 알고 있는가? 이 단순하고 작은 팔찌는 예수님과 성경을 떠올리게 하는 좋은 도구다.

사실 WWJD 팔찌는 배우자 어깨 너머에 계신 예수님을 떠올리게 한다. 특히 대화가 점점 긴장 상태로 간다면 적극적으로 이런 질문을 해 보자. 배우자를 사랑하거나 존경하기 위해 배우자 너머에 계신 "예수님은 뭐라고 말씀하실까?"(WWJS, What Would Jesus Say?)

## 성경은 알아서 악을 쫓아주는 묘책이 아니다

성경적인 언어를 사용하라는 말이 입을 열 때마다 성경 말씀을 인용하라는 뜻은 아니다. 하나님의 약속을 생각하며 그분을 신뢰하라는 말이다. 성경적인 언어로 말하는 것은 하나님의 원칙과 가치관을 따라 살아가고 말하는 것이다. 예를 들면, 먼저 하나님 나라와 의를 구하고, '이 세상의 염려'가 말이나 생각을 지배하지 못하게 하는 것이다.

하나님이나 그분의 진리가 아니라 이 세상의 걱정과 근심에 관심이 집중된다면 악성 사이클이 돌아갈 준비를 할 것이다. 성경적인 사고와 언어는 악성 사이클이 돌아가지 못하게 붙잡아둘 수 있다.

그러나 성경이나 성경 말씀은 알아서 악을 쫓아주는 묘책이 아니다. 아무리 성경을 많이 외운다고 해도 실제로 적용하는 건 다른 문제다. 어떤 아내는 우리가 낸 자료를 많이 주문했다면서 이런 편지를 보내왔다.

주님이 저를 다시 훈련하고 계십니다. 베드로전서에서 존경을 이야기하는 많은 구절을 암송했는데도 제 말과 행동에는 변화가 없었습니다. 왜 그런지 이해하지 못했는데, 그건 바로 제가 존경이 뭔지 몰랐기 때문입니다. 존경은 바로 나 자신에게 달려 있었습니다.

이 아내는 지금 악성 사이클이 아니라 상급 사이클에 놓여 있다. 이렇게 말했기 때문이다.

결혼생활에 변화가 보이지 않더라도, 하나님을 기쁘게 하고 있음을 알고 있습니다. 그것만으로도 평안이 찾아오고 상처와 고통에서 벗어날 수 있습니다. 이제 제 감정은 문제가 되지 않습니다. 희망이 있습니다. 비록 실패하더라도 하나님의 은혜와 인내하심에 감사할 수 있으니까요.

어떤 아내는 친구에게 「사랑과 존경」을 빌려 읽다가 자기 결혼생활이 바로 악성 사이클에 놓여 있음을 알고 눈물이 났다고 한다. 그 부부는 결혼한 지 9년 되었는데 결혼 3년째부터 계속 부부 상담을 받아오고 있었다. 진전이 있는 듯하다가도 미친 듯이 싸우기를 반복했고, 정말 결혼을 잘못한 것은 아닌지 고민하기도 했다. 이 아내는 "우리 부부는 믿는 사람들이고 믿는 사람에게는 '모든 것이 합력하여 선을 이룬다'고 했는데, 우리는 왜 그렇게 싸우는지 정말 이해하지 못했습니다"라고 털어놓았다.

다시 한 번 강조하지만, 성경 말씀은 마법이 아니다. "성경 구절을 날마다 몇 장씩 읽으면 좋아질 겁니다"라는 식으로 처방할 수도 없다. 헌신과 훈련, 하나님을 신뢰하는 마음이 꼭 있어야 한다. 삶에 어려움이 다가올수록 오히려 말씀에서 멀어지기 쉽다. 말씀이 효과가 없는 것처럼 보이기 때문이다.

직장을 잃는다든지, 돈이 부족하다든지, 병에 걸린다든지 하는 여러 어려움을 맞닥뜨릴지도 모른다. 그런 문제들을 잘 해결했을지라도 배우자를 향한 나의 헌신이 좀처럼 보상받지 못한다면 하나님께 화를 내고 싶어진다.

하나님의 율례대로 살면 훨씬 더 행복한 삶을 살 것이라고 생각한다. 그러나 생각대로 되지 않을 때가 있다. 나도 그런 심정을 잘 안다. 사라와 나도 그런 적이 있기 때문이다. 그러나 상황이 나빠지는 바로 그때가 어느 때보다 하나님과 성경을 더욱 믿고 의지해야 할 때라는 것을 배웠다.

### "네 길을 여호와께 맡기라"

심각한 경제 위기를 경험한 한 아내에게서 온 편지가 있다. 그런 어려움이 남편 때문에 생긴 것도 아닌데 남편은 자기 책임이라고 느끼며 며칠씩 우울해했다. 그러나 하나님이 아내 마음에 역사하고 계셨고 아내는 하나님의 약속을 믿고 싶었다. 그래서 옛날처럼 부정적인 태도를 갖거나 남편을 비난하지 않고 다르게 반응하기로 결심했다.

아내는 이렇게 쓰고 있다.

> 저는 남편을 몰아붙이지 않겠다고 결심했습니다. 그리고 계속 남편에게 상황이 좋아질 거라고 말했습니다. 하나님이 우리를 위해 일하실 거라고요. 저는 사탄이 제 마음과 혀를 주장하지 못하게 했습니다. 그래서 악성 사이클에 오르지 않도록 말이지요.

이 부부의 경제 상황이 갑자기 좋은 방향으로 돌아섰다. 그 아내는 모든 일을 하나님이 하셨다고 믿었다. 성경 말씀을 신실하게 믿어 어려움을 극복한 많은 부부의 이야기를 듣는다. 사실 악성 사이클처럼 단순한 이론이 많은 부부에게 희망의 빛이 되는 이유도 바로 그것이 성경에 기초하기 때문이다(에베소서 5장 33절을 보라).

부부가 악성 사이클을 멈추고 그 상태를 오랫동안 유지하려면 성경적인 언어를 사용하고, 하나님의 약속 위에 서야 하며, 하나님을 신뢰해야 한다는 사실은 아무리 강조해도 지나치지 않다. 나는 사람들이 이메일 끝부분에 잠언 3장 5-6절과 같은 말씀을 써 보내오면 참 반갑고 기쁘다. "너는 마음을 다하여 여호와를 신뢰하고 네 명철을 의지하지 말라. 너는 범사에 그를 인정하라. 그리하면 네 길을 지도하시리라."

몇 년간 사라와 나는 잠언 3장 5-6절처럼 우리에게 용기를 주고 우리를 인도해 줄 중요한 성경 말씀에 마음을 집중해 왔다. 하나님이 나를 사용해 주시길 간절히 원해 왔지만 용기를 잃을 때도 있었다. 그럴 때면 이런 의심이 들었다. '정말 하나님이 나를 사용하기 원하시는 걸까?' 그런 의심이 드는 순간, 사라와 나는 시편 37편 3-5절에서 다시 새로운 힘을 얻는다.

> "여호와를 의뢰하고 선을 행하라. 땅에 머무는 동안 그의 성실을 먹을거리로 삼을지어다. 또 여호와를 기뻐하라. 그가 네 마음의 소원을 네게 이루어주시리로다. 네 길을 여호와께 맡기라. 그를 의지하면 그가 이루시고"(시 37:3-5).

사라가 유방암에 걸렸을 때 하나님은 시편 112편 7절 말씀을 주셨다. "그는 흉한 소문을 두려워하지 아니함이여. 여호와를 의뢰하고 그

의 마음을 굳게 정하였도다." 내게 흑색종이 생겼을 때 역시 이 말씀이 내 마음에 역사했다.[11]

## 성경 말씀은 부부를 더욱 가깝게 해 준다

하나님의 약속에 매달렸을 때 사라와 내가 얻은 멋진 축복은 우리 둘이 더욱 가까워지고 관계가 견고해졌다는 것이다. 다른 부부들도 같은 경험을 했다는 말을 자주 듣는다. 한 젊은 남편에게서 온 편지다.

> 예수 그리스도의 본을 따르려고 노력하니까 부부 관계가 더욱 좋아지고 있습니다. 우리는 서로를 위해 자기 목숨을 내어주려 애쓰고, 상대방을 더욱 중요하게 생각하기 위해 노력하고 있습니다. 작년에는 그 어느 때보다 영적으로 많이 성장했습니다. 하나님이 우리 삶에 행하신 일은 정말 놀랍기만 합니다. 하나님이 우리 마음과, 5년 동안 결혼생활을 하면서 만들어진 습관을(심지어 27년간 살면서 굳어진 습관까지) 변화시키신 능력은 제가 보고 들은 그 어떤 기적이나 이적보다 크고 놀랍습니다.

이 젊은 부부의 관계가 증진된 데는 몇 가지 분명한 이유가 있다. 먼저 이 젊은 남편과 아내는 하나님 말씀(요한일서 3장 16절과 빌립보서 2장 3절)을 신뢰했다. 하나님을 신뢰하면서 함께 말씀을 나누고 실천에 옮겼다. 하나님은 이들의 마음을 바꾸시고 심지어 오랫동안 길들여진 습관까지 바꾸셨다. 궁극적인 의미와 안정감을 하나님과 하나님 말씀에서 찾을 때, 배우자에게 그 역할을 요구하지 않게 된다. 각자 주님에게 힘을 얻을 때 주님이 부부를 더욱 가깝게 만드신다.

부부 상담을 해보니 안타깝게도 함께 기도하지 않는 부부가 많았다. 만약 그렇다면 함께 기도할 것을 강력히 권한다. 간혹 아내와 기도하는 것이 남자답지 못하다고 생각하는 남편도 있다. 그러나 반대로 대부분 아내들은 함께 기도하는 남편을 더 남자답게 여긴다. 아내는 남편이 가정에서 영적 지도자가 되어주길 원하기 때문이다. 남편이 적극적으로 성경을 읽고 기도할 때 아내는 더욱 안정감을 느낀다.

어떤 아내는 이렇게 말했다. "우리 가정은 정기적으로 경건시간이나 기도시간을 갖지는 않습니다. 그렇지만 우리 가정이 꾸준히 하나님 말씀에 사로잡혀 있다는 것이 중요합니다. 일상적인 일로 대화할 때면 늘 하나님의 진리가 무엇인지 생각합니다. 우리는 모든 일을 그렇게 대합니다. 남편이 하나님 앞에서 강하게 성장하는 것을 볼 때마다 더욱 마음에 안정이 찾아옵니다."

어떤 남편은 아내에게 쓴 편지를 보내왔다. 아이 문제로 갈등과 스트레스가 커져갈 때, 그는 아내에게 성경적인 시각으로 희망을 주며 이렇게 말했다. "지금 벌어지고 있는 일들 때문에 몹시 힘이 드는구려. 빠르고 쉬운 해답이 있으면 좋겠지만 그런 건 없는 것 같소. 성경 어딘가에 결혼하면 어려움이 있다고 한 것 같은데. 어딘지 정확하게 알아서 인용하면 좋겠지만, 아무튼 여보, 우리 힘을 내서 함께 이 문제를 해결해 갑시다."

남편이 이런 비슷한 말을 하면 아내는 대부분 매우 긍정적인 반응을 보인다. "그래요. 계속 힘을 내서 하나님과 그분의 약속을 믿고 기다려 봐요." 오래된 찬송가 가운데 하나님의 약속을 믿고 기다려야 하는 필요성을 잘 노래한 찬송이 있다. 시편을 그대로 노래한 찬양은 아니지만 매우 '영적인' 찬양이다. 이 찬양은 주의 약속하신 말씀 위에 굳게 서겠다는 결심을 힘차게 노래하고 있다.

주의 약속하신 말씀 위에 서
세상 염려 내게 엄습할 때에
말씀으로 힘써 싸워 이기며
약속 믿고 굳게 서리라.[12]

부부가 조건 없이 사랑하고 존경하려는 것이 예수 그리스도와 성경에 대한 가장 깊은 믿음의 시험이라는 것을 이해하지 못하는 부부도 있다. 이 진리를 깨달은 부부는 계속 그렇게 행할 수 있으며, 하나님께 "잘였도다!"라는 칭찬을 들으리라고 확신한다. 말씀을 게을리 하지 않기 위해 다음 기도를 자신의 기도로 만들어야 할 것이다.

주님, 제 마음이 성경에 집중해서 당신의 약속에서 떠나지 않게 하소서. 그래서 계속 조건 없이 사랑하고 존경할 수 있기를 원합니다.

<더 깊은 사랑과 존경을 위한 조언>
## 부부가 함께 기도하면 어떤 점이 좋을까?

부부가 함께 기도하면 특히 남편에게 유익하다. 무슨 일이든 주님께 말하도록 아내를 인도할 수 있기 때문이다. 적어도 한 가지는 확실하다. 두 사람이 함께 기도하면 능력이 나타난다는 사실이다. 예를 들어, 하나님이 둘 모두에게 어려움을 허락하실 수 있다. 하나님의 가장 깊은 목적은 두 사람이 함께 하나님 안에서 지혜와 능력을 발견하는 것이기 때문이다. 단 몇 분만 시간을 내어 마음에 있는 것을 하나님께 표현하기만 하면 된다.

### 조건 없는 사랑 이야기

나는 이 책에서 남편과 아내 두 사람이 서로 이해하고 더 나은 대화를 하도록 도와줄 많은 개념을 소개했다. 말이 얼마나 중요한지, 핑크와 블루가 어떻게 다른지 살펴보고, 선한 의도와 배우자 용서하기, 배우자 말 해독하기와 분명히 하기에 이르기까지 많은 개념을 설명했다. 상급 사이클을 소개하면서 참된 말, 격려하는 말, 용서하는 말, 감사하는 말, 성경적인 말이라는 예수님의 대화법도 살펴보았다. 이 마지막 장에서, 그리고 이 책을 통틀어 가장 중요한 단어는 '무조건'이다. 사실 이 책에서 말하려는 것은 바로 예수님의 대화법이다.

하루를 마무리할 때, 그날 쏟아낸 많은 말을 돌아보면 얼마나 사랑과 존경에 따라 살았는지 알 수 있다. 또한 자신이 한 말도 평가해 볼 수 있다. 언제나 조건 없는 사랑과 존경으로 말했는가? 그것은 아주 높은 수준이다. 사람의 힘만으로는 이룰 수 없는 수준이다. 그래서 상급 사이클에서는 결혼생활에서 겪는 모든 일을 주께 하듯 해야 한다고 강조한다. 하나님과의 관계가 먼저고, 그 다음이 배우자와의 관계다. 무슨 일이든 무슨 말이든 하나님 아버지께서 들으시고 예비하시며 지지하신다.

상급 사이클을 다룬 이 마지막 장을 마치면서 편지 한 통을 더 소개하고자 한다. 몇 년간 아내와 악성 사이클에 놓여 있던 상황과, 사랑과 존경 고리를 제대로 알지 못한 채 상급 사이클 원리를 적용하면서 그 모든 일을 극복한 과정을 적은 한 남편의 사연이다. 잭의 이야기를 한 번 들어보자.

아내와 저는 다른 사람들처럼 희망을 품고 사랑에 대한 벅찬 기대감으로 결혼했습니다. 그러나 아내는 부모에게 조건 없는 사랑을 받지 못한 채 자랐고, 오직 한 가지만 원한 예전 남자친구에게 깊은 상처를 받았습니다. 아내는 마음속으로 저도 그들과 다르지 않을 거라는 의심을 품고 있었지요. 결혼 첫해부터 아내는 저를 시험했습니다. 내가 자신이 생각한 것과 같은 사람인지 알려고 했습니다. 당시에는 입 밖으로 말하지 않았지만, 몇 년이 지나 부부 상담을 받을 때 그런 이야기를 꺼내 놓았습니다.

아내는 자신을 보호하기 위해 우리 관계를 조종하고 통제하려 했습니다. 그러면서 제가 자기 곁을 끝까지 지켜줄지 알고 싶어했습니다. 제가 거칠게 나올지, 포기할지, 아니면 제가 한 약속을 끝까지 지켜낼지 알고 싶어한 거죠. 아내는 어떤 말이 제 마음에 상처를 주는지 아주 정확히 알고 있었고, 그것을 치명적인 무기로 사용했습니다. 저는 사실 성생활에 큰 기대를 갖고 결혼했습니다. 그러나 아내는 성관계를 할 때면 이용당한다고 느꼈습니다. 그래서 횟수가 적을수록 좋다고 생각했습니다.

아내는 의도적이라기보다는 무의식적으로 그 부분을 이용해 저를 시험했습니다. 저녁 내내 이야기를 나누며 즐거워하고, 농담을 주고받으며 아주 유쾌한 시간을 보내지만 잠자리에 드는 순간 그 좋았던 시간은 끝나고 맙니다. 저는 실망해서도 안 됩니다. 그러면 제가 오직 한 가지만 바라는 사람이 되어버리기 때문입니다.

제게는 정말 심적으로 고통스러운 일이었습니다. 육체적인 사랑도 리사에 대한 제 사랑을 표현하는 방법이기 때문입니다. 그러나 리사는 그것을 사용하여 저를 공격했습니다. 확실히 육체 관계는 우리 부부 관계에 큰 갈등을 일으켰습니다. 아내는 "정말 지옥 같은 한 해였다"라고 말합니다. 저는 큰 상처를 받았습니다.

결혼식에서 영원히 함께하겠다고 서약했지만, 사실 이혼은 쉬운 일입니다. 그러나 저는 그리스도인이고, 하나님이 무슨 일이 있어도 아내를 사랑하라고 말씀하신 걸 알고 있습니다. 저는 성자가 아닙니다. 부부 관계에 있어서는 저도 잘못한 부분이 있습니다. 그래도 제가 한 가지 잘한 것이 있다면, 그럴 수 없는 상황에서도 끝까지 아내를 사랑한 것입니다. 이렇게 말하는 남자도 있을 것입니다. "나라면 절대 그렇게 못할 것 같다."

솔직히 상처가 매우 커서 마음이 텅 비어 버릴 때면 아내에게 줄 사랑이 남아 있지 않을 때도 있었습니다. 그럴 때면 하나님께 가까이 나아가 이렇게 기도했습니다. "아버지, 정말 몹시 아픕니다. 아버지는 저와 리사가 어떤 관계에 있는지 잘 알고 계십니다. 아내 말에 제가 얼마나 상처를 받는지도 아십니다. 저는 그런 말을 들을 만한 이유가 없습니다. 주님은 제 마음을 아시며, 저도 리사가 상처 받았다는 것을 압니다. 아내는 제 사랑이 필요하지만 제겐 그럴 만한 사랑이 남아 있지 않습니다. 아버지, 그래서 당신 도움이 필요합니다. 제 마음에 당신의 사랑을 채워주셔서 아내에게 돌아가 당신 명령대로 아내를 사랑할 수 있게 해주십시오."

이런 기도를 자주 한 건 아니지만, 기도를 하면 하나님은 놀랍도록 제 마음에 사랑을 부어주셨습니다. 제 안에 사랑이 채워지는 걸 느낄 수 있었습니다. 실제로 저를 사랑하시는 하나님의 사랑을 자주 느낄 수 있었고, 제가 받은 사랑으로 아내를 사랑하는 것은 아주 자연스러운 일이었습니다.

잭은 결혼 첫해에 부부 관계가 전환점을 맞은 날을 기억했다. 대판 싸운 날 저녁, 리사가 정말로 집을 나가버리겠다고 했다. 잭은 아내가 자신을 시험하고 있음을 알았다. 잭은 아내가 나가지 못하도록 아파트의 유일한 출구인 현관문을 가로막았다. 몸으로 막지는 않았지만, 아내가 아무리 말로 모질게 굴어도 움직이지 않았다. 몇 분 지나지 않아 아내는 울기 시작했고 잭은 아내를 안으며 사랑한다고 말했다. 리사는 그때 잭이 막지 않았다면 정말 집을 나가서 다시는 돌아오지 않을 생각이었다.

잭은 그 사건이 전환점이었다고 믿는다. 자신이 어떻게 대해도 남편이 자신을 떠나지 않으리라는 걸 리사가 깨달았기 때문이다. 그리고 자신이 결혼생활을 유지할 힘이 없어서 남편을 떠나고 싶어도 남편은 자신을 보내지 않을 것임을 알게 되었다. 남편은 두 사람 관계를 포기하지 않는다는 것을 말이다. 그의 편지는 이렇게 이어진다.

> 아내는 마침내 우리 관계가 끊어지지 않을 것이며 자신이 안전하다는 것을 알게 된 것 같습니다. 그 뒤로 상황이 즉각 나아지길 바랐지만, 그렇지 않았습니다. 그 뒤로도 몇 년간 악성 사이클에 오르락내리락했습니다. 결혼생활 동안 대부분 우리 두 사람 모두 별로 만족하지 못했습니다. 느리기는 했지만 하나님이 제게 주신 사랑으로 아내와, 우리 관계가 치료되기 시작했습니다. "사랑은 허다한 허물을 덮는다"(벧전 4:3)는 성경 말씀은 정말 진리입니다.

잭의 편지는 계속된다.

> 결혼생활을 한 지 10년쯤 되었을 때, 또 다른 전환점이 있었습니다. 결혼할 때부터 아내는 자신의 행복을 내가 책임져야 한다고 생각했습니다. 물론 어떤 사람도 그렇게 할 수는 없는 노릇이지요. 그런데

과거에 입은 상처에서 치유되기 시작하면서 아내는 점차 하나님을 신뢰하게 되었습니다. 하나님은 선하시고 사랑이 많으시며 신뢰할 수 있는 분임을 믿게 되었습니다. 아내는 저보다 하나님과의 관계에서 기쁨과 행복을 찾기 시작했습니다.

리사와 잭은 결혼한 지 19년이 되어간다. 지난 몇 년간 이들의 관계는 갓 결혼한 모든 남자가 부러워할 만큼 환상적이었다. 아니, 그 이상이었다. 잭은 즐거운 저녁 시간을 보내고 난 뒤 침대에서 "오직 한 가지만 원한다"는 말을 더 이상 듣지 않는다. 이제는 리사도 육체적인 사랑이 아내를 사랑하는 한 부분이지 단지 성관계만 하려는 것이 아님을 깊이 이해한다. 잭의 편지는 계속된다.

이제 리사는 제 눈을 바라보며 이렇게 말합니다. "당신은 제가 아는 가장 훌륭한 남자예요." 저는 아내가 진심으로 하는 말임을 느낄 수 있습니다. 제가 아내를 얼마나 사랑하는지 말로 다 할 수 없습니다. 에머슨 씨, 당신 말대로 관계가 회복되려면 몇 주, 몇 달 아니 몇 년이 걸릴지도 모릅니다. 그러나 리사와 내가 바로 하나님의 은혜로 부부 관계를 회복할 수 있음을 보여주는 증거라고 생각합니다. 그리고 우리 부부의 향기로운 관계를 통해 하나님은 다른 사람들을 그분께로 이끌고 계십니다.

'어떤 일이 있어도' 아내에 대한 조건 없는 사랑을 지킨 이 남편은 모든 남편이 따를 만한 훌륭한 본보기다. 물론 아내들에게도 마찬가지다. 잭처럼 부부 관계가 힘들든, 가벼운 문제가 몇 개 있든, 사랑과 존경으로 엮어가는 축복된 관계든 모든 부부가 행하는 사랑과 존경에는 조건이 없어야 한다. 그렇게 할 수 있는 유일한 방법은 하나님과 그분의 말씀 앞에, 그리고 배우자에게 신실하게 행하는 것뿐이다. 아무리 많이 미끄러지고 실패해서 완전히 망쳐 버린다 해도 예수 그리스도를 신실하게 의지한다면 이겨낼 수 있다.

이 책 "에필로그" 부분은 갓 결혼한 내 아들 조나단과 며느리 사라에게 결혼에 대한 내 생각과 조건 없는 사랑과 존경, 그리스도를 믿는 깊은 신앙의 중요성을 나눈 편지다. 이 편지가 당신에게도 큰 도움이 되길 바란다.

<주>

1.
베드로전서 2장에서 베드로는 핍박받고 있는 초대 교인들에게 어떤 대우를 받든지 하나님을 높이며 선택받은 백성으로서 살아가라고 가르친다. 모든 믿는 자에게 이런 기준을 제시하고 나서 베드로는 종과 자유자에게, 그리고 아내와 남편에게 하나님을 영화롭게 하는 삶을 살라고 말한다. 남편이 자신을 사랑해 주지도 않고 존경받을 만하지 못해도 아내가 부드럽고 조용한 영혼으로 조건 없이 남편을 존경한다면 하나님께 칭찬받을 것이다(베드로전서 3장 1-6절을 보라). 마찬가지로 좀처럼 이해하기 어려운 아내를 이해하려고 노력하는 남편, 특히 자신을 존경해 주지 않는 아내를 조건 없이 사랑하는 남편도 하나님께 칭찬받을 것이다(베드로전서 3장 7절을 보라). 조건 없는 사랑과 존경으로 배우자를 대하면 하나님께 축복과 상급을 받을 것이다.

2.
베드로는 "영광의 영 곧 하나님의 영이 너희 위에 계심이라"(벧전 4:14)라는 말에서 현재 중간태 직설법을 쓰고 있다. 이 문법적인 표현은 주어(영광의 영 곧 하나님의 영인 성령)가 직접 개입하여 결과에 영향을 끼친다는 뜻이다. 즉 성령께서 믿는 자에게 내주하시며 함께하시고 쉼과 힘을 주신다는 말이다(마태복음 11장 28절에 나온 예수님의 약속과 비슷하다). 실제로 나는 결혼생활이 엉망이 되어 고통 가운데 있는 많은 남편과 아내가 성령의 임재를 경험하는 모습을 보아왔다.

3.
존경 카드란 무엇인가? 「사랑과 존경」에서는 이렇게 설명했다.
"당신이 남편을 신뢰하고 있는 아내라고 상상해 보라. 남편은 가족의 머리로서 완벽하지 않지도 모르지만, 당신은 그의 머리 됨에 순종함으로써 그가 그 역할을 하면서 살도록 기꺼이 허락한다. 내가 말하고 있는 것을 실제로 당신이 어떻게 적용할 수 있을까? 당신은 머리이자 지도자로서의 그의 역할에 대한 존경을 어떻게 보일 수 있는가? 내가 아내들에게 제안한 가장 간단한 방법 중 하나는 '존경 카드'라는 것을 보내는 것이다. 내가 연구한 바에 의하면, 남자들은 아내의 사랑을 유지하기 위해 자신의 진실한 마음을 담은 카드를 거의 보내지 않는다. 그렇지만 당신이 '저는 어젯밤 당신에 대해서 생각했어요. 당신이 저를 위해 죽을 수 있다는 것도요. 그것은 저를 안심하고 행복하게 만드는 생각이었어요'라고 쓴 구절 아래 '당신에게 감사와 존경을 모두 담아'라고 덧붙여 보내보라. 그러면 그가 그 카드를 영원히 간직할 것이라고 장담할 수 있다. 기억하라. '나의 사랑을 모두 담아'라고 덧붙이지 말라. 그는 당신이 자신을 사랑함을 안다. '나의 존경을 모두 담아'라고 해야 한다. 당신의 남편은 그 카드를 영원히 간직할 것이다. 지금부터 수년 동안은 그가 혼자 있는 방에 갑자기 뛰어 들어가면, 그가 그 카드를 다시 읽고 있는 것을 발견하게 될 것이다. 왜일까? 당신이 그의 방식으로, 그의 모국어로 말했기 때문이다. 남편의 모국어인 존경으로 이야기하는 것은 실제로 매우 힘이 있다".

4.
「Motivating Your Man God's Way」, 사라와 내가 자비 출판한 책으로 Loveandrespect.com에서 볼 수 있다.

5.
「사랑과 존경」을 보라. "철커덩!"이라는 예화는 내가 상상해낸 것이다. 하나님이 상 주시기 위해 우리 행동이나 말을 어떻게 기록하시는지를 정확히 아는 사람은 아무도 없을 것이다.

6.
이 장을 읽다가 갑자기 하나님께 기도하고 싶은 생각이 들 수 있다. 특히 큰 시련과 어려움을 겪고 있다면 더욱 그럴 것이다. 용기를 내어 하나님께 기도하기 원한다면 부록6 "시련이 찾아왔을 때 드리는 기도"를 보라.

7.
미네소타대학 가족사회서비스부서의 윌리엄 도허티 박사가 "현명한 결혼생활 컨퍼런스"(조지아 주 애틀랜타, 2006년 6월)에서 발표한 "부부 친화 치료" 통계자료. 도허티 박사는 결혼에 대해 부정적인 태도를 지닌 상담자들 때문에 점점 부담이 커지고 있다고 말한 바 있다. "상담자가 가정을 해치고 있는 실태와 대처 방법"을 알고 싶다면 웹사이트 www.marriagefriendlytherapists.com에서 그의 논문을 살펴볼 수 있다. 상담자에게 바르게 질문하는 데 도움이 필요하다면 사이트를 방문하라.

8.
여기서 요한은 그리스도인에게 영지주의자의 가르침을 경고하고 있다. 영지주의는 그 시대에 매우 널리 퍼진 이단으로, 교회에 스며들어 예수 그리스도의 성육신과 부활이 없다고 가르쳤다. 요한의 경고는 오늘날 그리스도인에게도 들어 맞을 수 있다. 오늘날 문화는 기독교와 결혼에 반대하는 폭탄을 퍼붓고 있기 때문이다.

9.
에베소서 4장 20-21절을 빗대어 한 말이다. 바울은 "오직 너희는 그리스도를 그같이 배우지 아니하였느니라. 진리가 예수 안에 있는 것같이 너희가 참으로 그에게서 듣고 또한 그 안에서 가르침을 받았을진대"라고 강조한다.

10.
마태복음 6장 14-15절은 그리스도인이 다른 사람을 용서하지 않으면 구원을 잃어버린다는 말로 해석해서는 안 된다. 그보다는 하나님과 나누는 교제가 방해받는다고 해석해야 한다. 6장을 보라.

11.
이 책을 쓰는 동안 내 팔뚝에 검은 점이 있는 걸 발견하였다. 병원에 가서 진찰을 받아 봐야 할 것 같아 검사를 받았는데 의사가 흑색종이라고 진단했다. 조직검사를 통해 얼마나 심각한 상태인지 알아보아야 했다. 며칠간 악성일지도 모른다는 걱정에 휩싸였다(해마다 흑색종으로 진단받은 32,000명 가운데 6,500명이 죽는다). 그런 불안함 속에서 나는 내가 고향으로 돌아갈 준비가 되어 있음을 알았다. 나는 온전히 하나님의 손에 있기 때문이다. 그래도 심각한 흑색종이 아님을 알았을 때 사라와 나는 기뻐했다. 며칠 후에는 수술로 흑색종을 제거해 버리고 아주 건강하다는 말을 들었다. 나는 다시 한 번 격려받고 나쁜 소식을 두려워할 것이 없다는 하나님 말씀에 감사했다. 오직 하나님이 나를 돌보고 계심을 믿기만 하면 된다(시편 112편 7절을 보라).

12.
"주의 약속하신 말씀 위에 서", R. Kelso Carter, 1886, 새찬송가 546장.

| 에필로그 |

## 언제나 하나님을 신뢰하는 결혼생활이 되기를 …….

내 아들 조나단과 사라(며느리 이름도 '사라'다)는 이제 막 인생을 함께하기 시작했다. 이제 첫 발자국을 내딛는 아들 부부에게, 그리고 이 책을 읽는 당신에게 내 마음을 담아 부부가 서로를 신뢰하고 이해하며 행복한 결혼생활을 유지하는 유일한 길을 소개하고자 한다.

"사랑하는 아들 조나단과 며느리 사라에게"

이 책이 출간될 즈음이면 너희가 결혼한 지 18개월 정도 되겠구나. 미시간 주 매키낙 섬에서 아름다운 결혼식을 올린 지 이제 며칠밖에 지나지 않은 것 같은데 말이다. 그날 너희 결혼식은 한 폭의 그림 같았다. 파란 하늘에 따뜻한 햇볕이 가득하고, 결혼식장에서 멀지 않은 휴런 호수에서 불어오는 부드러운 바람이 너희 결혼 서약을 지켜보고 축하해 주려고 모인 여러 하객을 맞이해 주었지. 그날 너희에게 "결혼생활이 조건 없는 사랑과 존경으로 가득 차기를 바란다"고 부탁했지. 너희는 "네"라고 대답했어. 차를 타고 신혼여행을 떠나는 너희 모습을 지켜보며 아빠 엄마는 얼마나 기뻤는지 모른단다. 이제 부부가 되어 "지금 막 결혼했어요"라며 손을 흔들면서 떠나던 모습이 아직도 눈에 선하단다.

동화책이라면 예쁜 자동차를 타고 신혼여행을 떠나는 장면 밑에 이런 글이 적혀 있겠지. "그 후로 둘은 아주 행복하게 오래오래 살았답니다." 물론 영원히 너희가 아주 행복하게 살길 바라는 사람은 누구보다 우리 둘이 가장 클 거야. 그렇지만 결혼이라는 현실은 그런 행복으로만 채워져 있지는 않단다. 결혼생활에는 월요일 아침처럼 스트레스와 압박감을 주는 여러 문제가 있어. 물론 너희는 둘 다 훌륭하게 자랐지만 사람이기에 갈등이 있을 수밖에 없단다. 바울이 고린도인들에게 경고한 것처럼 "결혼한 사람들은 육신에 고난이 있을"(고전 7:28) 거야.

너희 부부에게 충고와 조언을 주고 싶은 것은 어찌 보면 당연한 일이란다. 엄마와 내가 겪은 바로는 부부 사이에 반드시 오해가 생긴다는 것을 알기 때문이야. 사라, 너는 조나단 때문에 화가 날 것이고 네가 받은 상처를 암호가 담긴 메시지로 조나단에게 보낼 것이다. 네가 보기에는 매우 명확한 메시지를 말이야. 조나단, 너는 아내 때문에 힘들어하는 네 마음을 사라가 알아주기만 바라겠지. 결국 뭐가 잘못인지는 매우 분명하니까. 자기 자신에게는 매우 선명하게 말이지!

"배우자의 말에 담긴 암호를 해독하는 일은 그리 만만치 않아!"

이 책은 너희를 포함한 수많은 부부가 서로에게 보내는 메시지를 해독하는 걸 돕기 위한 거야. 조건 없는 사랑과 존경을 실천하는 방법과 아이디어, 도움말과 전략, 실제적인 조언으로 가득하지. 이 모두가 도움이 될 것이다. 그러나 무엇보다 중요한 요소는 바로 모든 관점과 원칙이 하나님 말씀에 기초한다는 사실이다. 그렇다고 '영적으로 옳은 걸' 증명하기 위해 모든 내용이 성경에 근거한 건 아니야. 그러나 나는 성경을 통해 결혼생활에 대한 하나님의 가장 깊은 뜻을 알 수 있다고 믿는다. 즉 하나님은 남편과 아내가 언제나 하나님을 신뢰하기 원하신다는 거야.

물론 무신론자 부부도 행복하게 살 수 있어. 실제로 행복하게 살고 있는 사람도 알고 있고, 또 이 책의 원리를 통해 그들도 유익을 볼 수 있지. 그러나 그들의 결혼생활은 하나님을 기쁘게 할 수 없다. 히브리서 저자가 쓴 것처럼 "믿음이 없이는 하나님을 기쁘시게 하지 못하기"(히 11:6) 때문이야. 무신론자나 불가지론자를 무시하려는 게 아니다. 내가 하고 싶은 말은 하나님이 그리스도인에게 기대하시는 것이 매우 분명하다는 거야. "너는 마음을 다하여 여호와를 신뢰하고 네 명철을 의지하지 말라. 너는 범사에 그를 인정하라. 그리하면 네 길을 지도하시리라. 스스로 지혜롭게 여기지 말지어다. 여호와를 경외하며 악을 떠날지어다"(잠 3:5-6)라는 말씀에서 우리는 그 뜻을 알 수 있단다.

이쯤에서 이 책을 끝낼 수도 있겠지. 핵심이 되는 주제는 다 말해 주었으니까. 그러나 나누고 싶은 몇 가지 이야기가 남아 있어. 얼마나 다양한 사람이 서로 다른 상황에서 끝까지 하나님을 신뢰했고, 또 그런 신뢰를 하나님이 어떻게 높이셨는지에 대한 이야기다. 이들의 이야기를 듣고 너희 두 사람도 끝까지 하나님을 신뢰할 수 있길 바란다.

> "항상 하나님은 너희를 위하시고
> 너희 가정의 든든한 후원자가 되신다는 사실을 기억하렴."

조나단과 사라, 하나님이 너희 둘을 짝지어주셨단다. 그래서 하나님은 너희가 그분을 온전히 신뢰하길 바라셔. 특히 어려운 시기일수록 말이야. 하나님은 "담대함을 버리지 말라. 이것이 큰 상을 얻게 하느니라"(히 10:35)라고 말씀하고 계셔. 너희에게 닥칠 모든 문제, 삶의 고통과 아픔을 통해(부부 사이에 생기는 생각의 차이와 오해를 포함해서) 네 안에서 그리고 너를 통해서 하나님의 목적을 이루길 원하신다.

앞으로 이야기할 각 이야기는 우리 모두에게 닥칠 수 있는 어려움과 궁핍에 초점을 맞추고 있단다. 그리고 엄마와 아빠가 배워온, 또 지금도 배우고 있는 하나님을 신뢰하는 법을 나누고 있단다. 그중에 가장 먼저 해주고 싶은 조언는 둘 중 누구라도 실수하는 일이 생기면 서로 화를 다스리고 무슨 일이든 온전히 하나님을 신뢰하라는 거야.

사라, 조나단이 실수를 할 것이다. 그렇지만 네 믿음이 상황을 바꿀 수 있단다. 조나단, 사라가 실수를 저지를 것이다. 그러나 네 믿음이 해결책을 찾을 수 있다. 엄마가 아빠의 콘택트렌즈를 삼킨 이야기를 기억하고 있겠지. 그 당시에는 콘택트렌즈가 상당히 비쌀 때였어. 엄마가 큰 실수를 저질렀지만, 나도 부모님 앞에서 소리를 질러 상황을 더 어렵게 만드는 실수를 저질렀단다. 이 사건은 사랑과 존경 고리를 발견하기 전에 일어난 일이지만 우리는 확실히 몇 분간 악성 사이클에 놓여 있었다. 그러나 다행히 마음을 가라앉힌 뒤 서로에게 용서를 구하고 함께 기도했지. 이렇게 짧게 기도했다. "주님, 제 콘택트렌즈가 어떻게 됐는지 주님이 아십니다. 주님의 뜻이 이루어지길 원합니다. 갈 길을 인도해 주십시오. 주님께 감사드립니다."

나는 바로 렌즈를 맞춘 안과에 갔단다. 그리고 일어난 상황을 설명했어. 의사가 시력을 검사했는데, 나는 늘 양쪽 시력이 짝짝이었지. 의사는 먼저 나쁜 소식을 말했어. 남은 콘택트렌즈가 지금 눈에 맞지 않는다는 거야. 마음이 덜컹 내려앉았다. 콘택트렌즈를 두 개나 맞춰야 된다는 생각이 들었기 때문이지. 그만한 돈도 없는데 말이야. 그런데 의사가 이렇게 말하더구나. "좋은 소식은 콘택트렌즈를 한 개만 맞춰도 된다는 사실입니다. 남아 있는 콘택트렌즈가 다른 눈에 맞아요. 잃어버린 렌즈는 사실 이제 쓸모없는 렌즈입니다."

나는 집으로 돌아가서 얼른 네 엄마에게 말했고 함께 하나님께 감사드렸다. 정말 하나님을 사랑하는 자들에게는 모든 것이 합력하여 선을 이룬다는 사실을 다시 한 번 실감한 사건이지(로마서 8장 28절을 보렴). 하나님의 위대한 경륜에 따른 큰 그림으로 보자면 네 엄마가 콘택트렌즈를 삼킨 일은 하나님의 레이더에 띄지도 않을 만큼 작은 사건이지만, 우리에게는 결혼생활 몇 년 동안 경험한 하나님의 기적 가운데 하나였단다.

> "결혼생활은 하나님께 어려움을 이야기하고
> 하나님의 응답을 듣는 것이다."

결혼생활을 하다 보면 하나님은 부부에게 가끔 콘택트렌즈를 삼키는 일같은 사소한 사건을 허락하셔서 진실을 볼 수 있게도 하시지. 좋은 부부 관계란, 서로가 저지른 실수에 대해 며칠씩 화를 품고 있지 않는 것이다. 자신의 자존심을 버리고, 멈춰 서서 기도하며, 하나님의 인도하심을 구하는 것이란다.

폴과 매릴린 이야기는 배우자가 실수해도 화내지 않은 좋은 본을 보여주고 있다. 조나단은 이 부부를 기억할지도 모르겠다. 미시간 호수에서 며칠간 휴가를 같이 보낸 적이 있으니까. 폴이 계좌에 잘못된 금액을 입금하는 바람에 은행에 1,500달러나 빚을 지게 된 일이 있었단다. 그렇지만 매릴린은 폴의 잘못을 비난하지 않고, 그 대신 그 상황에 필요한 것을 하나님께 간구하기로 결심했지. 그리고 폴과 아이들에게도 같이 기도하자고 했다. 폴은 "뭐라고 기도하려고? 하나님께 1,500달러짜리 수표라도 보내달라고 할 셈이야?" 그래도 꽤 큰 교회 담임 목사인 폴은 아내가 기도하자니 동참하긴 했다. 그러나 사실 좀 회의적이었다고 고백하더구나. 특히 자기가 실수를 저질렀으니 말이야.

며칠이 지나 폴은 매릴린에게 장난삼아 아직 수표가 배달되지 않았냐고 물어보았단다. 아내가 수표가 아직 배달되지 않았다고 하면 "매릴린, 당신 더 기도해야겠어!" 하며 놀리듯 비웃었지. 매릴린은 그런 남편 말에도 화내지 않았어. 오히려 조롱하는 남편에게 합당하지 않을 만한 무조건적인 존경을 보여주었다. 내가 항상 강조하듯 조건 없는 사랑과 존경을 받을 만한 사람은 아무도 없단다. 단지 하나님의 도우심으로 서로에게 그런 사랑을 줄 수 있을 뿐이지.

매릴린은 믿음으로 계속 조용히 기도했다. 그러다 은행 잔고가 부족한 것을 안 지 10일쯤 후에 커다란 봉투가 속달우편으로 배달되었다. 웨스트코스트로 이사 간 교회의 한 부부가 보내온 거였어. 안에는 작은 봉투가 두 개 들어 있었는데, 그중 한 봉투에 1,500달러짜리 수표가 들어 있고 다른 봉투에는 이런 짧은 쪽지가 들어 있었다는구나. "제발 이

선물을 받아주세요. 우리가 드리는 게 아니라 하나님이 주시는 것으로 알고 받아주면 좋겠어요." 그날 저녁 집으로 돌아온 폴에게 매릴린이 수표와 편지를 보여주었지. 폴은 몹시 놀라서 의자에 주저앉았다. 그리고 기도에 조금 더 훈련되고 분별력이 생긴 폴은 온 가족과 함께 무릎을 꿇고 기도에 응답해 주신 하나님께 감사 기도를 드렸다.

나중에 돈을 보낸 부부에게 전화를 걸어서 알게 된 사실은 부부가 함께 기도하다가 갑자기 목사님 부부에게 어떤 도움이 필요하다는 확신이 들었다는 거야. 그것도 딱 1,500달러를 말이야.

이 두 가지 사건에는 서로 다른 교훈이 있단다. 그러나 너희처럼 갓 결혼한 젊은이에게 가장 좋은 교훈은 아마도 배우자가 실수를 하더라도 비난하거나 싸우지 말고 며칠씩 화를 품지 말라는 것이다. 네 엄마와 내가 어떤 문제로 논쟁하기 시작하면 어느 순간 우리 가운데 한 명이 이렇게 말한다. "이 문제로 우리가 하나님을 신뢰하지 못한다면 무슨 의미가 있겠어요?" 그리고 그 순간, 다투고 싸우는 그리스도인들에게 야고보가 말한 훈계를 떠올리지. "너희가 얻지 못함은 구하지 아니하기 때문이요"(약 4:2). 야고보는 모든 사람이 하나님께 기도하고 도움을 청해야 한다고 말하고 있어. 사람들이 하나님께 받지 못하는 이유는 요구하지 않기 때문이야. 조나단과 사라, 언제나 어려움을 일으키는 부족함이 있으면 무엇이든 항상 하나님께 구하렴. 특히 어느 한쪽이 사랑이나 존경을 잘 보여주지 않을 때에도 말이야. 이제 정말 재미있는 사실을 말해 줄게.

"배우자는 네 모든 필요를 결코 채워줄 수 없어."

악성 사이클에 몇 년씩 붙잡혀 살던 많은 부부를 보면 아내는 남편이 자신이 가진 사랑의 욕구를 다 채워주어야 하고, 남편은 아내가 자신이 가진 존경의 욕구를 다 채워줘야 한다고 생각한단다. 네 엄마와 나도 한동안 그렇게 생각했지만, 결국 배우자가 모든 욕구를 채워주기에는 한계가 있다는 사실을 알게 되었지. 그래서 "당신이 내 모든 욕구를 채워주어야 해"라는 생각을 꽤 오래전에 바꿀 수 있었단다. 우리는 서로 사랑하고 존경하도록 부르심을 받은 것도 알고, 하나님이 우리가 서로의 욕구를 많은 부분 채워주기 원하신다는 것도 안다. 그러나 부부가 서로 모든 욕구를 만족시킬 수 있을까? 결코 그럴 수 없을 거야. 우리는 하나님이 아니라 사람이기 때문이지. 그러므로 모든 욕구는 배우자가 아닌 하나님께 채워달라고 기도하렴.

나는 매달 수백 통의 이메일을 받는다. 그중 한 아내가 눈이 확 떠질 만큼 경이로운 경험을 했다며 메일을 보내왔다. 주님이 직접 말씀하시는 것 같았다고 하면서 말이지. "만약 네 남편이 네가 원하는 모든 걸 채워줬다면 너는 결코 내게 오지 않았을 것이다." 바로 그거야! 그래서 하나님은 절대 부부에게 서로의 욕구를 모두 만족시키라고 요구하지 않으신단다. 이 아내의 편지는 이렇게 계속된다.

> 마치 천 톤짜리 벽돌에 머리를 얻어맞은 것 같았습니다. 태어나서 처음으로 내가 어떻게 살아왔는지 보이는 것 같았습니다. 저는 늘 남편을 변화시켜서 제게 필요한 사람으로 만들려고 노력해 왔습니다. 속으로 '나는 당신을 바꿔야 해. 그래야 당신이 또 나를 변화시킬 수 있지. 내 마음 깊은 곳에는 채워지지 않는 욕구가 있단 말이야. 바로 당신이 그걸 채워주어야 하거든!'이라고 생각했습니다. 그런데, 그거 아세요? 남편은 결코 저를 만족시킬 수 없습니다. 그럴 능력이 없지요. 남편은 완벽하지 않기 때문입니다. 그러나 내 마음

깊은 곳에서는 완벽을 원합니다. 그 욕구는 오직 그리스도만이 채워주실 수 있습니다.

이 아내는 바로 핵심을 말하고 있어. 어느 누구도 우리 가장 깊은 곳에 있는 욕구를 채워줄 수 없단다. 물론 어느 정도는 가능하겠지만, 결코 전부를 만족시킬 수는 없지. 결국 결혼생활이라는 인생 여정은 어떤 욕구를 포기하고 어떤 욕구를 채울지 분별해나가는 것 아닐까?

또 어떤 아내는 이런 편지를 보내왔단다. 그 아내는 결혼식 이후로 늘 남편과 갈등이 있었지. 20년간이나 말이야. 하나님이 자신을 용서하지 않을 거라는 생각까지 들었다. 그래서 결국 스스로 무언가 바꾸어보겠다는 노력을 그만두고 주님의 도우심과 용서를 구하기로 결심했다. 그러자 말로 설명할 수 없는 평안과 만족이 갈등과 걱정의 자리를 대신했다고 하더구나. 그 결과 이전과는 전혀 다른 방식으로 남편과 대화할 수 있게 되었다고 한다.

화를 내거나 남편을 공격하지 않고도 제 상한 감정을 표현할 수 있다는 게 정말 놀라웠습니다. 제 안에 있는 평안과, 하나님을 기쁘게 하고 싶은 자신에게 놀랐습니다. 전에는 제가 옳다는 걸 증명하고 남편이 틀렸다는 것을 보여 주려고 했습니다. 그런데 사랑과 존경 DVD를 보고 난 뒤부터 남편이 말하는 방식을 이해하기 시작했습니다. 남편은 여자가 아니기 때문에 여자처럼 말하지 못합니다. 그 점을 이해하고 나자 화가 많이 나지 않았습니다. 가끔 아직도 상처를 받습니다. 많이요. 그러나 믿기 어려울 만큼 하나님을 신뢰하게 되었고 하나님이 그 상황을 해결하시도록 맡길 수 있게 되었습니다.

조나단과 사라, 이 여성의 편지에서 두 가지를 생각해 볼 수 있단다. 우선 한 사람은 핑크고 다른 한 사람은 블루이기 때문에 서로 표현 방식이 다르다는 사실이다. 해결 방법은 상대방이 듣고 보는 법을 이해하기 위해 때때로 상대방의 선글라스와 보청기를 써보는 것이지. 둘째, 결혼 생활을 시작해 보면 만족스럽지 못하고 불안할 때가 있다는 거야. 그럴 때 잠시 멈추고 주님께 물어보렴. 바로 그때가 배우자가 아닌 주님 안에서 더 깊은 만족과 평화를 발견하기 원하시는 때가 아닌지를 말이야.

아, 한 가지 더 이야기할 게 있다. 배우자가 무언가를 만족시켜 달라고 요구할 때, 절대 이렇게 말해서는 안 된다. "내가 당신 하나님은 아니잖아요? 당신 욕구를 다 채워줄 순 없다고요!" 사실이긴 하지만 전혀 잘못된 방법으로 전달하는 전형적인 예다. 이제 편지가 거의 끝나가는구나. 그렇지만 마지막으로 나눌 이야기도 정말 중요하단다.

> "살면서 '왜'라는 질문이 너를 휘감아 고통스러운 바로 그때,
> 하나님을 더욱 신뢰해야 한다."

누구나 "왜!"라고 울부짖을 상황에 처하기 마련이지. 심지어 예수님도 십자가 위에서 이렇게 울부짖으셨다. "나의 하나님, 나의 하나님, 어찌하여(왜) 나를 버리셨나이까?"(마 27:46)

하나님이 모든 질문에 대답하시지는 않는다는 걸 우리는 잘 알고 있다. 특히 그렇게 "왜"로 시작하는 질문에는 더욱 그렇지. 그런 순간에 우리는 하나님께 마음을 닫고 멀어져야 할까? 아니면 계속 하나님을 신뢰해야 할까? 십자가에 달리신 예수님은 전능하신 하나님이 매정하고 무능해 보이는 순간에도 여전히 하나님을 신뢰하셨단다. 우리 역시 전혀 이해할 수 없는 고통스러운 순간을 만날 수 있어. 그럴 때 "왜"

라고 묻는 건 자연스러운 일이다. 그러나 그 다음에는 어떻게 하지? 어디로 가야 하는 걸까?

몇 년 전, 신앙 깊은 한 부부의 주례를 서 준 일이 있다. 신랑인 마크는 유전적 결함으로 휠체어에 의지해서 살았고, 신부 킴은 화상으로 온몸에 끔찍한 흉터를 가진 채 불구로 살고 있었다. 그런데도 마크와 킴은 함께 멋진 삶을 꿈꾸었지. 자녀도 가질 수 있는지 의사와 상의했는데 건강한 아이를 가질 수 있다고 말했다는구나. 그 부부는 하나님이 인도하시길 기도하고 또 기도했다. 마침내 마크와 킴은 딸을 낳았단다. 딸아이 이름은 엘리자베스인데 불행히도 아버지와 같은 유전적 결함을 가지고 태어났다.

그 충격은 깊은 환멸감을 가져왔단다. 마크와 킴은 하나님께 기습 공격을 받은 것 같았지. 그들은 "왜"라고 질문하지 않을 수 없었다. 그러나 하나님은 아무 대답이 없으셨고 두 사람은 하나님에게서, 그리고 서로에게서 점점 멀어져갔지. 분노와 환멸은 커져만 갔고, 장로님들이 기도해 줘도 그 가정에는 부정적인 긴장감만 감돌 뿐이었다. 그들의 마음은 하나님에게서 차갑게 멀어져갔다.

킴이 내 사무실로 찾아와서 놀라운 일을 겪었다고 말한 건, 그 일이 있은 지 2년이 지난 어느 날이었어. 하나님에 대해서는 어떤 감정도 느끼지 못했지만 한 그리스도인 친구의 권유로 경건 시간은 계속 지키고 있었다는구나. 그 친구를 매우 존경하기 때문에 마음이 내키지 않아도 약속을 지킨 거지. 그러던 어느 날 아침, 킴은 방 저편에서 그리스도께서 임재하심을 느꼈다. 그때, 누구에게도 들리지 않는 목소리를 들은 거야. "킴, 내게 마음을 열 준비가 되었느냐?"

"아니요!" 킴이 단호하게 말하자, 그 임재는 사라져 버렸다. 그리스도께서 킴의 마음 문을 두드리신 거였지. 그렇지만 킴은 주님을 초대하지 않았고 이전에 주님과 즐기던 달콤한 교제도 원하지 않았어(계 3:20). 그러나 그런 만남 후에 계속 마음을 닫고 있을 순 없었다. 그래서 목사인 나를 찾아와 도움을 청한 거야. 우리는 함께 기도했고 킴은 이런 기도로 마음을 열었다. "주님, 제 뜻이 아닌 당신 뜻이 이루어지길 원합니다." 킴의 영혼은 주님의 임재로 가득 찼고, 우리는 함께 기뻐했다. 킴이 하나님과의 교제를 회복하고 나서 마크 역시 영적인 위기를 잘 넘기게 되었단다. 그러나 아직까지도 하나님은 그들이 "왜"라고 외친 질문에 침묵하고 계신단다.

이 이야기가 말하는 요점은 단순하다. 그러나 실제 상황에서 믿음을 계속 지키기란 정말 쉽지 않은 일이지. 하나님은 우리가 드리는 기도에 늘 우리 방식대로 응답하시지는 않아. 여호와의 생각은 우리 생각과 다르며 여호와의 길은 우리 길과 다르거든(사 55:8-9). "왜"라는 질문이 절로 나오는, 이해할 수 없는 상황이 벌어진다. 그러나 그런 상황에서도 하나님은 우리가 이해하는 한도 내에서 그분을 신뢰하길 바라신다.

조나단과 사라, "왜"라는 질문에 대해 조금 더 이야기하고 말을 맺어야 할 것 같구나. 누군가가 죽었을 때, 특히 아직 어린 나이에 당한 죽음이나 전혀 예상치 못한 죽음을 보면 더욱 "왜"라고 질문하게 되지. 너희처럼 앞길이 창창하고 활기 가득 찬 젊은이들에게 우울한 이야기를 하고 싶지는 않아. 그러나 하나님이 가끔 일찍 천국으로 부르기도 하는 사람이 있는 건 사실이란다. 대학 시절부터 친하게 지낸 친구 클라이드 맥도웰처럼 아직 살아서 할 일이 많은 사람을 부르기도 하시지. 사역에 많은 열매를 거두고 신학교 학장까지 된 그가 어느 날 내게 전화해서 이런 소식을 전하더구나. "에머슨, 나를 위해 기도해 주게나. 내가 뇌종양에 걸렸다는군."

그 소식으로 많은 사람이 마음 아파했다. 그렇지만 클라이드는 "왜"

라는 질문으로 시간을 낭비하지 않고 아픈 가운데에서도 사랑스러운 아내 리의 도움을 받아 「예기치 않은 여정을 돌아보며」(Reflections on an Unexpected Journey)라는 소책자를 썼단다. 그는 그 책에서 자신과 가족의 삶이 어떠했고, 어떤 축복을 받았는지, 한편으로 하나님의 거룩한 경륜에 따라 어떤 어려움을 겪었는지 고백했다. 그는 하나님의 선하심을 의심하지 않았다. 그리고 예수 그리스도를 닮아간다는 것은 즐거운 축복뿐 아니라 아픈 고통도 따른다는 사실을 인정했다(빌 3:10-11).

또 이런 말도 썼다. "부부로서 현재 우리가 겪는 이 일을 하나님이 허락하셨음을 기꺼이 받아들입니다. 지금 우리는 결혼생활 25년 가운데 가장 힘든 시간을 보내고 있지만 그 어느 때보다 하나님과 서로에게 가깝습니다. 아이들과도 어느 때보다 가족으로 하나 되어 있습니다."

그해, 클라이드는 주님께 돌아갔다. 그러나 그가 증거한 이야기는 많은 사람의 가슴에 남아 있다. 마지막으로 이렇게 슬픈 이야기를 꺼낸 이유는 의욕을 꺾으려는 게 아니라 정직해지기 위해서란다. 죽음이라는 현실은 우리로 하여금 작은 일에 힘 빼지 않기로 다짐하게 해주었단다. 사소한 말다툼을 할 때도 있지만, 살아온 세월을 돌아보면 많은 문제가 그렇게 중요한 문제는 아니었다는 걸 알게 된단다.

> "서로를 조건 없이 사랑하고 존경하기를 쉬지 말아라."

시시하고 사소한 일로 서로 사랑하기를 그치는 일은 없어야 한다. 그렇다고 일상적인 논쟁마저 하지 말라는 뜻은 아니야. 그런 일은 언제나 일어나게 마련이니까. 논쟁이나 말다툼을 하게 되면 최대한 빨리 마무리 지어야 한다. 어디로 휴가를 갈지, 어떤 색 카펫을 살지 그렇게 작은 일로 싸우면서 인생을 낭비하지는 말라는 것이다.

가끔 온갖 작은 문제로 싸우는 부부들 이야기를 듣다 보면 이런 말을 해주고 싶은 생각이 든다. "당신 두 사람은 공동묘지를 한 시간 정도 산책하고 오면 좋겠네요. 거기 가면 사소한 문제로 싸우고 짜증 내고 살기에는 인생이 아주 짧다는 생각이 들 테니까요."

나는 결혼식에서 너희가 선택한 "모든 것이 끝난 뒤"라는 곡이 무척 마음에 들더구나. 그 노랫말이 이 책과 상급 사이클을 잘 요약해 주는 것 같다. 인생은 너희 두 사람만의 관계가 아니다. 인생은 우선 예수 그리스도에 대한 헌신과 그분을 위해 행하는 모든 것을 의미한다. 그렇게 할 때 조건 없이 사랑하고 존경할 수 있단다. 찬양 노랫말처럼.

> 모든 것이 끝난 뒤, 남겨질 중요한 한 가지
> 진리를 위해 최선을 다했는가. 당신을 위해 내 삶을 드렸는가.
> 모든 것이 끝난 뒤, 모든 부귀는 아무 소용없으리.
> 사랑으로 행한 것만이 시간의 시험을 이기고 남으리.
> 하늘에 있는 진정한 고향을 보여준 당신이 있기에……
> 모든 것이 끝난 뒤, 이 생명 다한 뒤에는 당신만이 내 생명 되시리.
> -When It's All Been Said and Done-

두 사람이 함께 주를 높이며 살아가는 놀라운 모험을 하는 데 들어야 할 충고와 조언이 있다면 바로 이 노래일 것이다. 너희 두 사람이 항상 주를 신뢰하듯이 결혼생활도 잘 이루어나갈 줄 믿는다.

사랑과 존경을 담아
엄마 아빠가

# 부록

부록1. 악성 사이클을 탈출하기 위해 남편과 아내가 해야 할 일

부록2. 심각한 잘못을 저지른 배우자를 대하는 방법

부록3. 사랑을 표현하는 데 미숙한 남자들을 위한 표현법

부록4. '분명히 하기'를 위한 피드백 사용하기

부록5. 배우자를 조건 없이 사랑하고 존경하기 위한 조언

부록6. 시련이 찾아왔을 때 드리는 기도

| 부록1 |
## 악성 사이클을 탈출하기 위해
## 남편과 아내가 해야 할 일

    전 세계에서 "고질적인 악성 사이클"에 머물고 있다는 부부 이야기를 많이 듣는다. 이들은 몇 달, 아니 몇 년 동안 이 고질적인 악성 사이클에 걸려 있지만, 왜 그런 상태에서 벗어날 수 없는지 이해하지 못한다. 외도나 학대, 중독 같은 심각한 문제가 있는 것도 아니다. 부부 모두 기본적으로 선한 의도를 지닌 신실한 사람들인데도 아내는 사랑받지 못한다고 느끼고 남편은 존경받지 못한다고 느낀 채 근근이 살아갈 뿐이다. 미칠 듯이 싸우고 나면 아내도 남편도 감정만 상하고 만다. 두 사람 모두 불만을 간직한 채 서로에게 작은 불만이 계속 쌓이는 것이다.

    불행하게도 그런 상황이 지속되다 보면 간음, 학대, 중독 같은 심각한 문제로 발전하기 쉽다. 감정이 상하고 불만이 쌓이다 보면 둘 중 한 사람 또는 두 사람 모두 유혹에 넘어가기 쉬운 상태가 되며, 3A(간음[Adultery], 학대[Abuse], 중독[Addiction])라는 중범죄를 저지르고 싶은 유혹에 빠지게 된다. 어떻게 하면 이런 끔찍한 일이 벌어지기 전에 고질적인 악성 사이클에서 벗어날 수 있을까?

먼저 몇 달 또는 몇 년간 악성 사이클에 있었다면, 부부 관계가 나빠진 데 대해 둘 다 책임이 있음을 인정해야 한다. 사랑받지 못한다고 느끼는 아내도 남편을 존경하지 않은 것으로 악성 사이클에 영향을 주었고, 존경받지 못한다고 느끼는 남편도 아내를 사랑하지 않은 것으로 악성 사이클에 일조한 것이다.

자신에게도 잘못이 있는 걸 알면 배우자를 향한 부정적인 감정도 어느 정도 가라앉을 것이다. 아내는 남편이 사랑해 주지 않는 것만큼 남편을 존중하지 않는 것이 잘못임을 깨달아야 한다. 남편을 존경하라는 하나님 명령에 불순종한 것이기 때문이다. 남편은 아내가 자신을 존경하지 않는 것처럼 아내를 사랑하지 않는 것이 잘못임을 깨달아야 한다. 남편도 아내를 사랑하라는 하나님 명령에 불순종한 것이기 때문이다. 예수님이 하신 이 말씀으로 우리 자신을 돌아보아야 한다. "너희 중에 죄 없는 자가 먼저 돌로 치라"(요 8:7).

두 사람 모두 악성 사이클을 돌린 당사자라는 사실을 인정한다면 희망이 있다. 불만을 키우고 속으로 원망을 쌓아온 것은 잘한 일이 아니라고 인정할 수 있어야 한다. 변화가 필요하다. 6장에 나온 용서의 세 단계를 밟으면 변할 수 있을 것이다. 이렇게 하라.

### 첫째, 서로를 이해하라

남편들이여, 아내를 이해하라.

당신이 존경받지 못한다고 느끼는 것처럼 아내도 사랑받지 못한다고 느낀다. 당신 고통을 아내가 알아주길 바라듯이 아내의 고통을 이해하려고 노력해 보라. 아내를 사랑하지 않으려는 것이 아니듯이 아내도 당신을 무시하려는 것이 아니다. 자신을 방어하고 싶어서 아내의 감정을 상하게 한 것처럼 아내도 자신을 방어하려다가 당신 감정을 상하게 한 것이다. 아내는 가장 깊은 사랑의 욕구를 당신이 무시하거나 등한시한다고 느꼈기 때문에 당신을 무시하는 것처럼 보이려 한 것이다.

아내를 정죄하지 말고 아내 마음을 이해하려고 노력하라. 아내에게 무시당해서 상한 감정을 뛰어넘어, 왜 아내가 감정을 상하게 했는지를 볼 수 있어야 한다. 아내가 사랑받지 못한다고 느끼게 한 일은 없는가? 아내 마음 깊은 곳을 헤아려보기 위해 노력하라. 그러면 이런 기도를 드릴 수 있을 것이다. "아버지, 아내를 용서하여 주시옵소서. 아내는 자신이 하는 일을 알지 못합니다." 자신이 남편을 그렇게 무시하고 있었는지 몰랐다고 고백하는 아내들의 이메일을 수없이 받는다. 한 아내는 이렇게 쓰고 있다.

> 고통에서 벗어나려고 남편을 무시하고 경멸했습니다. 그런데 그것이 제가 원하는 방식으로 사랑해 주지 않는 남편과 같은 죄를 짓는 일이라고는 전혀 생각해 보지 못했습니다. 정말 부끄럽고 후회가 됩니다. 특히 남편을 무시하는 게 남편에게 얼마나 상처를 주는지 알고 나서는 더욱 그렇습니다. 저는 전혀 알지 못했습니다.

아내들이여, 남편을 이해하라.

남편이 당신을 사랑하지 않는다고 느끼는 만큼 남편도 존경받지 못한다고 느낀다. 당신 고통을 느껴주길 바라는 만큼 남편의 고통을 느끼기 위해 노력하라. 남편을 일부러 무시하려고 한 것이 아니듯 남편도 일부러 사랑하지 않는 것이 아니다. 화나게 한 남편에게 방어하려 한 것처럼 남편도 자신을 방어하기 위해 한 행동일 뿐이다. 가장 깊은 존경의 욕구를 당신이 무시하고 등한시한다고 느꼈기 때문에 남편도 사랑하지 않는 듯한 태도로 반응한 것이다.

    남편을 정죄하지 말고 그 마음을 이해하려고 노력하라. 남편이 사랑해 주지 않아서 받은 상처를 넘어, 왜 당신을 화나게 하고 싶었는지 살펴볼 수 있어야 한다. 존경받지 못한다고 느낀 무엇이 있을 것이다. 남편 마음 깊은 곳을 들여다보려 한다면 이런 기도를 드릴 수 있을 것이다. "아버지, 남편을 용서하여 주시옵소서. 남편은 자기가 하고 있는 일을 알지 못합니다." 많은 남편이 이메일을 통해 이렇게 말한다.

> 제 안에 어떤 욕구가 있는지, 아내를 어떻게 대하고 있는지 전혀 몰랐습니다. 당신 책을 읽고, 제게 채워지지 않는 존경의 욕구가 있음을 깨달았습니다. 그것이 무엇인지 정확히 집어낼 수는 없지만, 그저 뭔가 기분 나쁘고 화가 난다는 것뿐이었습니다. 당신 말대로 저는 전형적인 남자처럼 아내를 향해 마음을 닫아 버렸지요. 아내가 저를 무시하지 못하게 하려고요. 그러나 그런 행동이 아내 마음을 아프게 했습니다. 아내는 제가 가까이 와주길 바랐는데, 저는 아내를 멀리 밀어내 버렸습니다.

### 둘째, 당신 의지를 하나님 뜻에 복종시키라

    남편들이여, 무시당하고 나면 화를 내면서 아내를 가르치겠답시고 아내를 사랑하지 않겠다는 결심을 하지 않는가? 속으로 '아내가 존경하는 태도로 나오지 않으면 나도 사랑 많은 남편이 되어주지 않을 거야'라고 생각하지 않는가? 벽처럼 돌아서서 말 한마디 안 하려 드는가?

그러면 아내는 당신을 더 비난하고 무시하지 않는가? 그럴수록 아내에게서 더욱 멀어지지 않는가? 당신을 이해한다. 내 기분도 그랬고 나도 똑같이 행동했기 때문이다.

그러나 그런 일이 반복될수록 악성 사이클만 돌아갈 뿐이다. 아무 이유 없이 아내가 핏대를 세운다고 가정해 보자. 그렇다고 방어적으로 행동한다면 불에 기름을 붓는 격이 된다. 사랑 없는 행동은 아내의 분노에 더 불을 붙인다. 소방관이 아니라 방화범이 되는 것이다. 그런 행동은 하나님께 이렇게 말하는 것과 같다. "당신 뜻이 아닌 제 뜻을 이루어주옵소서!"

물론 당신 뜻이나 방법은 전혀 통하지 않는다. 아내의 의지를 바꿀 수는 없지만, 당신 의지를 하나님 뜻에 복종시킬 수는 있다. 당신을 향한 하나님의 뜻은 바로 아내를 사랑하는 것이다. 그 뜻에 복종해서 아내를 사랑하면, 일부러 아내를 사랑하지 않아서 부부싸움에 부채질하던 일이 사라진다. 그리고 아내가 더 부드러워진다. 놀랍게도 아내를 향한 분노와 불만이 함께 사라져 버린다. 남편들은 또 이렇게 말한다.

부부싸움을 하다 보면 아내가 저를 공격합니다. 그러면 저도 방어하기 위해 다시 공격할 수밖에 없습니다. 그렇게 하면 아내가 후퇴할 거라고 생각했기 때문입니다. 그렇지만 아내는 후퇴하지 않고 더욱 화를 낼 뿐입니다. 그러면 저는 말 한마디 안 하고 아내에게서 등을 돌려버립니다. 끝내 상황은 더욱 악화되고 맙니다. 사랑과 존경을 듣고 나서는 제 태도가 아내 마음을 전혀 얻지 못하며 상처와 환멸만 줄 뿐임을 확실하게 알았습니다. 아내에게 한 수 가르쳐주면 잠깐 기분은 좋을 수 있지만 아무것도 해결되지 않습니다. 이제야 뭔가 다르게 행동해야 한다는 걸 알게 되었습니다.

아내들이여, 사랑받지 못한다고 느껴 화가 나면 남편에게 한 수 가르쳐주기 위해 남편을 무시할 결심을 하지 않는가? 그리고 이렇게 말하지 않는가? "나를 사랑해 주지도 않는 사람한테 존경은 무슨 존경!" 그러나 그런 말은 남편을 무시하는 비난으로 들릴 뿐이다. 남편은 자신을 무시한다며 비난할지도 모른다. 존경이라는 말에 익숙하지는 않지만, 어쨌든 존경받지 못한다고 느낀다. 그러면 남편은 당신을 더 매정하게 대하고, 당신은 남편을 더욱 보잘것없게 만드는 비난을 쏟아댈 것이다. 내 아내 사라도 그 마음을 잘 안다. 사라도 똑같이 했었으니까.

그러나 이런 대응은 악성 사이클의 속도만 가속시킬 뿐이다. 남편이 먼저 불같이 화를 냈다고 방어적으로 행동하면 싸움에 기름을 붓는 격이 되고 만다.

경멸하는 반응은 상황을 더욱 악화시킬 뿐이다. 소방관이 아니라 방화범처럼 행동하는 것이다. 그런 행동은 이런 뜻과 같다. "하나님, 당신 뜻이 아닌 내 뜻대로 하시옵소서!" 물론 당신 뜻이나 방법은 효과가 있을 리 없다.

남편의 의지를 어찌할 수는 없지만 당신의 뜻을 하나님께 복종시킬 수는 있다. 하나님의 뜻은 남편을 존중하는 것이다. 그렇게 할 때 몇 가지 일이 생긴다. 남편을 의도적으로 무시해서 싸움이 더 커지는 일이 없어진다. 남편을 존경하라는 하나님 뜻에 순종하면 남편은 더 부드러워진다. 그러면 놀랍게도 남편을 향한 작은 분노가 남편에 대한 불평과 함께 사라져 버린다. 고집을 꺾고 하나님 뜻대로 살아야 한다는 것을 깨달은 어느 아내가 보내온 글이다.

사랑과 존경에 익숙해지기 전에는 남편을 형편없이 대했습니다. 남편에게 잔소리를 하고, 해야 할 일을 반복해서 요구했습니다. 눈을 흘기고 비난했습니다. 그런 방법이 통하지 않으면 발끈 화를 내고 이혼하자며 협박하거나 우울해하거나 전혀 말을 하지 않았습니다. 남편은 아직 「사랑과 존경」을 읽지 않았고 그저 어렴풋이 알고 있을 뿐이었습니다.

그런데 제가 변하니까 부부 관계가 훨씬 견고해졌습니다. 제 말투가 부드러워지고 남편에게 존경을 담아 말하고 행동하며 남편에게 감동을 주려고 애쓰게 되었습니다. 하나님이 말씀하신 명령을 지키기 위해 노력하니 정말 효과가 있었습니다. 우리 부부는 정말 좋아졌습니다. 남편은 가정의 리더로서 자기 역할을 신중히 여기고 제게도 더 잘해 줍니다. 남편을 바꿀 수는 없지만 나 자신을 바꿀 수 있음을 안 뒤, 저는 달라지기로 결심했습니다. 이제 제 방법과 하나님 방법은 하나입니다.

### 셋째, 하나님 방식대로 도우실 것을 기대하라

남편들이여, 하나님 뜻에 자기 뜻을 복종시킨다는 것은 하나님 방식으로 그분께 다가가는 것이다. 하나님을 기쁘게 하면 상당한 수준으로 하나님이 도우실 것을 기대해도 좋다. 당신을 무시해도 아내를 사랑한다면 하나님 뜻에 순종하는 증거가 될 것이다. 용서할 수 없고 사랑할 수 없는 '원인'을 제공하는 아내의 행동이 바로 조건 없이 사랑할 수 있는 기회가 된다. 모순적인가? 그렇다. 불공평한가? 그렇다. 그러나 조건 없이 사랑하는 것을 하나님은 기뻐하신다. 아내를 조건 없이 사랑할 때, 당신 삶 가운데 하나님의 역사를 기대할 수 있다. 아내 죄를 묵인하라는 말이 아니다. 아내를 용서하고 사랑으로 잘못을 지적하는 것이 바로 조건 없는 사랑이다.

조건 없는 사랑은 매우 어렵다. 그러나 하나님이 부부 관계에 역사하시길 간절히 바란다면 조건 없는 사랑은 필수다. 예수님처럼 하늘 아버지께 자신을 맡긴다면, 하나님이 그 상황을 바르게 판단하실 것을 믿는가? "당신 뜻이 이루어지길 원하나이다"라고 기도할 때, 그분이 뜻을 이루실 줄 믿는가? 그렇다면 아내를 조건 없이 용서하고 사랑하라. 그리고 나머지는 하나님 손에 맡기라.

한 남편이 이메일을 보내왔다. 그는 어느 날 저녁 산책을 하면서 기도로 하나님께 결혼생활에 대해 불평을 늘어놓았다. "하늘에 계신 사랑하는 아버지, 당신은 제가 당신을 사랑하는 걸 아십니다. 또한 이 결혼생활을 통해 하나님을 섬기고 싶어한다는 것도 아십니다. 그렇지만 저는 지금 죽을 지경입니다. 결혼생활은 계속하겠지만 아내를 향한 사랑은 전혀 남아 있지 않습니다. 심지어 좋아하지도 않습니다. 결혼하지 않았다면 친구도 되지 않았을 겁니다."

그 순간 실제로 들리지는 않았지만 하나님이 이렇게 말씀하시는 것 같았다. "케빈, 너는 아내를 달라고 기도하면서, 결혼하는 가장 중요한 이유가 다른 사람을 너 자신보다 더 사랑하고 네가 낳은 자녀가 나와 더 가까워지게 하려는 것이라고 말했다. 그래. 나는 네 사랑이 아주 많이 필요한 여자를 네게 주었다. 이제 가서 네 아내를 사랑해 주어라."

바로 그 순간 하나님이 분명한 말씀으로 돕고 계시다는 걸 알았다. 솔직히 바라던 도움은 아니지만 필요한 도움을 주고 계심을 깨달았다. 케빈은 하나님 말씀에 순종하기로 결심했고, 그분이 일하실 것을 신뢰했다. 집으로 돌아간 그는 아내 앞에서 울면서 아내를 바꾸려는 시도를 그만두겠다고 말했다. 케빈은 시편기자와 같은 경험을 한 것이다. "내가 환난 중에서 …… 나의 하나님께 부르짖었더니 그가 그의 성전에서 내 소리를 들으심이여……"(시 18:6).

아내들이여, 하나님 뜻에 자신의 뜻을 복종시킨다는 것은 하나님 방식대로 그분께 다가가는 것이다. 하나님을 기쁘게 하면 상당한 수준으로 하나님이 도우실 것을 기대할 수 있다.

사랑해 주지 않는 남편을 존경할 때 하나님 뜻에 순종하고 있다는 걸 알 수 있다. 용서할 수 없고 존경할 수 없게 '만드는' 남편의 바로 그 행동이 조건 없이 존경할 기회가 된다. 모순적인가? 그렇다. 불공평한가? 그렇다. 그러나 그런 조건 없는 존경이 바로 하나님이 기뻐하시는 일이다. 남편을 조건 없이 존경할 때 하나님이 당신 삶 가운데 역사하실 것을 기대할 수 있다.

조건 없이 존경하는 건 매우 힘든 일이다. 그러나 정말 하나님이 결혼생활에 역사하시길 원한다면 그런 태도는 필수다. 예수님처럼 자신을 하늘 아버지께 맡길 때 하나님이 상황을 바르게 판단하실 것을 믿는가? "당신 뜻이 이루어지길 원하나이다"라고 기도할 때 그분이 뜻을 이루실 것을 믿는가? 그렇다면 남편을 조건 없이 용서하고 존경하라. 그리고 나머지는 하나님 손에 맡기라. 한 아내가 이런 글을 썼다.

우리 부부는 아직도 힘들 때가 있습니다. 모든 일을 혼자 다 해야 한다고 생각하면 힘이 빠집니다. 그러나 옛날 방식은 통하지 않는다는 사실을 떠올립니다. 내가 할 수 있는 유일한 선택은 제 책임(행동이나 말, 생각)을 다하는 것뿐입니다. 하나님께 옛날 방식으로 돌아가지 않게 해달라고 기도합니다. 전에는 이기적이게도 남편을 바꾸어 보려고 하거나 이혼을 생각했습니다. 어느 것도 완벽하지 않고, 우리 삶에는 스트레스도 많습니다. 어린아이 둘에, 경제적으로도 어렵고, 먼 곳으로 이사도 해야 합니다. 그렇지만 이 모든 상황이 점차 나아질 거라는 희망이 있습니다.

하나님이 일하실 것을 기대하면서 이 아내는 상황이 "앞으로 나아질 것이다"라고 말하고 있다. 예수님이 "내가 아버지께 구하겠으니 그가 또 다른 보혜사를 너희에게 주사 영원토록 너희와 함께 있게 하리니"(요 14:16)라고 말씀하신 것은 보혜사(the Helper)가 정말 우리를 도우실(help) 것을 믿게 하시려는 것이다.

### 사소한 잘못을 용서하려면 무슨 말을 해야 할까?

배우자가 간음, 학대, 중독 같은 큰 잘못이 아니라, 그저 날마다 일상에서 일어나는 작은 잘못을 저지른다고 생각해 보자.[1] 다양한 방법으로 당신의 공기호스를 밟는 일처럼 말이다. 예를 들어, 배우자가 (아내가 보기에) 사랑하지 않거나 (남편이 보기에) 존경하지 않는 것 같은 행동을 했다고 하자. 배우자를 이해하고, 하나님 뜻에 순종하며, 하나님의 도우심을 기대하는 세 가지 중요한 단계를 성공적으로 실천했다고 해도 무언가 부족하다는 느낌이 들 것이다. 그렇다면 아마 용서하고 용서를 구해야 할 상황일지도 모른다. 3A와 같은 심각한 문제가 아닌 경우 상황을 바꾸고 악성 사이클에서 벗어나기 위해 배우자에게 다음 같이 말하거나 편지를 쓸 수 있다. 그대로 사용할 수도 있고, 나름대로 바꾸어 사용해도 좋다.

> 사실 나는 당신 기분을 더 일찍 눈치채지 못하고 못되게 군 나 자신에게 화가 났어요. 그렇지만 당신 태도에 화가 난 것도 사실이에요. 우리는 정말 사소한 문제에도 쉽게 악성 사이클에 오르는 것 같아요. 아무것도 아닌 일로 나는 당신에게, 당신은 내게 상처를 주는 거죠. 그렇지만 내가 당신에게, 또 당신이 내게 좋은 뜻을 가지고 있다

는 걸 하나님이 보여주신 사실을 당신도 동의할 거예요. 하나님도 이 싸움을 멈추길 원하시겠죠. 우리 둘 다 자신을 방어하는 데 급급했어요. 이제 서로 이해하고 용서할 때가 된 것 같아요. 당신이 내게 한 작은 실수를 용서해요. 당신도 문제를 일으킨 내 행동을 용서해 주길 바라요.

편지를 다 썼다면 마지막에 아내에게는 "내 모든 사랑을 담아", 남편에게는 "내 모든 존경을 보내며"라는 말을 적어 넣으면 좋다.

### 분노를 피하고 가정을 구한 아내 이야기

작은 분노를 피하는 용서의 세 단계 효과가 미심쩍다면 이제 나눌 한 아내 이야기를 들어보라. 이 아내처럼 단지 시각만 바꿔도 큰 변화가 생긴다. 교회 지휘자를 남편으로 둔 한 아내가 보내온 사연이다. 남편이 집에서 130킬로미터 정도 떨어진 교회에서 사역을 하게 되면서 문제가 시작되었다. 아내에게는 그 자리가 마땅치 않았지만 남편은 그곳이 가장 적절한 사역지라고 생각했고 날마다 260킬로미터나 되는 거리를 운전하며 사역을 감당하고 있었다.

2년 동안 그렇게 출퇴근하면서 남편은 건강이 나빠졌고, 가정생활도 여러 모로 피해를 입었다. 오랜 운전 시간과 다른 비용을 생각할 때 이 부부는 집을 파는 게 낫겠다고 결정했다. 결국 집을 팔고 남편이 일하는 곳으로 이사를 했다. 그런데 부동산 가격 차이가 많이 나서 크기가 반밖에 되지 않는 낡은 집으로 이사해야 했다.

아이들은 잘 적응했지만 아내는 편하고 익숙한 곳을 떠나온 것 때문에 미묘한 불만이 쌓이고 있었다. 드러내지는 않았지만 은근히 남편을 깎아내리며 비난할 때가 많아졌다. "내가 당신 때문에 희생한 걸 한 번 보라고요"라는 듯한 표정과 태도를 보이기 일쑤였다.

그 결과 남편은 점점 멀어져갔고, 함께 대화를 나눌수록 거리는 더욱 멀어졌다. 몇 달 동안 그렇게 악성 사이클이 돌아갔다. 아내는 바뀌어야 할 사람은 남편이라고 생각했다. 그러던 어느 날, 「사랑과 존경」을 읽고 세미나를 듣게 되었다. 사랑과 존경 메시지에 빠져들수록 눈에서 안대가 벗겨지는 것 같았다. 불평과 불만은 사라지고, 남편을 존경하는 이유를 나열한 편지를 썼다. 내게 보낸 편지는 이렇게 계속된다.

남편에게 상처를 준 일, 하나님이 남자로서 그에게 주신 영혼을 다치게 한 일을 사과했습니다. 결정할 일이 생겼을 때 합의할 수 없으면 남편 결정에 따르겠다고 말했습니다. 또 제가 화난 것 같을 때 남편이 다가와준다면 '분노'가 많이 누그러진다고 이야기했습니다. 이상하게도 남편을 존경하는 것에 초점을 맞출수록 남편을 향한 사랑이 날마다 새로워지는 것 같았습니다. 정말 우리 가정에서 무거운 짐이 떨어져 나간 것 같습니다.
존경이라는 개념이 좀 더 자연스럽게 몸에 배려면 아직 갈 길이 멀지만, 그래도 참 오랜만에 남편과 함께 있는 것이 즐겁습니다. 남편도 저와 함께 있는 것을 즐거워합니다. 나를 비춰주는 성경적인 진리를 가르쳐주셔서 고맙습니다. 남편에게 어떻게 다가가야 할지 몰라 너무 많은 시간을 낭비했습니다. 저는 이 원리를 되도록 빨리 많이 실천해 보고 싶습니다. 이제 우리 부부는 둘 다 상처를 입는 관계에서 서로를 세워주는 관계로 바뀌고 있습니다. 우리 아이들이 가장 큰 혜택을 받는 것 같습니다. 우리 관계가 강해질수록 아이들도 우리를 통해 하나님의 그림자를 볼 수 있으니까요.

## 용서해도 배우자가 변하지 않으면 어찌해야 할까?

불평과 분노를 하나님께 맡기고 용서한다면, 배우자가 확실히 긍정적으로 나올까? 꼭 그렇지만은 않다. 어떤 아내가 자신의 상처와 분노를 버리고 남편을 용서한다고 말하며 "당신과 결혼한 건 정말 가장 큰 행운"이라고 말했는데, 남편은 화를 내며 이혼하자고 위협하면서 아내를 비난했다고 한다. "완전히 블루스러운 반응이다."

그럴 수 있다. 예수님을 생각해 보라. 아버지 뜻에 자신을 온전히 맡겼지만 상황은 전혀 변하지 않았다. 복수하지 않아도 사람들은 계속 예수님을 미워하고 욕하며 고통스럽게 죽였다. 쓴 마음을 버리는 첫째 목적은 남편을 변화시키는 것이 아님을 기억하라. 배우자가 바뀌리라는 것은 보장할 수 없다. 그러나 당신 자신은 그리스도를 더욱 닮아가고, 당신 안에 있던 분노는 사라질 것이다('완벽하지 않은 결과'에 대해 더 알고 싶다면 "Part 4 상급 사이클"을 보라).

<주>

1.
심각한 도덕적 죄를 범했거나 범하고 있는 배우자를 대하는 법을 알고 싶다면 부록2를 보라. 부록2에서는 용서뿐 아니라 죄를 지적하는 방법을 설명한다. 사랑으로 대화하고 확실하게 지적해 주는 일도 용서라고 할 수 있다.

| 부록2 |
## 심각한 잘못을 저지른 배우자를 대하는 방법

배우자를 이해하고 용서하며, 자신의 뜻을 하나님 뜻에 맞추고, 하나님의 도우심을 바라는 것이 배우자의 심각한 도덕적 죄를 묵인해도 된다는 뜻은 아니다. 배우자가 간음, 학대, 중독 같은 심각한 범죄에 빠져 있는데 그저 용서하고 잊어버리라고 요구하는 것은 온당치 않다. 물론 하나님이 그리스도 안에서 당신을 용서하셨기 때문에 배우자를 용서하는 마음을 가져야 한다.

그러나 하나님도 배우자가 계속 간음하고 당신이나 자녀를 때리며 술을 들이키는 걸 원하지 않으신다. 그런 상황에서도 아무 말 하지 말라는 건 아니다. 그건 말도 안 된다!

배우자가 회개하지도 않고 진정한 변화도 보이지 않는데 용서한다면서 아무 일 없는 것처럼 잊어버리고 계속 지내는 것은 어리석은 생각이다. 예수님도 당신이 그렇게 어리석거나 무심하길 원치 않으신다. 배우자를 사랑해서 그 잘못을 지적할 수 있길 바라신다. 사랑과 존경으로 말이다. 지금 배우자를 용서할 마음이 있고 배우자도 꼭 변화해야 한다고 느낀다면 사랑과 존경으로 배우자의 잘못을 지적하는 다음과 같은 표현을 사용할 수 있다.

아래에 제안한 표현들은 진심을 담아 부드럽게 말해야 한다. 당신 목표는 배우자의 마음을 강퍅하게 하는 것이 아니라 온유함으로 마음을 열고 결혼생활에 영향을 주고 있는 죄를 정직하게 다루도록 하는 것이다. 배우자에게 화가 나는 것은 매우 당연하다. 그러나 당신 목표는 배우자를 긍정적으로 변화시키는 것이다. 이해하고 용서하는 말투로 다가갈 때 변화 가능성도 높아진다. 그러나 정말 쉽지 않은 일이므로 마음으로나 영적으로 단단히 준비해야 한다.

적대적이고 경멸하는 말투나 분노가 어린 말투, 또는 상황을 아예 다 무시하는 듯한 말투보다는 이해하는 말투가 배우자를 더 공감시키며 효과도 크다는 사실을 알아야 한다. 진정 변화를 원한다면 당신이 그런 상황에 처했을 때 배우자가 대해 주길 바라는 태도로 배우자에게 다가가라.

- 배우자가 간음했다면

"정말 말로 표현할 수 없을 만큼 고통스러워요. 그렇지만 당신이 처한 상황을 이해하지 못한 나 자신에게도 화가 나네요. 하나님이 우리가 이 문제를 어떻게 해결해야 할지, 어떻게 헤쳐 나가야 할지 가르쳐주시리라 믿어요. 몹시 마음이 아프지만 당신을 용서하겠어요. 제가 잘못한 것이 있다면 당신도 저를 용서하길 바라요. 그리고 다른 사람과의 관계는 완전히 끝내주세요. 결혼생활을 다시 정상으로 돌릴 수 있도록 상담을 받으면 좋겠어요."

- 배우자가 폭력을 행사했다면

"당신 행동은 변명할 나위 없이 용납될 수 없는 행동이에요. 저는 상처를 입었고 두렵기도 하지만 당신을 용서하겠어요. 그렇지만 다시는 이런 일이 있어서는 안 돼요. 앞으로는 저나 가족에게 화가 날 때 분노를 다스릴 수 있어야 해요. 부부 관계나 가족치료를 위해 전문적인 도움을 받아야겠어요. 도와줄 만한 곳을 몇 군데 알고 있는데, 어디가 좋을지 당신이 선택해 주세요." (주의 _ 위험에 처할 만한 상황이라면 그 자리에서 빠져나와 전문적인 도움을 받거나, 도와줄 수 있는 단체를 찾아가라.)

- 배우자가 중독(약물, 알코올, 음란물, 거식증 등)에 빠졌다면

"사람은 누구나 유혹에 약해요. 그렇기 때문에 당신을 비난하고 싶지는 않아요. 그러나 그 일로 당신이 많은 시간을 뺏기는 건 사실이에요. 그건 우리에게 최선은 아니잖아요. 하나님도 이 문제를 해결하길 원하신다는 걸 알아요. 이 문제를 해결할 수 있도록 하나님이 도와주실 거예요. 저는 비록 상처 받고 실망했지만 당신을 용서하겠어요. 제가 잘못한 게 있으면 당신도 용서해 주세요. 이런 중독을 싸워 이기려면 전문가에게 도움을 청해야 할 것 같아요. 가까운 곳에 우리를 도와줄 만한 단체가 있어요."

위 글은 단순한 예시일 뿐이다. 이것을 토대로 배우자에게 하고 싶은 말을 나름대로 표현하라. 목표를 분명히 하고 사랑과 존경으로 배우자의 잘못을 지적하라. 마주 대하여 이야기를 나누거나 편지를 쓰라. 특히 목회자나 그리스도인 상담자와 같이 믿음을 가진 전문가를 찾아가 도움을 청하면 좋을 것이다. 미루지 말라. 간음, 학대, 중독과 싸울 계획을 세우라.

| 부록 3 |
# 사랑을 표현하는 데 미숙한 남자들을 위한 표현법

남편이 자신에게 충분히 사랑을 표현하지 않는다고 불평하는 아내들의 편지를 꽤 자주 받는다. 심지어 전혀 사랑을 받지 못한다고도 한다. 말이 없는 전형적인 블루는 "당신을 사랑해"라는 영역에 들어서면 더욱 할 말을 잃는 것 같다.

예를 들어, 39세 프랭크가 보낸 이메일을 보자. 프랭크는 약혼녀 에밀리와 함께 사랑과 존경 세미나에 참석했다. 그들은 즐겁게 강의를 듣고 곧바로 '배운 걸 실천에 옮기기로' 했다. 전형적인 핑크인 에밀리는 프랭크를 존경하는 이유를 줄줄이 나열했고 프랭크는 매우 감동했다.

이제 프랭크가 에밀리를 사랑하는 이유를 말할 차례였다. 그러나 쉽게 생각나지 않았다. 강의에서도 남자들은 그런 일을 잘 못한다고 했지만 그 말도 그 순간에는 별 도움이 되지 않았다. 기술직에서 일하는 내향적인 남자라는 사실도 변명이 되지 않았다. 프랭크가 말을 더듬자 에밀리는 자신을 사랑하는 이유를 말하려면 '생각할 시간이 필요하다'는 인상을 받았다. 어떤 면에서는 그것이 사실이기도 했다. 프랭크의 이메일은 이렇게 계속된다.

> 에밀리를 진심으로 깊이 사랑하고, 그를 위해서라면 뭐든 할 수 있습니다. 에밀리의 인격, 유머 감각, 긍정적인 태도, 매력적인 성격, 저를 세워주는 방법, 카드에 쓴 다정한 말투나 음성 메시지에 남겨진 기분 좋은 목소리, 깊은 신앙, 제가 좋아하는 것에 관심을 보여주는 모습, 아름다운 자태, 나를 설레게 하는 아름다운 두 눈, 에밀리를 포옹하고 키스를 나누는 기쁨……. 그리고 무엇보다 제가 에밀리를 아끼는 이유는 그의 사랑스러움 때문입니다.

프랭크는 이메일에 적은 이 모든 내용을 정작 약혼자 앞에서 한마디도 하지 못한 것이다. 프랭크는 약혼녀처럼 멋지게 말하고 싶어서 대답하는 데 더 시간이 걸렸다고 인정했다. 프랭크는 항상 여자와 대화하는 걸 어려워했다. 여자와 대화하려면 길게 뜸을 들이느라 관계를 망치기 일쑤였다고 한다. 프랭크로서는 에밀리가 결혼을 약속할 만큼 친밀한 관계를 맺은 첫 여성이다. 그래서 더욱 자신이 에밀리를 얼마나 사랑하는지 멋진 말로 표현하고 싶었다. 그런데 생각대로 말이 나오지 않자 더욱 말을 더듬거렸고 그 모습에 에밀리는 감정이 상한 것이다. 이메일은 이런 결론을 내리고 있다.

> 저는 에밀리에게 사과하고 이런 일을 더 잘할 수 있도록 노력하겠다고 말했습니다. 정말 그렇게 하고 싶습니다. 저는 연설도 잘 못하고 즉석에서 멋진 말을 만들어 내지도 못합니다. 생각하고 글을 쓰

는 건 하겠는데 그 자리에서 바로 말하려면 더듬거리게 됩니다. 저녁 무렵, 우리는 키스하고 화해했습니다. 에밀리는 저를 용서했고 이 일은 다시 꺼내지 않기로 했습니다. 그렇지만 저는 에밀리를 존중하기 때문에 그의 욕구를 만족시켜야 합니다. 아내를 사랑하라는 주님 명령을 지키는 것이기도 하니까요. 이 부분에서 더 잘하고 싶은데, 어디서부터 시작해야 할까요?

나는 프랭크에게 이메일에 쓴 칭찬과 사랑, 애정을 에밀리에게 직접 표현해 보라고 제안했다. 그 글은 내가 본 가장 아름다운 사랑 표현이다. 자신감을 얻은 프랭크는 큰 소리로 자신의 생각과 감정을 표현할 수 있었다. 하나님이 말할 수 있는 용기를 허락하실 걸 믿고 마음속에 있는 걸 입으로 표현한 것이다.

나는 프랭크의 아내가 될 여성은 물론, 프랭크와 같은 남편에게 불만을 가진 모든 아내에게 할 말이 있다. 대부분의 남편은 마음 깊이 아내를 사랑한다. 그렇지만 아내처럼 쉽게 표현하지 못한다. 많은 여자가 이 단순한 사실을 잘 모르고 있다.

프랭크를 예로 들어 설명하자면, 그는 내향적인 성격의 남자다. 내 짐작이지만 아마 1학년 때에는 말하는 것 자체가 두려워 맨 뒷자리에 앉아 있었을 것이다. 그리고 나이가 들면서 나름대로 대화법을 터득했을 것이다. 그 자리에서 바로 말하는 건 어렵지만 시간을 들여 글을 쓰면서 마음에 담아둔 것을 보일 수 있었다. 그가 약혼자에 대해 쓴 글을 보라.

프랭크에 대한 의심을 선의로 해석하긴 했지만, 에밀리는 프랭크가 유창한 말로 사랑을 표현하지 못할 때 마음속으로 어떤 생각을 하는지는 몰랐을 것이다. 그래서 에밀리는 상처를 받고 악성 사이클이 돌아가기 시작한 것이다. 다행히 프랭크의 사과로 수습되기는 했지만 그러지 않았다면 상황이 악화되었을 것이다. 에밀리는 자신을 깊이 사랑하는 남자를 향해 마음을 닫아 버릴 뻔했다.

사랑을 표현하는 데 미숙한 남자들이 활용할 수 있는 몇 가지 방법이 있다. 아내에게 사랑을 표현하는 게 어려운 남자들이 해볼 만한 두 가지 방법을 소개한다. 먼저, 과감하게 프랭크의 이메일 내용을 인용해 보라. 사랑하는 여성을 향한 애정이나 헌신을 표현한 아주 좋은 글이다. 둘째, 무슨 말을 할지 모르겠다면 C-O-U-P-L-E 원리를 응용해 보라.

남편들이여, 아내는 남편과 연합하고 싶어한다는 사실을 기억하라. 단지 성적인 연합을 뜻하는 것이 아니다. 아내와 연합하고 싶다는 마음을 알리기 위해 남편이 활용할 수 있는 표현을 C-O-U-P-L-E에서 몇 가지 인용해 보자.

<친밀감>

- 아내를 안고 말한다. "당신을 안으면 참 기분이 좋아요. 당신은 내게 가장 중요한 사람이에요."
- 아내에게 쪽지를 쓴다. "요즘 너무 바빠서 당신을 얼마나 사랑하는지 말해 주지 못해 미안해요. 일 끝나고 집에 가면 음식을 좀 사서 호숫가로 드라이브도 가고 소풍도 갑시다."
- 아내 손을 잡고 말한다. "여보, 산책하러 갈까요? 내가 왜 이토록 당신을 사랑하는지 말해 줄 게 있어요." (미리 마음속으로 생각해 두어야 한다. 출발할 때 글을 써 가도 좋다.)

<솔직함>

- 이렇게 말해 본다. "오늘 밤에 할 이야기가 있어요. 나 요즘 회사

에서 좀 힘들거든. 당신 조언이 좀 필요해요."
- 아내에게 쪽지를 쓴다. "아이들 숙제 봐주는 일이 쉽지 않던데, 당신은 정말 대단해요! 내가 도울 일은 없어요?"
- 이렇게 말한다. "산책이나 드라이브 갈까요? 당신을 사랑하게 된 이유를 말해 주고 싶어요."

위 제안들은 그저 몇 가지 가능한 방법일 뿐이다. 이런저런 방법을 적용해 가면서 가장 편안한 것을 찾으라. 반드시 완벽한 문장으로 유창하게 말하거나, 조직적으로 말해야 하는 것은 아니다.

그저 진실하기만 하면 된다. 진짜 중요한 것은 무슨 말을 하는가가 아니라 시간과 노력을 들여 말하는 것이다. 그렇게 할 때, 아내 마음이 녹을 것이다.

| 부록 4 |
# '분명히 하기'를 위한 피드백 사용하기

일상에서 겪는 어려움을 극복하기 위해 피드백을 사용하는 방법(10장을 보라)에 대한 몇 가지 생각과 관점을 소개한다.

- 항상 배우자를 같은 편으로 생각한다.
 배우자를 적으로 여긴다면 피드백은 소용이 없다. 건설적인 피드백은 두 사람이 좋은 감정과 선한 의도를 가지고 있을 때 주고받을 수 있다. 남편과 아내의 마음이 같지 않고 서로에게 화가 나거나 짜증이 나더라도 두 사람은 친구다. 해치려는 의도를 가진 사람은 아무도 없다.

- '진짜 누가 문제인가'를 생각한다.
 남편이나 아내가 "우리 부부는 대화에 문제가 있어요"라고 말하는 건 무슨 뜻일까? 아마 보통은 상대방이 성의 없이 말하거나 잘 알아듣지 못한다는 뜻일 것이다. 사람들은 대부분 자신을 좋게 생각하는 경향이 있기 때문에 자기 문제라고는 거의 생각하지 않는다. 그렇지만 우리 사무실에는 배우자가 문제라고 생각했는데 나중에 알고 보니 진짜 범인은 자신이었다거나 똑같이 책임이 있음을 깨달았다는 편지로 가득하다. 예를 들어 한 아내는 사랑과 존경 세미나에 참석하기 전까지 결혼생활이 순탄치 않은 이유를 몰랐다며 이런 편지를 보내왔다.

> 저는 여러 가지 방법으로 남편을 무시하고 있었습니다. 남편을 대하는 말투나 아들 앞에서 남편의 권위를 깎아내리거나 욕을 한 일 등, 남편을 대하는 제 태도를 전혀 보지 못한 거죠. 항상 저는 대단하고 남편은 형편없다고 생각했습니다. 결국 제가 부부 문제에 책임이 크다는 사실을 깨달았습니다. 저는 집에서 늘 엄마가 아버지를 놀리고 무시해서 주눅 들게 하는 모습을 보고 자랐습니다. 그런 환경이 제게 이토록 큰 영향을 준 줄은 몰랐습니다. 다행히 하나님이 그 고리를 끊어주시고 도와주셔서 그런 사실을 알 수 있었습니다. 제가 남편을 또 무시하지는 않는지 계속 나 자신을 돌아보고 있습니다.

- 절대로 다 이해했다고 생각하지 말라.

피드백을 주고받다 보면 간혹 감정이 개입되기도 한다. 사라와 대화하다가 감정이 개입되는 경우, 우리 부부는 두 가지 규칙을 따른다.

1. 내가 정확하게 이해했다고 아내가 인정하기 전까지 나는 다 이해했다고 생각하지 않는다.
2. 아내가 정말 내 말을 이해했다는 확신이 서기 전까지 나는 사라가 나를 다 이해했다고 생각하지 않는다.

대화에 감정이 실리면 사라는 평소 같지 않게 말을 잘 못한다. 나도 평소처럼 듣지 못한다. 오해를 풀지 않고 그냥 놔두면 밑바닥에 흐르는 부정적인 감정이 우리를 완전히 사로잡게 될 것이다. 가끔 피드백 주고받기가 정말 귀찮고 싫을 때도 있을 것이다. 그러나 피드백을 해야 상대방의 말을 잘못 짐작하는 실수를 범하지 않을 수 있다. 피드백은 우리가 같은 내용을 이해하고 있다는 사실을 확인시킨다.

• 당신이 먼저 능숙하게 나설 수 있다.

아내와 나는 작은 오해가 생기면 누구든 먼저 나서서 책임을 지려고 한다. 상대방이 선한 의도를 가지고 있다고 믿기 때문에 오해가 생겨도 누군가가 분명하게 말하지 않았거나 잘 듣지 않았기 때문이라고 생각한다. 우리는 잠시 대화를 멈추고 했던 말을 되짚으면서 오해를 푼다. 그런 이야기를 먼저 꺼내면 자신이 뭔가 문제를 해결할 수 있는 힘이 있다는 생각이 든다. 무력하게 오해의 희생물이 되지 않을 수 있다.

내가 먼저 시도할 때도 있고 아내가 먼저 시작할 때도 있다. 오해가 생기면 기분이 좋지 않다. 그러나 오해가 생기더라도 그렇게 놀라지는 않는다. 우리 부부는 꽤 기술이 늘어서 서로의 말을 분명히 하는 데 자신이 있다. 수없이 많은 실습을 반복해 왔기 때문이다.

• 장갑 속으로 벌이 들어오면 빨리 장갑을 벗어야 한다.

피드백을 주고받을 힘과 시간이 없다는 것은 정말 어리석은 생각이다. 아무리 부부 관계가 좋아도 부정적인 감정의 공격을 받으면 언제든지 갈등이 생길 수 있다. 이런 부정적인 감정을 무시하는 건 마치 정원사가 꽃을 옮겨 심다 장갑에 날아든 벌을 그냥 두는 것과 같다.

벌에 쏘이지 않으려면 얼른 장갑을 벗어야 한다. 결혼생활에서 피드백을 주고받는 건 마치 장갑에 들어온 벌을 쫓는 것과 같다. 피드백을 주고받는다고 해서 절대로 벌에 쏘이지 않는 건 아니지만, 피드백을 주고받지 않고 장갑을 계속 끼고 있는 것보다는 벌에 쏘일 확률이 훨씬 낮아질 것이다.

사라와 나도 오해나 부정적인 감정에 쏘인 경험이 전혀 없진 않았다. 그러나 피할 수 없는 그런 일에 힘없이 지기보다는 해결하는 걸 좋아하는 우리는 이렇게 말한다. "미안하지만 당신 말은 이러저러한 말 같은데, 맞아요?" 또는 "미안한데, 나는 이러저러한 뜻으로 한 말인데, 당신도 그렇게 이해했어요?"

예를 하나 들어 설명하자면 이렇다. 저녁 식사에 초대한 손님이 곧 도착할 시간이 되어가고 있을 때였다. 식탁을 준비하던 사라가 말했다. "여보, 컵 좀 갖다 줄래요?" 나는 흔쾌히 알았다고 말했다. 그리고 남자들이 즐겨 쓰는, 물과 얼음이 들어갈 만한 컵, 즉 매일 사용하는 보통 물컵을 가져왔다.

"아니, 그 컵 말고요." 사라가 내가 가져온 컵을 보고 말했다. "왜 그 컵을 가져왔어요?"

어리둥절해하고 있는 내게 아내가 설명했다. "와인잔 말이에요. 손님상에 놓을 예쁜 컵이요."

6월 아침, 테라스에서 벌어진 사건과 비슷한 흔히 있는 단순한 장면이 다시 연출된 것이다. 사라가 명확하게 설명하지 않아서 오해가 생겼고 심한 말이 오갈 수도 있었다. 나는 손님상을 어떻게 차리는지 몰랐기 때문에 "아니, 왜 그 컵을 가져왔어요?"라는 아내 말을 무능하다고 질책하는 소리로 들을 수 있었다. 그랬다면 아마 나도 무뚝뚝하게 대답했을 것이다. "그냥 물잔이면 되지, 뭐가 다르다고 그래요. 왜 그렇게 까다로워요?" 그러면 대화는 점점 날카로워졌을 것이다. 아니면 그냥 상처와 무시당한 감정을 품고 저녁 내내 아무 말도 하지 않았을 것이다. 사라는 내가 왜 그렇게 차갑고 무뚝뚝하게 구는지 궁금했을 것이다.

그 대신 우리는 둘 다 장갑에서 벌을 쫓아내기로 결정했다. 나는 이렇게 대답했다. "아, 미안. 미처 생각을 못했네요. 남자들은 그런 생각을 하려면 시간이 좀 걸리거든요."

"괜찮아요." 사라가 대답한다. "손님상에는 항상 그 컵을 쓰는데, 내가 분명하게 설명하지 않았어요. 미안해요."

사라에게는 당연한 사실을 내가 모르고 있다는 것에도 화내지 않고 잘 참아주었다. 돕는 일손을 구하기는 쉽지 않으니까. 특히 손님을 초대했을 때는 더욱 그렇다. 아무튼 나는 잔을 하나도 떨어뜨리지 않고 잘 도왔고, 그날 친구들과 즐거운 저녁 시간을 보낼 수 있었다.

- "그러니까 당신 말은……"이라는 표현은 적당히 사용해야 한다.

부부 대화에서 피드백은 전혀 새로운 개념이 아니다. 적어도 몇 년간 다뤄진 주제로, 사람들은 피드백을 "적극적 경청"이라고 부르기도 한다. 적극적 경청에서 제안하는 방법 가운데 하나가 "그러니까 당신 말은……"이라는 말로 피드백을 주고받는 것이다. 그러나 이 말을 지나치게 사용하지 않도록 주의해야 한다.

적극적 경청을 배운 어느 엄마가 10대 딸에게 적용한 이야기가 있다. 어느 날, 학교에서 돌아온 딸에게 엄마가 묻는다. "오늘 학교에서 어땠니?" 딸은 다른 10대 아이처럼 시큰둥하게 대답한다. "좋았어요." 그러자 엄마가 묻는다. "그러니까 네 말은 오늘 학교에서 좋았다는 거구나. 그래, 어떻게 좋았는데?" 딸이 대답한다. "음, 영어 시험에서 A를 받았어요." 엄마가 대답한다. "그래, 네 말은 영어 시험에서 A를 받았다는 말이구나. 그래서 기분이 어떤데?" 딸은 더 이상 참지 못하고 소리를 질렀다. "엄마, 오늘 어디서 또 부모 교육에 대한 책을 읽으셨군요. 제발 그만 좀 하세요!"

이 엄마는 적극적 경청과 피드백을 지나치게 사용했다. 그런데 배우자에게도 그럴 수 있다. 다른 기법과 마찬가지로 피드백 주고받기도 현명하게 사용해야 한다. "그러니까 당신 말은……"이라는 표현을 조심해서 사용하라. 대화할 때마다 몇 번씩 반복하면 결국 이런 말을 들을지도 모른다. "당신 오늘 또 부부 관계에 대한 무슨 책이라도 읽은 거예요? 제발 그만 좀 하라고요!" 전도서 기자의 말을 인용한다면, 피드백을 해야 할 때가 있고 하지 말아야 할 때가 있다. 살다 보면 피드백을 할 때인지 멈춰야 할 때인지 구분할 수 있는 센스가 생길 것이다.

| 부록 5 |
## 배우자를 조건 없이 사랑하고 존경하기 위한 조언

남편이 이렇게 말하면 기분이 어떨까? "10점을 만점이라고 할 때, 적어도 나한테 7점은 해줘야 나도 당신에게 사랑하는 태도로 말할 거예요. 6점 이하면 나도 하고 싶은 대로 할 거고. 내가 좀 거칠거나 무례하게 대해도 그냥 받아들여요."

아내가 이렇게 말하는 건 어떤가? "10점 만점에서 적어도 7점은 되어야 나도 당신에게 존경하는 태도로 말할 거예요. 6점보다 낮으면 내가 하고 싶은 대로 할 거예요. 아마 좀 경멸하는 말투로 당신에게 말하겠지요."

1-10점을 잣대로 서로를 판단한다면 좋은 결혼생활을 하기 힘들다. 그런데 나는 이런 시각으로 서로를 대하는 부부를 수없이 상담해 왔다. 그 부부들은 "내가 사랑하거나 존경할 만한 행동을 당신이 먼저 보여야 한다. 그 조건에 맞아야 내가 얼마나 당신을 사랑하고 존경할지 판가름

할 수 있기 때문이다"라는 사고방식을 가진 것처럼 보인다.

그러나 우리가 가르치는 조건 없는 사랑과 존경을 실천하려면 배우자에게 어떤 조건도 걸어서는 안 된다. 드러내 놓고 요구하든, 미묘하게 암시를 주든 배우자에게 특정한 행동을 해야 한다는 조건을 걸면 안 되는 것이다.

조건 없이 사랑하고 존경한다는 것은 다음과 같은 뜻이다.

- 배우자가 하는 행동이나 말과 상관없이 내가 먼저 사랑하고 존경하기로 결심하는 것이다.
- 배우자가 어떤 상황에서 10점 만점에 3점도 안 되는 말과 행동을 해도 적대적이거나 경멸하는 말을 하지 않겠다고 다짐하는 것이다.
- 하나님을 경외하고 그분께 순종하기 위해 사랑과 존경으로 말하기로 결심하는 것이다.
- 배우자의 말이나 행동과 상관없이 그리스도를 따르는 자로서 그분이 원하신다고 믿는 말이나 행동을 하도록 자신을 통제하는 것이다.
- 내 말이나 행동은 항상 내 선택이자 내 책임이다. 내가 사랑이나 존경 없이 말하는 것은 배우자 때문이 아니다.
- 조건 없이 사랑하거나 존경하지 못한 경우, 먼저 하나님께 그리고 배우자에게 용서를 구한다. 그리고 계속 노력한다.

조건 없이 사랑하고 존경하려면 배우자의 명백한 잘못도 눈감아 주어야 하느냐는 질문을 종종 받는다. 이런 생각에 많은 배우자가 걸려 넘어진다. 특히 남편에게 조건 없이 순종하라는 하나님 말씀을 들은 아내라면 더욱 그럴 것이다(에베소서 5장 33절을 보라). 아내는 남편이 무슨 말이나 행동을 해도 다 동의하고 묵종해야 한다고 생각하게 된다. 그렇게 하지 않으면 남편에게 불순종하는 걸까? 그러나 그런 생각은 아내가 남편에게 "나는 존경하는 마음으로 당신이 인터넷에서 음란물 보는 걸 기뻐해요"라고 말하거나, 남편이 아내에게 "나는 사랑하는 마음으로 당신이 자주 감정적으로 폭발해서 아이들을 때리는 걸 대단하다고 생각해요"라고 말하는 것과 같다.

그만큼 어리석은 말이라는 뜻이다. 음란물을 보거나 아이를 학대하는 행동을 허락하는 것은 조건 없는 사랑이나 존경이 아니다. 그것은 죄를 우스꽝스럽게 인정할 뿐이다. 조건 없는 사랑과 존경이란, 사랑하고 존경하는 태도로 배우자의 잘못을 지적한다는 뜻이다.

배우자가 명백히 잘못되고 비도덕적이며 위험한 말이나 행동을 한다면 지적해 주어야 한다. 그러나 적대적이거나 경멸하는 말투로 지적하는 건 정당화될 수 없다. 상식적으로 생각해도 미워하고 경멸하는 말투에 설득당할 사람은 아무도 없다.

우리에게는 주님 앞에서 사랑과 존경으로 배우자의 잘못을 지적해야 할 책임이 있다. 조건 없는 사랑과 존경으로 말하는 것만이 오랫동안 상처를 준 배우자에게 행동을 고치고 싶은 동기를 부여할 유일한 방법이다. 배우자가 귀 기울일 거라는 보장은 없지만 좀 더 효과적인 것은 분명하다.

배우자의 말이나 행동이 애매하다면, 즉 단지 당신의 취향과 다를 뿐이라면 늘 사랑과 존경의 태도를 지켜가야 한다. 항상 당신의 말이나 행동은 당신이 어떤 사람인지를 드러내지, 배우자가 어떤 사람인지를 드러내지 않는다. 즉 마땅히 해야 할 말과 행동을 해야 한다는 뜻이다.

종종 이렇게 말하는 아내도 있다. "제 남편은 자기 자신을 존경하지 않아요. 그래서 제가 존경하는 말을 해도 받아들이지 않아요. 그런 남편에게 제가 존경한다고 말하는 건 아무 의미가 없지 않을까요?" 나는 이렇게 대답한다. "당신이 자신을 사랑하지 못하는 문제로 힘들어한다고 합시다. 당신이 사랑을 받아들이지 않는다고 해서 남편이 사랑을 표현하지 않는다면 어떨까요?" 그러면 대부분 내 말 뜻을 알아듣는다.

배우자가 어떻게 반응하든 사랑하고 존경하라. 좋은 면이든 나쁜 면이든, 배우자 자체는 당신이 조건 없이 사랑하고 존경하는 이유가 아니다. 하나님이 바로 그 이유다. 그분께 의지할수록 배우자에게 더욱 사랑과 존경으로 말할 수 있을 것이다.

| 부록6 |
# 시련이 찾아왔을 때 드리는 기도

다음에 나오는 기도문은 결혼생활에서 깊은 시련의 물속을 지나고 있을 때 하나님이 공급해 주시는 사랑과 도움이 필요한 사람을 위한 기도문이다.

주님, 제 결혼생활이 좋아지든 그렇지 않든 하나님이 이 어려움을 통해 당신을 더욱 깊이 알게 하실 것을 압니다. 저는 지금 주님이 간절히 필요합니다. 그만큼 주님을 더욱 알게 하실 것을 알기에 감사드립니다.

아버지, 무엇보다 저와 함께하여 주시옵소서. '완벽한' 결혼생활을 한다 해도 당신이 함께 계심을 느끼지 못한다면 인생이 무슨 의미가 있겠습니까? 이 시련을 통해 아버지를 새롭게 만나길 원합니다. 또한, 지금 바로 이곳에 주님의 평안을 허락하소서. 제가 배우자와 완벽히 평안한 삶을 살고 있다면, 거짓 만족에 빠져 당신의 평안을 원하지 않았을 지도 모릅니다. 그러나 주님, 지금 저는 당신을 찾을 수밖에 없습니다. 진정한 평안은 당신에게서만 찾을 수 있으니까요. 제 마음을 당신께 엽니다. 바로 오늘 지금 이 시간 당신의 평화를 내려주소서.

주님은 제 약함 가운데 당신의 힘이 완전해진다고 하십니다. 저는 지금 매우 약합니다. 제 결혼생활은 엉망이 되었습니다. 당신을 떠나서는 아무것도 할 수 없습니다. 당신을 온전히 의지할 수밖에 없는 자리로 저를 인도하심을 감사합니다. 제 힘으로는 결혼생활을 바르게 회복할 수 없습니다. 날마다 당신을 믿으며 걸어갈 수밖에 없는 이런 기회를 주심으로 인해 당신의 이름을 찬양합니다.

아버지, 정말 고통스러워서 제 삶에 아무 목적이 없다고 생각한 것을 용서해 주십시오. 아버지께서 저와 제 결혼생활에 분명한 목적을 가지고 계심을 압니다. 그 목적을 좀 더 분명히 보여주시옵소서. 아버지, 제 삶 속에 담긴 당신의 목적을 찾아야 했는데 결혼생활을 통해 만족을 찾으려 한 것을 용서해 주시옵소서. 제 삶을 향한 당신의 소명을 더 깊이 찾게 하셔서 감사합니다. 이번 시련이 없다면 주님이 제 안에, 또 저를 통해 이루기 원하시는 것을 생각하지 않았을 것입니다.

당신의 놀라운 일들을 보여주셔서 감사합니다. 결혼생활을 통해 고난 가운데 있을 때에도 저를 사용하신 걸 감사합니다. 저를 버리지 않으셨고 앞으로도 버리지 않으실 것이라는 단순한 진리에 감격합니다. 저를 향한 당신의 목적은 당신을 위해 열매 맺는 것임을 압니다. 주님, 가까이 오셔서 당신을 위해 내 안에 많은 열매를 맺게 하소서. 예수 그리스도의 이름으로 기도합니다. 아멘.

Thanks to...

경건하고 현명한 나의 아내 사라,
진심으로 고마워요!
이 책을 쓰느라 밤낮없이 일한 10개월 동안
당신은 날 위해 기도하고 조언해 주었을 뿐만 아니라,
나를 믿어주고 격려하며,
내게 인내와 존경을 보여주었습니다.

그리고 무엇보다
"남편은 아내를 사랑해야 하고, 아내는 남편을 존경해야 한다"는
아주 단순하지만 심오한 이 진리를 교회에 밝혀주신
하나님께 진심으로 감사와 찬양을 올려드립니다.

## 부부를 세워가는 대화의 기술

| | |
|---|---|
| 초 판 발 행 | 2009년 8월 24일 |
| 2 판 2 쇄 | 2022년 1월 30일 |
| 지 은 이 | 에머슨 에거리치 |
| 옮 긴 이 | 최광수 |
| 발 행 인 | 손창남 |
| 발 행 처 | 죠이선교회 (등록 1980. 3. 8. 제5-75호) |
| 주 소 | 02576 서울특별시 동대문구 왕산로19바길 33 |
| 전 화 | (02) 925-0451(출판부) |
| | (02) 929-3655(영업팀) |
| 팩 스 | (02) 923-3016 |
| 인 쇄 소 | 송현문화 |
| 판 권 소 유 | ⓒ 죠이선교회 |
| I S B N | 978-89-421-0392-8  03230 |

책값은 뒤표지에 있습니다.
잘못된 도서는 교환하여 드립니다.
이 책의 내용을 허락 없이 옮겨 사용할 수 없습니다.

이 도서의 국립중앙도서관 출판예정도서목록(CIP)은 서지정보유통지원시스템 홈페이지 (http://seoji.nl.go.kr)와 국가자료공동목록시스템(http://www.nl.go.kr/kolisnet)에서 이용하실 수 있습니다. (CIP제어번호 : CIP2018013139)